禪宗奧旨

【上卷】

禪宗修證理路指要

岳明 著

前言

禪宗是從印度的佛教傳入中國以後受中國文化思想影響而發展出來的中國化的大乘佛教。禪宗在中國的文化環境經歷一千五百多年發展而具有濃重中國特色，我們可以說禪思想是中國人的智慧結晶。本書將要揭示，中國禪宗是以如來藏本體思想作為核心理路並以如來藏本體思想作為成佛的根本依據的中國佛教。禪宗思想獨樹一幟，所謂「教外別傳」確有實據。有人說原始佛教不存在「如來藏」一說。事實上早期原始佛教的經典大量描述如來藏本體思想，在阿含類經典就有「自性清淨心」的概念、「彼以定心。清淨無穢」的說法。

《長阿含經》云：

> **彼以定心。清淨無穢。柔濡調伏。住無動地。**一心修習神通智證。能種種變化。變化一身為無數身。以無數身還合為一。身能飛行。石壁無礙。遊空如鳥。履水如地。身出煙燄。如大火聚。手捫日月。立至梵天。**譬如陶師善調和泥。隨意所造。在作何器。多所饒益。**亦如巧匠善能治木。隨意所造。自在能成。多所饒益。又如牙師善治象牙。亦如金師善煉真金。隨意所造。多所饒益。摩納。比丘如是。**定心清淨。住無動地。隨意變化。乃至手捫日月。立至梵天。此是比丘第三勝法。**

「定心」即禪定意識。這裡說「彼以定心。清淨無穢」，又說「定心清淨。住無動地」。清楚地表明「定心」就是「自性清淨心」。經文清楚描繪「定心清淨。住無動地。隨意變化」，此處「無動地」即「不動地」。《楞嚴經》云：「一真如心，名不動地。」正是八地菩薩的境界，已證無生法忍。「定心清淨。住無動地。隨意變化」；復云「譬如陶師善調和泥。隨意所造。在作何器。多所饒益」，道出「定心清淨」而隨意造作萬法，變現世界之宇宙本體功用。

《長阿含經》云：

> 大梵名者即如來號。如來為世間眼。法為世間智。為世間法。為世間梵。為世間法輪。為世間甘露。為世間法主。

這裡表明如來就是大梵，與印度「大梵王」意思一致，即「為世間法主」的宇宙本體。「如來」意謂發生學意義的宇宙本體。這在原始佛教就已闡明。如來絕非佛弟子因為思念釋迦牟尼而「臆想」出來的。原始經典使用「定心」一詞，而六祖在《壇經》說「即佛乃定」。如來、彌勒以及諸佛的「法身」即謂「大定定心」。馬祖說「即心即佛」皆謂「定心」、「心體」、「妙體」等。「定心清淨。住無動地。隨意變化。乃至手捫日月。立至梵天。」闡明大定定心變造萬法之功能。此即如來藏佛性之義。

《增一阿含經》云：

> 彼復以此三昧心清淨無瑕穢。無有結使。心性柔軟。逮於神通。復以漏盡通而自娛樂。彼觀此苦。如實知之。復觀苦習。復觀苦盡。復觀苦出要。如實知之。彼作是觀已。欲漏心得解

脫。有漏心。無明漏心得解脫。已得解脫。便得解脫智。生死已盡。梵行已立。所作已辦。更不復受有。如實知之。

《雜阿含經》云：

如來體者。金剛所成。十力具足。四無所畏。在眾勇健。如來顏貌。端正無雙。視之無厭。戒德成就。猶如金剛。而不可毀。清淨無瑕。亦如琉璃。如來三昧。未始有減。已息永寂。而無他念。

如來身者。清淨無穢受諸天氣。為是人所造耶。此亦不可思議。所以然者。以過人行。如來身者。為是大身。此亦不可思議。所以然者。如來身者。不可造作。非諸天所及。

「如來身者。為是大身」即謂宇宙本體。佛教發展過程中如來藏本體思想成為中國禪宗的核心思想。現在有些佛教學者認為如來藏思想不是佛教。筆者認為這種意見是無法成立的。中國禪宗特殊地抓住了佛教中的如來藏性起思想，並相對獨立地對其加以發展和完善，最終使得如來藏本體思想成為中國禪宗的核心思想和根本的成佛依據。這是本書要論述的主要觀點。

禪宗自古以來標榜「不立文字」和「不立言說」，自古至今沒有一本書從淺到深地系統地闡述禪宗修證的理路。在禪宗發展的一千多年間，禪被籠罩在神秘玄妙的面紗之中令人感到玄機重重。筆者試圖以簡單的現代語言解說禪宗思想。在本書的中冊、下冊沿襲曹洞宗「偏正五位」來講述禪宗修證成佛的次第，也藉此解說若干重要的禪宗公案。禪宗的宗旨在於生死解脫。佛教「四聖諦」即「苦集滅道」，認為人生是苦，人在無盡的六道輪迴中受苦受難而生死解脫在於成佛。禪的根本意諦在於生死解脫。禪的終極關懷和西方根本不同。在禪這裡，並沒有人格化的終極存在如上帝這樣的神明。禪提供可以實際操作的禪定修證方法，使人認識體悟終極存在即宇宙本體。禪悟是人類的一種認識世界的特殊方式。禪悟就是超越主客二元的認識論。禪宗的生死解脫之道在於「契如如」即禪者的定心契合宇宙絕對本體。

禪的最殊勝的地方，在於它給人提供人活在此世、活在此岸的終極解脫。禪給人提供漸修頓悟的種種法門，從而得到生死解脫的智慧。禪使人在此世的修行中，可以證入冥冥之中的終極存在或謂絕對本體，禪宗解脫生死之路在於與永恆的終極存在——宇宙絕對本體契合為一體，即成佛。這是令人驚奇的終極解脫和得到大自在的超越的精神自由。禪在人類的萬紫千紅的思想園林中，是一株閃耀著奇特光彩、神秘而靈動的奇葩。禪者代表人類向著終極存在跨越生死深淵進行的勇敢一躍。真正的禪者並不頂禮膜拜任何神祇，並不迷信任何神靈，禪者的追求是要自我成佛，要與宇宙絕對本體契合為一，成為永恆存在的萬物之主。這可以認為是人類精神中最超越的姿態。

人類的精神總是在多維度上發展。科學是一個維度，宗教是一個維度，對人的心靈意識本身的研究也是一個維度。人類不能僅僅研究客觀外在的世界，人類也要研究內在的心靈世界。筆者認為，中國禪宗思想在了解體悟人類的意識心靈方面所取得的成就絕對傲然雄踞於全人類思想的最高峰。

本書中絕對本體指謂客觀存在的與人無關的宇宙本體，乃是在無人無佛無眾生時存在的精神性宇宙本體。謂之「究竟涅槃」。簡單地說，涅槃分為兩段來看。無人無佛時作為絕對本體，乃是客觀存在的宇宙本體。混沌即分人類出現，涅槃可以作為「禪定意識」存在於人的心內。因此我們說涅槃具有主客觀存在的意蘊。涅槃與佛性的關係雖然同質，卻「毫釐有差天地懸隔」。例如「末後句」，「同條生不同條死」，意謂在正偏兼帶境界，涅槃佛性混居一身同生共死。而在菩薩滅度時，佛性不能繼續作為禪定意識存在，隨禪師肉體遷化而消融契合涅槃。故謂「同條生不同條死」。涅槃具有主客觀存在的意義不生不滅。兩者雖謂父子，定境卻不相同。我們看一個公案。

【公案】鎮州三聖慧然禪師（臨濟玄嗣）

三聖曰。我逢人則出。出則不為人。興化曰。我逢人則不出。出則便為人。

此公案的意思是，人類出現則涅槃顯現，「我逢人則出。出則不為人」比喻涅槃，涅槃本體不為人也。「我逢人則不出。出則便為人」比喻佛性。佛性乃菩薩心內禪定意識，「逢人則不出」意謂在心內。「出則便為人」即普度眾生義。兩句合併謂「正偏兼帶」。此即公案主旨。此公案表明涅槃在有人無人時意涵不同。

近現代以來，西方的本體論已經逐漸被形形色色的認識論或知識論所取代。我們在本書中使用的本體概念，並非西方哲學的「本體論」或「宇宙論」的概念。我們沿用的是東方哲學的「本體」概念。在中國以及印度的東方文化中，無論是「涅槃」、「梵」、「道」、「如來藏」、「無極」、「理」均指向終極性的精神性的宇宙本體。我們願意指出，如來藏思想是中國佛教禪宗的核心思想，是成佛理論的根本依據。否認如來藏思想，就是否認佛教。

日本「批判佛教」學派背離佛教的「成佛」這一終極目標和根本意諦，他們根本不懂得「成佛」，妄自斷言「如來藏以及禪宗不是佛教」。他們並未理解「十二因緣緣起」與如來藏這類本體或「基體」的概念是相輔相成互相依賴的概念。「成佛」必須有「佛性」（如來藏）作內因，「因緣」作「外因」才能成立。「成佛」這一事件的發生絕不能僅僅以「因緣緣起」來解釋。

佛教三法印中的「諸法無我」是「諸法無大我」的意思。也就是說「大我」即宇宙本體並不是諸法之一法，更不是「因緣所生法」。意在「不與萬法為侶」。佛陀正是以這種方式提出「大我」。佛教所說的大我與婆羅門教的大我觀念如出一轍，我們說，禪思想核心理路就是泯滅小我成就大我。成就大我就是成佛，就是與宇宙絕對本體契合進入永恆。至於認為「般若知」可以進行現代的「語言解析」，那只說明他們根本沒有理解人在禪定狀態下特殊的認知功能。後現代的語言解析方法恐怕很難應用於佛教禪宗的特殊的語言語義。

從宗教史的角度考察，我們認為印度教融合了印度佛教。然而在中國，佛教的傳承和發展卻另闢蹊徑。中國禪宗列舉二十八位印度（西天）的祖師，中國禪師在機鋒對談中也經常提到「祖師西來意」，這些說明中國禪宗從來尊重印度的祖師。中國禪宗雖然間接地受到印度古奧義書的薰染，也在一定程度上受到印度教和佛教的意識形態影響。然而考慮古代文獻極其有限的流通性，中國禪宗可謂相對獨立地發展完善如來藏性起宇宙觀。中國佛教由於中華文化特別重視精神性宇宙本體的觀念，因而「定向地」吸收印度佛教中如來藏緣起思想，並由此發展出具有中華文明色彩的佛教體系──禪宗。至今沒有任何史料可以證明中國禪宗與印度古代奧義書思想或者婆羅門教思想有過直接的交流和接觸，我們有理由認為中國禪宗相對獨立地發展出如來藏緣起的觀念以及相應的成佛理論。我們認為禪宗思想是中國人的智慧結晶。禪宗以中國人的智慧「抓住」並發展完善了如來藏緣起思想，並且在禪定修證中實證佛性變現萬法的功用。現在認為《大乘起信論》是中國人寫作的，因此其中的「心真如」和「心生滅」的思想應當屬於中國人的「創見」。《大乘起信論》中有關真心和妄心的理論是中國性宗的理論基礎。我們將在後面詳盡揭示其中所蘊含的「奧義」。中國禪宗的如來藏緣起理論可以認為是中國禪宗獨立發展出來的思想體系。中華文明在佛教產生之前就有宇宙本體的思想，並且經歷過長期的討論。宇宙本體的概念對中國人而言絕對不是什麼新奇陌生的東西。中國禪宗包括其他性宗佛教都在很大程度上接受如來藏佛性思想，並不是偶然發生的事情。佛教傳入中國以後，在中國並沒有類似婆羅門教的對立宗教，因此如來藏緣起思想在中國佛教中取得核心地位。我們願意指出，中國文化對於宇宙本體的理論是存有特殊興趣的。中國古代文化各家各派對於「天」、「氣」、「無極」、「道」等近乎宇宙本體的概念，都是抱有極大興趣進行探討。

中國產生了六祖慧能的南宗頓教之後，印度教徒苦行苦修意圖達到「梵我合一」的境界，就在中國禪宗修證成佛中獲得圓滿的解決。直到今天，印度也沒有發展出類似慧能禪宗的頓悟法門。中國禪宗以徹底的大無畏精神宣告「眾生即佛，佛即眾生」，宣告「我就是天上天下唯我獨尊的佛」。中國禪宗一直以如來藏緣起思想作為禪的核心和根本理路發展了一千多年。禪宗思想的確與中國儒道兩大文化交互影響和貫通融合。禪宗思想成為中國傳統文化的核心之一。

在佛教中宇宙本體的存在並非經由邏輯演繹而來，乃是經由人修煉禪定達到「三摩地」（三昧）狀態通過般若智慧得以認識到的。這與西方近代哲學通過邏輯演繹而推導出「終極存在」或者懸設「物自體」乃至設立「造物主」的理路完全不同，也無法在本質意義上溝通融合。如來藏佛性不僅有宇宙發生論意義的始源、造物主、萬物主，以及發生論的第一直接因（the cosmological origin on the carton）的意義；也具有本體論意義的根源和依據（the ontological root origin）之意。如來藏佛性即是首楞嚴大定定心。乃是精神性的實體。佛教的根本意諦和終極目標就是成佛，所謂成佛就是禪者的大定意識契入宇宙絕對本體而進入永恆。這是我們必須討論宇宙本體概念的原因。

禪宗祖師達摩面壁九年並不是作抽象的哲學思維。達摩是在禪定狀態——三摩地中以般若智慧感受到涅槃本體的存在，這是理解禪宗的關鍵。

西方人直到現在也缺乏對人的意識的了解。西方人將注意力投射到外部世界，在「主客二元對立」的思維體系下面進行了數千年的文明歷程。到了現代，科學與技術在現代文明中成了發展的核心。然而這一切進步卻是在人類的「外部」完成的。令人感到興趣的是，東方人大約在三千年前就將思維的方向投射到人的意識，古代印度的「森林隱修士」早就在奧義書中描繪過「意識分離」現象。他們通過瑜伽修煉也達到人的意識可以進入的「三摩地」境界，並且感受到宇宙本體。印度人走了與西方人完全不同的思維理路。他們早在數千年前就發展出成熟圓滿而完整的關於意識思維的整套理論，這是令人讚美的。中國禪宗在另一個全然不同的文明體系內，繼承並獨立地發展出中國意味的禪宗思想。禪思想不但影響數千年中國精神文明的發展路向，也影響了亞洲和日本的文明發展的過程，這在人類的思想史上是前所未有的事情。

站在整體人類文明的角度上審視這一現象，我們看到人類探索的兩大路向——即向人的精神內部即「主體」進行探索，或向人的外部存在的「客體」進行研究。

禪主張「教外別傳，不立文字」。然而我們要理解禪，又不能完全離開語言文字，不能離開人類現有的邏輯和思維方式。對禪思想的任何一種語言描述，都不可能是完全準確的。禪是一千多年前產生的，佛教更是已有二千五百年以上的歷史。歷史上的佛經、論、疏、鈔等等，都是用古代漢語翻譯或書寫的。至於禪史上傳記、公案、頌古、評唱等，很多與當時的口語有關。由於漢語的特點，常常使描述禪思想的語言有多義性、歧義性。禪在某些方面又是超邏輯、超理性、超語言能力的。我們要追尋的是禪的根本意旨和理路。我們學習研究禪宗要具備追求真理的精神，要理解前輩禪師追求終極解脫和終極自由的偉大誓願和苦心，要理解禪師的終極追求是「成佛」而不僅僅成為「好人」，要理解佛教偉大寬廣的大慈大悲和上求菩提下化眾生的菩薩心腸。禪宗所關心的不僅僅是個人的生死解脫，大乘菩薩不住涅槃不成佛道留在塵世普度眾生，禪宗菩薩的理想是使每個生命都能跨越生死深淵並契入絕對本體從而獲得終極解脫。無論大乘佛菩薩的理想能否實現，我們都發自內心地尊重崇拜這種崇高的菩薩情懷以及自利利他的人類精神。

清朝中葉自雍正以帝王之尊干涉禪宗叢林事務以來，禪宗成佛理路漸漸凋敝而成絕學。密雲圓悟一系備受打擊。壽昌一系在為霖道霈之後後繼無人。至若其後至今，真正懂得禪宗思想的人很難見到。筆者彙集多年學禪的體會，寫出此書。希冀為在荊棘密林中探索禪宗思想的人提供螢火之光。語言文字皆是「不了義」。真正禪者必須真修實證。「學禪須是鐵漢」。這是蜿蜒曲折的林間小路。但願此書為學禪者提供些許益處。心香一瓣祝禱成功。

在此，我要特別感謝陳崇揚先生以及讀書共和國諸位編輯。

是為序。

岳明

禪宗奧旨（上）——禪宗修證理路指要目錄

目錄

一、即佛乃定　即心即佛

大眾總是把佛看成端坐在名山古剎的大雄寶殿裡的金碧輝煌佛像，把佛作為人格化的神祇頂禮膜拜。原始佛教不准雕刻膜拜佛像。佛像或有其教化眾生的意義。佛法說佛有「三身」，即法身、報身以及化身。我們所說的佛指謂法身佛。筆者要說明，佛非人非神而是禪定意識，是特殊禪定境界的大定意識。大定意識也稱為「定心」。涅槃的禪定意識稱為「涅槃定心」，首楞嚴大定的禪定意識稱為「佛性」或「佛性定心」。在原始佛教的典籍裡，例如阿含類經典以及其他經典裡，已經使用「定心」、「清淨心」、「自性清淨心」這樣的稱呼。佛教傳到中國以後，禪宗大師常說「心體」、「妙體」等，這些指的即是「佛」。「即佛乃定」（六祖）、「即心即佛」（馬祖）是禪宗宗旨。「心體」是「獨頭意識」，是獨立存在的意識實體。涅槃、佛性乃是發生學意義的宇宙本體。

佛教是徹底的唯心論，佛教說「三界唯心萬法唯識」，這是研究佛教的起點。禪宗的理論要在唯心的意識形態內才能成立。我們不能離開唯心的意識形態框架來探索禪宗思想。禪宗認為經驗世界是虛妄不實的，禪宗否認客觀存在的物質世界。禪宗認為精神性的宇宙乃是精神性（非物質）的本體所生成顯現出來。「佛」從發生學意義上來說，就是精神性宇宙的精神性本體。「不生不滅」的佛並不是人格化的神仙。佛有兩位，即妙覺與等覺。《大涅槃經》云：「**佛性者即首楞嚴三昧。性如醍醐。即是一切諸佛之母**」。佛性即是首楞嚴大定的「定心」，此定心即是等覺佛。妙覺指「無漏滅盡定」即清淨涅槃的「定心」。

佛教認為「三界唯心萬法唯識」。在唯心主義的思想框架下，佛教認為我們的「經驗世界」是虛幻不實的。我們的經驗世界「唯心所造」。佛教不承認客觀存在的物質世界。一切事物（萬法）都是精神性（非物質）的存在。研究禪宗思想必須理解佛教唯心主義的形而上結構。人們容易認為事物皆是「我」之外客觀存在的東西。而佛教認為事物的存在都要經由人的知覺系統才能成立，在此意義上，「現象」的建立必須經由人的「心識」作用才行。唯識學以眼耳鼻舌身意六識以及第七末那識、第八阿賴耶識，詳盡分析人的知覺作用以及顯現建立萬法的來由，在佛教輪迴思想的基礎上，佛教認為精神性世界由精神性的宇宙本體所發生顯現的。這就是禪宗所說「萬法歸一」的意旨。《涅槃經．師子吼品》云：「**首楞嚴者**。名**一切事畢竟**。**嚴者名堅**。**一切畢竟而得堅固**。**名首楞嚴**。**以是故言首楞嚴定**。**名為佛性**。」清楚地闡釋了佛性即是首楞嚴大定的「定心」。**首楞嚴「大定定心」乃是精神性的實體而非傳統形而上學意義的「思辨的成果」**。**這是精神性的存在**。入就瑞白云：「心境雖空而不得常住心體非為正悟」。**「真空不空」表明「涅槃」、「佛性」正是「心體」**。《壇經》說：「頭上養親口裡須餐」、馬祖所說「長養聖胎」的「聖胎」都是指「大定定心」或謂「心體」。

禪宗各代大師都強調「即心即佛」，強調首楞嚴大定「定心」即「佛性」。佛性人人具有，在凡夫表現為自我意識（「精魂」）為核心的無明，「妄心」經歷禪定修習「轉識成智」，泯滅無明妄識經歷「涅槃」而證得佛性。清淨涅槃與佛性皆謂法身佛。修證者泯滅自我意識為核心的無明妄念，佛性即可顯現，此謂「見性成佛」。「法身佛」指謂「涅槃」或「佛性」。我們稱禪定意識為「定心」，這是原始佛教阿含類經典的名詞，即謂之「**三昧心清淨無穢**」。即如來藏佛性。這是修證者個人心內的修證境界。佛性與涅槃都是精神性的存在，兩者本質相同。首楞嚴佛性乃是修證者經歷脫胎換骨命根斷的烹煉，徹底泯滅無明妄識達致識陰盡證入涅槃後轉身退位而成。佛性即是等覺佛。佛性是第一因的發生學意義的宇宙本體，佛性出世「建立世界」。涅槃之功用在於生成佛性。佛性是第一因宇宙本體。客觀存在的絕對的宇宙本體超越涅槃以及佛性。曹洞宗謂之「主中主」。涅槃在「無人無佛」、「光未發時」、「空劫以前」的存在視為絕對本體。曹洞宗謂之「夜明簾外主，不落偏正方」。鼓山元賢禪師頌「兼中到」時使用「究竟涅槃」表徵絕對本體。我們也使用「究竟涅槃」。禪者追求在肉體遷化後其定心經過涅槃契合宇宙絕對本體。這是解脫生死輪迴進入永恆的終極關懷。

「萬法歸一」的「一」指宇宙本體。對應不同禪定意識。然而「一有多種」（《信心銘》）。**禪宗的「空界」即本體界是多元多層次的結構。禪師說「這一個、那一個、更一個」指謂佛性、清淨涅槃以及絕對本體（究竟涅槃）。絕對本體乃是客觀存在的宇宙本體。**絕對本體與人無關也非人能「造到」。清淨涅槃即無漏滅盡定。涅槃在無人無佛空劫前存在。**故此涅槃是兼具主觀性與客觀性的精神性宇宙本體。人出現後，涅槃作為「禪定意識」存在於心內，故有主觀意涵。**

人類出現後能在禪定中「證到」涅槃正位，因此涅槃與人發生關係。佛性在宇宙論意義上即第一因的宇宙本體。這是「真妄和合」所成阿賴耶識含蘊的真心，佛性乃是禪定定心經過清淨涅槃「子歸就父」之同質化後轉身退位而證得，故謂**涅槃生成佛性**。**涅槃與佛性是體用關係**，禪師謂之「父子」。佛性是眾生業力所生的山河大地的「共相種子」。「法身佛」一般指涅槃或佛性。「涅槃」指「理體法身」，佛性即首楞嚴大定定心。是謂「用中法身」。**清淨涅槃的定心即謂「涅槃定心」。定心出離涅槃證得首楞嚴，此**

謂佛性出世建立世界。佛性是第一因宇宙本體。也是眾生業力所成世界的共相種子。

本書借助曹洞宗「偏正五位」解說禪宗成佛的次第。偏正五位，首先由「人的認識」開始，要認識精神性宇宙本體即「空界」，要「知道」涅槃本體作為宇宙本體的存在。這樣的理解即含有人的認識，故謂「正中偏」。正中必然有「偏」。涅槃正位作為宇宙本體「正中有偏」。「露柱懷胎」必然要「無風作浪」。此即「性海無風金波自湧」。故「正雖正卻偏」，「正偏五位」是曹洞宗祖師為了學人開悟而設立的「方便設施」。由於當代對佛學的基本概念含混紛紜，例如「佛」、「空」、「如來藏」、「宇宙本體」等等，本書不嫌囉嗦不計繁瑣地反覆解釋這些概念。希望讀者理解筆者的苦心。尤其「這一個、那一個、更一個」的宇宙本體的「空界」。這些概念實在重要，學佛者必須正確理解。

二、涅槃、佛性的發生學宇宙本體之義

曹洞宗以偏正五位表徵修證者的禪定境界。以黑表正，以白表偏。正位意指清淨涅槃。佛性本體等皆是「理」，禪師又以「君」、「父」比喻正位，即妙覺佛位。就禪定境界而言，正位指清淨涅槃，就正定而言即是無漏九次第定、無漏滅盡定。也稱為妙覺正位。偏位指未能證入清淨涅槃的禪定意識以及人對於世界的一切認識、了解皆是「偏」。我們已經指出**「萬法歸一」的「一」是「一有多種，二無兩般」（《信心銘》）的結構。禪宗的「空界」即本體界是一個多元多層次的結構**。禪師說「這一個、那一個、更一個」指謂佛性、清淨涅槃以及絕對本體。絕對本體乃是客觀存在的終極的宇宙本體。曹洞宗提出「夜明簾外主」以及「主中主」指絕對本體。此即「兼中到」（「偏正五位」）的最終意旨，即在於死後契合「絕對本體」。「絕對本體」是不生不滅的客觀存在的宇宙本體，**鼓山元賢謂（《洞上古轍》）：「理之本體。不涉於用者。名主中主。」**此非人力可以造到，乃是與人無關的客觀存在。絕對本體無法言說，類似「無極」或「道」。「道生一，一生二」、「無極而太極」或可比擬「絕對本體」。對此設定名目都含有人類的「偏見」，故只能「強名之」。現代哲學家卻不懂人類理性對「終極存在」要「敬而遠之」。超越涅槃即客觀存在的絕對本體。絕對本體與人無關也非人力能夠「造到」。**禪宗說的「性」、「自性」、「空」皆謂生成萬法的宇宙本體。佛性本體、涅槃本體與絕對本體（「究竟涅槃」）雖有差別卻同質。《圓覺經心鏡》謂：「法身有二種。理體法身。用中法身。」這裡「理體法身」指清淨涅槃，理體法身生成佛性，佛性即「用中法身」。首楞嚴大定的定心即佛性。禪定意識必須經過涅槃後轉身退位證得首楞嚴**

大定，這個過程即「**佛性出世**」。**人人具有佛性，禪者經歷涅槃消除妄識，轉識成智可以「見性成佛」**。就「體」而言，佛性、涅槃與客觀存在的絕對本體同質。而就「用」而言則「毫釐有差天地懸隔」。佛性是第一因宇宙本體。

清淨涅槃即「**理體法身**」（鼓山元賢）。《涅槃經》云：「是大涅槃，即是諸佛甚深禪定。」故知涅槃是甚深禪定境界。其性相為「寂滅」。涅槃生成佛性，故謂涅槃為第一義諦。涅槃在無人無佛的空劫以前即存在，涅槃與客觀的絕對本體同質。謂之「究竟涅槃」（不論說法紛紜）。人出現後經過禪定可以證入涅槃境界，這樣涅槃與人建立關係。故謂涅槃是無漏滅盡定的定心。「涅槃」不能僅以「禪定意識」理解。這是涅槃「主觀性」的一面，「究竟涅槃」是「空劫以前」「無人無佛」時存在的與人無關的宇宙本體。故此說**涅槃兼具主觀、客觀性質**。**涅槃既是主觀性也是客觀性的精神性存在**。所謂空劫之前、混沌未分、無佛無眾生、象帝之先、七佛之前，無山河大地時涅槃即存在，**就此而言，涅槃是客觀性存在是謂「混沌之先」**。《請益錄》云：「**萬松嘗道。混沌未分時。還有天地人不。父母未生時。還有己身不。心念未起時。還有迷悟凡聖不。**」**我們說，人未出現前究竟涅槃即作為客觀的絕對本體存在**。混沌既分後，人出現而且能夠「造到」涅槃，涅槃作為無漏滅盡定的禪定意識而存在於「心內」，成為與人有關的主觀性存在。**這樣涅槃兼具主觀與客觀性**。客觀性意謂不依賴人而存在。

禪者證得佛性出世，經歷「金針雙鎖」、「鉤鎖連環」證入正偏兼帶境界。涅槃佛性混居一身，即謂「佛真法身」。謂之「前釋迦後彌勒」。若定心不來不去則是理事無礙法界。若定心同時兼攝涅槃與佛性，涅槃佛性混融一體，則是事事無礙法界的禪定。到此證得一心三觀，一切種智。

本書以「涅槃」、「涅槃正位」、「正位」、「妙覺」、「家」稱呼「涅槃正位」。曹洞宗形容涅槃謂「萬年松徑雪深覆。一帶峰巒雲更遮」。「須知正位無言說」表明「涅槃正位」乃是難以描述的宇宙本體。言說也只是「強言」而已。**涅槃境界「常樂我淨」，「常」是恆常不變、樂是禪定之樂、我是大我即本體、淨是清淨無染**。「自性清淨涅槃」（《成唯識論》）在曹洞宗稱為「主中賓」（曹洞宗「主中主」為絕對本體）。我們簡稱為涅槃或「涅槃正位」。「正位」無法全面認知，當人們思考、表述「正位」時，已經含有「人的認知」，這就有「偏」的色彩。

涅槃是「精神性」宇宙本體，意謂非物質性。**涅槃具有客觀存在的意蘊。混沌未分無佛無眾生時，即有究竟涅槃作為絕對本體存在**。在佛教而言，世界（現象界）乃是「唯心所造」。混沌既分後，人能夠「證入」涅槃，**則涅槃作為無漏滅盡定的禪定意識存在人的「心內」，成為與人有關的主觀性存在**。人經過禪定修證可以證入涅槃。人能夠「造到涅槃」卻不能久居涅槃，此謂「寶殿無人空侍立，不種梧桐免鳳來」。**涅槃的功用在於生成首楞嚴佛性**。禪定意識經過涅槃與清淨涅槃同質化後轉身退位，證得首楞嚴大定即佛性。**禪者滅度後其定心經由涅槃最終契合絕對本體。此即禪宗成佛的根本意旨**。

《請益錄》（萬松老人）云：「**人境俱奪。要與長沙光未發時相見**。」即謂究竟涅槃。「**人境俱奪**」來自臨濟四料揀，即謂涅槃。「**光未發時**」謂無佛無眾生時即有涅槃。此句表明涅槃是「精神性本體」，卻不依倚人的存在而存在。而要與「光未發時」的絕對本體建立聯繫。這也是馬祖要學人「體會大道」之義。**佛性在人來說作為禪定意識而存在**。佛性是直接因第一因的宇宙本體。佛性建立世界故稱為「用中本體」。佛性建立世界僅是禪者心內世界故而具有主觀色彩，禪者要經歷長期修證進入「正偏兼帶理事無凝」，才能「世法佛法打成一片」。

什麼是「佛」？佛非人非神而是特殊的禪定意識，禪定意識又稱為「定心」。「萬法唯識」的精神性宇宙乃是大定定心呈現的。在原始佛教的典籍裡，例如阿含類經典以及其他經典裡，已經使用了「定心」、「清淨心」、「自性清淨心」這樣的名詞。佛教傳到中國以後，佛教、禪宗大師常說「心體」、「妙體」等，指的即是「佛」。六祖**《壇經》**說**「即佛乃定」**、馬祖說**「即心即佛」**，**皆表明佛即是大定定心**。「心體」是「獨頭意識」。涅槃、佛性皆是獨立存在的意識實體。涅槃兼具主觀性與客觀性，作為「無人無佛時」存在的宇宙本體，不能純以人類的「禪定意識」來理解。「空」絕非虛無而是指謂「妙有」的法身佛，即精神性的「定心」。就是精神性的宇宙本體。

正位指無漏滅盡定、理體法身。這是禪定的「心體」。涅槃是人可以親證「造到」的禪定意識。**涅槃正位乃是虛位、學位**，**禪者證入卻不能留戀此境**。**南泉普願說：「不居正位」**。這意味正位（空王殿）只有君父之位而無君父之人，此境只是虛位以待。修證者證入涅槃猶如經過祖父寶殿而不滯留。**《從容錄》**云：「**王山法祖和尚云**。**既有尊貴之位**。**須明尊貴底人**。**須知尊貴底人，不處尊貴之位**。」禪者進入涅槃要「鶴不停機」轉身退位證得首楞嚴佛性，此謂「佛性出世」。涅槃寶殿猶如供奉君父牌位，定心到此「子歸就父」轉身退位證得佛性。

曹洞宗「偏正」是辯證關係。「正」必含偏，「偏」中有正。兩者是「回互」辯證關係。沒有人的在場，涅槃是純粹的「正」，乃獨立客觀存在。正偏對人具有意義。**涅槃正位是「理體法身」**，**其功用在於生成佛性**。**禪師說「玉兔懷胎」**、**「蚌含明月」**表明涅槃孕育佛性之義。宏智正覺云：「**陰中之陽**。**雖生**

而未兆。寂中之用。雖照而彌虛」。禪定意識證入涅槃「子歸就父」後轉身退位證得佛性。佛性直接呈現宇宙萬法。「正中有偏」意謂涅槃本體天然含蘊佛性並必然地生成佛性，可謂無中生有建立世界。法爾如是天使其然。「正偏」是人所規定的，必然含有人的認知。「正位」既含有人的認識，「正位」就不是純粹的正位而「正中有偏」。這也是「正中偏」的含義。曹洞宗大師強調不要執著「正偏」。

我們要理解究竟涅槃乃是人未出現就存在的宇宙本體。禪宗宗旨在於契合「不生不滅」的絕對本體以解脫生死。西方哲學的宇宙本體僅是哲學概念。西方並不理解涅槃、佛性這樣的精神性宇宙本體。人類正在理解世界的「虛幻性」。量子力學正在顛覆人類對客觀世界的看法。精神性的宇宙本質將會成為人的共識。禪宗堅信不生不滅的精神性宇宙本體是精神性宇宙之本源、本體。

「無盡燈」云：

昔洞山和尚且設五位開示宗要。**正位空也。偏位假也**……今此五位法者。為使見性者隨究深意而成大眼目大法王質設之。豈其平常法哉。茲所謂空假真性異名也。**自性本體廓然清淨無物可名。強名謂空**。

《請益錄》萬松老人云：

師云。湖南長沙招賢大師。上堂云。我常向汝諸人道。三世諸佛。共盡法界眾生。是摩訶般若光。光未發時。汝等諸人向什麼處委。光未發時。尚無佛無眾生消息。何處得山河國土來。

圓悟克勤云：

此道幽邃，極於天地未形，生佛未分，湛然凝寂，為萬化之本。初非有無，不落塵緣，煒煒燁燁，莫測涯際。無真可真，無妙可妙，超然居意象之表，無物可以比倫。是故至人，獨證穎脫，泯然淨盡，徹此淵源，以方便力直下單提，接最上機，不立階級，所以謂之宗乘教外別傳。

《從容錄．魯祖面壁》萬松老人云：

《道德經》。谷神不死章云。玄牝之門。是為天地根。綿綿若存。又曰。**吾不知誰子。象帝之先。**衲僧為言。綿綿若存。不可一向斷絕去也。**象帝之先者。空劫以前佛未出世時也。**

涅槃兼具主觀、客觀性質，人出現後經過禪定修證可以證入涅槃境界，此是無漏滅盡定的定心。馬祖說「即心即佛」關鍵在此。由於涅槃兼具主觀性與客觀性，作為「無人無佛時」的宇宙本體，謂之客觀存在的究竟涅槃。人出現後，涅槃作為滅盡定的定心存在。涅槃不僅僅以「禪定意識」存在。禪師知道究竟涅槃的存在，**禪師區分「無人」時的涅槃與「有人」的涅槃**。三聖禪師說「我逢人則出。出則不為人。興化存獎曰。**我逢人則不出。出則便為人**」表明，「我逢人即出」表示人類出現則涅槃對人彰顯。涅槃無意「為人」。興化存獎曰：「我逢人則不出。出則便為人。」指佛性，**佛性作為大定定心存在於人心內「不出」。佛性出世即變現世界，此謂「出則便為人」也。禪師知道「無人時」究竟涅槃乃是絕對本體。**

清淨涅槃是無漏滅盡定。涅槃生成佛性意謂定心經歷涅槃轉身退位生成佛性。佛性直接呈現現象界，「乾屎橛」、「柏樹籽」、「大蘿蔔」的本體即佛性。「佛」即謂發生學意義宇宙本體。涅槃與佛性同質，很多時禪師並不加以區分。

人處於無盡的六道輪迴。人與萬法不同，人是特殊的存在。個體的自我意識為主的「無明妄識」是「輪迴」主體（「精魂」）。個體經過修證能泯滅自我脫離生死輪迴。萬松老人云「人天地」意謂有人後才有「天地」，故謂世界對人存在。涅槃作為理體法身的宇宙本體，生成佛性隨緣而生萬法。涅槃作為「理體法身」（鼓山元賢），「無中生有」生成佛性再生成世界。此謂「性海無風，金波自湧」。「時湧無風匝匝波」，所謂無風起浪，佛性呈現現象界。混沌初分剎那產生「天地人」此即無中生有，涅槃本體天使其然生成佛性。佛性生成世界。人出現後，現象界即可作為佛性本體所產生的世界存在。

《洞上古轍》（鼓山元賢）云：

> 潛行密用。如愚若魯。但能相續。名主中主。
>
> 此四句。明君父之事。位極尊貴。本無作用之可見。而實為萬化之樞紐。故曰潛行密用。雖有照體之獨懸。而實無知覺之分別。故曰。如愚若魯。又此體常自如是。相續不斷。非有動靜之殊。顯晦之異。故名之為主中主。若有動靜之殊。顯晦之異。則是賓中主。非主中主也。【佛性】

「君父」不如說「祖父」。究竟涅槃在無人無佛時存在，「那時」的涅槃可謂絕對本體。「**此體常自**

如是。相續不斷」謂絕對本體，曹洞宗謂之「夜明簾外主，不落偏正方」。「非有動靜之殊。顯晦之異。故名之為主中主」。南泉普願說「祖父從來不出門」即謂絕對本體、主中主。無人無佛時客觀存在的究竟涅槃即「絕對本體」，人出現後涅槃可作為「無漏滅盡定」禪定意識。

首楞嚴定心為佛性、如來藏或佛性本體，謂「用中法身」，處偏位。**正位指清淨涅槃，絕對本體（主中主）謂「祖父」而「不涉於用」。體而有用即賓中主，指佛性。**人對於本體的認識皆屬於偏，「喚作如如早已變了也」（南泉普願）。就曹洞宗辯證法的「回互」而言。「正位本來無言說」。正雖正卻偏，偏雖偏卻圓。「正位」是人的了悟與表達，故有「偏」的色彩。

清淨涅槃生成佛性，故謂第一月，第一義諦，理體法身。乃是生成佛性本體的本體，**涅槃本體兼具主觀、客觀意蘊，故此不能僅以「禪定意識」來規定涅槃。**人經過禪定修證可以證入涅槃（「涅槃本體」），涅槃本體是無漏滅盡定的定心。馬祖說「即心即佛」關鍵在此。馬祖又說「非心非佛」，表明禪者還要理解涅槃乃是無人無佛時空劫以前的「大道」而與人無關。

曹洞宗偏正五位對成佛的修證階次有所分別。對修證次第人們可以有不盡相同的解讀。以「正中偏」為例，大多數禪師的詩偈表明這是「初悟」的境界。「初悟」表明對「涅槃本體」在禪定境界裡有所體悟。在定境中混沌將分未分之際。「**雖然不曾親近得，眼前影像卻昭然**」（鼓山元賢）。這是「正中偏」的高級境界，**本書的中冊、下冊將詳盡解釋曹洞宗「偏正五位」。本冊簡單述其要略。**

《宗鏡錄》永明延壽云：

> 夫本際者。即一切眾生無礙涅槃之性何為忽有如是妄心及種種顛倒者。但為一念迷心。此一

念者。從一而起。又此一者。從不思議起。不思議者。即無所起。故經云。道始生一。一者謂無為。一生二。二謂妄心。乃至三生萬法也。

《宗鏡錄》所引述經文，未知出處。「故經云。道始生一。一者謂無為。一生二。二謂妄心。乃至三生萬法也。」表明禪宗的宇宙觀是多元多層次的結構。

南泉普願云：

真理一如。潛行密用。無人覺知呼為滲智。亦云無滲不可思議等。空不動性。非生死流。**道是大道無礙涅槃**。妙用自足。始於一切行處而得自在。故云於諸行處無所而行。亦云**遍行三昧普現色身**。只為無人知他用處。無蹤跡。不屬見聞覺知。真理自通。妙用自足。**大道無形真理無對**。所以不屬見聞覺知。無粗細想。**如空劫時無佛名無眾生名。與麼時正是道**。只是無人覺知見他。數不及他。喚作**無名大道**。早屬名句了也。所以**真理一如**更無思想。才有思想即被陰拘。便有眾生名有佛名。**佛出世來。喚作三界智人。只如未出世時。喚作什麼**。

佛未出世即是作為絕對本體的究竟涅槃。南泉普願對「大道」與「涅槃」的關係作出很好的解釋。謂之「**道是大道無礙涅槃**」。馬祖要學人「**體會大道**」。即要高級僧人理解「**絕對本體**」的存在。這對禪宗終極關懷是很有意義的。

《注心賦》永明延壽云：

傅大士頌云。**有物先天地。無形本寂寥。能為萬象主。不逐四時凋**。《老子》云。有物渾成。先天地生。寂兮寥兮。獨立而不改。周行而不殆。可以為天下母。**吾不知其名。字之曰道**。強之曰大。《寶藏論》云。空可空。非真空。色可色。非真色。真色無形。真空無名。無名名之父。無色色之母。**作萬法之根源。為天地之太祖**。上施玄象。下列冥庭。元氣含於大象。大象隱於無形。為識物之靈。靈中有神。神中有身。無為變化。各稟乎自然。

傅大士說「有物先天地。無形本寂寥」指謂「先天地」時的涅槃本體。「能為萬象主。不逐四時凋」指謂涅槃生成佛性。**這裡「為」是「生成」之義**。此話一語兩義。雪岩祖欽禪師（中峰明本之師）云：「**有物先天地**。**以拂子打圓相**。無形本寂寥。道什麼。**能為萬象主**。**不逐四時凋**。**話作兩橛**。」表明一語雙關。宏智正覺云：「**所以古人道**。有物先天地。無形本寂寥。**能為萬象主**。**不逐四時凋**。**且道是個什麼**。**良久云**。**鯨吞海水盡**。**露出珊瑚枝**。」此處「鯨吞海水盡」形容泯滅無明妄識證入涅槃，「**露出珊瑚枝**」形容佛性顯現。所謂「**珊瑚枝枝撐著月**」。**涅槃生成佛性，佛性建立世界**。此處「萬象主」、「**萬法之根源**」指佛性。佛性是發生學意義的第一因宇宙本體。顯現萬法建立世界。「父子」意謂涅槃產生佛性。兩者是「體用關係」。人出現後，涅槃作為無漏滅盡定的定心存在，涅槃本體即具有主觀存在的意蘊。我們反覆講解絕對本體對生死解脫的意義。

成佛意味「證入本體」。禪宗宇宙本體「一有多種」（《信心銘》）。成佛的意義乃是肉體死後定心契合絕對本體。由此解脫生死進入永恆。佛有妙覺等覺兩位，妙覺謂涅槃而等覺謂佛性。絕對本體超越等妙佛而是純粹客觀存在的宇宙本體。佛乃是生成世界的宇宙本體。禪者最終要契合「絕對本體」。成佛的根本宗旨在於「證入本體」才能超脫生死進入永恆。就曹洞宗偏正五位來說，涅槃即是「主中賓」即「正位」。我們稱為「涅槃正位」。涅槃生成佛性，這意味佛性乃是定心經歷涅槃與涅槃同質化以後轉身退位而證得。佛性是產生一切事相具有發生學意義的宇宙本體。禪宗（曹洞宗）將涅槃比喻為「君」、「父」，而將首楞嚴大定的定心（「佛性」）比喻為「臣」、「子」。禪師也將清淨涅槃比喻為「青山」，而將禪定意識比喻為「白雲」。首楞嚴大定即佛性，是等覺佛位，補處佛位。故謂「臣子」。理解這些關係對於理解禪宗修證成佛過程具有重要的意義。

菩薩證入正偏兼帶境界，涅槃佛性混居一身。此即「前釋迦後彌勒」的「佛真法身」。萬松老人喻為「明鏡而有背面」。意即鏡體鏡面共同作用生成世界。我們說「凡聖分離正偏兼帶」。所謂佛性出世建立世界，實際上「父子不離」。

宏智正覺禪師云：

上堂。環中協照。消息平沉。方外獨存。幽靈絕待。綿密不漏。寬廓無隅。清虛一亙而理絕名言。圓滿十成也道無稜角。諸禪德。個是諸佛涅槃之宅。眾生安葬之基。一切諸法。自此發生。一切幻緣。從此滅盡。

吾家一片田地。清曠瑩明。歷歷自照。虛無緣而靈。寂無思而覺。乃佛祖出沒化現。誕生涅槃之本處也。妙哉人人有之。而不能磨礱明淨。昏昏不覺。為癡覆慧而流也。一念照得破。

> 則超出塵劫。光明清白。三際不得轉變。四相不得流化。**孤耀湛存。亙古今混同異。為一切造化之母。底處發機。大千俱現。盡是個中影事。的的體取。**
> 開啟天申節。上堂。云。**九重尊貴位中人。燦燦星圖拱北辰。活計四時調玉燭。家風萬世運金輪。區分群象布淳化。囊括二儀懷至仁。算數不能窮壽量。南山蒼翠鎮長春。**

宏智正覺禪師在此表明法身佛即是宇宙本體，宏智正覺說：「**一切諸法。自此發生。一切幻緣。從此滅盡**」。他指出「**為一切造化之母**」、「**囊括二儀懷至仁**」，中國傳統哲學講「無極生太極，太極生兩儀」，將「無極」、「太極」視為宇宙本體。宏智正覺禪師將清淨涅槃比作太極。儒道兩家的太極只是抽象哲學概念，而佛教禪宗卻可以「實證涅槃」。這是根本不同的。**涅槃既有主觀也有客觀存在之一面**。空**劫之前混沌未分，無佛無眾生無「天地人」**，涅槃作為絕對本體存在，謂之究竟涅槃。**就此而言，涅槃具有客觀存在的意蘊，人出現後，究竟涅槃成為涅槃。人能證入涅槃。清淨涅槃可以作為無漏滅盡定的禪定意識存在於人**。

究竟涅槃在空劫之前、混沌未開、象帝之先，天地未分時存在，在人類出現之前就存在，**究竟涅槃作為客觀意義的宇宙本體**。曹洞宗提出「**夜明簾外主，不落正偏方**」、「**了然一氣大極前**」（投子義青），即超越「太極」之「無極」。混沌初分人出現後，涅槃生成萬象主（佛性）。《太極圖說》謂「無極而太極」。《老子》云「道生一，一生二」；《信心銘》云「一有多種」，禪宗的宇宙本體是多元多層次的結構。禪宗宇宙觀符合中國傳統宇宙觀。禪師死後經過涅槃最終契合「主中主」，即契合絕對本體進入永恆。這是禪宗終極關懷的根本意旨。

《宗鏡錄》永明延壽云：

是以萬類之中唯心為貴。如金翅鳥。命終之後骨肉散盡。唯有心在。難陀龍王取此鳥心。以為明珠。轉輪王得以為如意珠。然一切眾生心亦復如是。幻身雖滅真心不壞。如經云。如劫燒火不燒虛空。又祖師云。百骸雖潰散一物鎮長靈。若能了此常住真心。即同獲於如意珠寶。

這裡「**如金翅鳥。命終之後骨肉散盡。唯有心在**」道盡禪宗生死解脫的宗旨。禪師肉體滅度後，其「定心」經過涅槃契合精神性的絕對本體進入永恆。

六祖《壇經》云：「葉落歸根，來時無口」。指死後契合絕對本體。「**楊柳為官**」**意謂菩薩的定心契合絕對本體後必然在某個時節「無中生有」地創造世界**。曹洞宗「隱山公案」裡「隱山」表徵絕對本體。而所謂「兩個泥牛入海」，即表示隱山作為絕對本體，超越涅槃與佛性。

涅槃生成佛性，佛性建立世界。對禪者來說，心內世界畢竟是他的禪定意識所生成，那麼他的心內世界與眾生現象界完全相同嗎？「正中來」最後，佛性出世之初，**心內世界尚未與眾生現象界打成一片**（「**隔塵埃**」）。眾生的佛性有個標準：清淨涅槃。涅槃本體乃是佛性的標準。禪定意識經過涅槃的烹煉「子歸就父」與涅槃同質化，然後轉身退位證得佛性。佛性即眾生阿賴耶識包含的「真心」。佛性是「共相種子」，如此才有森羅萬象的相似性。菩薩經過長期修證到正偏兼帶，「世法佛法打成一片」，山是山水是水。世間相常住。定心與萬法同體而且佛性「身先在裡」，菩薩「見色無非觀空」，實證佛性是生成萬法之宇宙本體。

王安石曾經質疑：「竊自疑今鍾山，山川一都會耳，而遊於其中無慮千人，豈有千人內心共一外境耶？借如千人之中，一人忽死，則此山川何嘗隨滅。人去境留，則經言山河大地生起之理。不然，何以會通稱佛本意耶？」**我們必須理解為什麼千萬人所見的山河大地是「同一外境」**？佛教說世界的森羅萬象是「眾生業力所成」，《起信論》認為，每個人的世界皆由阿賴耶識所成，而阿賴耶識「真妄和合」。其真心即是佛性，佛性即是「共相種子」。每個人的世界與他人世界相同，就是因為「人人皆有佛性」即共相種子。無明妄心雖千差萬別，但其核心皆是「自我意識」。成佛的最終旨趣在於契合絕對本體而進入永恆。個體要契合融入「造物主」豈能不泯滅自我意識？因此佛教主張「無我」。世人所見山河大地大致相同，因為個體的感知系統存在差異。例如近視、色盲當然也包括其他感知系統的差異。菩薩佛眼所見山河大地與眾生大致相同。菩薩初次由涅槃轉身退位證得首楞嚴佛性，即「正中來」的最後次第，亦即「佛出世」。鼓山元賢禪師頌云「隔塵埃」，表明入世菩薩內心所成的現象界與眾生的世界並不完全重合。此時尚未進入理事無礙法界，未能「世法佛法打成一片」。這要長期修證才行。「老僧四十年才打成一片」（**香林澄遠**）。菩薩要證到「十方世界是全身」（長沙景岑）。菩薩尚有所知障（枝末無明），處於有漏涅槃。**菩薩為了保任，菩薩的禪定意識「金針往復來」，定心時時進入涅槃保持與涅槃本體同質。進一步「金針雙鎖」、「鉤鎖連環」而至「正偏兼帶理事無礙」的境界，此時「見色無非觀空」，山河與大地，全露法王身**。菩薩「撒手懸崖下，分身萬象中」，佛性「身先在裡」。佛眼觀照下塵塵剎剎皆顯法身，故此萬法平等萬殊一體。進一步進入「雙明雙暗」則「誰共澄潭照影寒」、「夜深誰共御街遊」、「夜深同看千岩雪」、「丹霄把手共君行」的境界。此即「雙遮雙照」，雙遮空假雙照空假。佛教的心指謂意識，非謂連續的意識流，而是獨立的意識「斷點」。念念不相續，前念中念後念，念念際斷。「一念」可謂「一念萬年」、「一念千里」。「一心三觀」即「一念三觀」。「一念」可謂精神性實體。**若涅槃佛性混融一體**，則「遮照同時」而「同時即不立」（萬松老人），菩薩在定境中「有無」、「六相義」同時成立，「理事俱時顯現」（《華嚴經》）則進入事事無礙法界。到此百千明鏡互相鑒照，「驢覷井井覷驢」，乃至「井覷井」，渾然而成帝釋網。這不是語言能夠形容的「為虛空描眉目」的境界。所謂「只能旁敲不能正指」。到此事事無礙法界即入大乘中道的「不二法門」。證得大乘「中道」，即證得「一切種智」，進一步證得「那伽定」即妙覺佛位。可謂「惑障清淨種智圓滿」，菩薩功德圓滿進入佛位。

禪宗以禪定為宗。禪宗所修習的禪定是最高級的首楞嚴大定（「一行三昧」）。證入「首楞嚴大定」的禪定意識即阿含類經所說的「定心」，這即是早期佛教所說的「自性清淨心」，就是佛性。法身佛指謂涅槃或佛性。

《大涅槃經》云：

> **佛性者即首楞嚴三昧**。性如醍醐。即是一切諸佛之母。以首楞嚴三昧力故。而令諸佛常樂我淨。一切眾生悉有首楞嚴三昧。以不修行故不得見。是故不能得成阿耨多羅三藐三菩提。善男子。**首楞嚴三昧者有五種名。一者首楞嚴三昧。二者般若波羅蜜。三者金剛三昧。四者師子吼三昧。五者佛性。**

> 《壇經》六祖慧能云：
>
> **即佛乃定。**
>
> 我說不生不滅者，本自無生，今亦不滅，所以不同外道。**汝若欲知心要，但一切善惡，都莫思量，自然得入清淨心體。湛然常寂，妙用恆沙。**

我們要注意六祖慧能所說「清淨心體」，「心體」表明六祖認為這是意識的實體。慧能說「即佛乃定」。馬祖說「即心即佛」皆指謂此心體。心體即是首楞嚴大定的定心。心體之說在佛教經典中常用。

《楞伽師資記》引錄道信的《入道安心要方便》云：

> 此等心即是如來真實法性之身；亦名正法；亦名佛性；亦名諸法實性，實際；亦名淨土；亦名菩提，金剛三昧，本覺等；亦名涅槃界，般若等。

《碧巖錄》圓悟克勤云：

> 不見古人云：**無明實性即佛性，幻化空身即法身**。又云：即凡心而見佛心。形山即是四大五蘊也。中有一寶，秘在形山，所以道：諸佛在心砂，迷人向外求，內懷無價寶，不識一生休。又道：**佛性堂堂顯現，住相有情難見**。

《宗鏡錄》永明延壽云：

《首楞嚴經》云。佛告阿難。精真妙明本覺圓淨。非留生死及諸塵垢。乃至虛空皆因妄想之所生起。斯元本覺妙明真精。妄以發生諸器世間。如演若多迷頭認影。妄元無因。於妄想中立因緣性。迷因緣者。稱為自然。彼虛空性猶實幻生。因緣自然皆是眾生妄心計度。阿難。知妄所起說妄因緣。若妄元無說妄因緣元無所有。何況不知推自然者。肇法師窮起妄之由立《本際品》云。夫本際者。即一切眾生無礙涅槃之性何為忽有如是妄心及種種顛倒者。但為一念迷心。此一念者。從一而起。又此一者。從不思議起。不思議者。即無所起。故經云。道始生一。一者謂無為。一生二。二謂妄心。乃至三生萬法也。

禪宗思想在明末即衰弊凋零，入清以後漸漸成為絕學。如果將禪宗思想比喻為深山中一所古廟所寶藏的「秘籍」，**則自從清初以來，禪宗理路漸次失傳，禪宗思想如同深山古林之中一條曲折幽深的小路通向禪宗思想深奧的古廟**。清代中葉以來，禪宗思想如同「叢林幽徑」埋沒在荒原廢墟之中。禪宗學者習慣地從「俗諦」理解禪宗思想。他們不理解禪宗思想是「出世」的終極關懷，他們連禪宗基本概念例如「佛」、「空」、「佛性」、「無明」都不理解。他們不懂「佛」、「空」指謂精神性宇宙本體。而成佛的根本意旨在於契合「不生不滅」的永恆存在的宇宙本體（「**方始契如如**」），**從而「解脫生死」進入永恆**。

我們必須從禪定修證來理解禪宗思想，必須脫離俗諦而從「出世」的角度來理解禪宗思想。禪宗思想絕非「心靈雞湯」或者藝術化學術化的理論，而是建立在禪定實踐上的人類的真實的可以實踐的終極關懷。**禪宗沒有神秘主義的宗教色彩**，例如懸設「物自體」來令人景仰崇拜。禪宗否認偶像，自古禪堂不設佛像。

「即心即佛」是禪宗基本宗旨。這固然是馬祖對初學者「黃葉止啼」之說，針對高級禪者，馬祖也說「非心非佛」，因為「前釋迦後彌勒」無以名之。進一步闡明涅槃並不僅是禪定意識，在混沌未分之前，**究竟涅槃是客觀性的宇宙本體**，即「大道」。真正的法身佛超越涅槃與佛性，意謂終極的絕對本體。

佛（法身）就是精神性的宇宙本體。按照中國禪宗的思想，成佛意味「契合本體」。禪學講的佛、佛法、涅槃、真如、法身、實相、如來藏、本來面目等等，都是指向宇宙本體。涅槃與佛性同質而有細微差別。我們不討論各種如來藏名相的區別，例如十種如來藏、五種如來藏、空如來藏、不空如來藏、空不空如來藏。這些名相一般指謂如來藏的「義」。而我們所說是如來藏的「心體」。這即是指如來藏佛性、一大總持如來藏、首楞嚴定心、自性清淨心。一言以蔽之，我們談的如來藏佛性即是禪師處於首楞嚴大定的「禪定意識」，這即是早期阿含經典所說的「定心」、「自性清淨心」。這是精神性的「實體」。謂之「心體」、「妙體」。如來藏「佛性」具有宇宙本體變造萬物的功能，「佛性」是第一因直接因的發生學意義的宇宙本體。如來藏緣起即如來藏佛性生成世界之義。

大乘性宗，包括中國天台、華嚴、禪宗傳承原始佛教「三昧清淨心」變造萬法之義，依大乘經典《楞伽經》、《勝鬘經》建立如來藏緣起的宇宙觀。真如、實相、自性清淨心、佛性、心性、心體、真心、真性、阿摩羅識、淨菩提心、真心、本覺、一真法界、自性等皆為宇宙萬有本體的不同名稱。《華嚴經》云：「知一切法，即心自性」以及「三界唯心」，《楞嚴經》云：「諸法所生，唯心所現，一切因果、世界、微塵，因心為體。」《楞嚴經》稱如來藏為「妙明真精妙心」、「菩提妙明元心」盡皆指謂「首楞嚴定心」。

《**大乘起信論**》云：

> 一者，聞修多羅說：「**如來法身，畢竟寂寞，猶如虛空。**」以不知為破著故，即謂虛空是如來性。云何對治？明虛空相是其妄法，體無不實，以對色故有，是可見相，令心生滅。以一切色法，本來是心，實無外色。若無外色者，則無虛空之相。所謂一切境界，唯心妄起故有；若心離於妄動，則一切境界滅，**唯一真心，無所不遍。此謂如來廣大性智究竟之義，非如虛空相故。**
>
> 二者，聞修多羅說：「世間諸法畢竟體空，乃至涅槃真如之法亦畢竟空。從本已來自空，離一切相。」**以不知為破著故，即謂真如涅槃之性唯是其空。云何對治？明真如法身自體不空，具足無量性功德故。**

「**明真如法身自體不空**」意謂涅槃即是精神性實體、心體、妙體。

三、佛真法身　前釋迦後彌勒

菩薩進入凡聖分離正偏兼帶境界，禪師謂「前釋迦後彌勒」，「前三三後三三」。「**佛真法身猶若虛空**」指謂清淨涅槃。「**應物現形如水中月**」指謂佛性。兩者「合體」才是「佛真法身」。涅槃與佛性皆有特殊認知。類似六識，故謂「三三」。此與凡夫「六根六識」不同。

佛性出世後定心往復。謂之「金針往復來」（自得慧暉）。定心在涅槃與佛性兩邊優游往復。**修證到「鉤鎖連環。血脈不斷」**，進一步證到正偏兼帶。涅槃佛性混居一身。「佛真法身猶若虛空，應物現形如水中月」，形容佛真法身乃是涅槃佛性「混居一身」而成。清淨涅槃產生佛性。謂之父子關係，刀斧斫不開。菩薩的禪定意識處於「龍蛇混雜凡聖同居」。正偏兼帶意謂前釋迦後彌勒的合成體。涅槃心喻為前釋迦。首楞嚴定心即謂後彌勒。初始「正去偏來無非兼帶」。正偏兼帶境界若定心不來不去，進入理事無礙法界。若涅槃佛性混融一體不分彼此，則證入事事無礙法界。到此證得「一心三觀」即「中道」，一切種智。

萬松老人辯駁宗密批判馬祖一派不懂「自體用」，以「明鏡也有背面」闡述「鏡體鏡面」合體而成「佛真法身」而建立世界。

萬松老人《請益錄》云：

佛真法身。猶若虛空。應物現形。如水中月。此頌兩聯。大似前言不副後語。殊不知鉤鎖連環。血脈不斷。《楞嚴經》道。舜若多神。無身覺觸。舜若。西音。此云虛空。天童道。舜若多

神。喚什麼作法身。他只知佛真法身。猶若虛空。忘卻應物現形。如水中月。還知天童不可續截夷盈處麼。

「佛真法身」乃是涅槃佛性混融而成。喻為「前釋迦後彌勒」、「前三三後三三」。宏智正覺批云「他只知佛真法身。猶若虛空」，若只知「涅槃」是「法身佛」，忘記「佛性」也是法身佛。即「大似前言不副後語」。「佛真法身」乃凡聖同居正偏兼帶。涅槃佛性父子不離。此謂「鉤鎖連環。血脈不斷」，涅槃佛性一體兩面。「猶若虛空」謂清淨涅槃。而「應物現形如水中月」正是佛性的大用。清淨涅槃乃是佛性的本體。謂父子關係，正偏兼帶時節，菩薩的禪定意識乃是「涅槃佛性」的混合體。馬祖故謂「非心非佛」。萬松老人解釋，涅槃如同鏡體，佛性如同鏡面。兩者合體才能呈現萬法。「前釋迦後彌勒」謂「佛真法身」。佛性出世建立世界，可謂「凡聖分離」而又「父子不離」。無著文殊金剛窟公案說「凡聖同居龍蛇混雜」即謂正偏兼帶境界。「兼中至」的理事無礙法界、事事無礙法界皆建立在「凡聖分離正偏兼帶」境界。「凡聖分離」而又「凡聖同居」。涅槃佛性混居一身才有「雙眼圓明」、「雙遮雙照」。我們為何說「凡聖分離正偏兼帶」？佛性出世謂「帝命旁分」。定心出離涅槃佛性出世。「手指空時天地轉，回頭石馬出紗籠」或謂「無端石馬潭中過，驚起泥龍犯海潮」。「泥龍」謂阿賴耶識。這是「凡聖分離」的時節。表面上佛性出世建立世界，實際上「涅槃」與「佛性」父子不離。曹洞宗謂「刀斧斫不開」。這樣就形成「離又不離」的情形。有時「分身兩下看」，有時「渾淪無縫隙」。其實涅槃如同鏡體無時不在。鏡體鏡面共同作用生成萬法。經過「金針雙鎖」「鉤鎖連環」的修證，正當十五日，證得正偏兼帶。此時「凡聖同居龍蛇混雜」。涅槃佛性混居一身。金針不來不去進入理事無礙法界。若涅槃佛性混融一體則進入事事無礙法界，到此證得一心三觀，即大乘中道。證得一切種智。既得妙覺佛位。由此進入那伽定。「衲被蒙頭萬事休。此時衲僧全不會」。「得的人終日閒閒的」、「如愚若魯」任運過日。「到頭霜夜月，任運過前溪」，最終契合絕對本體。洞山良价云「但能相續，名主中主」，意謂最終契合絕對本體，可名「主中主」。

四、原始佛教的如來藏宇宙本體思想

禪宗的核心思想即如來藏佛性是萬法之所依持的具有發生學意義的宇宙本體。這即是「如來藏緣起」。如來藏思想來自「自性清淨心」。在原始佛教經典中「定心清淨」即指首楞嚴大定的「定心」，也就是如來藏。有人說「如來藏只是方便設施」來否定如來藏。當代學者在討論如來藏思想的時候，並未理解阿含類經典所說的**清淨無穢**的「定心」就是如來藏。「如來藏」也絕非佛弟子為了懷念釋迦世尊而臆造出來的「如來」（印順），如來藏佛性是首楞嚴大定的定心，這是禪者的「實證」。論說如來藏思想不屬於原始佛教是錯誤的，他們根本不懂原始佛教的經典。原始佛教以「定心」或「三昧心」來稱呼如來藏、佛性、法身。「定心」能夠「隨意所造」變現萬法。我們看阿含類經典的原文：

《長阿含經》云：

> **彼以定心。清淨無穢。柔濡調伏。住無動地。**一心修習神通智證。能種種變化。**變化一身為無數身。以無數身還合為一。**身能飛行。石壁無礙。遊空如鳥。履水如地。身出煙燄。如大火聚。手捫日月。立至梵天。**譬如陶師善調和泥。隨意所造。在作何器。多所饒益。**亦如巧匠善能治木。隨意所造。自在能成。多所饒益。又如牙師善治象牙。亦如金師善煉真金。隨意所造。多所饒益。摩納。比丘如是。**定心清淨。住無動地。隨意變化。**乃至手捫日月。立至梵天。**此是比丘第三勝法。**

「定心」即禪定意識。這裡說「**彼以定心。清淨無穢**」，又說「定心清淨。住無動地」。清楚地表明「定心」就是「自性清淨心」。經文清楚描繪「定心清淨。住無動地。隨意變化」。此處「無動地」即「不動地」。《楞嚴經》云：「**一真如心，名不動地。」正是八地菩薩的境界，已證無生法忍**。**《八識規矩頌》云「不動地前才捨藏」，意謂到此境界「定心」捨棄無明，故云「清淨無穢」**。關於「不動地」有不同含義。其中有謂「一切種智」（《楞嚴經文句》，明．蕅益大師）。原始佛教經典中的「定心清淨」、「**三昧心清淨無穢**」即指謂如來藏。有人妄言原始佛教沒有如來藏思想，可謂嚴重誤讀。**讀者要注意「隨意所造」的意涵，定心「變造世界」之大用明矣**。經文云：「譬如陶師善調和泥。隨意所造。在作何器。多所饒益。亦如巧匠善能治木。隨意所造。自在能成。多所饒益。又如牙師善治象牙。亦如金師善煉真金。隨意所造。」豈不表明定心隨意變造萬法？禪師心內變造的「世界」，證到「世法佛法打成一片」則與眾生世界一致。

《長阿含經》云：

> **大梵名者即如來號。如來為世間眼。法為世間智。為世間法。為世間梵。為世間法輪。為世間甘露。為世間法主。**

這裡表明佛就是大梵，即「**為世間法主**」的宇宙本體。這是來自古代印度教的教義。「大梵」即生成世界的宇宙本體。離開「宇宙本體」的概念，佛教根本無法建立。佛教「三法印」的「諸法無我」實際應該解讀為：「大我不在諸法之中」，大我「**不與萬法為侶**」。佛陀是以這種方式提出「大我」的思想。

「大身」即是「大我」之義。《大般若經》裡說：「佛說非身即是大身」，印度教以「大梵天」為神格化的宇宙本體。而佛教卻沒有神格化或人格化的「神」，人人具有佛性。

《長阿含經》云：

> 佛告梵志。或有沙門．婆羅門言。一切世間。梵自在天所造。我問彼言。一切世間實梵自在天所造耶。彼不能報。還問我言。瞿曇。此事云何。我報彼言。或有此世間初壞敗時。有餘眾生命盡行盡。從光音天命終乃更生餘空梵處。於彼起愛。生樂著心。復欲使餘眾生來生此處。其餘眾生命盡行盡。復生彼處。時。**彼眾生自作是念。我今是大梵王。**忽然而有。無作我者。我能盡達諸義所趣。於千世界最得自在。能作能化。微妙第一。為人父母。我先至此。獨一無侶。由我力故。有此眾生。我作此眾生。彼餘眾生亦復順從。稱為梵王。忽然而有。盡達諸義。於千世界最得自在。能作能化。微妙第一。為人父母。先有是一。**後有我等。此大梵王化作我等。此諸眾生隨彼壽終來生此間。其漸長大。**剃除鬚髮。服三法衣。**出家為道。彼入定意三昧隨三昧心憶本所生。**彼作是語。**此大梵天忽然而有。無有作者。盡達諸義。**於千世界最得自在。能作能化。微妙第一。為人父母。彼大梵天常住不移。無變易法。我等梵天所化。是以無常。不得久住。為變易法。如是。梵志。彼沙門．婆羅門以此緣故。各言彼梵自在天造此世界。梵志。造此世界者。非彼所及。唯佛能知。又過此事。佛亦盡知。**雖知不著苦．集．滅．味．過．出要。如實知之。以平等觀無餘解脫。名曰如來。**

由於古代翻譯的含混，這段話不易理解。不過，世尊質疑所謂梵自在天創造世界的說法而表明佛才是真正的大梵天。佛說：「**我今是大梵王。忽然而有。無作我者**。我能盡達諸義所趣。於千世界最得自在。能作能化。微妙第一。為人父母。我先至此。獨一無侶。**由我力故。有此眾生**。我作此眾生。彼餘眾生亦復順從。稱為梵王。忽然而有。盡達諸義。於千世界最得自在。能作能化。微妙第一。為人父母。」這裡世尊反駁婆羅門教所謂大梵天創造世界的說法，而表明：「**梵志。造此世界者。非彼所及。唯佛能知**。又**過此事。佛亦盡知。雖知苦·集·滅·味·過·出要。如實知之。以平等觀無餘解脫。名曰如來**。」世尊表明自己就是「造此世界者」的宇宙本體。佛即宇宙本體的意思非常清楚。因此筆者要說，**原始佛教的核心即是「如來藏緣起論」**。如來藏佛性即是精神性的宇宙第一因本體。佛教的真諦在於生死解脫的終極關懷。而真正的佛，即是宇宙論意義的宇宙本體。阿含類經典所說的「定心」即是法身佛，這在原始佛教也稱為「三昧心」或者「如」。這與大乘經典描述的真如、法身、如來藏、真心等是相同的概念。我們提醒讀者，如來、佛性皆謂禪定意識即定心。

《**雜阿含經**》云：

如來體者。金剛所成。十力具足。四無所畏。在眾勇健。**如來顏貌。端正無雙**。視之無厭。戒德成就。猶如金剛。而不可毀。**清淨無瑕。亦如琉璃。如來三昧。未始有減。已息永寂。而無他念**。

如來身者。清淨無穢受諸天氣。為是人所造耶。此亦不可思議。所以然者。以過人行。**如來身者。為是大身。此亦不可思議**。所以然者。如來身者。不可造作。非諸天所及。

「**如來三昧。未始有滅。已息永寂。而無他念**」，非常清楚地描述如來法身的性相。「**已息永寂。而無他念**」指涅槃定境。在此稱為「如來三昧」。「**如來身者。為是大身。此亦不可思議**」，表明如來大身即是生成宇宙的本體。**佛教經典不僅表明佛是「定心」，而且表明「定心」即是精神性宇宙本體。**

《增一阿含經》云：

> **彼復以此三昧心清淨無瑕穢**。無有結使。心性柔軟。逮於神通。復以漏盡通而自娛樂。彼觀此苦。如實知之。復觀苦習。復觀苦盡。復觀苦出要。如實知之。彼作是觀已。欲漏心得解脫。有漏心．無明漏心得解脫。已得解脫。便得解脫智。**生死已盡。梵行已立。所作已辦。更不復受有**。如實知之。

筆者在此將「三昧心」作為一個名詞。這裡描述「三昧心」的「神通作用」。經文云：「欲漏心得解脫。有漏心．無明漏心得解脫。已得解脫。便得解脫智。生死已盡。梵行已立。所作已辦。更不復受有。如實知之。」這可以證明這個「**三昧心清淨無瑕穢**」即是如來藏佛性。這裡講明「無明漏心得解脫」，進一步說明：「生死已盡。梵行已立。所作已辦。更不復受有」。表明已經獲得生死解脫，「不受後有」表明不再進入輪迴。

《大般涅槃經．金剛身品第二》云：

> 爾時世尊復告迦葉。善男子。**如來身者是常住身。不可壞身。金剛之身。非雜食身。即是法身**。迦葉菩薩白佛言。世尊。如佛所說。如是等身我悉不見。唯見無常破壞微塵雜食等身。

何以故。如來當入於涅槃故。佛言。迦葉。汝今莫謂如來之身不堅可壞如凡夫身。善男子。汝今當知。如來之身無量億劫堅牢難壞。非人天身非恐怖身非雜食身。如來之身非身是身。不生不滅。不習不修。

二者示一塵身滿於三千大千世界。如來之身實不滿於三千大千世界。何以故。以無礙故。直以自在故。滿於三千大千世界。如是自在名為大我。

佛言。善男子。汝今所說如是六義。何故不引畢竟無者以喻涅槃。乃取有時無耶。善男子。涅槃之體畢竟無因。猶如無我及無我所。善男子。世法涅槃終不相對。是故六事不得為喻。善男子。一切諸法悉無有我。而此涅槃真實有我。以是義故。涅槃無因而體是果。是因非果名為佛性。

夫無住者名曰虛空。如來之性同於虛空云何言住。又無住者名金剛三昧。金剛三昧壞一切住。金剛三昧即是如來。云何言住。又無住者。則名為幻。如來同幻云何言住。又無住者名無始終。如來之性無有始終云何言住。又無住者名無邊法界。無邊法界即是如來云何言住。又無住者名首楞嚴三昧。首楞嚴三昧知一切法而無所著。以無著故名首楞嚴。

《央崛魔羅經》（四）云：

偈云。如來所變化。眾生悉不知。如來所作幻。眾幻中之王。大身方便身。是則為如來。

這裡「大身」即「宇宙本體」之義。

《勝鬘經》云：

如來藏常住不變。是故如來藏。是依是持是建立。

《起信論》（唐三藏等譯，非流行版本）云：

問：若佛法身無有種種差別色相，云何能現種種諸色？

答：以法身是色實體故，能現種種色，謂從本已來，色心無二。以色本性即心自性，說名智身。以心本性即色自性，說名法身。依於法身，一切如來所現色身，遍一切處無有間斷。

「色」指現象，「法身是色實體故，能現種種色」表明法身（佛性）即是本體。「性相」，「性」指本體，相指現象。六祖慧能說「自性」意謂宇宙本體。「性相平等」意謂現象與本體平等無別。禪宗將涅槃定心喻為法身。

《壇經》（六祖）云：

自性建立萬法是功，心體離念是德。

吾戒定慧，勸大智根人。**若悟自性，亦不立菩提涅槃，亦不立解脫知見。無一法可得，方能建立萬法。若解此意，亦名佛身，亦名菩提涅槃。**

慧能所說的「自性」即如來藏佛性。在禪宗心即是意識，佛性即首楞嚴大定定心。佛性是包羅萬象，融攝萬法的本源。「即佛乃定」，六祖表述明白。禪者認為心外不存在任何事物。山河大地森羅萬象，無不是從人心中生出、呈現、變化。

《入道安心要方便》（《楞伽師資記》道信）云：

此等心即是如來真實法性之身；亦名正法；亦名佛性；亦名諸法實性，實際；亦名淨土；亦名菩提，金剛三昧，本覺等；亦名涅槃界，般若等。名雖無量，皆同一體。

這裡講得明白，「佛性」即「如來真實法性之身」。此說不分「如來」、「佛性」。

清涼澄觀《心要法門》云：

至道本乎其心，心法本乎無住，**無住心體靈知不昧**。性相寂然，包含德用；該攝內外，能廣能深，非空非有，不生不滅，求之不得，棄之不離，**迷現量則惑苦紛然，悟真性則空明廓徹**。

晉譯《華嚴經．如來性起品》（現譯《如來出現品》）云：

復次，佛子！如從水際，上至非想非非想天，其中所有大千國土，欲、色、無色眾生之處，莫不皆依虛空而起、虛空而住。

「虛空」謂涅槃，涅槃生成佛性建立世界古稱「**性起**」。華嚴宗、禪宗依據此說成就「性宗」。禪宗理路來自禪定實證。華嚴宗**清涼澄觀大師《華嚴經玄談記》**云：「**若以染奪淨，則屬眾生，故唯緣起；今以淨奪染，唯屬諸佛，故名性起。**」此處對「緣起」與「性起」解說分明。對於眾生世界的現象界，「因」即是「性」，如來藏佛性（「空」）即是因。真如不變隨緣。「真如」是內因，由外緣而變現萬法。**龍樹云：「因緣所生法，我說即是空。」此「空」即「真空」涅槃本體之義**。十二因緣緣起，是眾生俗諦觀察世界現象的遷流演變所得，一切萬法皆是阿賴耶識（**以染奪淨**）所生，萬法本體即是佛性，性起與如來藏緣起並無根本分別。萬法歸一而一有多種。「因緣」重要在於「因」，尤其是「正因」，即指謂發生學的宇宙本體。很多人誤將「緣起」理解為「因緣」生成萬法。

日本批判佛教一派認為原始佛教沒有如來藏的概念，甚至說如來藏思想違背原始佛教教旨。筆者認為他們根本沒有讀懂阿含類經典。在原始佛教阿含類經典裡即已詳盡地描述「定心清淨」變現世界萬法的情形。原始佛教阿含類經典中提到的「**定心清淨**」、「**三昧心清淨無穢**」等概念正是如來藏的早期稱謂。這在佛教經典中曾大量提到。《雜阿含經》提出：「**此等諸法，法住、法空、法如、法爾，法不離如，法不異如**」，如此論證「如」作為宇宙本體。此即「色不異空」之義。在後期大乘如來藏類的經典裡，對如來藏作為宇宙本體的描述更為清楚。佛教不承認物質性的客觀世界。如來藏佛性作為首楞嚴大定定心，作為精神性的宇宙本體的功用在阿含類經典中有著精彩而明確的表述。

原始佛教經文中清楚地表明如來藏（佛性）作為發生顯現世界萬法的宇宙本體。這裡需要指出，阿賴耶識的根本在於如來藏（共相種子）。隨善不善因而「起」諸法。故此我們說如來藏佛性是發生學意義的根本因、第一因。

《楞嚴經》云：

> 夫無住者名曰虛空。如來之性同於虛空云何言住。**又無住者名金剛三昧。金剛三昧壞一切住。**金剛三昧即是如來。**云何言住。又無住者。則名為幻。如來同幻云何言住。又無住者名無始終。如來之性無有始終云何言住。又無住者名無邊法界。無邊法界即是如來云何言住。**又無住者名首楞嚴三昧。**首楞嚴三昧知一切法而無所著。以無著故名首楞嚴。**如來具足首楞嚴定云何言住。

佛經所說以及各位大師注疏中所謂「**十方如來。及大菩薩。於其自住三摩地中**」、「**常住首楞嚴大定**」等說法都表明大定的「定心」即是如來、菩薩。佛、菩薩指謂的並不是「人」。禪宗以禪定為宗，如來對應「無漏滅盡定」，彌勒對應首楞嚴大定。「定心」即禪定意識。須知有時如來（涅槃）與佛性不加分別。

在中國思想史上，禪宗思想閃耀卓越的光彩，對儒家思想以及道家思想都具有極深的影響。宋明理學心學以及道家的內丹學說可謂受到禪宗思想的影響而發展出來的。這是中國文化史濃墨重彩的一筆，我們不能虛無這個歷史事實。研究中國文化史以及思想史都要重視禪宗思想在中國思想史的深刻影響。有些學者說禪宗思想受到儒道思想的影響滲透，則是嚴重歪曲中國思想史。筆者希望這些學者能夠反思。這是中國思想史關乎大是大非的問題。

中國禪宗以如來藏緣起（「性起」）思想作為核心理路，並以如來藏緣起思想作為成佛根本依據。按照中國禪宗的思想，佛即是精神性的宇宙本體。人的如來藏佛性即首楞嚴大定的禪定意識，可以契入清淨涅槃的絕對本體而融會契合宇宙本體。成佛意味禪者泯滅小我後「證入本體」。禪宗講的佛、佛法、涅槃、真如、法身、實相、如來藏、本來面目等等，就本質而言都指向精神性宇宙本體。這裡我們暫不區別涅槃本體、如來藏佛性本體、絕對本體（究竟涅槃）之間的微妙差別。禪的根本意諦在於人的生死解脫。禪思想裡並沒有人格化的終極存在作為俯視眾生的神靈而掌握人的命運。禪提供可以修證實踐的方法，使人在禪定中達到與宇宙本體契合為一的境界，這即是成佛。筆者認為，這是人類最為超卓的終極關懷思想。這是禪思想最為殊勝的地方。

佛教的創始者釋迦牟尼並不是神，「佛」也不是神仙。佛教並沒有預設超越的人格化的神仙或造物主。並且以造物主所建構的天堂作為終極關懷的美好歸宿。釋迦牟尼創立佛教的根本出發點在於他觀察到人間的苦難。佛教以「苦集滅道」為四聖諦。世尊認為人間最大的苦難是生死，任何人都無法避免「生老病死」。另一方面佛教認為人有靈魂，人的「神我」（「精魂」）還要生生世世輪迴不已。很多佛教研究者否認「神我」，這就等於否認輪迴主體。根據印順法師的考證，**「如來」在梵語中即是「神我」之義**。當下人們很少關注「生死解脫」。物理學告訴我們這個宇宙總有一天會在「熱寂狀態」消亡。就此而言，人類一切活動的終極意義在哪裡？個人存在的意義在哪裡？佛教在數千年前就開始思考「個人存在」的意義。佛教的根本思想在於生死解脫。佛教認為這個世界是精神性的存在（「非物質性」）。世間萬法皆是虛幻的存在。一切存在物都有生有滅。人如何超越「生死」而進入永恆？禪宗認為萬法的精神性宇宙本體才是不生不滅的永恆存在。**生死解脫在於修證成佛以期肉身滅後定心契合宇宙本體**。「真空不空，妙有不有」。這裡「空」指謂精神性的宇宙本體。「空」絕非「空無」之意。多數人都誤以為「空」是「空無」。禪師常常以「空」來稱呼宇宙本體。禪師說：「真空不空」。《心經》說「色不異空空不異色」，表明禪宗宇宙觀裡「現象與本體」的辯證關係。這裡「空」（本體）與色（現象）是相即相離非一非異的關係。禪宗的宇宙觀並非哲學理論而是來自禪師的禪定實證。我們在後面會詳細闡述。

大定意識稱為「獨頭意識」，乃是精神性的實體。這與西方哲學所理解的意識大異其趣。這是「沒有意識活動，沒有意識相關項」的意識。現象學所謂「意識必然是關於某物的意識」的說法被徹底顛覆。

近當代佛學大師們雖然觸及禪宗思想中成佛即契合宇宙本體的思想，然而卻並未徹底通達禪宗的理路。佛教的根本出發點在於思考人在死亡後的「出路」。思考「死的燦爛」並不能阻止思考「生的永恆」。熊十力先生沒有搞懂禪師說的「萬古長青一朝風月」的深刻含義。「個體的生命」必須完全泯除自我意識後，其意識才能「乃與寂然真體契合為一」。熊十力先生未能解釋他所謂「寂然真體」指謂什麼，其實即指精神性宇宙本體。

五、絕對本體、涅槃本體與佛性本體

我們反覆解說涅槃乃具有主觀性也有客觀性的精神性存在。空劫之前，混沌未分，無佛無眾生，象帝之先、七佛之前、無山河大地、無「天地人」時，涅槃即作為絕對本體存在。謂之究竟涅槃具有客觀存在的意蘊。《請益錄》（萬松老人）云：「人境俱奪。要與長沙光未發時相見。」《請益錄》又云：「**萬松老人嘗道。混沌未分時。還有天地人不。父母未生時。還有己身不。心念未起時。還有迷悟凡聖不。**」表明混沌未分時無佛無眾生時即有究竟涅槃。涅槃是「精神性」存在，意謂其非物質性。混沌既分後人能夠「造到」涅槃，則涅槃作為禪者滅盡定的禪定意識存在，成為與人有關具有主觀性的存在。人經過禪定修證能證入涅槃。人類出現後才有禪定意識，而涅槃作為滅盡定定心而存在，故有主觀意蘊。禪定意識經過涅槃境界與無漏滅盡定同質化後證得首楞嚴大定即佛性。佛性作為人的禪定意識存在。佛性是直接因第一因的宇宙本體。佛性出世建立世界。

水晶宮、光明殿、夜明簾外，指謂涅槃。清淨涅槃作為精神性存在，確有一個標準，即「無念」、「無心」，眾生證入此境，「暫時不在如同死人」。即可驗知證入清淨涅槃。這個客觀的標準是成立的，卻無人知道禪者「無念」境界是否真實。有漏涅槃也證得「無念」、「不見一色」。另一方面，涅槃既是個人能夠證入的禪定境界，必然具有主觀的色彩（意蘊）。因此，禪宗不以證入涅槃來驗證「成佛」，禪師說「枯木生花始與他合」。即以證得佛性，佛性出世建立世界來驗證是否「子歸就父」證入涅槃正位。

本書中「清淨涅槃」以「涅槃」、「法身」、「涅槃正位」稱呼。涅槃作為理體法身（佛性之父），在無佛無眾生的空劫以前就存在，與人有關也無關。清淨涅槃即曹洞宗所說的正位。無漏滅盡定、理體法身。對禪宗而言，這並非虛無縹緲的宇宙本體概念，更非人臆想的東西。對禪師而言，這是可以親證實際「踐履」的禪定境界。我們看幾位大禪師形容涅槃：

楚石梵琦云：

未有世界。早有此性。世界壞時。此性不壞。出世不出世。成佛不成佛。總是閒言語。淨法界身本無出沒。大悲願力。示現受生。

疏山了常云：

混沌未分便有渠。**堂堂相貌絕名模。長沙譩道承恩力。試問還曾識也無。**

《請益錄》萬松老人云：

師云。湖南長沙招賢大師。上堂云。我常向汝諸人道。三世諸佛。共盡法界眾生。是摩訶般若光。光未發時。汝等諸人向什麼處委。光未發時。尚無佛無眾生消息。何處得山河國土來。萬松嘗道。混沌未分時。還有天地人不。父母未生時。還有已身不。心念未起時。還有迷悟凡聖不。

混沌未分前的涅槃謂之「究竟涅槃」，即絕對本體。「無人無佛」時絕對本體不能作為禪定意識存在，**《請益錄》**（**萬松老人**）云：「**人境俱奪。要與長沙光未發時相見。**」**即謂究竟涅槃**。混沌未分時無佛無眾生即有究竟涅槃。究竟涅槃與人沒有關係。人出現後究竟涅槃以人的禪定意識存在。此時稱為「清淨涅槃」。人力雖然能夠造到涅槃，涅槃卻不因人而存在。涅槃是難以定義的「虛空」。若強加比喻，涅槃猶如一座祖父宮殿，修證者的禪定意識必須穿越這個宮殿，與祖父的精神性存在同質化卻不能在此停留。此謂「鶴不停機鳳無依倚」。涅槃乃「寶殿無人空侍立」、「玉殿苔生」、「尊貴之人不居尊貴之位」的境界。清淨涅槃是禪定的極則，在清淨涅槃之上存在著超越的精神性絕對本體。**絕對本體與人無關**。人只能死後經過與其同質的清淨涅槃最終契合宇宙絕對本體。

鼓山元賢解釋曹洞宗「賓主」如下：

> 四賓主者。主。即正。即體。即理。賓。即偏。即用。即事。理之本體。不涉於用者。名主中主（絕對本體）。喻如帝王深居九重之內也。親從體發出用者。名主中賓（涅槃）。喻如臣相奉命而出者也。在用中之體。名賓中主。如閙市裡天子也（佛性）。用與體乖。全未有主。名賓中賓（凡夫）。喻如化外之民。無主之客也。此四賓主。與臨濟不同。學者詳之。

「理之本體。不涉於用者。名主中主」謂絕對本體。「主中主」與涅槃非體用關係，絕對本體不涉於用。曹洞宗謂之主中主、夜明簾外主。**絕對本體即「理之本體」**（**鼓山元賢**）。百丈懷海說「祖父從來不出門」也指絕對本體。絕對本體無法驗證。終極的宇宙本源無法驗證也不可言說。**「大道」也是強名而已。人可以證入涅槃，而絕對本體乃是與人無關的獨立存在。**

《請益錄》萬松老人云：

萬松當道。混沌未分時。還有天地人不。父母未生時。還有己身不。**心念未起時。還有迷悟凡聖不。**

涅槃既有主觀也有客觀存在之一面。在人，可以修證「造到」，而空劫之前，混沌未分，無佛無眾生，無山河大地，無「天地人」，究竟涅槃即以絕對本體的意義存在。因此涅槃具有客觀存在的意蘊。

《人天眼目》云：

曹山五位君臣圖（頌並序）

夫正者。黑白未分。朕兆未生。不落諸聖位也。偏者。朕兆興來。故有森羅萬象隱顯妙門也。

禪定意識證入涅槃「不居正位」，「夜明簾外轉身」出離涅槃證得首楞嚴佛性。此謂佛性出世建立世界。禪師如果不會轉身退位，留戀涅槃安樂，禪師謂之「鬼窟裡作活計」而「死水淹殺」，點額而回落在「法身邊」。涅槃猶如祖父的光明殿、琉璃殿，這是修證者必須證入的「無心」境界，「未到無心需要到，無心還有幾重關」。修證者禪定意識「穿堂而過」，此時禪定意識與「清淨涅槃」同質化（「子歸就父」），這樣禪師死後才能契合絕對本體。佛性是眾生世界的第一因本體。此即見性成佛。佛性出世建立世界。到此定心要在涅槃與佛性之間「金針往復來」。定心在涅槃與佛性之間「如珠走盤」，「轉必兩邊走」。「月船不犯東西岸」，初始「乍出乍入，不是作家」。萬松老人說：「**難得出則為雲為雨。入則冰結霜凝。此乃乍出乍入。未是作家。直得針線貫通。毫芒綿密。**」所謂「**把住則黃金失色，放行則瓦礫生光**」，皆是初學作略。到此地步要「轉身」。禪定意識進入涅槃正位卻不在此停留，「未有長行而不住」，「入息不居陰界，出息不涉眾緣」。經過長期練習進入「金針雙鎖玉線貫通」，達到「鉤鎖連環血脈不斷」。再進一步進入「正偏兼帶」。「前釋迦後彌勒」乃是「佛真法身」。這是禪宗極其重要的境界。定心兼攝涅槃佛性，所謂「**前三三後三三**」、「**內君外臣**」（**宏智正覺**）、「一腳門裡一腳門外」（**宏智正覺**）、「**凡聖同居龍蛇混雜**」。**涅槃佛性混居一身**。「正偏兼帶」也有兩個次第；初始定心還在往復，「正去偏來無非兼帶」（林泉老人）。定心隨流得妙修證純熟後，若「定心不動。不來不去。不捏聚不放開。獅子踞地」，**即到理事無礙法界**。**若涅槃佛性混融一體**，「**上古今來成一體**」，**即正偏兼帶的極則，進入事事無礙法界**。**圓悟克勤云「萬斛珍珠撒向人間」**，形容事事無礙法界。圓悟克勤上根利智，頌正偏兼帶即進一步頌事事無礙法界。

宏智正覺云：

> 如何是金針雙鎖帶。師云。正去偏來自回互。其間消息密全該。金針雙鎖帶也。個時正能來偏。偏能來正。於其中間。未曾應事。子能成其父。臣能奉其君。俱在門裡。未現相狀。便解向裡頭受用。

「凡聖分離正偏兼帶」是菩薩境界高級次第，我們在後面詳加解說。

修證者進入涅槃轉身退位證得首楞嚴佛性，佛性出世建立世界。此謂「不入驚人浪，難得稱意魚」。佛性出世禪者經過修證進入凡聖分離正偏兼帶，再證入理事無礙法界，到此驗證大定定心具有生成萬法的宇宙本體功能。學人須知，涅槃是無漏滅盡定的精神性境界，宛如琉璃古殿，證入者穿越而過。留戀者退入「鬼窟」「死水」。涅槃「玉殿苔生」（寶殿無人）。禪者不居正位，到此「子歸就父」轉身退位佛性出世。菩薩境界定心在涅槃與佛性（楞嚴大定）之間「金針往復來」（自得慧暉）。「無須鎖子兩頭搖」（石霜慶諸）。「金針雙鎖玉線貫通」。「機輪曾未轉，轉必兩頭走」（圓悟克勤）。純熟後「鉤鎖連環首尾相接」。此即曹洞宗「血脈不斷」。還要證入正偏兼帶，「雙遮雙照」。若涅槃佛性混融一體，「遮照不立遮照同時。同時即不立，不立卻同時」，到此證入事事無礙法界。

萬松老人云：

難得出則為雲為雨。入則冰結霜凝。此乃乍出乍入。未是作家。**直得針線貫通。毫芒綿密。機絲不掛。文彩縱橫。諸方道。把定真金失色。放行瓦礫生光。**謂之有擒有縱。能殺能活。洞上宗風。斥為話作兩橛。決針斷線。不見道。**恁麼相續也大難。**直須當存而正泯。在卷而亦舒。鉤鎖連環。謂之血脈不斷。

正偏兼帶有兩個次第。理事無礙法界屬於初級次第。定心不動不來不去、不捏聚不放開。菩薩觀照下「色不異空空不異色」，「菩薩見色無非觀空」。在理事無礙法界，「現象」存在卻剎那成為「本體」。

謂之「須臾之頃轉色歸空」（真歇清了）。宏智正覺云「借來聊爾了門頭，得用隨宜即便休」。表明現象須臾轉化為本體。證入正偏兼帶的高級次第，萬松老人云：「天童內君外臣。建立雙照時節。」此處「內君外臣，雙照時節」即「明暗雙雙」、「雙明雙暗」，謂「雙遮雙照」。禪師所謂「夜深同看千岩雪」，「誰共澄潭照影寒」。涅槃佛性父子不離。涅槃定心寂而常照（妙覺），佛性具有般若智慧六根互用。禪師謂之「佛眼」，涅槃與佛性的觀照合稱「雙眼圓明」。若涅槃與佛性混融一體，「上古今來成一體」、「徹底光明成一段」、「理事何妨分不分」，即證事事無礙法界，證得一切種智。

六、成佛宗旨在證入本體解脫生死

按照佛教的輪迴理論，人來到這個世上，靈魂經歷多少輪迴，終於託生為人。進入「人」的階段才可能修證成佛。而人的壽命畢竟有限，生命的終極意義究竟是什麼？人間儘管有風花雪月聲色犬馬，歸根結蒂還是「縱有千年鐵門檻，終需一個土饅頭」。到頭來還是「一片白茫茫大地真乾淨」。古今中外的哲人都試圖為人的生命找到終極意義。每個人來到世界上都可以說「被拋入這個世界」。人沒有選擇出生的權利。人的命運從開始就是「存在在先」。我們很難定義「人的本質」或「生命的本質」。佛教認為人生皆苦。佛教理論根本的「苦集滅道」四諦表明佛教對人生消極看法。我們要追問：我們的世俗生命結束以後，難道就什麼也沒留下？人們在此世辛辛苦苦奮鬥一生，難道只有吃喝玩樂男女飲食？每個「人」難道只是由肉體來決定個體的存在嗎？人難道沒有靈魂嗎？我們不但要面對忙忙碌碌的日常生活，我們每個人也必須面對一個無奈的結局——死亡。而且，作為整體的人類文明，也必然歸於毀滅。天外來客隨時可能與地球對撞。或者文明在「宇宙熱寂」中與宇宙一起同歸於盡？人從出生後死亡與我們形影不離，人類的生存真是所謂「向死而生」。人們不能不思索：我們究竟是從何而來？我們的存在究竟有什麼意義？地球人類的前途在何處？個人死後有沒有一個安頓靈魂的彼岸世界？這個彼岸世界是什麼樣子呢？佛教不是哲學，然而佛教對這個世界的看法卻以「苦集滅道」來闡釋。人在死後還要進入無盡無休的輪迴，佛教的根本立意在於解脫生死輪迴。佛教對「此生此世」採取否定的態度。佛教不重視物質生活。**日本鈴木大拙宣稱禪宗對生活是「絕對的肯定」可謂違背佛教基本教義**。他逢迎西方人的世界觀。佛教認為，「凡所有相皆是虛妄」（《金剛經》）。佛教「四聖諦」「苦集滅道」首先認為人生皆苦，而且處於無盡的生死輪迴中。輪迴來到「人」的階次，人生的意義在於利用肉身修證成佛。佛教主張「三界唯心萬法唯識」。「經驗世界」是虛幻不實的，萬法皆是虛幻的存在。佛教認為世俗生活並無意義。追求生死解脫的出路在於契合不生不滅的宇宙本體（「契如如」）。「佛性」是呈現世界森羅萬象的宇宙本體。佛性本體是精神性世界的造物主，精神性世界的**宇宙本體是精神性的存在**。**我們稱為佛**。

世界上的「高級宗教」（湯恩比）所信奉的超越者皆含蘊「造物主」的意思，不過佛教禪宗所信奉的不是人格化的神靈，而是與人無關的客觀獨立的宇宙本體。我們謂之「絕對本體」或「究竟涅槃」。禪宗的宇宙本體並非來自神話、傳說、臆想或邏輯推理，涅槃、佛性皆是禪師能夠在禪定中實證的精神性存在。證入精神性的宇宙本體即是成佛。人們常常將「天人合一」視為極其高遠的理想境界。儒家雖然提出這個話題，卻沒有提供任何可以實踐可以操作的方法達致「天人合一」。**在世界範圍內，只有中國禪宗提供可以修證實踐的完備方法來達到「天人合一」**。中國禪宗以禪定為宗，禪宗的天人合一是通過禪定修正來實現的。中國原始道家思想源自世俗性神話，類似希臘神話將世俗的事物與人物神話化。道家的神仙譜系也很繁雜。道家最終還是追求長生不老的結局。宋代道教在禪宗思想影響下發展出內丹學說，實際上借鑒了禪宗的思想。儒家思想發展到宋明理學、心學，儒家在核心的思想理路上也大量借鑒了禪宗思想。現在有些學者宣揚禪宗思想來自莊老、道家，甚至說什麼「向儒家心性論的回歸」，這是對中國思想史的歪曲，也是對禪宗思想的極度貶低。人類如果真能「天人合一」，那就離不開宇宙本體的思想。「天人合一」不可能在儒家的道德修養層面實際操作，也不可能在「物我兩分主客對立」的意識形態下達到，禪宗追求在唯心主義的意識形態下經由禪定的定心契合精神性宇宙本體進入永恆，這樣的思想在人類思想史上卓然獨立，可謂精彩絕倫輝耀人類的終極關懷。

佛教的根本宗旨在於成佛。佛教教義基於人生皆苦的思想，佛教既然認為人生是一場苦難，輪迴更是無盡的苦難，那麼如何才能由此解脫呢？在世界上什麼東西是永恆存在呢？一切有形有相的事物都有生有滅，連偉大的皇朝帝業都無法永恆存在。假如說有什麼能夠永恆存在，那麼在世界上唯一能夠永恆存在的只有「實在的」宇宙本體。宇宙本體的思想在古代印度早已流傳，從奧義書到婆羅門教，「大梵」作為宇宙本體的思想在古印度是根深柢固的。釋迦牟尼曾經學習婆羅門教，佛陀建立佛教其實借鑒了婆羅門教的思想。這是確定無疑的。佛陀的「三法印」提出「諸法無我」，其真實含義即是「諸法無大我」或謂「大我不在諸法中」。因為小我個體本是諸法之一，「諸法無小我」是說不通的。從原始佛教開始，佛陀的教義就含有大梵即宇宙本體的思想。在早期阿含類經典中，**《長阿含經》云：「大梵名者即如來號」**。大乘般若佛典例如《金剛經》裡，佛陀說：「佛說非身，即是大身」，這裡「非身」即「無我」，而「大身」即謂「**大我**」。**「大我」即是宇宙本體之義**。大乘中觀學派所說的「空」，並非意味「空無」而是「本體」之義。瑜伽學派也講「真如」、「圓成實性」，如來藏緣起理論中宇宙本體的思想更為突出。宇宙本體思想應該說來自禪定修證以及古代印度婆羅門教的思想，源自印度教中「大梵」作為宇宙本體的思想。很多佛教研究者在談到如來藏思想的時候，未能理解佛教源自婆羅門教。也忘記釋迦牟尼曾經長期學習婆羅門教的歷史事實。「大梵」作為古印度的核心思想，佛教受其影響是很自然的。筆者認為，佛教思想與婆羅門教思想可以融會貫通。在印度佛教最終與印度教合流。大梵與佛性本體作為精神性宇宙本體的思想可謂一脈相承。學者們常常論證佛教沒有「神我」，其實**「如來」即是「神我」之義（印順法師）**。佛教的根本意旨在於「生死解脫」，而生死解脫進入永恆的唯一路徑在於「證入本體」。**這是因為不生不滅的永恆存在只有也只能是宇宙本體**。世尊說涅槃「常樂我淨」。這裡的「我」即「大我」，即是宇宙本體之義。佛教有人常以「外道」來貶低其他教派，而中國禪宗則公開宣示「教外別傳」，不懼被誣為「外道」，可見中國禪宗祖師的偉大氣魄與膽量。就中國禪宗成佛理路而言，法身佛具有「造物主」性質能夠生成世界，也是一切現象背後的本體。禪宗思想必須作為一個完整的唯心論的思想體系來理解。有人或問：研究禪宗思想為什麼還要講宇宙本體這些哲學概念？我們認為，禪宗思想固然不是哲學，然而要解脫生死超越輪迴，必然涉及終極關懷的問題。西方的終極關懷主要經由預設的上帝來解決。**禪宗的終極關懷認為成佛即契合宇宙本體才能「永恆存在」**。精神性的世界必由精神性宇宙本體生成顯現，世界上「不生不滅不變不動」的只有精神性宇宙本體。**禪宗的「本體界」是多元多層次的結構，即佛性、涅槃與超越的絕對本體。佛即宇宙本體**。所謂成佛意謂契合終極的究竟涅槃，通過禪定達至「人佛合一」。涅槃是禪定中實證的「實際理地」，佛性乃是禪定定心經過涅槃同質化後轉身退位而證得，乃是第一因的宇宙本體。禪者在正偏兼帶理事無礙法界，菩薩定心可以感應萬法本體，菩薩的「佛眼」（佛具五眼）可見森羅萬象。佛性定心「撒手懸崖下，分身萬象中」，佛性定心「身先在裡」。在理事無礙境界，「驢覷井」而「井覷驢」。菩薩可以驗證佛性生成萬法的宇宙本體的作用。這是禪宗的殊勝之處。

釋迦牟尼曾經學習婆羅門教，佛陀建立佛教借鑒學習了婆羅門教的思想。這是確定無疑的。佛陀的「三法印」提出「諸法無我」，其真實含義即是「諸法無大我」，或謂「大我不在諸法中」。從原始佛教開始，佛陀的教義就含有大梵即宇宙本體的思想。《長阿含經》云：「**大梵名者即如來號**」。「大我」本身即是宇宙本體之義。大乘所說的「空」，即是「宇宙本體」之義。

人人具有的自我意識可謂同質，其特質即「自私」。自我意識即無明之核心，我們的經驗世界是「眾生業力所成」。這個「眾生業力」不能因為「一人發真歸元，十方虛空悉皆消殞」。禪者死亡山河猶在。「三界唯心萬法唯識」畢竟是禪師內心的境界。在此意義上，「眾生業力」對個體而言可以說即是阿賴耶識。山河大地與任何個人的生死都無關。**「眾生業力」是眾生阿賴耶識的總和**。阿賴耶識真妄和合。佛性即真心，妄識即無明。無明實性即佛性，其核心即自我意識。此即唯識學所說的「自內我」。這個「自內我」是無明妄識的核心。**筆者在本書裡闡述「自在型自我意識」理論。否定沙特所說的「反思型自我意識」**。眾生所見的山河大地大致是相同的景象，這表明森羅萬象有「共相種子」，這個「共相種子」就是真妄和合的阿賴耶識所含蘊的佛性。從動物的自私本能到人的自我意識，自我意識的本質即自私，這是不證自明的，阿賴耶識含蘊的自我意識（「無明」）與佛性是「共相種子」，因此眾生世界只是一個世界。**禪師稱自我意識為「精魂」，即是「去後來先作主公」的「輪迴主體」**，在眾生位即無明妄識的核心，「無明實性即佛性」即人人先天具足。人「轉識成智」而成佛。

佛性是直接顯現森羅萬象的宇宙本體，佛性可由無明轉化而來，「無明實性即佛性」。無明與佛性非一非異，一體兩面。菩薩「轉識成智」可轉化無明而成佛性，佛性即「共相種子」。佛性不僅由涅槃生成也與涅槃同質。涅槃、佛性與客觀的宇宙絕對本體同質。個體可以滅亡，但是「共相種子」生成的山河大地卻存在。人人心內所見的世界既是「重合」的相同世界。個體死亡如同「千燈之室」裡一燈滅卻。山河大地不會「悉皆消殞」。《華嚴經隨疏演義鈔》（唐清涼山大華嚴寺沙門清涼澄觀述）中關於共相說：

今略引論釋。釋第一云。次當顯示淨法界相。釋難抉擇法界差別。謂有難言。若諸如來法界為性。**法界則用真如為體。真如即是諸法共相。**

清涼澄觀是華嚴宗四祖，他表明：**「法界則用真如為體。真如即是諸法共相」。世俗諦的山河大地森羅萬象只是眾生世界的重合，每個人的內心世界，看似千差萬別，其實也是共相種子所生成。這個共相種子即是人人具有的佛性。**

筆者的觀點是：理性要為「信仰」留餘地，為「未來的理性」留餘地。今天的非理性在未來可能被認為「理性」。人類的「理性」與人類的知識是相關的，人類的知識在歷史長河中不斷發展，則理性也必然發展變化。

七、「空」與「無」的歷史淵源

「空」是中國人創造的佛教詞彙，這個詞的翻譯在佛教進入中國的流傳發展史具有重要地位。我們知道般若類經典如《金剛經》經過翻譯由印度傳入中國，在翻譯的過程中，出現了譯文不準確甚至誤譯的情形。應該說這種情況在任何翻譯工作中都很難避免。「空」這個詞具有多義性，因此在中國的佛教歷史和文化思想史上產生了極大的誤解。漢語語言一般總是將「空無」連在一起解讀，很多人將「空」理解為「空無一物」的「無」，這成為一種廣泛存在的錯誤理解。實際上佛教和禪宗所講的「空」，個中意旨複雜玄妙，理解為「無」或「空無」是完全錯誤的。佛學家將「空」解為「真空假有」也只是一種表面釋義的解釋。我們留待後面解釋禪宗特有「空無」不立的「空」。首先，我們來解釋「空」的「宇宙本體」含義。佛教中觀學說的「空」指稱一個「無生無滅永恆存在絕對有」的「本體」。這與龍樹所說「因緣所生法，我說即是空」的「空」意義相同。大乘中觀般若學說的「空」就是佛性、法身、真如的同義詞，可以說就是宇宙本體的意思。

佛教在傳入中國的過程中，確實發生一些嚴重錯譯的情況。佛教的一些術語在漢語中沒有對應的詞彙，只能借助道家和魏晉玄學的詞彙來翻譯佛經，例如譯「無常」為「非常」、「無我」為「非身」、「真如」為「本無」、「禪定」為「守一」、「涅槃」為「無為」等，其實佛教的「無為」與老子提出的「無為」概念是完全不同的，根本不能相提並論。中國禪宗也曾「因錯就錯」，並以創造性的誤讀佛經因而發展出全新的佛學概念。這是我們研究中國佛教應該重視的。眾所周知，在魏晉南北朝時中國盛行「玄學」。可以說，佛教原來是借助「玄學」的氾濫才得以進入中國並很快地得到人們的接受。佛教較有規模的傳入中國，大約在魏晉南北朝時期。大乘和小乘幾乎同時傳入中國。般若類經典也很早就傳入中國，並得到大規模翻譯，引起中國思想界的重視。大乘般若哲學思想在傳入中國時，恰遇魏晉正始玄學在中國思想界占據壟斷地位，因此人們在翻譯大乘般若類經典時受到魏晉玄學思想的深刻影響，人們實際上是以魏晉玄學的思想觀念來「創造性誤讀」了大乘般若類經典，因此使得大乘般若理論打上很濃厚的中國思想的烙印，也可以說對印度大乘般若思想進行了中國化的改造。這種情況的發生是由於在大乘般若學說剛剛傳到中國時，那時人們對般若學說的真義缺乏了解，普遍認為大乘般若學說與魏晉玄學相近。這樣，魏晉玄學的濫觴對佛教傳播的確起到「移花接木」的作用。例如名僧道安，就是按照玄學的觀念去理解解釋般若思想，並得到社會的廣泛承認。我們在研究魏晉玄學與大乘般若學說的時候，確實可以發現一條比較明晰的線索，標誌兩者的密切關係。我們看到**「自性空」來自「如性」的錯譯，於是「自性空」與「本無」**的意思相近。魏晉時代的王弼、何晏建立「以無為本」的玄學本體論，認為在世界萬象之後存在一個精神性的主宰或本體，他們稱之為「無」或「本無」。這個詞很容易導致人們望文生義的誤解，以為「無」就是「空無一物」。而佛教的「無」、「無心」意謂涅槃本體，乃是精神性的實體。西晉郭象主張「崇有」，但是他的本體論思想與王弼仍是大同小異，他所謂的「玄冥之境」仍是「本無」的代名詞，只是他的思想更加接近大乘般若學說。他說「玄冥者，所以名無而非無也」。幾近「真空妙有」的說法。他的這種辯證法思想在魏晉玄學中達到很高的境界。魏晉南北朝時期的人們普遍認為大乘般若學（中觀學說）與玄學並無差別，如此導致將「如性」譯為「本無」，並進一步理解為世界萬物本體的「無」或「空」。魏晉玄學的最基本概念是「無」或「本無」，也是精神性的「本體」概念。這來自《老子》的「無」。玄學家們認為「無」是「無形無體」卻又是世界萬象發生的本源、本體。「無」有時被稱為「本」、「一」、「自然」等。這種「**貴無**」思想以何晏、王弼為代表。魏晉玄學也把事物分為本末兩個部分，「本」即本體，「末」即現象。**湯用彤先生認為王弼哲學（魏晉玄學）為本體論**，這種看法大致正確。上面我們提到「如性」被譯為「本無」，後來又被譯為「如如」、「真如」、「自然」，成為「佛性」的同義詞，而魏晉玄學的「貴無」派正是以「無」作為生成世界萬物的「本體」，這樣兩者在宇宙論以及本體論方面竟然極為相似。**當然，玄學的「無」與佛教的「空」仍有本質區別**，這個本質區別在於：玄學的「無」只是思辨的理念性概念，而佛教的「空」意謂「涅槃」，是人力可以修證的「空界」，是精神性的心體。「真空」也具有客觀存在的一面。涅槃定境「空寂無物」並不表明涅槃心體不存在。「空」可以理解為首楞嚴定心、如來藏、佛性、自性等。佛教的「空」乃是「真空不空」的宇宙本體。我們絕不能將「空」與「無」等同並論。

《大乘起信論》云：

二者，聞修多羅說世間諸法畢竟體空，乃至涅槃真如之法亦畢竟空，從本已來自空，離一切相。以不知為破著故，即謂真如涅槃之性唯是其空。云何對治？**明真如法身自體不空，具足無量性功德故**。

憨山德清大師云：

> 所謂空非絕無之空。正若俗語謂旁若無人。豈旁真無人耶。第高舉著眼中。不有其人耳。所謂幻者。非變怪之幻。乃有而不實之謂也。譬若市如弄筒子。撮出許多人物一般。然此筒中。本無所有。而忽然有之。雖有而非真實也。既非真實。即是本無。由本無故說空耳。故曰。譬如幻化人。非無幻化人。幻化人。非真人也。人既非真。豈不是空耶。佛說空字。乃破世人執著以為實有之謂。非絕無斷滅之謂也。誠恐世人淪於斷滅。復說幻字。以遣其斷滅之見。是則一切身心諸法。因幻故空。由空故說如幻耳。此二字相須而觀。則頓見其妙。所言空。即幻有以觀空。名曰真空。所謂有。乃本無之幻有。名曰妙有。由真空故。心非斷滅。由妙有故。境是無生。境既無生。則心何取著。心既非斷。則妄念何存。妄念不存。將何心而取境。

支讖譯《道行般若經》（十四品）將「真如品」譯為「本無品」，此經描述般若波羅蜜時說：「般若空無所有故，比如虛空，無所不至，無所不入，亦無所至，亦無所入，何以故？空本無色。」這裡「虛空」的觀念就是本體，在禪宗的語錄中曾大量引用「虛空」這個含義為本體的詞句。支謙譯《大明度經》也將「真如品」譯為「本無品」。後來羅什翻譯的《小品般若．守空品》中說道「入空取證」，意味進入涅槃，實際就是「證入虛空」，意即證入萬有本體。《放光經．信本際品》說：「云何如如？佛言：如真際。云何如真際？佛言，如法性。」筆者搜集這些例子，可以說明「空」在早期佛教般若學說中就如同

「佛性」「法身」「真如」「本無」等都是意謂宇宙本體的詞彙。我們要特別注意，大乘般若學說雖然宣揚「空觀」，但是他們從未否定佛性（真如、法身、如來藏等），否則佛教的成佛理論就根本無法立足了。我們再三強調，大乘「空觀」雖云「萬法皆空」，但是涅槃、佛性卻不是「空無」，否則必然墮入「斷滅空」的「空見」謬論。如來藏佛性即是等覺佛，即是首楞嚴大定的禪定意識。涅槃也是無漏滅盡定的定心。如果連這個也「空」掉，那麼佛教豈不是一大戲論？早期佛教引入中國曾經借用「空」、「如」來翻譯宇宙本體的概念。我們絕對不可將本體與「頑空」混為一談。

印度傳來的般若思想在翻譯過程中借用道家與玄學詞彙，在長久流傳的過程裡與中國傳統思想融會，就這一點而言，我們甚至可以說，中國的佛教都可稱為「教外別傳」，佛教都曾被「中華化」。雖然後期大量般若類經典譯出後有所糾正，但這種從「根子」就被嫁接改造的中國佛教，可以說受到中國文化的「薰染」而發展流傳，故應該視為印度佛教原教旨與中國傳統思想文化的融合會通並經過魏晉玄學滲透影響的一種宗教理論。可算「中印文化的結合產物」。我們崇尚禪宗大張旗鼓地宣稱中國禪宗是「獨立自主」的「教外別傳」。另一方面，魏晉玄學的「本無」（「無」）的思想雜糅於般若思想以後，人們望文生義，導致相當多的學佛者將般若思想的「空」理解為「空無一物」的「無」。形成「斷滅空」、「頑空」的外道謬見。這種最嚴重的誤解在千百年中影響了眾多學佛者，至今謬種未絕，流毒極深。

每個人的見聞覺知都不同，眼耳鼻舌身意都有差別，因此每個人的「世界圖景」都有主觀色彩。佛教主張，客觀存在的物質的世界是沒有的，一切皆是精神性的存在，而萬法唯識的世界最終地由客觀存在的精神性本體所呈現。我們稱為精神性的絕對本體。人力能夠證得的是涅槃與首楞嚴大定。首楞嚴定心即佛性本體，可在人們心內顯現世界圖景。禪師謂之「第二月」。佛性與涅槃同質，也間接地與絕對本體同質。這些即是共相種子，因此眾生所見的山河大地大致相同。這一點只能由經驗來驗證，無法嚴謹地進行科學驗證。宇宙的發生是無法在實驗室條件下重複的。唯物論的「宇宙原點」也無法理解。佛教是徹底的唯心主義。我們討論佛教只能在唯心主義的意識形態體系下來進行。實際上任何客觀存在的事物必須經過人的感知系統與思維意識系統，因此客觀存在的事物必然具有主觀色彩，必然受到個體的感知與思維意識系統的影響。這裡我們不討論唯心唯物的哲學理論。我們只在佛教唯心的思想體系內來探索禪宗的思想理路。

我們如何驗證菩薩所感知的世界與眾生所感知的世界是同一的？對禪者而言，三界唯心萬法唯識，心外無法，佛菩薩具五眼，其肉眼可以見到森羅萬象。菩薩與凡夫「見處不同」。這裡姑且不論菩薩其他的「神通」，我們要研究菩薩的肉眼所見是否與眾生相同？這是日常生活的經驗所驗證抑或可以嚴格地驗證？如果無法驗證此點，筆者說佛法對人意義不大。因為佛教的根本意旨在於「證入本體」，這個本體只能是眾生所感知的經驗世界的本體。

修證者的禪定意識經過涅槃（「借路經過」，見宏智正覺）與涅槃定境同質化卻不居正位，轉身退位證得首楞嚴大定，此定心即佛性。佛性出世建立世界。此時菩薩所見尚未與眾生世界完全相同。鼓山元賢頌「正中來」的最後次第謂「未與塵境合」。菩薩入廛垂手進入世間，這時菩薩必須利用「故我」的肉身在人間行菩薩道。不但利用故我的手腳，還要利用故我的「眼耳鼻舌身」（現量）的感知系統。同時，佛性定心也具備特殊的感知系統，佛性出世「未與塵境合」。「見山不是山見水不是水」，世法佛法尚未打成一片。佛眼可見萬法，卻要與「故我」的肉眼互相驗證能否重合。菩薩有兩套感知系統，還要經過長期修煉證得理事無礙法界，才能證得「世法佛法打成一片」。香林澄遠禪師說「我四十年才打成一片」。禪師常說「快快擺瞎娘生眼」，其意教示初入菩薩境界的禪者盡快打開「正眼」。「佛眼」打開也有肉眼功能，卻要驗證與眾生所見相同。這時六根互用，「通身是手眼」。這個「塵境」在理論上雖是「眾生業力所成」，不過對禪師而言，「塵境」畢竟是他的肉體的眼耳鼻舌身所感知的「世界圖像」。因此初入塵境的菩薩有兩個世界圖像，尚未重合。故謂「見山不是山見水不是水」。

「正中來」最後次第。佛性出世建立世界。此時「未與塵境合」（鼓山元賢），首楞嚴大定定心具有六根，即特殊感知系統，與眾生眼耳鼻舌身意不同。雖云「六根互用」，此時尚未熟練。菩薩入世要借用「故我」的肉體與五官，即眼耳鼻舌身來行走人間。菩薩有兩個世界，一個是佛性所生世界，一個是「故我」眼耳鼻舌身（現量）所見世界。菩薩如何知道「見山不是山」？如何知道兩個世界不同？菩薩肉眼所見世界與眾生業力所成世界不同。這是菩薩兩個感知系統「見處不同」，禪師說「擺瞎娘生眼」、「黑豆換眼睛」，不過要作到「見山是山見水是水」要修煉到正偏兼帶理事無礙法界，到此世界與「眾生業力所成」重合。

菩薩證入理事無礙，「世法佛法打成一片」，見山是山見水是水，世間相長住。菩薩的意根久滅，**前五識只是現量，與眾生眼耳鼻舌身所感知的現量境完全相同**。不同處在於：「見相不生癡愛業」。意根無作用，雖有見聞覺知而不染萬境。如鏡對像而心內不生無明。菩薩的現量境與眾生的現量境相同。眾生意根未滅故有貪嗔癡等。菩薩進入「差別境」而心無染著。「眾生業力所成」的山河大地對菩薩來說如同虛幻夢境。菩薩成佛，「一人發真歸元，十方虛空悉皆消殞」，不過眾生所見的山河大地並未消失。只是菩薩心內世界發生變化。菩薩處於首楞嚴大定，尚有「極細微所知障」（極細微所知愚），這與菩薩在世間行菩薩道有關，容易受到污染。故此定心需要時時回到涅槃「重烹煉」，「吹毛用了急須磨」，保持與涅槃同質。只有證得「差別智」進入無差別境，才能進入佛地。

宏智正覺云：

見色也頭頭彌勒。聞聲也處處觀音。文殊於無差別智。示有差別身。普賢於有差別境。入無差別定。一切處自然正受。十二時法爾禪那。

菩薩修證到正偏兼帶理事無礙的境界，「見山是山見水是水」。這是萬千禪師的經驗證明的。自古以來得道菩薩在人間行菩薩道，所見必與眾生相同（菩薩可以由佛眼見到眾生無法感知的境界）。菩薩利用「故我」的肉體所見與眾生相同。其佛眼所見，「見色無非觀空」並不是凡夫所見。

證入涅槃不見一色。這是菩薩心內主觀的境界。同理，佛性建立世界也是菩薩心內的世界。入廛垂手在一念之間進入虛幻的三界，菩薩以幻化空身優游於幻化之三界。菩薩意根久滅妄心消融。自我意識轉化為佛性，大定定心「卻著衫來作主人」，**凡夫境界「去後來先作主人」的自我意識被佛性取代而為「主公」**，佛性借助故我肉體在世間普度眾生。我們說**「佛菩薩」其實不再指「人」，而指謂禪者的禪定意識即大定定心**。這個定心是「活潑潑」的妙體。此心體在涅槃佛性之間「兩頭搖」，即「金針往復來」，所謂「妙體本來無處所，通身何更有蹤由」。定心「金針雙鎖鉤鎖連環」後證得「正偏兼帶」，再證入「理事無礙法界」、「事事無礙法界」。我們將在後面專章詳述。**理事無礙、事事無礙的禪定基礎是凡聖分離正偏兼帶，即「前釋迦後彌勒」合成的「佛真法身」**。

八、生死解脫在於禪定意識契合宇宙本體

佛即是精神性的宇宙本體，即法身佛，包含涅槃與佛性。禪宗在一千多年前就大力宣揚「即心即佛」，然而直到現在人們還是把佛看成超自然的神學意義的存在。我們看看遍及各地寺廟的金身大佛宏麗壯觀的場面，就明白佛在人們心中是什麼偉大光輝的形象。按照佛法，無論多麼雄偉壯觀的寺廟、塑像，都是有形有相的事法而不是真正的佛。當今世上的眾生，很少有人關心宇宙本體以及個體生命與永恆存在的關係。人們更關心的是此生此世的現實生活。而中國禪宗的終極關懷與世界如何發生、人的生命如何發生以及最後歸結於何處息息相關。中國禪宗的根本理路在於終極關懷，即人如何能夠超越生死進入永恆。這是佛教思想的根本出發點。道家思想是避世，希望肉體長壽福祿。中國禪宗是徹底「出世」的思想，禪宗的根本義諦在於出離輪迴解脫生死，也就是超脫現實生活經由禪定修證而成佛。禪宗成佛的根本意旨在於證入契合精神性宇宙本體進入永恆。這是禪宗的卓越的終極關懷精神。近現代著名佛學家對「證入本體」有所解悟。

太虛法師（《佛法與哲學》）云：

> 夫哲學家欲發明宇宙之本體，固不可厚非，第太無方法，遂致不能達到。佛法則「親證真如」，了無所疑。真如云者，即哲學家極所渴望了知之宇宙萬有的真相及本體也。

熊十力先生在《新唯識論》裡說：

> **入無餘涅槃時，以惑盡故，得出離人間世或生死海；而個體的生命，乃與寂然真體契合為一。**

這裡，熊十力先生未能說明「**寂然真體**」究指何物，也未能理解「個體的生命」尤其肉體在佛教看來是毫無價值的，佛教要解脫的是「個體的靈魂」。

中國傳統哲學中，老子《道德經》講「道生一、一生二、二生三、三生萬物」。《太極圖說》云「無極而太極，太極生兩儀」。中國傳統哲學的宇宙論的本體是多元多層次的結構，並非西方哲學的「一」。宏智正覺禪師所說：「**真空不空。妙有不有。是萬象生成之根。即二儀造化之母。**」他所指「真空」不是「頑空」，而是禪宗所說的「實際理地」。「理地」在禪宗來說意味「本體界」。即「萬法歸一」的「一」。這個「一」能生起顯現經驗世界的萬法。禪宗認為「一有多種」（《信心銘》三祖）。禪宗的本體界不是西方哲學單一的宇宙本體，禪宗宇宙本體乃是多元多層次的結構。從純粹客觀存在的絕對本體，到人能夠證入的清淨涅槃（妙覺）以及首楞嚴大定（等覺）的定心皆有「宇宙本體」的意涵。

禪宗的「佛」是發生學意義的宇宙本體。因為佛教禪宗的根本意旨是「解脫生死」解脫輪迴而進入永恆。一切有形有相的東西都會消亡，只有無形無相的宇宙本體是「永恆存在」。這自然關係到宇宙究竟怎麼產生，人類在宇宙中的位置以及人類最終的命運等「宏大命題」。佛教並未懸置超越的「上帝」來安置個體與人類的命運。**禪宗成佛的思想是人類的終極關懷，禪宗明確地表明「自心是佛」。成佛即「契如**

如」，禪師經過禪定修證，其禪定意識最終與終極的精神性宇宙本體契合而進入永恆。這是解脫生死輪迴的唯一道路。禪宗以禪定為宗，禪宗一切思想理論皆來自禪定實證，來自禪師在千多年間的禪定實踐。我們說禪宗是關於意識的科學而非神秘主義的宗教。

禪師云：「一朝風月萬古長青」。禪宗沒有偶像崇拜，禪宗是關於意識的科學而非神秘主義的宗教。要理解禪宗思想必須從禪定修證開始。本書即以不同禪定境界為主線來闡述禪宗思想理路。本書不講「三界」內的四禪八定。雖然對現代人來說四禪八定是難以修證的高級禪定，就禪宗而言四禪八定只是「初階」。社會上有不少書籍講解四禪八定，真正證入者很少。多數人連「初禪」都談不上。小乘有的教派以「非想非非想定」為極則。然而最難以修證的卻是涅槃境界即本體界的禪定。我們所說涅槃包括有漏與無漏涅槃。禪師形容「枯木岩前岔路多」，這意味越是接近清淨涅槃，越容易進入岔路。本書主要講解如何泯滅妄識證入涅槃然後轉身退位證得佛性以及菩薩境界。

禪師反覆談論宇宙本體的概念。法身佛一般指涅槃或佛性。佛有等覺妙覺，清淨涅槃是法身佛。經過涅槃證得佛性意謂「見性成佛」。「佛」有時指涅槃，有時指佛性。佛性是個體主觀修證的禪定意識。「究竟涅槃」表徵客觀存在的宇宙本體。這個絕對本體與人無關，也絕非人力能夠「造到」。這是「無人無佛無眾生」時存在的宇宙本體。絕對本體與清淨涅槃同質。或謂清淨涅槃作為「究竟涅槃」在人間的代表。禪師必須消融無明妄識證入無漏涅槃，使其禪定意識與絕對本體同質化，禪者在肉身死亡後經過涅槃然後契合絕對本體。等覺即首楞嚴大定意識，與清淨涅槃同質而有細微差別，這即是說首楞嚴大定的禪定意識與絕對本體也是同質的。而首楞嚴大定的定心即如來藏佛性，具有特殊的般若觀照與佛智。《楞嚴經》所謂「**阿那律陀。無目而見。跋難陀龍。無耳而聽。殑伽神女。非鼻聞香。驕梵鉢提。異舌知味。舜若多神。無身覺觸**」。因此經過「如來逆流」的禪者即菩薩可以在實證中驗證如來藏佛性作為萬法的本體。禪者在「佛眼」觀照下，可以感應萬法的本體，而且正是自己的「定心」生發萬法。此即「撒手懸崖下，分身萬象中」。長沙景岑禪師說「十方世界是全身」。僧肇論：「天地與我同根，萬物與我同體」。在佛眼觀照下，「山河與大地，全露法王身」。菩薩可謂「身先在裡」，因為菩薩的佛性即是事物的本體而能夠互相感應。佛性具有所謂發生論的第一直接因（the cosmological origin on the carton）的意義；也具有本體論意義的根源和依據（the ontological root origin）之意。萬千禪者在菩薩境界實證佛性本體之「大機大用」。

佛菩薩經過修證進入「凡聖分離正偏兼帶」境界，涅槃佛性混居一身而成「佛真法身」。對佛菩薩而言，肉身只是在人間普度眾生的「工具」，肉身只是「行屍走肉」。「故我」肉體及其功能可以被菩薩利用。例如肉眼可見森羅萬象。而佛眼所見的世界要與眾生所見世界重合才算「世法佛法打成一片」。沒有肉眼的功能，菩薩無法得知「山不是山水不是水」。菩薩不同於凡夫將自我肉體視為珍寶。慧能說：「一具臭骨頭，何為立功課？」菩薩的大定意識規定禪者精神性的「存在」，肉體死亡可以消除最後的障礙，禪者大定意識最終契合於絕對本體解脫生死進入永恆，這是成佛的根本意旨。

眾多學佛者斷章取義地引用**《雜阿含經》**來論證「十二因緣緣起」是佛法的核心。這是完全錯誤的。《雜阿含經》根本沒有這個意思。我們參看原著：

《雜阿含經》卷十二：

> 如來所說。所以者何？迦旃延，如實正觀世間集者，則不生世間無見。如實正觀世間滅，則不生世間有見。迦旃延，如來離於二邊，說於中道。所謂此有故彼有，此生故彼生，謂緣無明有行，乃至生老病死、憂悲惱苦集。所謂此無故彼無，此滅故彼滅，謂無明滅則行滅，乃至生老病死、憂悲惱苦滅。

「十二因緣緣起」的論者不理解「中道」，不理解這句話針對生命現象。「所謂此有故彼有，此生故彼生，謂緣無明有行，乃至生老病死、憂悲惱苦集。所謂此無故彼無，此滅故彼滅，謂無明滅則行滅」，意思是人若攀緣無明的話，即有「行」，「行」即「行陰」的意思。後面說「所謂此無故彼無，此滅故彼滅，謂無明滅則行滅」，意謂若無明消泯則「行滅」。這句話專門解釋人的「無明」與「行陰」的因果關係，講解人生現象。據此論說「緣起」（十二因緣）是佛法的「核心」乃是從根本上誤讀經典。

有人認為：「緣生」或者「緣起」（Pratītyasamutpāda）意味一切現象的產生是某一「前因」的結果，現象是發生學意義上的「因果相續」，以此解釋《雜阿含經》所講的「此有故彼有，此生故彼生」，並斷定「緣起」（十二因緣）是佛法的核心，並將此泛化到宇宙一切現象因果關係。進而否定如來藏緣起的佛法。我們要明白「行陰虛妄。本非因緣」（《楞嚴經》）。世間現象表面似有因果關係，不過這無法泛化到宇宙的生成。現象是虛幻不實的，一切現象的「因」歸結到底即現象的本體。這不是理論，而是禪定實踐的「實證」。「萬法歸一」，菩薩定心與萬法的佛性本體本是一家互相感應。

所謂因緣生起世界，只是聲聞所修，非大乘修證理論。清涼澄觀大師《華嚴經玄談記》云：「若以染奪淨，則屬眾生，故唯緣起；今以淨奪染，唯屬諸佛，故名性起。」這即是說凡夫角度觀察現象，由於世塵染污，只能從現象表面觀察現象生起緣由，無法從「本體」角度觀察現象生起之因。

《華嚴經合論》云：

如經所說。**為聲聞人。說四諦法生老病死。為緣覺人。說十二緣行。為諸菩薩。說應六波羅蜜**。今此《華嚴經》。亦說四諦法。即與聲聞四諦法不同。如四諦品中。明苦集本真。元來是根本智。不同三乘有欣厭故。聲聞觀苦集二諦。深生厭離。作無常不淨白骨微塵等觀。**知身空寂。隨空寂法。智滅身亡。不生悲智。名之為滅。以此滅處。名為涅槃**。滅伏諸苦。名為滅諦。以此滅諦。名為道諦。**緣覺之流。知十二緣生之法本來無實自體皆空。知身知心。自皆無主。身心無主。性恆無我。以無我故無明便滅。無明滅十二緣滅**。

「為緣覺人。說十二緣行」講得明白。「十二因緣緣起」絕非大乘的教義。

《楞嚴經》云：

阿難！若此鄰虛析成虛空，當知虛空。出生色相；汝今問言由和合故出生世間諸變化相，汝且觀此一鄰虛塵用幾虛空和合而有？不應鄰虛合成鄰虛。又鄰虛塵析入空者，用幾色相合成虛空？若色合時，合色非空；若空合時，合空非色；色猶可析，空云何合？汝元不知如來藏中性色真空、性空真色，清淨本然周遍法界，隨眾生心應所知量，循業發現，世間無知惑為因緣及自然性，皆是識心分別計度，但有言說都無實義。

「當知虛空。出生色相」表明「虛空」是「色相」本體。「世間無知惑為因緣」。

《涅槃經》云：

> **善男子。因有二種。一者正因。二者緣因。正因者如乳生酪。緣因者如酵暖等。從乳生故。故言乳中而有酪性。**

學佛要明白「正因」與「緣因」的區別。世尊講解佛法的「五蘊」之一的「行蘊」，須知佛法也有次第，也有三乘。這裡講解「行蘊」並非在最高級層次講解佛法，而是講解初級的教義（三聖諦、四大、五蘊），說這是佛法的「核心」未免無知。十二因緣說乃是針對人生來解說人的生命現象之間的關係。《雪峰語錄》云：「**師將示寂。自製塔銘並敍曰。夫從緣有者。始終而成壞。非從緣得者。歷劫而常堅。**」這表明「緣生」的生命現象有成壞，而本體「**非從緣得者。歷劫而常堅**」。佛法是闡釋宇宙一切現象的根本法則。「如來藏緣起」是佛法核心。發生因的宇宙論意義的「起源」即佛性本體。真正的佛法要講「萬法歸一」，而「一有多種」，就禪宗來說，宇宙本體有三個，涅槃（妙覺）生成佛性（等覺），佛性生成世界，涅槃與佛性皆是「人力造到」的禪定境界，首楞嚴大定定心即佛性。法身佛分兩位，即清淨涅槃的妙覺（釋迦）以及楞嚴大定的等覺（彌勒）。尚有超越的客觀存在的絕對本體。佛教宣揚「解脫生死」的根本意旨，在於肉體死後其禪定意識與絕對本體契合進入永恆。

中國哲學的體用範疇涵蓋本體現象之範疇。理事指「本體—現象」，而「體用」的「用」不必是現象，可以是因果的「果」。萬松老人云：「波必有水水或無波。」禪師的語句全是比喻。很少直接說明禪機。禪師在古代由於通訊不發達，每派都有特殊語言系統。禪師使用的詞彙也沒有統一標準，很多名詞都有多義性。在「不立語言」的宗旨下，理解與解釋都有困難。

人的肉體死亡後，大定意識經過涅槃最終契合絕對本體，此即禪宗解脫生死證入永恆的終極關懷。成佛的過程奧妙幽玄，筆者將盡力講解。禪宗思想為人類洞察存在的問題提供近乎「上帝視角」，也提供可操作的方法。作為極為精密、深邃的有關意識的科學體系，禪宗思想關乎人類面臨的根本問題：我們是誰？我們從哪裡來？我們到何處去？我們可以在禪宗思想找到有價值的答案。

近現代的學人只能從「俗諦」來理解禪宗思想。他們根本不理解禪宗思想是「出世」的終極關懷。他們甚至連最基本的概念例如「佛」、「空」、「佛性」、「無明」等都不理解。他們不懂得「佛」、「空」、「理」皆指謂精神性宇宙本體。成佛的根本意旨在於契合「不生不滅」的永恆存在的宇宙絕對本體（「方始契如如」），從而「解脫生死」進入永恆。**曹洞宗大師頌「偏正五位」云：「偏正遙絕兼中到，了然一氣大極前」（投子義青），已經將禪者追求最終契合「夜明簾外主」的絕對本體的意蘊揭櫫明白。**

禪定「實證」雖然是「心內」（「意識」）的實證經驗，卻絕對沒有神秘主義的宗教色彩，禪宗根本上否認偶像，禪堂中不設佛像。「即心即佛」是禪宗千年以來的宗旨。首楞嚴大定禪定意識是精神性的獨立存在，這個禪定意識具有特殊感知功能與佛智。《楞嚴經》所說的「舜若多神無身而觸」等。佛性是「三界唯心」的虛幻世界的本體。佛教認為現象世界「唯心所造」，是虛幻不實的存在。「萬法歸一」的「一」是精神性的宇宙本體。

試問「一歸何處」？筆者要說，**禪宗的「一」是多元多層次的本體界**。三祖《信心銘》云「一有多種」。佛性經歷清淨涅槃證得，故云涅槃本體生成佛性。清淨涅槃是「人力可以造到」的禪定境界。本書稱為涅槃本體。佛性乃是禪定意識經歷脫胎換骨大死一回，達致「識陰盡」證入清淨涅槃，卻「不居正位」轉身退位後證得首楞嚴大定即佛性。涅槃與佛性的本質相同而有細微差別。涅槃本體並不直接生成萬法。佛性卻是「建立世界」的精神性第一因宇宙本體。禪師基於禪定實踐，清楚「涅槃本體」與「佛性本體」的差別。涅槃與佛性是體用關係。禪師所謂「理」或「空」即指宇宙本體，「事」指現象界。「理地」謂本體界。禪宗認識到宇宙本體乃是多元多層次的結構。**故謂「一有多種」**。**禪師謂「這一個、那一個、更一個」**。這裡的「更一個」指**客觀存在的絕對本體**。《道德經》講「道生一，一生二」，還有「三生萬物」。絕對本體類似「道」。禪宗思想符合中國傳統哲學的宇宙本體論多元多層次理論。筆者鄭重說明，禪宗借用這些名詞，其思想絕非來自道家或儒家。這個「大道」，曹洞宗謂之「夜明簾外主」（「主中主」），指謂客觀存在的精神性宇宙本體。禪宗的根本宗旨在於肉體死後其禪定意識最終契合客觀存在的精神性宇宙絕對本體。超越生死輪迴並進入永恆。這是禪宗在人類思想史上卓絕無倫的終極關懷思想。

清淨涅槃與佛性是修證者內心的「禪定意識」或云「禪定境界」。雖然佛教強調「三界唯心，萬法唯識」，又說「心外無法」。然而眾生所感知的世界是「真妄和合」的阿賴耶識所直接顯現的。芸芸眾生所感知的世界為什麼是同一個世界呢？這表明存在著與人類無關，人力無法造到的客觀的「宇宙本體」。每個修證者的涅槃與佛性作為精神性的存在必須與這個客觀的宇宙本體同質。曹洞宗形容清淨涅槃為「正位」，**曹洞宗又提出「夜明簾外主，不涉偏正方」**。**超越正位的「夜明簾外主」，也稱為「主中主」**。鼓山元賢謂「理之本體。不涉於用者。名主中主」，即謂客觀存在的精神性宇宙本體。我們稱為絕對本體。作為人能夠修證的最高境界即清淨涅槃，必須與客觀存在的宇宙本體同質。須知禪師肉體存在，禪定意識如同瓶中空氣與大氣同質，卻與大氣隔著瓶子。肉體猶如瓶子。禪師在肉體死後，經由涅槃最終契合客觀存在的宇宙絕對本體。禪者成佛的最終目的在於「契如如」。慧能所說「來時無口」表明死後再來即以宇宙本體形態顯現人間。前述涅槃兼具主觀性與客觀性。禪師有時將涅槃與絕對本體相提並論。對修證者來說，涅槃是無漏滅盡定的禪定意識，禪師謂之「第一月」。而「天邊第一月」則指謂絕對本體。一般而言，佛性是第二月。

本書將以曹洞宗的宗旨與教學理論為主闡釋禪宗思想理路。曹洞宗的「正位」指「清淨涅槃」，這是妙覺佛位。而佛性即首楞嚴大定的禪定意識，我們稱為「大定定心」，這是佛教早期阿含類經典的名詞，用來形容「自性清淨心」非常貼切。這即是「佛性」（《大涅槃經》）。這是修證者個人心內的修證定心，具有主觀性。首楞嚴大定的定心乃是修證者經歷脫胎換骨命根斷的洗練證入清淨涅槃轉身退位而成就的首楞嚴佛性，這是等覺佛位。實質上佛性與清淨涅槃都是精神性的存在。佛性經歷涅槃「子歸就父」的同質化，故兩者本質相同。清淨涅槃只是「虛位」，理解為「寂滅境界」。進入涅槃的「境界」時，禪定意識處於「正位」，此即與清淨涅槃同質化。不過這是暫時的，禪師證入涅槃卻「不居正位」（南泉普願禪師），「**尊貴之人不居尊貴之位**」。到此需要「夜明簾外轉身」，曹洞宗謂「夜明簾外，臣退位以朝君，古鏡台前，子全身而就父（合父）」。此即《楞嚴經》所說「如來逆流」。禪師證入正位而不居，退位處於等覺佛位，宏智正覺謂「君臨臣位」即菩薩。禪者從「涅槃」出世回到人間行菩薩道，**肉體遷化後**

定心經過涅槃最終契合終極的精神性宇宙本體。

禪宗基於禪定實踐，學人要清楚「涅槃本體」與「佛性本體」的差別。禪師明白「一有多種」。禪宗明白宇宙本體的「空界」乃是多元多層次的結構。禪宗思想符合中國古代宇宙論。禪宗在禪定實證中「證入本體」而能「御樓前驗始知真」。「枯木生花始與他合」意謂證得佛性生成世界才能驗證是否真正進入涅槃與涅槃同質化。菩薩在「理事無礙法界」可以驗證佛性本體顯現萬法的功用。「涅槃」與「佛性」只有細微差別。「涅槃」喻為「虛空」。即是「理體法身」。「佛真法身猶若虛空，應物現形如水中月」。涅槃本體生成佛性，佛性是「用中法身」，正偏兼帶時涅槃佛性混居一身而成「佛真法身」。如同鏡體鏡面共同作用呈現萬法。雖然說佛性直接生成萬法，實際卻是佛真法身的共同作用。

曹洞宗提出「夜明簾外主」以及「主中主」來表徵絕對本體。此即「兼中到」（「偏正五位」）的最終意旨，在於契合「絕對本體」。這個「絕對本體」是終極的宇宙本體，**鼓山元賢**（**《洞上古轍》**）**謂「理之本體。不涉於用者。名主中主」**，此非人力可以造到，乃是與人無關的永恆存在。絕對本體無法言說，禪師比喻為類似「大道」。對此設定名目都含有人類的「偏見」只能「強名之」。這是禪師都明白的道理，現代哲學家不懂，理性對「終極存在」需要「敬而遠之」。佛法的核心在於如來藏性起的宇宙論以及追求契合宇宙本體以解脫生死。

禪師要「脫胎換骨識陰盡」，徹底泯除「細中之細」的無明妄識才可證入清淨涅槃。禪師稱證入涅槃為「還家」，禪師比喻為「家破人亡」。意在徹底泯滅無明妄識。修證者證入清淨涅槃意在與絕對本體同質化。清淨涅槃稱為「正位」。曹洞宗說「子歸就父」意謂禪定意識進入清淨涅槃而同質化。是否證入涅槃正位只能從「後果」來判斷。如果修證者沒有徹底泯滅妄識或者「入理不深」，雖然證入「涅槃」卻留戀「涅槃安樂」，滯留在涅槃境界，由於法執法愛而終究不得大乘佛果。禪定意識雖然進入涅槃境界，卻不能「久居長安」，涅槃境界毋寧說是個「熔爐」，禪定意識進入彼岸即有漏涅槃。要經過清淨涅槃這個熔爐的烹煉，與清淨涅槃同質化，然後轉身退位證得佛性。此即「明白轉身還退位」。真正禪者首先小死一回進入涅槃前一色，盤山寶積云「心月孤圓，光吞萬象，光非照境，境亦非存」即謂「天地黯黑」的時節。萬松老人說：「天地黯黑如一錠墨相似，正是衲僧脫胎換骨的時節」，禪師謂之「蒼龍蛻骨」、「玄豹變文」。禪者證入涅槃要「澄源湛水尚棹孤舟」，「死水不藏龍」、「古塚不為家」、到達「尊貴之位」卻「不居正位」（南泉普願）。「鶴不停機飛渡寒煙」。禪師絕後復蘇只是「救得一半」（無異元來）。「絕後復蘇欺君不得」意謂不得「僭居君位」。故此「夜明簾外轉身難」（宏智正覺），由於「涅槃城裡猶孤危」（《十玄談》）。證入涅槃要「踏破澄潭月，穿開碧落天」，轉身退位出離涅槃證得首楞嚴大定。即佛性、金剛心。大定定心即「自性清淨心」。定心與涅槃同質化之後出世。此即「**見性成佛**」。「不入驚人浪，難得稱意魚」。佛性經歷涅槃「大冶紅爐」的烹煉然後出世直接顯現現象世界。這個過程即《楞嚴經》所說「妙覺逆流」，也是禪師所謂「三轉身」。佛菩薩證得佛性後還要入廛垂手普度眾生。

佛性出世即「正中來」的最後階段。鼓山元賢頌「隔塵埃」是正確的，意謂禪者心內世界尚未與眾生的世界相符。禪者經過長期修證，在「金針雙鎖玉線貫通」下證成「正偏兼帶理事無礙」的境界，才能「世法佛法打成一片」。禪者的佛性是「共相種子」。故此菩薩所見的山河大地與眾生相同。佛性出世

「建立世界」。經過定心往復鉤鎖連環，菩薩處於「正偏兼帶理事無礙」的境界。

萬松老人云：

佛真法身。猶若虛空。應物現形。如水中月。此頌**兩聯**。大似前言不副後語。**殊不知鉤鎖連環。血脈不斷。《楞嚴經》道。舜若多神。無身覺觸。舜若。西音。此云虛空。**天童道。舜若多神。喚什麼作法身。**他只知佛真法身。猶若虛空。忘卻應物現形。如水中月。**還知天童不可續截夷盈處麼。

此即所謂前釋迦後彌勒，前三三後三三也，正偏兼帶境界。「鉤鎖連環。血脈不斷」，此即正偏兼帶的禪定境界。「佛真法身猶若虛空謂清淨涅槃」。而「應物現形如水中月」正是「佛真法身」的大用。清淨涅槃乃是佛性之父（為霖道霈）。父子「刀斧斫不開」。這表明菩薩的禪定境界乃是「正偏兼帶」或謂「凡聖同居」。此境界的法身乃是前釋迦後彌勒的合體。故謂「內君外臣」。涅槃與佛性，父子不離。猶如明鏡，鏡體鏡面缺一不可，才能「**應物現形**」呈現萬法。

正偏兼帶境界非常玄妙，其間尚有很多修證的竅要。我們將會盡力解釋個中奧秘。我們不嫌重複反覆說明，佛教認為人感知的世界是唯心唯識的精神性世界，其宇宙本體也是精神性的宇宙本體。山河大地是「眾生業力所生」，即阿賴耶識所生，阿賴耶識「真妄和合」，佛性真心即是「共相種子」，故此眾生所見的世界才是「同一個世界」。佛眼具五眼，可見眾生世界卻「萬法皆空」，在菩薩正偏兼帶的境界「菩薩觀空無非見色，見色無非觀空」。佛菩薩所感知的世界與凡夫的現象界非同非異。雲門文偃大師謂：

「凡夫實謂之有。二乘悉謂之無。緣覺謂之幻有。菩薩當體即空。」我們要注意菩薩與凡夫的差別，即「見處不同」。

《楞嚴經》云：

阿難。汝豈不知今此會中。阿那律陀。無目而見。跋難陀龍。無耳而聽。殑伽神女。非鼻聞香。驕梵鉢提。異舌知味。舜若多神。無身覺觸。如來光中。映令暫現。既為風質。其體元無。諸滅盡定得寂聲聞。如此會中。摩訶迦葉。久滅意根。圓明了知。不因心念。

舜若意謂「空」，《楞嚴經》裡即是首楞嚴定心之意。我們已經表明佛即是大定定心，佛性具有特殊感知系統。所謂「三身四智五眼」。佛菩薩境界「六根互用」，禪師說「通身是手眼」，因為佛指謂「定心」而不是「人」。

突破三界進入「偏中正」。到此「小死」一回絕後復蘇證入「空界」即所謂「法身」，即「正中來」的初階「涅槃前一色」。由此「大死一回絕後復蘇」證入有漏涅槃。然後脫胎換骨識陰盡證入涅槃正位，證入正位卻「不居正位」。「鶴不停機」轉身退位證得首楞嚴佛性。從有漏涅槃脫胎換骨命根斷證入清淨涅槃，這是成佛的「正路」，然而對修證者而言，若證入「涅槃境界」卻「入理不深」或「識陰未盡」，結果留戀涅槃安樂，滯在涅槃死水，此謂死水淹殺，鬼窟裡作活計。自以為修成佛果，實際上沉空滯寂，「坐卻白雲終不妙」，滯在涅槃寂滅境界，落在法身邊。只得「枯木裡龍吟」。進入涅槃要轉身退位證得佛性，「枯木生花始與他合」。是否證入清淨涅槃要由後果驗證。

中國禪宗與「教義」的主要區別在於證入涅槃後轉身退位證得佛性。菩薩（佛性）入廛垂手。菩薩境界「金針往復」即定心在涅槃定境與首楞嚴等覺之間往復優游，所謂「無須鎖子兩頭搖」。圓悟克勤說「機輪曾未動，動必兩邊走」。**「金針往復來」是佛教典籍很少提到的修證境界**。《起信論》並未提到這一點。清初以後的禪師，漸漸失去對此修證方法的理解體悟。而這是理解「理事無礙法界」與「事事無礙法界」的禪定基礎。這是修證成佛最玄奧的法門。尤其證到「正偏兼帶」的境界，進一步證得理事無礙法界。若涅槃佛性混融一體則證得事事無礙法界。到此證得「中道」即「一切種智」。「如來禪」與「祖師禪」的根本區別在於如來禪以涅槃為極則。香嚴智閑說：「去年貧未是貧。今年貧始是貧。去年貧尚有卓錐之地。今年貧錐也無。仰山曰。如來禪許你會。祖師禪未夢見在。嚴曰。**我有一機。瞬目視伊。若人不會。別作沙彌**。山乃對溈山曰。閑師弟會祖師禪也。」（此處見後面公案解釋。）「今年貧錐也無」形容清淨涅槃。「我有一機」意謂世尊將「正令」傳達給迦葉。此處世尊代表「涅槃」，迦葉代表佛性。公案之義在於凡聖分離正偏兼帶。「我」與「伊」不同。菩薩只是「傳言送語人」（「金聲玉振」）。祖師禪強調證入涅槃轉身退位，佛性出世建立世界。這是禪宗自謂「教外別傳」之玄奧。

九、曹洞宗之涅槃正位

涅槃正位，正位是妙覺尊貴之位，禪師謂「須知正位無言說」。涅槃是「理體法身」，其功用即生成佛性，性相「寂滅」而「寂而常照」。佛性是「用中法身」，佛性直接建立世界。真如（涅槃）不守自性生成佛性。佛性隨緣生成萬法。此即「性起」之根由。「支那佛學院」以及日本批判佛教一派，不懂涅槃生成佛性然後生成世界。他們不懂「性起」即如來藏佛性作為宇宙本體的佛法與原始佛教一脈相承。「自性清淨心」生起萬法是佛法核心。

偏正五位之正位，指清淨涅槃，即「尊貴之位」。佛教關於涅槃眾說紛紜，大小乘說法不同。涅槃獨立存在即謂「孤獨地獄」，禪師謂「白雲終日倚，青山總不知」。意謂佛性與涅槃父子不離，涅槃無知無覺。佛性是定心經歷涅槃烹煉而成，故云涅槃生成佛性。人雖然能夠「造到」卻不能久居涅槃，否則死水淹殺，反而落在法身邊。人類出現，人經過禪定修證能證入涅槃。有人時才有禪定意識，涅槃作為人的無漏滅盡定的定心而存在，故具有主觀色彩。

水晶宮、光明殿、夜明簾外、**一念不生纖塵不立**、**淨裸裸赤灑灑處**，皆指謂涅槃。清淨涅槃一個標準，即「無念」、「無心」，眾生證入此境，即可驗知證入清淨涅槃。雖然這個客觀的標準成立，卻無人知道學人的「無念」境界是否真實。有漏涅槃也證「無念」、「不見一色」。另一方面，涅槃既是個人能夠證入的禪定境界，必然具有主觀的色彩（意蘊）。因此，禪宗不能以是否證入涅槃來驗證「成佛」，而是說「枯木生花始與他合」。這意謂禪師以大定定心能否生成世界來驗證定心是否與無漏涅槃同質化。

本書中「涅槃正位」以「涅槃」、「法身」、「涅槃正位」、「家」稱呼。曹洞宗說「萬年松徑雪深覆。一帶峰巒雲更遮」，形容涅槃正位。曹洞宗所說的正位即妙覺滅盡定、理體法身。對禪宗而言，這並非虛無縹緲的宇宙本體概念，更非臆想的結果。涅槃是可以親證「造到」的禪定境界。須知涅槃正位**乃是虛位、學位，禪師不能留戀此境。南泉普願說：「不居正位」**，這意味正位（空王殿）只有君父之位而無君父之人常住此境，此境只是虛位以待。萬松老人云，**「王山法祖和尚云。既有尊貴之位。須明尊貴底人。須知尊貴底人。不處尊貴之位。方明尊貴。不落階級」**。《從容錄》（勝默光和尚）云禪者進入涅槃，要轉身退位證得佛性。

涅槃正位即「**理體法身**」（鼓山元賢）。涅槃生成佛性，故謂涅槃為天邊第一月，即謂理體法身。清淨涅槃，即是無漏滅盡定的定心。馬祖說「即心即佛」要旨在此。馬祖又說「非心非佛」，要求「體會大道」。禪者要理解究竟涅槃乃是「無人無佛」時存在的宇宙本體即「大道」。要理解涅槃作為客觀存在的精神性宇宙本體。禪宗的根本宗旨在於解脫生死，進入永恆唯有契合「不生不滅」的宇宙本體。對禪宗來說，宇宙本體不僅是一個概念，得道禪師能夠驗證佛性本體生成萬法。精神性的宇宙在未來或將成為人的共識。而解脫生死進入永恆的唯一途徑是「契合本體」，「身滅影不滅」而契入絕對本體。

涅槃境界「常樂我淨」，「常」是恆常不變、樂是禪定之樂、我是大我即本體、淨是清淨無染。涅槃定境謂「寂滅」，寂是寂靜、滅意謂滅見聞覺知。這裡要解釋涅槃定境內部是寂滅，作為精神性存在的實體，涅槃具備「寂照」功能。涅槃「寂而常照」。佛性也有「照用」。正偏兼帶境界有「雙眼圓明」境界。

人要契合宇宙本體必須作到「無我」、即泯滅小我（自內我）的無明妄識。禪師進入涅槃轉身退位證得首楞嚴佛性，佛性出世建立世界。菩薩入廛垂手，菩薩境界尚有枝末無明。而佛之涅槃則「本來無一物」。「細中之細，今年貧錐也無」形容證入清淨涅槃。「粗中之細，人牛不見處。正是月明時」形容有漏涅槃，有漏涅槃尚有「細中之細」妄識流注。菩薩消融「粗中之細」的境界與消融「細中之細」的無漏涅槃尚有細微的差別。若徹底消融無明，則云「今年貧錐也無」。佛之境界掃除一切無明妄識，而入世菩薩尚有「所知障」。首次進入涅槃正位若能轉身退位則佛性出世，否則死水淹殺。涅槃境界是「本來無一物」的無漏滅盡定。而此「定心」卻是精神性的存在，可謂精神性「實體」。此「心體」（「妙體」）即「真空不空」。「真空」、真理即指涅槃本體，涅槃生成佛性故謂「佛性之父」。禪師知道「心內」的佛性或涅槃作為禪定意識都有主觀色彩。故此必然存在「心外」的客觀的宇宙本體。這是與人無關的「主中主」。心內的禪定意識必然要與客觀存在的宇宙本體同質。曹洞宗所謂「夜明簾外主，不落偏正方」或「主中主」，即超越清淨涅槃境界的精神性存在。這是絕對的終極存在，我們稱為絕對本體或究竟涅槃，絕對本體與人無關也不依賴人類而獨立存在。

《碧巖錄》云：「**佛性堂堂顯現，住相有情難見**」。即謂「見性成佛」。古漢語「見」與「現」通，見性成佛意謂佛性顯現，非謂看見「佛性」。佛性無形無相，「有情」何以能見？對禪者而言，從涅槃轉身退位證得首楞嚴大定即佛性顯現，佛性出世建立世界。佛「正眼」見到世界即「枯木生花」。雖然此時他的心內世界與眾生世界尚未重合。「隔塵埃」也。經過修證到達正偏兼帶理事無礙境界，世法佛法打成一片。他的肉眼與正眼所見相同。

禪宗成佛的根本意旨在於最終契合絕對本體以解脫生死。世界上唯有「宇宙本體」是「不生不滅」的存在。「萬法歸一」的「一」卻「一有多種」。我們在前面反覆解釋，終極的宇宙本體乃是與人無關的客觀存在的絕對本體。而人如何證入契合這個精神性的宇宙本體的過程極其玄妙。清淨涅槃與絕對本體同質。證入清淨涅槃可謂「證入本體」。證入清淨涅槃的前提是泯滅自我意識為核心的無明妄識。即「識陰盡」後才能證入妙覺無漏（無餘）涅槃，禪師證入清淨涅槃後「不居正位」而轉身退位證得首楞嚴大定，要經歷「如來逆流」進入菩薩境界。「金針往復」即定心在涅槃與佛性兩個定境往復優游。禪師謂之「**妙體本來無處所，通身何更有根由**」。經云「**應無所住而生其心**」。趙州和尚說「活物活物」即指大定定心不居一處。「應無所住」意謂大定定心無形無相不滯一處，菩薩境界定心「金針往復」而「不居中間與兩頭」。禪師謂「**牢籠不肯住，呼喚不回頭，祖師不安排，至今無處所**」。「**瞻之在前忽焉在後**」。佛性即**佛智之心體**。六祖所說「無住心體」指謂首楞嚴大定的定心。菩薩修證「金針雙鎖」而至「正偏兼帶」。菩薩證得正偏兼帶理事無礙法界，即可實證「定心」作為宇宙本體生成世間萬法的「妙用」。在此意義上禪師說佛性出世建立世界。

清淨涅槃與等覺位的首楞嚴大定（「佛性」）本質相同而存在細微差別。三祖《信心銘》云：「毫釐有差天地懸隔」。兩者的差別極為奧秘難以闡述。禪師常常將涅槃本體比喻為「天上月」，而人的佛性（首楞嚴大定定心）則如「千江有水千江月」，乃是涅槃本體在眾生人心中的「映像」。禪師說「玉兔終不下碧霄」，意謂絕對本體作為客觀存在的宇宙本體與人間無關，絕對本體與清淨涅槃以及「佛性」即首楞嚴大定的關係相當微妙。禪師說「這一個、那一個、更一個」皆謂宇宙本體。清淨涅槃兼具客觀存在與主觀存在的意涵。清淨涅槃與首楞嚴大定定心的關係，禪師以「父子」、「鴛鴦」、「知音」、「伴侶」、「暗中樹影」、「水裡魚蹤」、「青山白雲」等形容涅槃佛性的父子不離乃至正偏兼帶。首先，清淨涅槃與佛性（定心）是體用關係，這意味清淨涅槃產生佛性。「佛性」乃是定心經過清淨涅槃「大冶紅爐」才「點鐵成金」。曹洞宗禪師說「青山白雲父，白雲青山兒」。就清淨涅槃作為佛性本體的產生者而言，禪師稱清淨涅槃為「君」、「父」。修證者證入涅槃境界脫胎換骨識陰盡，這意味泯滅無明妄識證入清淨涅槃與涅槃本體同質化，即與絕對本體同質化。涅槃佛性皆是精神性的存在，禪定意識能夠「證入」清淨涅槃。佛性是「用中本體」。佛性在禪師心中演繹呈現「萬法」，故謂「大機大用」。「佛」（等覺）指首楞嚴大定禪定意識。佛性定心具有特殊的知覺系統，《楞嚴經》所謂「舜若多神無身而觸」。

本書按照曹洞宗「偏正五位」講解禪宗的成佛理路。我們稱清淨涅槃為「涅槃正位」（理體法身）而以首楞嚴大定即佛性，謂「偏位」、為「用中法身」。修證到清淨涅槃意味與涅槃本體同質化。定心先證入清淨涅槃與涅槃同質化後轉身退位證得首楞嚴大定，佛性出世入廛垂手。清淨涅槃是絕對本體在人間的映像。人能證入這個「境界」。絕對本體與「人」的修證無關。修證者要徹底泯滅自我意識等妄識，才能打破主客的藩籬證入清淨涅槃。涅槃本體如如不動無知無覺。本書主要根據曹洞宗宗旨來闡述禪宗的成佛理路與根本旨歸。

禪宗主張「不立文字」，禪師在語言概念的使用上有時不講究嚴格的定義。我們在此說明，本書裡佛性本體同質於「絕對本體」即「用中法身」，「佛性」即首楞嚴大定的定心。「絕對本體」指客觀獨立的精神性宇宙本體，謂「理之本體」（《洞上古轍》）。清淨涅槃的禪定意識，稱為「理體法身」。此即無漏滅盡定的定心。我們須注意**曹洞宗禪師以不同的名稱賦予定心不同的意涵**。

清淨涅槃的主觀性在於其作為禪者無漏滅盡定的「定心」，而究竟涅槃在**「無人無佛」的存在即為「絕對本體」**。「人天地」出現後，涅槃可以「造到」並成為禪定意識。兩者就精神性存在而言同質卻不能混淆。禪師非常清楚兩者的區別。禪定意識不能長居無漏涅槃。南泉普願禪師說「不居正位」意謂不能長居涅槃正位。清淨涅槃也是「定境」（無漏滅盡定），無漏涅槃與「絕對本體」同質，涅槃與佛性作為精神性的存在，兩者同質而有細微差別。禪師以「兩個無孔鐵鎚，就中一個最重」、「威音那畔」、「空劫以前」、「夜明簾外」等比喻涅槃。

曹洞宗偏正五位，正中偏屬於「初悟」不在空界範疇。「正中偏」意謂人對涅槃本體有所了悟，初步知有。偏中正超越三界。偏中正未到本體界（空界）。按照雲門說法，偏中正屬法身，是「法身兩病」之一，特點在「一切處不明，面前有物」。所謂「迷頭認影」。到此定境已經「瞥見」涅槃，故謂「分明覿面別無真」卻「迷頭認影」。此謂「騎驢找驢」。到此要作大功進入「涅槃前一色」。這是「正中來」的初階。經云「縱滅一切見聞覺知，內守幽閒，尤為法塵影事」的境界。此境特點為「內守幽閒」、「純清絕點真常流注」。《楞嚴經》說「此湛非真」，到此要小死一回絕後復蘇，「打破鏡」進入有漏涅槃。

從「涅槃前一色」作功進入「清光照眼似迷家」的有漏涅槃。盤山說「心月孤圓光吞萬象」。「光境俱亡復是何物？」修證者往往以此為涅槃正位而執著，所謂「雪屋人迷一色功」。這個境界尚有細心、補特伽羅等細微妄識。「粗中之細，人牛不見處正是月明時」。有漏涅槃泯滅粗中之細，尚有「細中之細」。禪師謂之「室內紅塵」。修證者要「脫胎換骨命根斷」，掃除細微無明證入涅槃正位。到此大定定心與清淨涅槃同質化後（「子歸就父」）卻「不居正位」（南泉普願）。「鶴不停機鳳無依倚」（洞山良价），「澄源湛水尚棹孤舟，佛祖玄關橫身直過」，禪定意識要「**夜明簾外轉身退位**」。須臾轉身出離涅槃，否則「滯在死水」、「點額而回」落在法身邊，不得佛果。若能夠「透法身」則從涅槃正位轉身退位證得首楞嚴佛性，**佛性出世建立世界，此謂「枯木生花冰河發燄」**。「透法身」即「正中來」的最後境界，「踏破澄潭月，穿開碧落天」，出離涅槃證得佛性，否則坐在涅槃死水，謂之「鬼窟裡作活計」、「死水淹殺」。很多修證者進入涅槃，沉空滯寂留戀涅槃法執未泯。證入涅槃後「點額而回」、「死水淹殺」。須知「金龍豈守於寒潭？」禪者進入涅槃正位要「鶴不停機」而「飛渡寒煙」，轉身退位證得首楞嚴佛性即「見性成佛」。

禪師經過清淨涅槃的洗禮，「脫胎換骨點鐵成金」。「不入驚人浪，難得稱意魚。」卻不滯涅槃死水。踏破化城出離涅槃。此謂「絕後復蘇枯木生花」，即證得首楞嚴大定，佛性出世建立世界森羅萬象。撒手懸崖下分身萬象中。這即是等覺佛位，曹洞宗「正中來」即形容這個境界。到此尚須第三次轉身，重新進入人間紅塵，入廛垂手普度眾生。此即成為菩薩。菩薩要利用「故我」的肉體與眼耳鼻舌身意等「感知系統」才能在人間行菩薩道。佛性出世定心往復。菩薩處於「凡聖分離正偏兼帶」的禪定境界。禪師的大定定心必須與俗世塵埃隔離。「**靈光獨耀迥脫根塵**」（**百丈禪師**）。**所謂「在今時不落今時」**。**也謂之「百花叢裡過，一葉不沾身」**。涅槃正位如同君王發號施令，菩薩的「主人公」即是佛性。佛性如將軍奉「正令」而行菩薩道。此謂「金聲玉振」。就這個意義而言，菩薩也是「傳語送話人」。菩薩以人的面目在世間行菩薩道，佛菩薩具有五眼，或謂「三目」。菩薩定心在涅槃與首楞嚴佛性之間優游往返，謂「金針雙鎖玉線貫通」。是謂「有時萬象有時空」。首楞嚴大定的定心具有特殊的知覺系統。雲門文偃大師說「菩薩當體即空」，是謂「菩薩見色無非觀空」。經過金針雙鎖鉤鎖連環，菩薩進入凡聖分離正偏兼帶的境界。若定心不動則是理事無礙法界。若涅槃佛性混融一體則進入事事無礙法界。正偏兼帶謂「前釋迦後彌勒」成就佛真法身。

菩薩日常進入理事無礙法界。在此境界菩薩驗證事法由佛性本體所顯現，此謂「御樓前驗始知真」。菩薩的佛性定心與事法後面的佛性本體本來一體互相感應。佛性定心「分身萬象中」，故佛性「身先在裡」。菩薩佛性與萬法本體互相感應。理事無礙法界與事事無礙法界是禪定的高級境界。菩薩定心時時進入涅槃，這是非常微妙的。所謂「這邊那畔信步往來」。到此要注意「內不居空外不隨應」。所謂「入息不居陰界，出息不落眾緣」（**二十七祖般若多羅齊**）。時時進入清淨涅槃境界。這對禪師修證「保任」是必需的功課。禪師所謂「重重烹煉」的「百煉真金」，意謂首楞嚴大定的定心為了保持與清淨涅槃同質化而時時進入涅槃。禪定意識在「這邊那畔」兩邊優游來去，此謂「金針往復來」。

禪宗思想很難歸為宗教信仰，因為禪宗思想完全建立在「實證」的經驗上。自古以來有萬千修證者經過「實證」而成佛。這雖然是「心內」（「意識」）的實證經驗，卻絕對沒有神秘主義的宗教色彩，「即心即佛」是禪宗千年以來的宗旨。我們要理解，佛性即首楞嚴大定的「定心」，即「自性清淨心」，這是特殊的禪定意識。這個特殊的意識是精神性的獨立存在，稱為「獨頭意識」，這個意識具有特殊感知功能與佛智。這個「首楞嚴大定」的「定心」才是我們通常意義上的「佛」（等覺），具有生成萬法的功用，因此我們說佛性是發生學意義的宇宙本體。佛性是「三界唯心」世界的本體，佛性要經過「清淨涅槃」才能成就，故此曹洞宗謂之「父」，佛性是「王子」。即等覺位的首楞嚴大定，這個金剛心謂之「妙體」、「心體」，即「自性清淨心」。「即心即佛」即是此謂。

自古以來百千計的佛菩薩在人間行菩薩道，入廛垂手之時與眾生所見相同（菩薩可以由佛眼見到眾生無法感知的境界，這裡只談相同之處）。菩薩見山是山見水是水，世間相常住。菩薩雖然意根久滅，前五識只是現量，與眾生相同。不同處在於「見相不生癡愛業」。意根不起作用，「雖有見聞覺知而不染萬境」。如鏡對像而心內不生無明。菩薩的現量境與眾生的現量境相同。眾生意根未滅故有貪嗔癡等。菩薩進入「差別境」而心無染著。「眾生業力所成」的山河大地對菩薩來說「十方世界是全身」。菩薩「見色無非觀空」。「轉山河大地為自身」。經云「若能轉物即同如來」。菩薩「一人發真歸元，十方虛空悉皆消殞」，只是菩薩心內的世界發生變化。證入涅槃一色不見。同理，佛性建立世界也是菩薩心內的世界。入廛只是一念之間進入虛幻的三界，菩薩以幻化空身優游幻化之三界。意根久滅後，作為根本無明的核心即自我意識消融而轉化為佛性（「無明實性即佛性」）。佛性作為精神性的「心體」，「卻著衫來作主人」。佛性借助故我肉體在世間普度眾生。**「去後來先作主人」的自我意識被佛性取代**，佛菩薩不再指「人」，而指謂菩薩的禪定意識即首楞嚴大定的定心。

曹洞宗宏智正覺禪師云：

> **獨立卓卓**。不為形殼之所拘【生死不限】。**周行綿綿**。不為方隅之所礙【遍在】。**妙超物表**。**明漏壺中**。**白雲之兒**。**風斂寒空霽淨**【白雲散盡】。**青山之父**。**煙含一帶秋朧**【青山隱身】。且道。作麼生得**恁麼相應去還會麼**。**夜明簾外主**。**不落偏正方**。

真空不空。妙有不有。是萬象生成之根。即二儀造化之母。吾家一片田地。**清曠瑩明。歷歷自照。虛無緣而靈。寂無思而覺。乃佛祖出沒化現。誕生涅槃之本處也。妙哉人人有之。**而不能磨礱明淨。昏昏不覺。為癡覆慧而流也。一念照得破。則超出塵劫。光明清白。三際不得轉變。四相不得流化。**孤耀湛存。亙古今混同異。**為一切造化之母。**底處發機。大千俱現。盡是個中影事。的的體取。乾坤之主。海嶽之尊。密密不間。綿綿長存。全提造化之柄。妙得生成之根。**

宏智正覺禪師所說的「萬象生成之根」、「造化之源」等皆指宇宙本體，他指出「**吾家一片田地。清曠瑩明。歷歷自照。虛無緣而靈。寂無思而覺。乃佛祖出沒化現。誕生涅槃之本處也。妙哉人人有之**」即表明法身佛「為一切造化之母」。涅槃不直接呈現森羅萬象。然而涅槃生成佛性。因此稱為「佛性之父」即「本體之本體」。佛出世即謂佛性，建立世界。佛不出世即謂涅槃。這個成佛過程極其奧妙，我們將詳細解說。

我國學者舍爾巴斯基在《佛教的涅槃概念》說，**涅槃即是指超脫現象界而融入本體界**。涅槃也「實有自體」。湯用彤先生在《漢魏兩晉南北朝佛教史》一書中指出：「支讖、支謙之學則探求人生之本真，使其反本。其常用之名辭與重要之觀念，曰佛、曰法身、曰涅槃、曰真如、曰空。此與《老》《莊》玄學所有之名辭，如道、如虛無（或本無）者，均指本體。」這種理解正確。

筆者指出根本無明即以自我意識為主。無明妄識之核心即自我意識。而「無明實性即佛性」，**凡夫位**

的佛性即是「無明」，而菩薩位已經泯滅自我意識而達到「識陰盡」境界。到此根本無明已經泯滅，佛性顯現即謂之「見性成佛」。此即等覺或謂菩薩。在此境界佛性即宇宙本體。**曹洞宗以「夜明簾外主」作為「大道」或「終極的絕對的」宇宙本體。禪宗認為，肉體死亡後大定意識經過涅槃最終契合客觀存在的宇宙絕對本體，此即禪宗解脫生死證入永恆的終極關懷。六祖慧能說「來時無口」，意謂死後再來將以宇宙本體的面目呈現。禪宗思想為人類提供一個特殊的視角，考察人所面臨的根本問題。禪宗也提供「解脫生死」之路徑。作為極為精密、深邃的有關意識、有關宇宙的科學體系。**

現代人很難跳出「世俗世界」來思考人生的生死解脫問題。現代人關注的是「當下享樂」而對終極關懷失去興趣。研究禪宗的學者只能以「俗諦」的道理來解釋禪宗思想。他們並不明白禪宗思想是在深刻的禪定境界中產生的。當前禪宗研究簡直成為「心靈雞湯」一類的「心靈補品」。真正超越的出世的禪宗思想在現代無人理解，超凡入聖契入宇宙本體的禪宗思想幾乎成為現代人恥笑和輕蔑的對象。但是，最終可笑的可能正是我們現代人類。科學技術與物質利益的滾滾紅塵早已湮滅了人類的最偉大追求——契入宇宙本體，昇華為終極存在，成為造物主本身！現代的世俗之人無法設想，人對於自己的存在竟然可以自由地選擇「不存在」（not to be），徹底泯滅自我意識之後達到與宇宙本體合而為一的終極目標，這是禪宗思想最卓越的地方。我們要作的就是發掘禪宗的原來理路。禪宗先賢所開示的禪宗哲理，不是為了「屈就」人們的世俗追求，反而大無畏地宣示「人的世俗生活必須否定」，人這種「存在者」通過否定自我泯滅自我意識來昭示「存在的意義」。這是最卓越的人類精神！

人類對宇宙本源的追問和思索是人類精神所呈現的終極關懷。宇宙的本源問題，不但關係人類在世界上如何安身立命，也直接關係人類對於死後世界的思考與關懷。人類宗教信仰發源於對於此世與彼岸的深刻思考。禪宗思想體系內的「大道」不是哲學概念，也不是簡單的「存在者」，而是一切「存在者」的來源、根本因。作為「萬法歸一」的終極的宇宙本體，我們稱為絕對本體。絕對本體是超越有無的存在，是精神性的「實在」，是客觀獨立的宇宙本體。清淨涅槃與絕對本體同質。人若證入「清淨涅槃」即意味禪定意識與絕對本體同質化。人遷化後契合於絕對本體。洞山良价禪師所說「方始契如如」即是此意。

禪宗的涅槃本體概念，可以用一個公案來解說：如來出世，指天指地說：「天上天下唯我獨尊」。我們須知這不是世尊狂妄而是形容「宇宙本體」。佛出世成為菩薩，按照禪師說法：**如來也是傳言送語人**。所謂「**金聲玉振**」、「**一人傳虛萬人傳實**」，**形容菩薩奉**「**如來法身**」**的**「**正令**」**在人間行菩薩道**。

《寶藏論》僧肇法師云：

空可空非真空。色可色非真色。真色無形。真空無名。無名名之父。無色色之母。為萬物之根源。作天地之太祖。上施玄象。下列冥庭。元氣含於大象。大象隱於無形。為識物之靈。靈中有神。神中有身。無為變化。各稟乎自然。微有事用。漸有形名。**形與未質。名起未名**。形名既兆。遊氣亂清。寂兮寥兮。寬兮廓兮。分兮別兮。上則有君。下則有臣。父子親其居。尊卑異其位。

《萬松老人評唱天童覺和尚拈古請益錄》序：「最初。**威音王以前。早有個無孔鐵錘**。大悲通身八萬四千姥陀羅臂。摸索不著。」此「威音王以前」即「無佛無眾生」的時候存在的「無孔鐵錘」指謂絕對本體，這裡著重表明涅槃具有客觀性。禪師常說「兩個無孔鐵錘」，比喻涅槃與佛性。大慧宗杲禪師說：「就中一個最重」即謂涅槃。涅槃為佛性之父，兩者關係非一非異，一體兩面。

禪宗菩薩要首先證入清淨涅槃，然後轉身退位證得佛性。《楞嚴經》裡稱為「如來逆流」。我們看浮山法遠《九帶》屈曲垂帶：

> 夫垂者聖人垂機接物也。屈曲者脫珍御服著弊垢衣也。同安云。**權掛垢衣云是佛。卻裝珍御復名誰。**珍御名不出世。垢衣名出世。僧問石門徹和尚。雲光法師為什麼卻作牛去。徹云。**陋巷不騎金色馬。回途卻著破襴衫。聖人成佛後卻為菩薩。導利眾生。是名不住無為。不盡有為矣。文殊師利問維摩詰云。菩薩云何通達佛道。摩詰云。菩薩行於非道。是名通達佛道。**

浮山法遠表明：「**聖人成佛後卻為菩薩。導利眾生。是名不住無為。不盡有為矣。**」這表明菩薩乃是經過「如來逆流」從涅槃佛位轉身退位而來。對《楞嚴經》所說「如來逆流」，理解的人很少。《楞嚴經如說》（鍾惺）云：「**如來先證妙覺果海。不捨眾生。倒駕慈航。逆流而出。**」大意不錯。禪宗修證者首先證入妙覺清淨涅槃，到此「不居正位」（南泉普願），轉身墮位出離涅槃而證成首楞嚴大定。然後再次轉身，入廛垂手普度眾生。這意味佛性出世建立世界。菩薩首楞嚴大定的禪定意識（「定心」），乃是經歷「清淨涅槃」而證得。因此禪師說清淨涅槃乃是產生佛性（首楞嚴大定）的「佛性之父」。而首楞嚴佛性則是清淨涅槃的「大用」，兩者是「體用關係」，也是「父子關係」。所謂「佛性之父」指謂涅槃。首楞嚴大定也是「理地」。首楞嚴大定定心即是「佛性」，也稱為真如、真心、如來藏等。佛性真心受到根塵污染「真妄和合」成為阿賴耶識，由此呈現山河大地森羅萬象。簡單地說，佛性即是「共相種子」，故此人們所見的世界是大致相同的「世界圖像」。在此意義上我們稱佛性（如來藏）為佛性本體。妙覺滅盡定即清淨涅槃，其性相是「寂滅無物」（寂而常照），涅槃即「全用即體芳叢不豔」；證得首楞嚴大定即謂佛性出世建立世界，此謂「全體即用枯木生花」。佛性出世建立世界的森羅萬象。菩薩定心「金針雙鎖」而「鉤鎖連環」，經過修證進入正偏兼帶。然後證得理事無礙法界，進而證入事事無礙法界。

曹洞宗以「青山」比喻清淨涅槃，以「白雲」比喻禪定意識，喻之「青山白雲父，白雲青山兒」。兩者關係極其微妙，這兩個禪定境界實質相同而有細微差別。萬松老人說：「此退位朝君。轉身就父處。不道同。只是無別。」又云「青山起白雲」，表明涅槃產生佛性。子就父在涅槃正位，而君臣道合在首楞嚴大定。菩薩境界兩個定境之間有著「金針雙鎖」的關係。在禪宗看來，西方存在論所關心的「存在者」都不是真正的「存在者」，只是「幻有」。天上天下只有本體界（「空界」）才是唯一真正的「實在」或云「超越」的存在。人類通達這一「實在」的唯一方法是經由「禪定」，這是禪宗特殊的「認識論」。如果用「存在論」的語言表述，本體界既然是唯一的「實在」，我們用不到語言的解析、哲學的分析，**禪者可以經由禪定修行，經由人的「純粹經驗」**（西田幾多郎）**直接「證入」這個「空界」**，**這即是「成佛」的根本意旨**。禪者所要契入的絕對本體乃是精神性的「實在」，這是無法用人類語言、概念、邏輯來定義的精神性的「最高存在」。南泉普願所謂「**不是心不是物不是佛**」揭示究竟涅槃具有客觀性的意涵。曹洞宗的「主中主」類似「大道」。這是禪宗對終極的絕對本體的思考。涅槃本體可對應老子《道德經》提到的

「道生一」的「一」。這符合中國古代哲學的宇宙本體概念。**筆者要特別提到，中國哲學的宇宙本體不是「單一的」而是多層次的結構**。絕對本體乃是超越人類認識的「存在」，是超越有無的存在。絕對本體是客觀的「存在」。曹洞宗以「夜明簾外主」或「主中主」來稱謂絕對本體。在客觀存在的絕對本體與主觀意義的如來藏佛性之間，存在清淨涅槃這樣的「理體法身」。清淨涅槃與絕對本體是同質的，佛性與清淨涅槃也是同質的。這即是說，佛性與絕對本體同質。這樣的「同質化」保證禪師滅度後其定心可契合絕對本體。禪師遷化後肉體消逝，而「內證」的佛性定心最終契合絕對本體進入永恆。

佛教認為一切事物皆是虛幻不實的，乃是心識的產物。**佛性本體（首楞嚴大定定心）是個體修證者「心內」具有主觀色彩的宇宙本體**。而如果沒有客觀存在的絕對本體，人人所見的山河大地不會是相同的世界圖景。禪師在理事無礙的境界中親自驗證萬法與修證者心內的「佛性」具有「互相感應」。菩薩能夠親身驗證萬法確是佛性所呈現的。禪師說「撒手懸崖下，分身萬象中」。又說「身先在裡」。《心經》講「色即是空空即是色」。這裡「空」即謂本體。禪師說「山河與大地，全露法王身」。雲門文偃大師說「菩薩當體即空」。菩薩的「佛眼觀照」之下，「郁郁黃花無非般若，青青翠竹盡是法身」。在佛菩薩的「爍伽羅眼」看來「萬法皆空」。這裡「空」非謂「空無」而是萬法的本體。菩薩已經超越「人的境界」。菩薩的定心「金針雙鎖玉線貫通」，在本體界與現象界往復優游而建立聯繫。此謂「**曲為今時潛通劫外**」。這是西方哲學無法想像的。

西方哲學的宇宙本體只是一個哲學概念，乃是邏輯思辨的結果。而「造物主」往往與上帝一類超自然的存在相聯繫。我們在本書中討論的宇宙本體的概念是在佛教的唯心主義意識形態體系內運用的。本書中

「本體」不僅有宇宙發生論意義的始源，造物主，萬物主，以及發生論的直接因（the cosmological origin on the carton）的意義；也具有本體論意義的根源和依據（the ontological root origin）之意。也是萬法所依持所呈現的現象之背後的本體界。**筆者在前面特別提出中國哲學的宇宙本體不是「單一的」而是多層次的結構**。從真妄和合的阿賴耶識、如來藏佛性、清淨涅槃都具有發生學意義的本體意義。當然這一切都是在「萬法唯識，三界唯心」的思想體系內成立。我們要重視禪宗「一有多種」的宇宙論思想。在本書中「本體」概念與西方哲學的「本體論」或「宇宙論」不可混為一談。我們使用的是東方哲學的概念。東方思想體系裡宇宙本體即是生成顯現宇宙萬有的根源、本體。佛教認為一切事物皆是虛幻不實的，乃是心識的產物。佛性本體（首楞嚴大定定心）是個體修證者「心內」具有主觀色彩的宇宙本體。而如果沒有客觀存在的絕對本體，人人所見的山河大地不會是相同的世界圖景。**有關宇宙本體的思想被日本批判佛教譏諷為「土著思想的哲學化」**。**他們暗示禪宗的宇宙本體思想不過是古代薩滿一類的低級宗教**。**這代表他們的極度偏見與無知**。人類重視物質性的宇宙本體例如宇宙大爆炸的原點一類，卻對精神性的宇宙本體置而不論。這是現代人的悲哀。禪宗的成佛意味肉體死亡後大定定心與精神性的宇宙本體契合為一。在這個意義上禪者解脫生死輪迴進入永恆。這即是禪宗終極關懷的根本意諦。

唯物論者相信經驗世界是獨立於人的客觀存在的物質世界。人類的科學家們正在花費巨大的精力、金錢來尋找驗證宇宙的起點——「宇宙奇點」。這是一個幾乎體積極小而質量無窮大的「點」。根據宇宙大爆炸的理論，我們所看到的宇宙一切，都是這個「奇點」在大爆炸之後的產物。就此而言，我們也可以視這個宇宙奇點為宇宙的起源和本體。人類也經驗地本能地認為這個世界是客觀存在的物質世界。實際上我們連「物質是什麼」都無法準確定義。現代量子物理學驗證「上帝粒子」的存在，其不可思議的結論是我們的這個宇宙在大爆炸之後僅僅存在不到一秒鐘就消亡。這即是說我們的經驗世界、宇宙以及人類是「不存在」的。令人遺憾的是，人類不重視東方文明的精神性的宇宙本體，卻耗費巨大的人力物力來研究這個「宇宙奇點」，這或許是「物質宇宙論」的典型思路。在這裡，我們看到了東西方宇宙論的差異。西方哲學通向「本體」的路徑是物質的、主客二分的、邏輯思辨的。**而東方佛教哲學通向「本體」的路徑則是經由個人的禪定、冥思、無我的修煉進入「清淨涅槃」的禪定境界而實證地契入宇宙本體**。證入菩薩的理事無礙法界即可實證佛性顯現萬法的作用。這是被萬千禪者所親自驗證的經驗。我們知道，中國有數以萬千計的禪師經由這條修煉之路而「見性成佛」，中國禪宗留下浩瀚的典籍證明禪師的「修證過程」。這種個人的親證實悟就真理性而言並非「不科學」。如果萬千人經過禪定修證都能證入同一境界，那麼這個境界必然存在。我們應該視禪者的禪定修證為「意識科學實驗」。筆者願意指出，按照科學的嚴格規定，任何理論必須在實驗室條件下能夠重複得到同樣的結果才算得上「科學驗證」。然而宇宙奇點的理論永遠不可能真正得到「科學驗證」，因為我們不可能摧毀這個宇宙，然後設置一個什麼宇宙奇點大爆炸的實驗將這個宇宙重新產生出來。在這一點上，我們不能說西方科學的「物質宇宙論」就是「科學」。實際上，一個體積無限小而質量無窮大的「宇宙奇點」已經超出人類的經驗範圍與認知能力。這是需要特別的想像力才能勉強理解的「東西」。筆者無意否定宇宙大爆炸學說，我們要指出，就「真理性」而言，東西方的宇宙本體觀是平等的，沒有高下之分。事實上「經驗世界」的客觀性與物質性根本無法得到證明，因為一切「存在物」都要經由人的知覺與意識才能成立。人類科學的進步確實有可能揭示，東方哲學的本體觀比西方物質主義的本體觀要高明很多。就如今的科學與宗教的看法，我們人類所作的一切，如果在天體物理學所揭示的「宇宙熱寂」這一最終的歸宿前面，還有什麼終極的意義呢？面臨最後的「宇宙消亡」的結局，地球人類的努力有什麼終極的意義呢？按照佛教的唯心主義思想，一切事物都有發生乃至滅亡的過程，人生當然也有生有死，這是人的大苦難。世間只有宇宙本體「不生不滅」，那麼只有「證入本體」才能解脫生死而進入永恆。這是成佛證入本體的根本意旨。

本書的旨趣在於發掘久已湮滅的禪宗理路。我們要探索禪宗的本來理路。我們不嫌繁瑣地論證「佛」即是宇宙本體。佛不是抽象的哲學概念。人經由禪定最終要「契合」的絕對本體即客觀存在的精神性宇宙本體。「證入涅槃」的意義在於保證佛性與涅槃與絕對本體同質。人要解脫生死進入永恆，而世間一切都有成住壞空的過程。只有宇宙本體不生不滅。「證入本體」的意義在於進入永恆。這是「方始契如如」的成佛意旨。禪師證入清淨涅槃卻「不居正位」，轉身退位證得首楞嚴大定，首楞嚴大定的「禪定意識」能夠在修證者心內呈現森羅萬象的世界。阿含類經典稱為「定心」。佛教稱為「獨頭意識」。這即是首楞嚴大定的「定心」，也稱為金剛心。這也稱為自性清淨心、真心、真如、如來藏、佛性、法身等。首楞嚴大定的定心是等覺位的禪定意識，也稱為「用中法身」。其對應的「境界」即是森羅萬象的經驗世界。而證入清淨涅槃（無漏滅盡定）的定心則對應妙覺佛位，我們稱為「正位」。這也稱為大我、實相、本來面目。「真空不空」表明涅槃定心是精神性「實體」。我們將利用曹洞宗的「偏正五位」概念解釋修證成佛的過程。這由於曹洞宗留下豐富的語言文字資料可供我們研究。禪宗雖說「不立文字」，卻也無法離開語言文字，儘管「但有語言皆不了義」。我們也不得不借助語言來解釋、宣說「佛即宇宙本體」。

佛教的根本意旨在於生死解脫，這是人要覺悟的根本動力。人類的物質生活、精神生活以及科學技術無論發達到什麼水準，我們無論將個體自由、人類精神張揚到何等程度，歸根結蒂我們不能不面對死亡。個人如是，地球人類也如此。因為無論一顆隨意運轉的小行星還是冥昏玄幻的黑洞，抑或宇宙熱寂，都不可避免地會吞噬人類的精神文明之花。在死亡與最終的虛無前面，西方的科學是無能為力的。西方宗教懸設「物自體」或上帝以求死後獲得「最高者」的庇護而得到美好生活。中國禪宗認為世界是精神性的存在，解脫生死的出路正在於「契入宇宙本體」，此即成佛而進入永恆。出於最終極的關懷，人的覺悟也是延續不絕的追求。六祖慧能的師兄、北宗禪的祖師神秀禪師說：「身滅影不滅」。這或許是人的最高級的精神追求。中國禪宗對於解脫生死的追求與覺悟確實懷有宗教般的虔誠。禪師說「參禪須是鐵漢」。現代學者以輕佻口吻諷刺禪宗是「逍遙絕惱」式的自得其樂，這樣的學者甚至將「擔水劈柴皆為妙道」理解為「體會生活的新鮮感」。他們不懂「行亦禪坐亦禪」意味處於「佛位」之那伽定。他們更不理解「正偏兼帶」的菩薩境界。學者們不懂儒家與道家從宋明以來「借鑒」禪宗思想作為儒道兩家思想的內核。禪宗思想可謂是中國文化的思想核心。有人說禪宗思想是「向儒家心性論的回歸」。這些胡言亂語將會成為中國思想史研究的笑料。筆者的目的是希望讀者明白，禪宗思想的根本意旨在於人類的終極關懷。人對於修證成佛的嚮往與解脫生死的追求是不會終止的。

西方哲學高揚「主體性原則」的旗幟。其根本出發點和立足點都是人。因為人是特殊的存在者，是與宇宙中億萬沉默的存在者都不同的「發問者」——「此在」。現代西方哲學沿循人類中心主義、主體中心主義的傳統，例如海德格的存在論，可以說完全以「人」為出發點，而又回到「人」的哲學。海德格存在論根本意旨是「以人為本」來追究「存在的意義」。海德格追尋存在的意義完全是圍繞個人（「此在」）的生存體驗進行「生存分析」。他試圖通過「此在」的生存分析追究出「存在的意義」。因此我們認為這是「以『此在』為主題的本體論」。「存在論」的「存在」畢竟是人提出的問題，也只能通過研究「此在」作為存在物來探究無法定義的「存在」。如果說人的生存是「向死而生」，**那麼禪宗思想卻是「向永恆而生」或者說「向超越的存在而生」**。禪宗思想否認「此在」的意義。六祖慧能將人的肉體視為「一具臭骨頭」。《涅槃經》以「篋蛇」（蛇籠）比喻人身，將組成人身的地水火風四大形容為毒蛇共處人身的「蛇籠」之中。佛教世界觀對於人的世俗生活極度嫌惡。佛教認為人生是一場苦難。佛教「苦集滅道」四諦從根本上否認世俗生活。**鈴木大拙所謂「人生必須是一個絕對的肯定」只是戲論，他不懂禪宗思想而違背佛教的根本宗旨**。

西方宇宙論的另一重要特點，是「**努力想獲致一種關於支配宇宙的普遍原則的知識**」。但是西方宇宙本體論哲學本身不是科學也無法以科學為基礎。**西方宇宙本體論哲學企圖把握支配宇宙萬物的普遍原則的知識**，這是從柏拉圖到黑格爾以及西方存在論哲學的所有西方哲學家追求的理想。而東方宇宙本體論並不具有這樣的追求。在佛教哲學家看來，「萬法皆空」的世界根本不存在支配萬法的普遍原則。對於禪師來說，唯一值得了解的，就是這個生成萬法的宇宙本體。佛法四諦「苦集滅道」表明世俗生活「一切皆苦」，而且在永恆輪迴中苦海無邊。人只有修證成佛「證入本體」才能脫離輪迴。作為真如之用的佛智不但建立世界也能夠觀照森羅萬象。**禪者對於宇宙的具體構造並無興趣。禪師感興趣的事情是如何「證入宇宙本體」而成為「萬物主」**。經過修證成佛才能與客觀遍在的宇宙絕對本體相契融合，以期超越生死進入永恆，達到「一朝風月，萬古長青」的境地。在禪者看來，這是人生的唯一目的與意義。

成佛經由禪定修習消融妄識證入清淨涅槃即與絕對本體同質化。然後出離涅槃證得首楞嚴大定即是成佛。「等覺佛位」也是菩薩。佛菩薩轉身入廛垂手在人間普度眾生。菩薩在人間行菩薩道需要借助「舊我」的肉體才能在人間活動。菩薩經過修證其禪定意識處於「正偏兼帶」，證入理事無礙法界以及事事無礙法界。最後「繁興不出那伽定」，「坐亦禪行亦禪」。佛教認為肉體無足珍視，菩薩要借助「故我」的肉體在人間普度眾生。菩薩不是「人」而指「定心」。六祖《壇經》云「頭上養親口裡須餐」，禪師說「我終日吃飯未咬一粒米，我終日穿衣未著一縷棉，我終日走路未踏一步地」皆謂此意。菩薩的「首楞嚴大定」（佛性）利用「故我」肉體在人間行菩薩道。此處「我」謂佛性。

禪宗的思想理路是唯心主義的思想，所謂「三界唯心萬法唯識」，我們要理解「萬法歸一」，禪宗大師經過禪定實證知道經驗世界是由精神性的宇宙本體所發生顯現的。佛就是宇宙本體。首楞嚴大定定心即是「等覺佛」。佛性是顯現世界的第一因宇宙本體。這是理解禪宗思想的前提。當代佛教研究往往試圖以「客觀存在」的「經驗世界」作為模型來研究禪宗思想，甚至以邏輯思辨推理禪宗理路。有人試圖以物理學定理來推論禪宗思想，而物理學定律必須預設物質的客觀世界的存在。這與佛教不同。佛教根本上否認客觀存在的物質世界。這兩種思想沒有交集。禪宗思想必須經過禪定來研究，因為「禪宗以禪定為宗」。我們也必須分清「俗諦」與「勝義諦」。研究佛教不能在我們的經驗範疇即俗諦的意義上理解佛理，這與人們缺乏深刻的禪定體驗有關。佛教的勝義諦只能在深刻的禪定境界加以體悟。另外，佛教也有不同教乘，佛法教授方法不同。

佛教、禪宗的偉大祖師們所開示的佛教哲理，大無畏地宣示**「人的世俗生活必須否定」**以及**「人的小我必須泯滅」**。**人這種「存在者」通過否定「自我存在」來昭示「存在的意義」**。**這閃爍著人類終極關懷精神的熠熠光彩**。

佛教唯心論宇宙觀並非哲學，而是禪者親證體驗的宇宙觀。禪宗思想乃是「人天之際」的一道聯繫，是居住在地球上的人類與這個浩瀚無際的宇宙的一道聯繫，也是人類與這個無始無終的時間之間的一道聯繫，我們可以說，這是人類與「永恆」之間的一道橋梁。**菩薩在「金針雙鎖玉線貫通」境界，即可在現象界與本體界建立聯繫**。**此謂「野色更無山隔斷，天光直與水相接」**，或謂「官不容針私通車馬」。禪師指明**「曲為今時潛通劫外」**。今時即謂現象界，「劫外」即涅槃本體界。進一步在「正偏兼帶」境界證得理事無礙法界，「空不異色色不異空」，見山是山見水是水，法住法位。再進一步證入「事事無礙法界」。如同帝釋網，「重重無有盡，處處現真身」。每個寶珠皆是本體，含蘊重重無盡的宇宙。**到此證得「一心三觀」、大乘中道，即一切種智**。**由此證入「那伽定」**。

禪思想給人提供活在此世的，活在此岸的終極解脫的路徑。禪給人提供漸修頓悟的種種法門，使人人都可以具備佛的般若智慧，從而得到生死解脫的大智大勇。禪更進一步，給人提供可操作的方法，使人在此世的修行中，可以證入冥冥之中的宇宙本體，使人的「靈魂」與永恆的終極存在即宇宙本體契合為一。中國禪者並不頂禮膜拜任何超人的神祇，並不迷信任何神靈，禪者的追求是成佛，要與宇宙本體契合為一，成為永恆存在的萬物之主。中國禪者代表了人類為了跨越生死深淵向著終極存在而進行的勇敢一躍。這難道不是人類最卓絕超越的精神嗎？人的個體生命竟然可以在此世此岸在大地上立地成佛，這難道不是最令人驚奇的終極解脫和爭取得到大自在的自由精神嗎？

禪定意識作為獨立存在的精神性「實體」（獨頭意識），為人類思想開闢了嶄新的思路。我們談到意識的時候，意識與人的眼耳鼻舌身意是不可分離的。而人的禪定意識，作為實體存在的獨頭意識與肉體的眼耳鼻舌身意毫無關係。「首楞嚴定心」能夠「六根互用」，而且具有特殊的感知系統與佛智。在「意根久滅」時，菩薩可用「差別智」識別諸法相。這即是佛智的功用。

人的意識，例如我剛剛生起的一個念頭，馬上就被其他前呼後擁的意識流代替、覆蓋，連自己也瞬間忘卻，這個意識「存在」嗎？我們如何證實它的存在呢？禪定意識稱為「獨頭意識」，是「前念中念後念前後際斷」的獨立意識。這並非「連續曲線」的意識流。這與西方哲學所理解的意識大異其趣。**大定定心是「沒有意識活動，沒有意識相關項」的意識**。禪宗的「定心」是無關乎任何對象的意識。西方現象學所謂「意識必然是關於某物的意識」的道理被顛覆。我們說佛性即首楞嚴三昧心是精神性的「實體」，而非「成佛的可能性」（印順法師）。首楞嚴定心可以變現森羅萬象的世界。菩薩由此親證其作為宇宙本體的「大機大用」。禪宗也稱佛性為法身佛。**法身佛指「清淨涅槃」**，楊岐甄叔禪師說：「群靈一源，假名為佛」。他講的「一源」即宇宙本體。

世尊說：「阿陀那識甚深細、我於凡愚不開演、一切種子如瀑流、恐彼分別執為我。」這就是說世尊恐怕眾生將阿賴耶識執為「我」，所以沒有大力宣說。上面所引有關阿賴耶識的表述就是佛教是神我論的依據。「去後來先的」阿賴耶識，確實有「神我」之義。缺失「輪迴主體」談論輪迴毫無意義。「神我」無論稱為補特伽羅還是「細心」，總之不能沒有輪迴主體。玄奘譯為藏識，稱「此識具有能藏所藏執藏義」，為阿賴耶識之自相。阿賴耶識能含藏種子，所以名能藏。前面論述說明，一切有情皆有阿賴耶識而且也有輪迴主體。按此說法，宇宙萬物必須以阿賴耶識的種子為本體方能生起，所以阿賴耶識可以作為世俗世界的本體；但是這個藏識生成的宇宙只是一個虛假的宇宙。《大乘起信論》對阿賴耶識和如來藏的解釋來得比較清楚。中國禪宗的理論基本符合《大乘起信論》。

《大乘起信論》云：

心生滅者，依如來藏故有生滅心，所謂「不生不滅」與「生滅」和合，非一非異，名為阿賴耶識。

由此可見，「阿賴耶識」就是依如來藏而成為「生滅心」。《大乘起信論》有一心二門之說，即心真如門和心生滅門。依一心法有二種門，一者心真如門，二者心生滅門，此二門皆可各個產生顯現宇宙萬法。按這種說法，阿賴耶識和如來藏都是「一切法」的本體。

禪宗思想符合《大乘起信論》關於真心——如來藏和妄心——阿賴耶識的解述。起信論認為阿賴耶識是由真心（如來藏）和無明妄心融合的產物。這裡要注意，阿賴耶識生成的萬法就是我們普通人看到的世界。禪宗認為這就像一面被塵土污染的鏡子一樣，它產生映現出來的世界圖景是不真實的、被扭曲的、污七八糟的世界。而無明妄識去淨，如來藏佛性如同明淨的鏡子，映現現象世界。更重要的乃是「菩薩見色無非觀空」。因此我們說這兩種「本體」有所區別。佛性、阿賴耶識以及清淨涅槃，都具有生成萬法的宇宙本體的意涵。

十、因緣緣起與如來藏緣起

原始佛教所講的「十二因緣」只是從人生俗諦的角度來解釋佛教的宇宙觀。原始佛教重視「因果」關係，「因果」是比「十二因緣」更重要的「**原教旨**」。業報輪迴等佛教最根本的教義皆建立在「因果」的理論上。我們如果將因果關係與「因緣」結合起來考察佛教宇宙觀，那麼「因」就會凸顯其重要性。「此有故彼有」即因果。**若以釋迦成佛的過程看，我們看到佛陀如何發願，然後一步步地苦苦追求、修證、最後終於修成佛果。這就顯現出事物的發生並不是「偶然」的，絕不是人們只要坐等因緣到來就可以成佛**。這必須要有修正者的「大誓願」，要懷抱無比的勇氣和信仰，要毅然地出家與「塵世」作一了斷。然後還要在極其艱辛的條件下終身修行。這些在在都顯示「內因」的作用。如果我們說釋迦世尊連這個「內因作用」都不清楚，那我們豈不是將「佛智」看得太低了嗎？我們若將「視域」擴大到整體人類的精神現象，我們要問，釋迦為什麼要追求成佛？以及釋迦以後那麼多高僧大德為了追求成佛，放棄人間種種快樂享受反而躲入荒山僻嶺的古廟裡苦苦修行，人類中為什麼有這樣的一些人自願隱居在深山密林中艱難修行？人類是否具有一種內在的欲望或謂本性要脫離世俗的「苦難」，追求進入永恆的終極存在？這不就是人的「覺性」嗎？這當然即是成佛的「內因」。我們捨此還有什麼能夠解釋這個現象呢？

中國漢語的「因緣」已經包含「內因」的含義。「緣分」則有「偶然機會」的含義。「十二因緣」如果缺乏「因果」作紐帶，則此說完全無法成立。西方有哲學家否認因果關係。從事物的現象來說，如果某事物的發生必然導致另一事物的發生，我們說兩者存在因果關係。這可以從「經驗」來驗證而無需繁瑣的理論證明。按照我們在前面的解釋，原始佛教的「因果」聯繫著十二因緣，聯繫著「輪迴」，聯繫著成佛。否認因果就等於否認佛教的理論。因此，就成佛而言，我們必然要找到成佛的內因，如果沒有人人與生俱來的佛性，那麼佛教的理論就會黯然褪色，佛教也不可能延續千年而發展到現代社會。

十一、根本無明與自我意識

「無我」是佛教建立以來始終如一的主張，是佛教的基本教義。千百年來任何真誠學佛的人都知道這是佛教的「常識」。這是本來不必解釋的「佛法道理」。然而，當代卻有人故意歪曲這個最根本的佛教教義。現在居然連「無我」都被某些人千方百計地加以妄解。將「無我」解說為「自我的實現」、「自我的修煉」、「建立完善的自我意識」以及「自我人格的提升」等等偷換概念的說法。這樣佛教出世的終極關懷精神被人們徹底世俗化、人間化、庸俗化甚至娛樂化。佛法墮落成完全以「人」為出發點，為了給「人」增加福利愉悅，為了人能夠「修身養性」、為了文人「逍遙怡情」，佛法淪為紅塵世界的「心靈雞湯」。佛法淪落為以「現世」為舞台的「人間喜劇」。這真是末法時代的悲哀。看來人類真是狂熱地愛戀「自我」，很難理解佛教「無我」的教義。學佛者即使承認「無我」，也只是將「無我」理解為「破除我執、我見」。那麼究竟什麼是「我執」？什麼是「我見」？這些學佛者並不理解。我們特闢一章來闡述佛教有關自我與自我意識的概念。另外，我們需要比較佛教的自我意識與西方哲學與心理學的自我意識的異同，因為這些都是完全不同的概念。

我們要特別指出，佛教的「我」具有多重含義，既可指小我，也可以指大我（如來藏佛性、宇宙本體）。古漢語「吾我」的「我」往往指謂自我意識。例如莊子說「吾喪我」的「我」即指自我意識，慧能說「有我罪即生」以及「吾我不斷即自無功」。按照筆者的研究，古代漢語裡「吾我」並列使用時，「我」常是自我意識的代名詞。筆者以為莊子已經理解到自我意識操縱人的身心的作用。在禪宗的語言體系中，「我」可以是代詞，也可以是名詞的「自我」。禪師在特指「自我意識」時，這個「我」必然是名詞。禪師的語言很微妙，有時表面上作為代詞的「我」，實際上卻是名詞的自我意識。例如秘魔岩禪師的公案裡：「三千里外賺我來」即是如此的用法。因此我們不能拘泥於西方哲學那種語言分析的模式來研究禪宗的思想。筆者提出以泯滅自我意識來解釋佛教的「無我」。

印度與佛教同時產生的各大教門幾乎都以「無我」為宗旨。例如《奧義書》云：「只要想著這是我、這是我的，就會被自我所縛，猶如鳥被羅網所困。」這裡已經提到主詞「我」以及代詞「我的」，這些均指謂自我意識。印度《自我奧義書》說：「人由外自我（身體）、內自我（意識）、超上自我（不變不動的神我）三部分組成。」人畢竟不只具有一個肉體，人還有思維意識。筆者指出，禪宗思想與印度婆羅門教思想確有融通之處。佛教各派提出的補特伽羅、不可說我、細心等，實際上即是「神我」。佛教的「我」與「輪迴主體」即神我概念是無法分割的。我們今天研究佛教，如果故意迴避「輪迴主體」或者否認輪迴主體的問題，那就是掩耳盜鈴的作法。佛教思想脫胎於印度婆羅門教，這是歷史事實。佛教思想裡深刻地滲透著婆羅門教思想，這也是不可否認的事實。今天佛教已經被融合在印度的印度教裡，這本身說明佛教思想與婆羅門教思想是相融的。在佛教史上，佛教各派雖然提出各種各樣的自我概念，本質上仍然帶有神我的色彩。我們在研究佛教的自我意識時，這是我們必須重視的事實。

十二、自在型自我意識

按照《大乘起信論》，阿賴耶識即是凡夫位的「眾生心」。就阿賴耶識妄心而言，也就是人人具有的私心。**我們稱為「自在型自我意識」，以區別西方哲學「對象型自我意識」**。阿賴耶識無明妄心的本質就是自我意識。自我意識是每個人的「主人公」。佛教主張「無我」是成佛的基礎。佛教並不否認人人具有的私心，阿賴耶識真妄和合而成，其含蘊真心佛性。凡夫位的阿賴耶識以「無明妄念」的形式存在於每個人的內心深處。「無明實性即佛性」表明無明與佛性非異非二。對凡夫來說，真心佛性被無明覆蓋染污無法顯現出來。眾生無明妄念的本質就是「我」，即是我們所談論的「自我意識」。在佛教思想中，一切與「我」相聯繫的東西都是污染的「無明」，成佛意謂契合宇宙本體。當然必須泯滅自我意識，成為「無我之人」。筆者稱為「**消融小我成就大我**」。

每個人都有自己的靈魂，這裡我們不談死後的靈魂，我們研究人在世間生活時的「靈魂」。我們所謂「靈魂」指的是每個人內在的精神性的「存在」。這包括人的意識、思維方式、記憶、情感等等。每個人除了肉體的不同相貌的差異，作為「自我存在」的最重要特徵在於人具有獨特的不同於他者的靈魂。筆者稱為人在精神上的「存在」。「自我意識」即是每個人靈魂的中心和「主宰」。就現代科學研究成果來說，人在肉體上的差異並不重要。現代科學已經具有「克隆」人的技術，這或早或晚就會實現。即使不談克隆技術，世界上不是有「孿生子」嗎？甚至有「連體人」長著兩個頭顱卻「共用」一個肉體的情形。這樣的連體人雖然共有一個身體，卻有不同的「靈魂」。這與孿生子相同。他們外表的形象可以一樣，然而每個人的性格、思維方式即靈魂完全不同。筆者認為，人與人最重要的差別在於人的靈魂即精神性的存在。**人在精神上的存在決定「個我」的「存在」。靈魂是無法複製的**。至今世界上沒有人可以「複製靈魂」。我們無法否認人的靈魂的存在。這是每個人作為「自我」而不是他者的最重要標誌。大多數的人承認自己具有「自我靈魂」。靈魂主要是人的意識組成，是一種特殊的存在。我們知道意識是一種「存在」，然而現代科學和心理學對於意識的研究還剛剛開始，我們對於意識及其屬性了解得太少，因此還不能說它究竟是什麼。我們如果以笛卡兒所說的「我思故我在」來作為「人的思維決定人的存在」的注解，就可以解釋靈魂對於生存在世界的人來說是絕對重要的「存在因素」。我們不妨說一個人的靈魂就等同那個人。相較於肉體，個我在精神上的「存在」絕對是優先的，決定性的存在。每個人的「小我」即分別你我他的自我，即所謂生物的、社會的、人格的、倫理的自我。這就是每個人生命活動的主體。我們稱為「個我」。佛教並不簡單地否認個我的存在，也不否認個人的精神存在。否則「眾生是佛」、「轉識成智」都無從談起。佛教認為眾生迷戀的「自我」是虛妄不實的，佛陀在早期佛教經典中表明「小我」的虛幻不真，原因就在於小我本來就是「諸法之一法」。佛陀認為凡夫執著於四大五蘊生成的「自我」。

《雜阿含》《雜部》中說：

爾時世尊告諸比丘。無聞凡夫，於四大身厭惡，且求解脫。所以者何。蓋彼見四大身，忽聚忽散，有取有捨。但無聞凡夫，於心意識不生厭惡，不求解脫。所以者何，蓋彼常日持此，受此，沉溺於此。謂此為我有，此為我，此為自我。

這裡佛陀明白地表明凡夫所執著的小我，只是四大五蘊「**忽聚忽散**」的集合。「小我」也是萬法之一。「諸法無我」應該理解為「大我不在萬法之中」。「大我」作為森羅萬象的「造物主」不屬於萬法。佛教的「大我」即宇宙本體。可以指涅槃或佛性。原始佛教中「大梵」與「大我」常常相提並論。**龐居士參禮馬祖問：「不與萬法為侶者是什麼人。祖曰待汝一口吸盡西江水即向汝道。」「不與萬法為侶」即表明大我，意謂涅槃本體不在萬法之中**。

佛教修證的根本理路在於「消融小我成就大我」。意謂成佛必須消除「小我」。如果不明白眾生具有「小我」且首先要泯滅小我，成佛就無從談起。佛教主張的「無我」是對佛徒所宣講的基本法門。如果理解「佛」即是宇宙本體，自然不能有小我容身其中。佛教認為人生苦難的根源在於「無明」。「小我」即是無明的核心。世界上每個人都在為「自我」奮鬥，或者為「自我」組成的各種利益集團而爭鬥。由此產生種種鉤心鬥角爾虞我詐，甚至殺人偷盜，大至導致數千萬人死亡的世界大戰。這樣的罪惡仍在進行。如果我們追究這些罪惡的根源，我們常常說「私心妄念」就是萬惡之源。這樣的世界在佛教看來是「苦難世界」。罪魁禍首即是人們的「自我私心」。因此佛教與禪宗都主張「無我」。這是對要求成佛的學人而言。禪宗承續佛教思想，對人生持有悲觀否定的態度。慧能說「有我罪即生」，這即是說「有我」乃是罪業的根本原因，若要脫出生死輪迴擺脫罪業以致成佛，必須達至「無我」之境。這是佛教以及禪宗的基本觀念。我們在此所說的「無明」指的是「根本無明」，也稱為「無始無明」，而不是「枝末無明」。另外，「無我」也可以從「萬法皆空」的角度來解釋。每個人既然都有形象，在佛教看來，「凡所有相皆是虛妄」，人是包括在萬法之內的有形有相的「法」。「萬法皆空」自然也包括人。筆者在此指出佛教「三法印」主張的「諸法無我」非謂「小我」，而是說「大我」（如來藏佛性）不在萬法之內。「大我」是「萬法歸一」的宇宙本體，當然不在「萬法之中」。

佛教和禪宗的大量典籍都宣揚「無我」。然而究竟什麼是「無我」以及如何能夠達至「無我」的境界卻沒有人能夠解釋清楚。古代禪師限於概念的缺乏，只能以大量的比喻來加以解說，因而造成「無我」成了佛教研究方面的一個相當模糊的概念。近現代的學佛者往往將「無我」理解為消除「我執」「我見」等等。實際上這樣的見解是非常片面的，往往誤導了學人。千古以來學佛者明明知道成佛要求作到「無我」，卻弄不明白究竟怎樣才能真正達到「無我」境界。人們要問：我執我見究竟意味什麼？難道「我」不太固執地追求自我利益就「無我」嗎？「我」為別人為公眾作些好事就算「無我」嗎？「我」燒香拜佛捐獻錢財就是「無我」嗎？「我」在深山古廟青燈黃卷旁修行就是「無我」嗎？「我」作個好人就能成佛嗎？

筆者已經指出，「我執我見」的核心乃是人的「自我意識」。我們在此所說的「自我意識」是佛教意義的「自我意識」。佛教自我意識與西方哲學所謂的以自我為對象的「自我意識」並不相同。佛教的「我」是一個很深刻的概念。「自我意識」即是操控每個人身心活動的「總導演」。按照禪宗的說法叫作「主人公」。對於芸芸眾生來說，自我意識總是與人們的「個我」打成一片，一生一世與「個我」形影不離難解難分。人只要起心動念，其實都與每個人的「自我意識」聯繫在一起。人們並不理解每個人的內心中，暗藏有一位「主人公」，他操縱我們一言一行一舉一動。這正如臨濟禪師在著名的「三玄三要」裡面說的，「但看棚頭弄傀儡，抽牽都係裡頭人」。這位「裡頭人」，就是人們的「自我意識」。自我意識即是無明的核心要素，或者說自我意識是無明妄念的本質。自在型自我意識隱藏在每個人的潛意識中，人們認識不到自我意識的存在，以為自我意識就是「我」。這樣，自我意識成為人們身心的主宰。對現代人而言，喪失自我意識幾乎是不可思議的事情。自我意識既然是個人靈魂的中心。對於芸芸眾生來說，人在形成自我意識以後，在內心中將「自我」與其他人與其他事物漸漸分離起來，這樣自私自利也就隨之而來。我們可以說，人的一切私心妄念都來自於「自我意識」。對於絕大多數人而言，自我意識是「隱形」的主人公，他操縱人們一言一行一舉一動。不僅此生此世，「我」還是輪迴主體。「去後來先作主公」。筆者須指出，以佛教的思想來說，自我意識即是人的「無明郎主」，或者說自我意識即是無明妄念的核心。《大涅槃經》中，將「自我意識」比喻為「無明郎主」，經云：「**無明郎主，貪愛魔王，驅使身心，策如童僕**」。《大涅槃經》的這句話非常清楚地表明這個能夠操縱人們身心活動的「無明郎主」即是自我意識。反言之，也只有自我意識才能夠「**驅使身心，策如童僕**」。人們一切自私自利的無明妄念都發源於自我意識。自我意識隱藏在每個人的潛意識中，人們通常根本認識不到自我意識的存在。我們每個普通人在日常生活中，一舉一動，一言一行，只要起心動念，其實都與每個人的「自我」聯繫在一起。當然我們並不意識到我們每個人的內心中，暗藏有一位「無明郎主」，他操縱我們一言一行一舉一動。自我意識成為人們身心的主宰。我們可以捫心自問：除了自我意識這個無明郎主，還有什麼東西可以完全地控制我們的身心活動？我們每個人在物欲橫流的社會中拚命奮鬥，為了爭奪所謂的物質利益鉤心鬥角，爾虞我詐。其實都是為了滿足「自我」，而在這一切行為的背後，都是每個人的「自我意識」在操縱我們。在此書裡，我們稱「自我意識」為人生的導演。這就好比說每個人的一生一世時時刻刻都在上演一齣齣的戲劇，那麼這些人生大戲的導演就是「自我意識」。這就如同古代禪師所比喻的「傀儡戲」。

《圓覺經直解》憨山德清云：

> **何以故。由有無始本起無明為己主宰。**
>
> 此徵釋迷悶之根本也。本起無明。謂最初一念不覺生相無明也。法身無我。由一念無明。迷本法身。成陀那識。為我相根本。自此皆是無明用事。故云為己主宰。**我者主宰義。謂從無始至今。一向皆是無明主宰。是為我相。**自等覺已還。未破生相無明。異熟未空。皆屬我相。

人都知道自己有一個物質的自我，也知道存在一個精神的心靈的「自我」——靈魂。自我意識即可說是個人靈魂的中心。普通人自從出生來到世界上，經過幾個月至數年時間，由「自我識別」發展出「我」，漸次形成完善的「自我意識」，以後這個「自我意識」就會永遠控制我們的身心，指揮每個人的一念一思一舉一動。喪失自我意識就意味失去靈魂，也就是失去「個我」。按照佛教理論，人的靈魂都是由「色受想行識」組成，佛教稱為「五陰」或「五蘊」，其中最重要的即是「識陰」，即阿賴耶識。阿賴耶識由如來藏真心與無明妄心和合而成，一般稱為第八識。眾生皆有如來藏佛性，然而凡夫的如來藏真心平時處於隱性狀態，而無明妄心則處於「彰顯」的地位，在每個人的人生舞台上，自我意識導演著五顏六色的人生悲喜劇。《楞嚴經》所謂「銷盡識陰」即意味泯滅自我意識為核心的阿賴耶識。也就是說泯滅阿賴耶識含蘊的無明妄念——自我意識。我們如果要用哲學語言來描述佛教意義的自我意識，我們說，「自

在型自我意識」乃是「自我對自身的直接的、下意識的、非對象的、非反思的知道與操縱控制」，「**自在型自我意識」根本不需要「反思」這一思維活動才能存在**。人們在等待一部電車時可能沒有反思的自我意識，然而人們的潛意識裡必然有「我要上車回家」這類念頭，否則就不會排隊等車。這就是自在型自我意識。這即是沙特所忽略的不存在於「反思意識」裡的自我意識。人們在日常活動中很少進行故意反思，趙州從諗和尚在「**趙州茶**」的公案問新來的和尚：「來過嗎」，新來的和尚無論回答「來過」或者「沒來過」，其實他都是說：「**我來過**」或「**我沒來過**」。這句下意識的回答揭示其自我的存在。這是禪宗所要勘驗的「自我意識」。

沙特的「自我意識」理論很有問題。沙特否認人的意識中有「自我意識」，而認為自我意識僅僅存在於人的「反思」中。筆者認為沙特有關自我意識的理論大可商榷。人人具有「自在型自我意識」即佛教的「自內我」。這是沙特所排斥的思想。**沙特批判笛卡兒的「我思故我在」**。我們在後面細論。沙特說人們在排隊上車、數香煙時沒有自我意識，這是錯誤的。人在排隊時內心想的是「我要回家」。人們的一切行為、意念都被「主宰」、役使、操控。這個「主宰」就是自我意識。人的自我意識是時刻在場的「幕後導演」。自我意識在禪宗稱為「精魂」。成佛，意謂對自我意識進行轉化，佛性由自我意識轉化而來。此即「轉識成智」。人們對「自我意識」的知道可以存在於「反思」中。**筆者在此要定義兩種自我意識：自在型自我意識與反思型自我意識**。我們需要對此詳細解釋。人出生後一旦可以識別「外界」即將自我從一切事物中獨立出來，即建立自我意識直至去世，其行為思維都被自我意識操控驅使。這即是自在型自我意識。自在型自我意識在睡夢中都存在，自我意識的在場並不需要經過「反思」。「無明郎主役使身心」的

「主人公」，就是眾生一切活動的主宰，也是輪迴的主體。這即是自在型的自我意識。

從淺層意義上說，佛教的自我意識與心理學自我意識頗為相似。簡單地說都是指人的自私之心。按照現代心理學，動物沒有自我意識。人的自我意識並非與生俱來，人在出生時完全沒有自我意識。人在出生以後的幾個月內，能夠產生初級的「自我意識」，即意識到個體的存在。也就是能夠將「自我」分辨出來，這就是自我識別。現代絕大多數心理學家認為，自我意識是在嬰兒出生後在與外界外人以及社會的接觸交往中發展出來的。例如，人照鏡子見到自己的形象知道這是「我」而不是別人。這些都是自我意識的作用。人從兒童時起，就培養出相當完善的自我意識，以後「自我意識」與我們每個人終身相伴，形影不離。自我意識成為我們身心的主宰，成為我們靈魂的主宰。任何人只要起心動念，就會想「我怎樣怎樣」。自我意識深深地潛藏在每個人的意識深處，甚至在潛意識的深處。人即使在睡夢狀態，在精神病狀態，在老年癡呆狀態，自我意識總是與「我」混在一起難捨難分。簡而言之，對於絕大多數人而言，可以說自我意識就是自我，自我就是自我意識。絕大多數人根本意識不到「自我意識」的存在。每個人都有自我意識。每個人的一舉一動每個念頭都是和「我」聯繫在一起的。譬如人家叫一聲你的姓名，你回答「在」，譬如人家問你「來過沒有」，你答覆來過或沒來過，這時你都在無意中說的是「『我』來過」或「『我』沒來過」。譬如父母或師父為了教訓而打你一頓，你覺得委屈或疼痛，這時都是你的「我」感到委屈或疼痛；也許你進一步會想：「『我』犯了什麼錯？」這也是你心中的「自我」在問這句話。人們在感到饑寒時會說「我餓了」或「我冷」。人在生死大限將至時會想到「我要死了」。這些都是自我意識的表現。人們有時將動物的本能與人類的自我意識混淆起來，有人說動物豈不是自私的嗎？著名心理學家榮格為本能制定出一個大致的概念，即本能指謂的是這樣一種行為方式，在此行為方式中，並不存在明確的動機和目的，而推動這些行為方式的，僅僅是動物的內在需要。榮格引述英國作家托馬斯·雷德之言：**「我所謂本能，指的是表現為某種行為的自然衝動，它並沒有看得見的目的，也並非蓄意所為，它對我們所作的事情沒有任何概念。」**本能行為的一個特徵是，在動物本能行為背後找不到任何隱存的心理動機。由於本能是一種動物的內在需要，本能活動必然包含於無意識過程之中。本能行為的最大特徵在於具有普遍一致性和可重複發生性。本能過程是那些來自遺傳的，普遍一致並反覆發生的無意識過程。在動機上，本能反應也是不自覺的。動物或者人在饑餓時就要進食，在困倦時就要睡覺，即使初生嬰兒也會以啼哭要求食物，這些都是本能行為。這些行為與人的自我意識控制的行為不能混同。我們不能將動物的自私本能等同於人類的「自我意識」。我們或許可以說動物的「自私本能」是一種潛在的隱性的最低級的「自我意識」。我們知道動物沒有「意識」也談不上自我意識。我們不妨以「自內我」來表述更為接近。佛教理論承認輪迴，那麼就佛教理論而言，動物可能是承續某個「補特伽羅」處於輪迴中的生命形式。動物沒有自我意識，禪宗大師往往以「異類行」來啟發學人要學習動物的「無我」而消融自我意識。這也是「方便施教」的作法。

佛教理論基礎在於「業力輪迴」。雖然歷史上關於「輪迴主體」有過爭論，但是我們要問：如果沒有一個「輪迴主體」，那麼究竟什麼東西進入輪迴？我們進一步要問：「作業者誰？」以及「輪迴者誰？」如果某人作下惡業而別人在輪迴中受苦受難，則佛教教義在邏輯上就會有疑問。因此佛教歷史上對此爭訟不休。最後還是推出「補特伽羅」、「細心」等類似「神我」的概念來試圖解決這個問題。「如來」在梵語裡即「神我」。當代有些佛教研究者妄言佛教思想排除「神我」概念。這是很膚淺的結論。玄奘說「去後來先作主公」，即表明在輪迴過程中「神我」在生命中具有的「主人公」地位。西方對於輪迴的研究與佛教是不同的。「細心」之類神我概念是否含有關於「前世」的記憶，在佛教輪迴理論中並未提及。**按照唯識學，第七末那識恆執第八識的見分為「自內我」**。

我們知道，禪宗大師經常講「異類中行」，以此教示學人必須泯滅自我意識。一般認為動物沒有自我意識。我們要明白，自我意識具有「顯性」與「隱性」的差異。就動物而言，我們可以看到動物具有「自我本能」而沒有自我意識。動物的自我本能可以認為是隱性的自我意識。否則輪迴學說無法成立。人死後在輪迴學說下可能變成動物，如果動物完全沒有自我意識，那麼「神我」豈不是斷絕了？「異類中行」的說法自然也有片面性。

佛教與中國禪宗的祖師們早已看出自我意識操控人的身心，早已明白自我意識是人的一切無明的來源。這個自我意識，豈不正是將人「役使身心，策如童僕」的「無明郎主」！我們古代的佛教祖師限於語言概念，無法直接表述「自我意識」，卻用了大量比喻來指謂這個自我意識。自我意識的比喻如：炙脂帽子、貼體衫子、家親、家私、猿猴子、賊、家醜等。對於佛學研究來說，「自我意識」是我們理解「無我」以及如何作到「消融自我」的一把鑰匙。禪宗很多公案都可以按照「自我意識」的理路予以合理的解說，學佛者應該理解「自我意識」，要弄明白每個人都有自我意識，以及自我意識在個體生命裡「主公」的作用。學佛的第一步，即徹底泯除自在型自我意識，才能消融妄識進入「無我之境」。

佛教理論雖未明確提出自我意識概念，在淺層意義上，我們大致能以心理學的自我意識來理解，而若從深層解讀佛教的自我學說就必須涉及阿賴耶識以及唯識學的理論。一般而言，阿賴耶識被認為是真妄和合，其中妄心即指自我意識。或謂自我意識就是無明妄心的核心。這裡我們要強調說明，**佛教理論中「蘊含」的自我意識與心理學、現代哲學的自我意識的含義不盡相同**。**首先，阿賴耶識所含蘊的自我意識具有「神我」的意蘊**。這是為了解決輪迴主體的問題，因此這個自我意識具有超越的意味。佛教的「細心」、「補特伽羅」、「不可說我」、「精魂」等等都是指在輪迴中的「自我」。缺失這個輪迴主體，「造業者誰」以及「受業者誰」都無法回答。第二點，**自我意識在眾生的階段，是「去後來先作主公」的**，也就是說，作為阿賴耶識妄心核心的自我意識是以「主人公」的地位操控人的一切意識思維以及肉體的活動。**第三點，阿賴耶識具有宇宙本體的意義**。《大乘阿毗達磨經》中提出十相殊勝殊勝語，第一句所知依殊勝殊勝語，說明阿賴耶識名所知依體。唯識學將宇宙萬法謂「所知」，「依」是依止、依託、依歸之義。「所知依」就是說宇宙萬有都是要依賴阿賴耶識方能生起，因此說阿賴耶識是宇宙的本原、本體。此句用以彰示阿賴耶識作為宇宙本體的意義。因此大乘有「阿賴耶緣起」的理論。這裡我們需要說明阿賴耶識妄心的本質是眾生的自我意識。阿賴耶識妄心生起的乃是我們的經驗世界，即這個紅塵滾滾的世俗世界。所謂「心生種種法生」。如來藏佛性也是宇宙本體卻「真如不變隨緣」，如來藏被「客塵所染」以後生成顯現眾生見到的山河大地。阿賴耶含攝一切雜染有漏種子，也含攝無漏清淨種子，故而可以作為宇宙緣起的本體。這樣說來，這個世界的生起與自我意識大有關係。**唯識學的「雜染」即是受到「自我意識」的薰習的**意思。一切與自我意識有關的皆為「有漏雜染」，**由此我們看到自我意識在宇宙發生學意義上具有重要作用，這與心理學、現象學等談到的自我意識可謂意趣完全不同**。我們在使用自我意識這個現代名詞時要明白這些重要區別。我們應該說，禪宗在談到經驗世界的發生時，往往說「真心佛性受到扭捏而成」。禪師所謂「捏目生花」，無非是說真心（佛性）受到無明（自我意識）薰習顯現世間萬法的意思。這種看法與唯識宗大致是可以融會貫通的。**第四點，阿賴耶識妄心的本質是自我意識，即是無始根本無明，具有神我的意蘊，卻也是佛性的來源**。所謂「無明實性即佛性」。自我意識與佛性可以互相轉化，在這個意義上，成佛的去妄顯真意味泯滅自我意識之後佛性顯現建立世界。以自我意識為本質的根本無明與如來藏佛性乃是一體兩面，「滅妄顯真」即泯滅自我意識妄心顯現真心佛性的成佛過程。

我們都知道「自我」有自己的肉體與「靈魂」。佛教對於人的肉體，認為是四大五蘊和合而成，佛教對人的肉體可謂深惡痛絕。《圓覺經》說：

> 恆作是念：我今此身，四大和合。所謂髮毛爪齒，皮肉筋骨，髓腦垢色，皆歸於地。唾涕膿血，津液涎沫，痰淚精氣，大小便利，皆歸於水，暖氣歸火，動轉歸風，四大各離，今有妄身，當在何處？即知此身畢竟無體，和合為相，實同幻化。

《涅槃經》云：

> 是身不堅，猶如蘆葦，伊蘭，水泡，芭蕉之樹。是身無常，念念不住，猶如電光，瀑水，幻塵，亦如魚水，隨晝隨合。是身易壞，猶如河岸臨峻大樹。是身不久，當為狐狼、鴟梟、雕鷲、烏鵲、餓狗之所食啖。誰有智者，當樂此身？……是故當捨如棄涕唾。

《涅槃經》以「**篋蛇**」（蛇籠）比喻人身，以組成人身的地水火風四大形容為毒蛇共處人身的「蛇籠」之中。可見佛教世界觀對於人的肉體何等嫌惡。慧能將人的肉體稱為「**一具臭骨頭，何為立功課**」。這確實代表佛教對人的肉體所持有的「嫌惡」觀念。這個物質的貪得無厭的肉體成為人的累贅，佛家甚至認為肉體是「死屍」。《老子》云：「**吾所以有大患者，為吾有身，及吾無身，吾有何患？**」可見老莊對肉體的「態度」。這是從人的肉體來說，佛家認為「無我」的緣由。人的真實生命，必須超越「肉體」才能獲得「精神自由」。這是我國先賢早已明白的大道理。

十三、自在型自我意識與反思性自我意識

佛教意涵的自我意識，含蘊在第八阿賴耶識裡，即是唯識宗所謂「自內我」。唯識學認為第七末那識恆時執此「相分」為「自內我」。則第七末那識並非自我意識。既然「恆審思量」執第八識相分為「自我」，**將「阿賴耶識相分」作為對象並執著為「自我」，其本身怎麼可以是自我意識呢？這豈不是說：「自我執著自我為自我」**，這樣的論斷在邏輯上無法自恰。有的學者將唯識學的「末那識」認作「自我意識」。筆者認為這是值得商榷的。首先，第七末那識並非大乘佛教主流學派的觀念，也不是印度瑜伽行派主流的觀念。末那識只是護法一系提出的概念。玄奘去印度繼承護法一系的唯識理論，而護法系的唯識派別只是印度瑜伽派的一個很小的流派。我們應該注意，在唯識學的根本經典《解深密經》裡並未提到第七末那識，而《大乘起信論》也沒有提到末那識。佛教歷史上原來只講六識，後來有「七心」之說，最後才形成八識理論。一般的看法認為末那識與阿賴耶識可以歸為一類。就佛教關於心識的理論來說，阿賴耶識與其他七識都是「一心」，阿賴耶識與七識也是非一非異的。也就是說，前七識也含蘊在阿賴耶識內。護法系唯識學提出末那識將阿賴耶識析為八識。後來又有第九阿摩羅識之說。我們現在應該將阿賴耶識視為一個整體，佛教很多經典都說「心」或者「一心」。這是唯識學以及《起信論》都反覆宣講過的觀點。人的意識活動是極為複雜的，無論八識說、九識說、六識說或七心說都無法圓滿地解釋意識活動。阿賴耶識也可謂阿陀那識，佛陀《解深密經》說：「**阿陀那識甚深細，一切種子如瀑流，我於凡愚不開演，恐彼分別執為我。**」其實也是就「細心」而言。另外，我們要注意，一切「識」都來源於「細心」。在這個意義

上，阿賴耶識又是根本識。如果不是由於玄奘在中國佛教史上的崇高地位，護法系提出的第七末那識本來無法成為佛學的重要概念。但是「我」（「自內我」）卻是佛教的核心概念之一。凡夫位的阿賴耶識的本質或核心就是自我意識。

筆者以「自我意識」解釋「無明」（根本無明）的本質。筆者的見解是，每個人都有靈魂或稱為「神我」，這即是人的「自我意識」。這個自我意識在人出生時以「隱性方式」潛藏在人的意識裡，這如同每個人的佛性一樣，乃是在「無量劫以來」的輪迴過程中帶來的。這就如同在普通人而言，佛性也是潛藏在人的意識裡而不顯現一樣。「自我意識」在人出生來到世界上以後才慢慢「顯現」出來。人在兩歲以後自我意識逐漸加強。這時「佛性」隱晦不見，故此大眾並不知道自己具有完美的佛性。「佛性」潛伏內心而自我意識在人生舞台上盡情表演張揚無比。「神我」在每個人在世時以「自我意識」顯現出來直至死亡，這時「神我」作為「輪迴主體」（補特伽羅）進入輪迴的生死流轉苦難過程，在「生死海」中永遠掙扎受難。據印順法師考證，「如來」即是「神我」之義。原始佛教絕大多數派別都贊成「補特伽羅」的存在。然而如果人在世間時醒悟並且追求「成佛」，明白必須泯滅以「自我意識」為核心的無明妄念，經過修行達到消融「小我」，而與「如來藏大我」相契合一成就菩薩階位。此時雖有枝末無明，但是根本無明已經消解，即「神我」已被消解斷除。如果繼續修行，菩薩在肉體滅度時即可成就佛果，進入「無餘涅槃」。這即是徹底脫離輪迴，跳出生死海的根本解脫。這可以說是佛教的根本義諦。作為大眾凡夫，如果不能利用處於「人間」時的機會追求「頓悟」成佛而渾渾噩噩地混過一生，也就無法斷除他的「神我」，那麼他的「神我」即以「補特伽羅」的形式進入永恆無邊的六道輪迴的痛苦過程。這即是「無始無明」的來源。

禪宗稱「神我」為「精魂」，禪師說：「那個是精魂，那個是佛性？」其意在於讓學人懂得「無明即是佛性」，精魂即是佛性的辯證道理。成佛即是轉「阿賴耶識」為佛性的過程，即「轉識成智」的過程。臨濟義玄禪師所說的「無位真人」即是這個「精魂」，當然也可以說即是「佛性」。

唯識論云「**七識執八識見分為我，即以我為相分**」。末那識「恆審思量」並恆執「相分」為「我」，「我」即是七識的「對象」，也是此意識本身。如此演繹則進入「**無窮遞歸**」邏輯錯誤。人的自我意識具有「能知」功能，且有「主動」的動能。「我執我見我愛」等等皆可視為自我意識的表現，卻不可作為自我意識的本質或自我意識全體。禪師常以「父母未生前本來面目」比喻「涅槃」。六祖說「不思善、不思惡」即「不起一念」的涅槃境界。這只是禪師「方便比喻」。自我意識作為「去後來先作主公」的「精魂」（補特伽羅細心一類相續的輪迴主體），人有「無明種子」。這個即是佛性的由來。「無明實性即佛性」。人人具有佛性是「先天具足」，來自無始無明。若否定「法爾如是」的無明即否定「輪迴主體」。成佛即缺失依據。佛性來自「無明」的轉化，即「轉識成智」。

筆者已經指出，「我執我見」的核心在於人的「自我意識」。我們所說的「自我意識」是佛教意義的「自我意識」。這個自我意識與西方哲學所謂的以自我為對象的「自我意識」並不相同。佛教的「我」是一個很深刻的概念。「自我意識」按照禪宗說法叫作「主人公」。這正如臨濟義玄禪師在著名的「三玄三要」裡面說的，「**但看棚頭弄傀儡，抽牽都係裡頭人**」。這位「裡頭人」，就是人們的「自我意識」。自我意識即是無明的核心要素，或者說自我意識是無明妄念的本質。自在型自我意識隱藏在每個人的潛意識中，人們認識不到自我意識的存在，以為自我意識就是「我」。這樣，自我意識成為人們身心的主宰。對現代人而言，喪失自我意識幾乎是不可思議的事情。自我意識既然是個人靈魂的中心。對於芸芸眾生來說，人在形成自我意識以後，在內心中將「自我」與其他人與其他事物漸漸分離起來，這樣自私自利也就隨之而來。我們可以說，人的一切私心妄念都來自於「自我意識」。對於絕大多數人而言，自我意識是「隱形」的主人公，他操縱人們一言一行一舉一動。筆者嚴肅指出，以佛教的語言來說，自我意識即是人的「無明郎主」，或者說自我意識即是無明妄念的核心。《大涅槃經》中，將「自我意識」比喻為「無明郎主」，經云：

無明郎主，貪愛魔王，驅使身心，策如童僕。

《大涅槃經》的這句話非常清楚地表明這個能夠操縱人們身心活動的「無明郎主」即是自我意識。反言之，也只有自我意識才能夠「**驅使身心，策如童僕**」。人們一切自私自利的無明妄念都發源於自我意識。自我意識隱藏在每個人的潛意識中，人們只要起心動念，其實都與每個人的「自我」聯繫在一起。當然我們並不意識到我們每個人的內心中，暗藏有一位「無明郎主」，他操縱我們一言一行一舉一動。自我意識成為人們身心的主宰。我們每個人在物欲橫流的社會中拚命奮鬥，其實都是為了滿足「自我」，而在這一切行為的背後，都是每個人的「自我意識」在操縱我們。在此書裡，我們稱「自我意識」為人生的導演。這就好比說每個人的一生一世時時刻刻都在上演一齣齣的戲劇，那麼這些人生大戲的導演就是「自我意識」。這就如同古代禪師所比喻的「傀儡戲」。

按照佛教理論，人都是由「色受想行識」組成，佛教稱為「五陰」或「五蘊」，其中最重要的即是

「識陰」，即阿賴耶識。阿賴耶識由如來藏真心與無明妄心和合而成，一般稱為第八識。眾生皆有如來藏佛性，然而凡夫的如來藏真心平時處於隱性狀態，而無明妄心則處於「彰顯」的地位，在每個人的人生舞台上，自我意識導演著五顏六色的人生悲喜劇。《楞嚴經》所謂「銷盡識陰」即意味泯滅自我意識為核心的阿賴耶識。也就是說，泯滅阿賴耶識含蘊的無明妄念——自我意識。我們如果要用哲學語言來描述佛教意義的自我意識，**我們可以說，「自在型自我意識」根本不需要「反思」這一思維活動才能存在**。人們在等待一部電車時可能沒有故意反思的自我意識，但是人們的潛意識裡必然有「我要上車回家」這一類念頭，這就是自在型自我意識。這即是沙特所忽略的自我意識。人們在日常活動中很少進行故意反思，但是當趙州從諗和尚問：「來過嗎」，新來的和尚無論回答「來過」或者「沒來過」，其實都是說「我來過」或「我沒來過」。這就是禪宗所要追究勘驗的「自我意識」。

從淺層意義上說，佛教的自我意識與心理學自我意識頗為相似。簡單地說都是指人的自私之心。按照現代心理學，動物沒有自我意識。人的自我意識並非與生俱來，人在出生時完全沒有自我意識。人在出生以後的幾個月內，能夠產生初級的「自我意識」，即意識到個體的存在。也就是能夠將「自我」分辨出來，這就是自我識別。現代絕大多數心理學家認為，自我意識是在嬰兒出生後在與外界外人以及社會的接觸交往中發展出來的。例如，人照鏡子見到自己的形象知道這是「我」而不是別人。這些都是自我意識的作用。人從兒童時起，就培養出相當完善的自我意識，以後「自我意識」與我們每個人終身相伴，形影不離。自我意識成為我們身心的主宰，成為我們靈魂的主宰。任何人只要起心動念，就會想「我怎樣怎樣」。自我意識深深地潛藏在每個人的意識深處，甚至在潛意識的深處。人即使在睡夢狀態，在精神病狀態，在老年癡呆狀態，自我意識總是與「我」混在一起難捨難分。簡而言之，對於絕大多數人而言，可以說自我意識就是自我，自我就是自我意識。絕大多數人根本意識不到「自我意識」的存在。每個人的確都有自我意識的存在。實事求是地說每個人的一舉一動每個念頭都是和「我」聯繫在一起。譬如人家叫一聲你的姓名，你回答「在」，譬如人家問你「來過沒有」，你答覆來過或沒來過，這時你都在無意中說的是「『我』來過」或「『我』沒來過」。譬如父母或師父為了教訓而打你一頓，你覺得委屈或疼痛，這時都是你的「我」感到委屈或疼痛；也許你進一步會想「『我』犯了什麼錯？」這也是你心中的「自我」在問這句話。人們在感到饑寒時會說「我餓了」或「我冷」。人在生死大限將至時會想到「我要死了」。這些都是自我意識的表現。人們有時將動物的本能與人類的自我意識混淆起來，有人說動物豈不是自私的嗎？著名心理學家榮格為本能制定出一個大致的概念，即本能指謂的是這樣一種行為方式，在此行為方式中，並不存在明確的動機和目的，而推動這些行為方式的，僅僅是動物的內在需要。榮格引述英國作家托馬斯．雷德之言：「**我所謂本能，指的是表現為某種行為的自然衝動，它並沒有看得見的目的，也並非蓄意所為，它對我們所作的事情沒有任何概念。**」本能行為的一個特徵是，在動物本能行為背後找不到任何隱存的心理動機。由於本能是一種動物的內在需要，本能過程是那些來自遺傳的、普遍一致並反覆發生的行為過程。本能反應是不自覺而無明確動機。動物或者人在饑餓時就要進食，在困倦時就要睡覺，即使初生嬰兒也會以啼哭要求食物，這些都是本能行為。這些行為與人的自我意識不能混同。我們不能將動物的自私本能與人類的「自我意識」完全等同起來。如果我們承認動物也具有低級的「意識」。**我們或許可以說動物的「自私本能」是一種潛在的隱性的最低級的「自我意識」。我們說類似「自內我」**。佛教理論承認輪迴，那麼動物可能是承續某個「補特伽羅」處於輪迴中的生命形式。雖然在表面上動物沒有自我意識，但是「一切有情皆有佛性」，而「無明實性即佛性」。動物的「自內我」的表現形式即自私本能。禪宗大師往往以「異類行」來啟發學人要學習動物的「無我」而消融自我意識。這也是「方便施教」的作法。當我們說到「自在型自我意識」，我們也能在動物身上的自私本能見到其蹤影。

現代心理學對於「自我意識」的研究是遠遠不夠深入的。佛教與中國禪宗的祖師們早已看出自我意識操控人的身心，早已明白自我意識是人的一切無明的來源。這個自我意識，豈不正是將人「役使身心，策如童僕」的「無明郎主」！我們古代的禪宗祖師限於語言概念，無法直接表述「自我意識」，卻用了大量比喻來指謂這個自我意識。對於佛學研究來說，「自我意識」乃是我們理解「無我」以及如何作到「消融自我」的一把鑰匙。禪宗很多公案完全可以按照「自我意識」的理路予以合理的解說，學佛者應該懂得「自我意識」，理解「自我意識」，要弄明白每個人都有自我意識，只有徹底消融泯除這個自我意識，才能進入「無我之境」，懂得這個道理就是「開悟」。這樣才能完成學佛的第一步。

佛教理論雖未提出現代意義的自我意識，在淺層意義上，我們大致能以心理學的自我意識來理解，而若從深層解讀佛教的自我學說，就會涉及阿賴耶識以及唯識學的理論。阿賴耶識是真妄和合的「心」，其中妄心即指自我意識。或謂自我意識就是無明妄心的核心。這裡我們要說明，**佛教理論中妄心「蘊含」的自我意識與心理學、現代哲學的自我意識的含義不盡相同**。阿賴耶識的體即真如，所謂「真如不變隨緣」而成阿賴耶識。**阿賴耶識妄心本質上是自我意識，即是無始無明，具有神我的意蘊，卻也是佛性的來源**。所謂無明實性即佛性。自我意識與佛性可以互相轉化，成佛的去妄顯真意味泯滅自我意識，佛性顯現出來。

西方哲學的自我意識意指人們將自我作為客體化對象加以反思，而在反思中「自我」顯現出來。這是沙特的理論。我們稱為「對象型自我意識」。這種自我意識實際上由哲學思辨的推理而來。沙特所謂的「意識」裡沒有自我，甚至沒有桌子的表象。沙特的意識只是為「虛無化」而存在。西方哲學的自我意識學說在笛卡兒之後雖然是哲學發展的主線之一，不過至今仍然眾說紛紜。沙特有關自我意識的理論存在實質性的缺陷，**他沒有思考人在睡夢中仍然具有自我意識這個事實。人在睡夢尤其是深度睡夢時無法「反思」，更不可能「反思」一個「反思意識」。沙特為了避免「無窮遞歸」而提出「自在型存在」。我們借用沙特的概念，將「自我意識」界定為「自在型存在」**。自我意識在佛教的意義上就是「自在型存在」。因此我們稱為「自在型自我意識」。**這個自在型自我意識即使在睡夢時也是時刻在場的（可見公案）**。

西方哲學關於「自我意識」的理論一直在演變。西方哲學並不重視經驗的「自我意識」，西方哲學在研究意識結構時，往往在意識內部構造出「主客二分」的思維模式。例如胡塞爾現象學所謂「意識的意向性」與「意識相關項」，以及意識的「客體化行為」等。這些雖然在後期的現象學家那裡受到反對甚至挑戰，但是總的說來，將某物設立為「對象」來讓意識去認識這個對象，確是西方哲學的悠久傳統。「**意識總是關於某物的意識**」成為現象學的大道理。當代西方分析哲學回歸休謨的立場，認為人在意識中根本無法把握「自我」，「自我」無非是「**一束知覺而已**」。這幾乎在根本上否認了「自我意識」。自從笛卡兒提出「**我思故我在**」的著名命題以後，近現代哲學可以說都圍繞這個主題展開「思維與存在」的探討。當代哲學的一個中心問題是「自我意識」。從康德開始，大多數哲學家**認為「我思」無法推證「我在」**，這裡「我思」的「我」只是人稱代詞，還不是經過「反思」將自我作為對象而得到的「自我」。**笛卡兒的「我思」並非是自明的。對「我思」的知道，既可能經由「反思」得到，也可能經由「自我意會」**（沙特）**所知道，也就是「自身意識」所知道。**當然，直至目前西方哲學關於自身意識問題仍然爭論未休。**笛卡兒本人認為：對「我思」的知道是一種直接意識。我們在此不糾纏「我思是否推出我在」這個命題。**

西方哲學意義的「自我意識」是將自我作為客體化對象加以了解的「意識」，這在胡塞爾現象學裡得到清楚闡釋。胡塞爾的現象學被視為「反思哲學」。在胡塞爾以後的現象學運動中，人們對於「意識必然是關於某物的意識」的**意識意向性**提出不同的解釋。沙特修改了這個命題：**意識可以是對於某種意識活動的意識**。沙特提出「前反思的我思」。沙特聲稱「**正是非反思的意識使反思成為可能，有一個反思前的我思作為笛卡兒我思的條件**」。反思必然以一個非反思的意識為反思的條件。這個意識是什麼呢？沙特「虛化」胡塞爾的「意識相關項」。意識以「意識活動」作為「意識相關項」而非胡塞爾的「某物」。這樣「非反思的意識活動」成為意識的對象，為了避免意識的無窮遞歸，沙特提出「自在存在」。而意識**只是「自為存在」**。沙特說：「**近代思想把存在物還原為一系列顯露存在物的顯像，這是一個很大的進步。**」沙特的意識僅僅作為「虛無化」的作用而存在。胡塞爾的意識意向性，一般表明意識將自己構造的內在之**物視為超越自己的外在之物。但沙特與胡塞爾相反，沙特認為「意識之必然存在為對異於自身之物的意識」**。就此而言，研究者混淆了「意識A對於意識A的自我意識」與「主體對自身的自我意識」這兩個含義根本不同的「自我意識」。**按照沙特的說法**，「意識A對於『意識A』的意識」並不存在。**主體的自我意識不能存在為對主體自我意識的意識，自我**（意識）在主體的意識中並不存在。**這裡自我意識與自我是**

等同的概念。故此自我只能存在於反思的意識中。沙特的自我意識與佛教意義的自我意識（自內我）完全不同。**佛教的自我意識不僅存在為對主體自我意識的意識，也包括對主體意識活動的知道，而且存在為對主體以及主體意識活動操控的意識。沙特似乎忽視「自在型自我意識」的存在。**

沙特所謂「意識裡面沒有自我」，或者說「自我」只能作為客體化對象存在於反思意識中。他的意思是主體的自我意識只能意識到「自我意識」之外的什麼，**自我意識不能意識自我意識本身**。自我意識不能將自身設為對象。沙特將自我意識與自我等同起來，故此他說「自我不存在於意識中」。沙特的結論需要商榷。正如沙特所說，主體有時將自我作為對象來認識而產生「自我認識」，這是反思下的對象型自我意識。**這個自我認識不同於「主體自我意識」**。筆者認為，人在很多情形下對自我沒有反思並不意味人沒有自我意識。人的私心即自我意識大約等同於自我。這並不是針對「自我」的意識，更不是將自我作為對象來認識的意識。**這是一種直接的、本能的、非對象的、非反思的、主體之所以成為主體的自我意識。「我知道我的存在以及我的自我意識的存在」。禪宗在教示學人時往往要學人知道「自內我」的存在。主體的自我意識不屬於沙特的「意識」卻可以存在於知覺與潛意識。這不是沙特所說的「自為存在」而是自在存在。筆者提出「自在型自我意識」以區別於沙特的「對象型自我意識」**。「自在型自我意識」即是佛教意義的「自內我」。**自在型自我意識是沙特的「意識」無法虛無化的存在。它驅動且伴隨主體的意識思維活動**。任何意識都是主體的意識，而自在型自我意識等同「自我」。它不是一個表象，雖然它伴隨一切的表象。**我們稱在反思中的自我認識為對象型自我意識**。

筆者所謂「自在型自我意識」（自內我）是對應「對象型自我意識」來定義的。這是對沙特的自我意識理論的補充。沙特的出發點乃是「人的絕對自由」，這是「存在主義是人道主義」的根本出發點。在很大的意義上沙特存在論屬於倫理學。沙特為了證明「人的絕對自由」，借用胡塞爾現象學的理論卻修正現象學的「意識的意向性」。沙特預設了兩種「存在」，即自在存在與自為存在。沙特武斷地認為這可以涵蓋一切存在。其實這大致仍屬於哲學的現象—本體的範疇。沙特的意識理論是片面的。**他規定意識只是具有「虛無化」作用的「無」**，**意識本身什麼內容都沒有**，甚至連桌子的表象都沒有。意識只是纏繞意識對象（「自在存在」），試圖探索、演化、無化這個對象以使其成為「表象」。**而在這個過程中人的存在「顯現意義」**。**人的意識過程使得人的存在具有絕對主動性，優越於客觀事物的存在**，在此前提下沙特提出「存在先於本質」。沙特認為：**「自我既非形式地、也非質料地存在於意識之中」**。沙特認為，未被反思的「我思」中不存在自我。任何意識不會將自身設為對象。只有當我們此後反思這個意識時，我才將它設定為客體，並產生出包含由「自我」和「思維著的意識」構成的「我思」。例如，笛卡兒的「我思」在未被反思時是「無自我」的意識。沙特以為只有在反思時自我才出現在「反思意識」裡。他主張，「**自我**（Ego）**是一個意向相關項的統一，而不是意向活動的統一」**。**自我是意識構造的結果**。

沙特說：

> 那我們就應該得出這樣的結論：**在未被反思的水準上並不存在「我」**（Je）。當我奔跑著追趕電車時，當我看錶時，當我面對一幅肖像陷入沉思時，都沒有「我」（Je）存在，有的只是對我要追趕的電車的意識等等，以及對意識的非位置性（非設定）的意識。的確，我投身於對象的世界，正是這些對象構成了我的意識的統一，同時表現出各種價值、各種吸引和排

斥的品質。但是我，我消失了，我被抹消了。在這個層次上沒有我（Moi）的位置。這並不是出於偶然，出於一時的疏忽，而是由意識的結構本身決定的。

在沙特這個例子裡，「自我」並未作為對象出現。但是「自在型自我意識」肯定是在場的。沙特所列舉的「等電車」、「數香煙」之類例子並不必然涉及「反思」。假如在沙特等電車時有人問他「你在幹嘛？」，沙特難道要「反思」才能回答嗎？當然不是。沙特會不假思索直接回答「我等車要回家」。這表明自我意識的始終在場，如果有人呼喚沙特名字，他難道需要反思才能回答？（國師三喚侍者。）有人如果打他一拳，他也會問「你為什麼打我？」這些意識都是「非反思」卻必然含有「自我意識」。自我意識不需要在反思中存在。雖然自我意識可能以「潛意識」的形式在場。我們要進一步指出，沙特在電車站等車，他為什麼不在馬路中間等車或者站在軌道上等車？因為他的自我意識「知道」危險。他的自我意識在操控他的行為。他的自我意識知道要站在車站等車。他知道自己要與別人保持「禮貌距離」。他可以識別「其他人」而將自我與別人保持距離。他在看見電車的時候會上車，**他知道電車不是他自己**。**這就夠了**。**這些都表明他的自我意識的在場**。沙特不明白的是，他的自我意識伴隨他的一切意識，是他的意識活動的一部分，在「我要等車」這個意識裡沒有主體自我嗎？自我是他的意識活動的「主人公」。我們還可以提問，沙特為什麼在等車而不是在餐館吃飯或在圖書館看書？**因為他的自我意識要求他回家**。他在「數香煙」的時候會有「我的香煙可能不夠，要不要買一些」之類的意識活動，這裡必然存在自我意識的在場與操控。簡單地說，**當人可以識別「電車」、「香煙」的時候，他的自我意識已經在場。這樣的自我意識即**

是笛卡兒意義的自我意識，與佛教意義的自我意識大致相同。

沙特所舉的例子，證明佛教意義的「自內我」的存在。沙特聲稱在這種前反思的我思裡沒有「自我」的地位。**沙特將對象型自我意識與自在型自我意識混為一談**。問題恰恰出在這裡。儘管我們談到佛學意義的「我」時也常以自我意識來表達。不過沙特意義的自我意識與佛學意義的自內我是兩回事。沙特提到意識的結構表明他至少意會到意識結構具有「次第」。佛教的自我即自在型自我意識是超越的「意識活動」的主人公。主體思維活動都是在「自內我」控制下進行的。**西方哲學從未研究意識的主人。即意識活動背後潛藏的，與人的思維活動同時在場並操控意識活動的「主人公」。這就是「自內我」。西方哲學家願意研究意識結構，他們忽視了自在型「自內我」的存在與作用。**

沙特提出的**作為意識對象的自我，並不等同主體自我**。自我意識是高高在上統御一切思維意識活動的「主人公」。主體自我意識發問「我剛剛在作什麼？原來我在數香煙」。這個反思意識中呈現的「我」與主體自我意識有所不同。驅動反思的正是主體自我意識。「前反思的我思」應該是自在型自我意識。**如果追隨沙特的理論，我們無法把握自在型自我意識**。反思猶如主體自我「反觀」自己的形象和活動。這個自我在沙特來說或是客體化的對象，**可稱為對象型自我意識**。在反思的時候，人們不是在問「我剛剛作什麼？」這個發問的主體不就是自在型自我意識嗎？沙特為什麼故意忽視這個發問的「主體」？不正是這個主體才可以建立「對象」？有些老年癡呆患者，他們喪失了進行理性思維的能力也無法「故意反思」，但是這些人卻具有頑固的自在型自我意識。沙特有關自我意識的理論影響了中國哲學家。哲學家們始終未能思考兩種不同的自我意識。這是筆者提出「自在型自我意識」的原因。

康德說：「一切表象都是我的表象，一切意識都是我的意識」。我們如果「創造性地解讀」康德的命題。我們說，這意謂每一個意識活動裡都滲透了自我意識，在每一個表象的後面都有自我意識在構造這個表象過程裡起著作用。按照佛教的理論，**眼耳鼻舌身前五識只是現量，必須有第六意識俱起才能了別諸法**，這就產生「表象」。染污末那也是「我執」，這就表明在表象的構成過程裡已經有「自我意識」的作用（無明薰染）。至於「意識」，我們如以阿賴耶識的種子現行來解釋，這些種子在未起現行時已經受到無明薰習，這就是「無明郎主」——自我意識。這樣我們也可以說自我伴隨在一切意識活動中。如此一切意識都是「我的」意識。康德的話正好作為注腳。

沙特提出自身意識（「自我意會」），**即「主體對自身的直接的、非對象的、非概念的、非論題的相識」**（倪梁康）。沒有自身意識，對自我的反思是不可能的，因而「自身意識」要先於「對象型自我意識」的形成。自身意識知道主體的存在而不知道主體的一切活動，更不能操控主體的活動。自身意識至今在西方哲學界仍然眾說分歧。我們要了解的是：自身意識與自在型自我意識有什麼關係？按照筆者的理解，**自身意識是初級的自我意識**。按照筆者理解，沙特理論認為，對一個正在進行的意識活動，並不存在更高級的意識「監測操控」這個意識活動。自身意識不能操控主體的意識活動，也無法「反思」進行中的意識活動。換言之，「監測意識活動」的自我意識不存在。這與佛教意義的自我意識不同。

我們就佛教的自我意識而言，自我意識不僅作為「去後來先」的輪迴主體，更重要的是「去後來先作主公」。也就是在人的一生中，對「主體」的一切思維、行動等進行操控。自身意識即主體對自身的「意會」卻沒有構成明確的「自我」。自身意識只能意會到自我的存在，而不知道或操控自我全部的行為與思維活動。重要的是，「自我」正是在行動或思維活動中才得以清晰地顯現出來。這並不必是反思。舉例來說，「我餓」、「我疼」、「我愛你」等等難道是反思嗎？主體自我意識不但意會到自我的存在而且也能意識到「未來之我」，這絕不是自身意識能夠解釋的。我們要問：**自身意識在深度睡眠中存在嗎？自身意識是否有間斷？自身意識具有康德意義的先驗自我的「統覺作用」嗎？**

沙特確實談到「自在型存在」，但是他指的是「外在於意識的某物」，而不是指意識本身。筆者借用沙特的說法表述佛教意義的自我意識為「自在型自我意識」。作為「自在型存在」的自我意識是特殊的意識，並非沙特意義的意識，自在型自我意識很難「被反思」或「被認識」。佛教的自我意識作為阿賴耶識妄心的核心，**乃是「去後來先作主公」的「先在」，是先於個體生命的「存在」，甚至可謂超越個體生命的「神在」**，作為「神我」在輪迴中成為「輪迴主體」。中國當代哲學家對此甚少了知。他們過於習慣西方哲學的思維方式，錯誤地將「對象型自我意識」與「自在型自我意識」混淆起來。沙特所謂「自我並不存在於意識中」的論斷僅僅針對「對象型自我意識」才能成立。事實上「自在型自我意識」存在於人們的一切思維與活動中。自在型自我意識作為操縱人們意識活動的主人公，作為個我主體對自身的直接意會，作為生命活動的基本構成，作為時刻不離永遠在場的幕後操縱者，作為暗中起著「統覺」作用的「先驗自我」的化身。比起「對象型自我意識」具有絕對的優位。「去後來先」的自我意識本身就是「自在型存在」，這個「存在」並非外在於意識的某物，而是操縱伴隨人的意識活動的「無明郎主」。意識在沙特那裡可以是其所是，也可以是其所不是。沙特的自在存在意謂在意識關注其之前就存在的，具有客觀存在色彩的「存在」。

十三、自在型自我意識與反思性自我意識

佛教關於意識結構的分析首先認為人的意識是一個「整體」（「一心」）。唯識學雖然在理論上將意識分為「八識」，其實也只是「方便設施」。佛教以「阿賴耶識」作為意識活動的「集合體」。阿賴耶識乃是「真妄和合」，若不談真心佛性，眾生位的阿賴耶識就是每個人的「眾生心」，簡單地說即是人人具有的私心，唯識宗以「自內我」稱呼自我意識。阿賴耶識並不是抽象的哲學概念，而是人人皆有的經驗的凡夫意識。按照佛教理論，阿賴耶識（妄心）裡面的每個意識活動，由於在種子的階段就受到無明（「自我意識」）的薰習，在種子「現行」進行意識活動時，自我意識與一切意識活動都是交織融合在一起的。佛教認為，在人的一切身心活動中「自內我」是始終在場的。借用胡塞爾的說法，我們只要將「先驗的自我」置換為「經驗的自我」或「自內我」，即可斷言「自我意識」處在每種意識的後面並且成為意識活動的必要結構。佛教的自我意識不但與人的身心活動交融在一起，而且是每個人的「主人公」，操控人的一切意識思維以及身體活動。佛教的自我意識意指處於每個人內心深處自明的「自內我」，這個「自內我」具有統覺作用而且使「一切表象成為我的表象」。

西方哲學的「反思」是指「故意反思」。而「故意反思」正是在自我意識的指使操控下進行的，例如笛卡兒的「沉思」。我們甚至可以說，**一切反思都是在自我意識的操控下進行的意識活動**。人的「意識」如同舞台，隨時上演五色繽紛的戲劇，不過這個舞台幕後有個導演即自在型自我意識。就此而言，佛教意義的「自在型自我意識」處於邏輯在先的、優位的地位。人人具有的私心乃是「自明的」，任何人都明白，當他說「我如何如何」時這個「我」指謂的即是他的「自我」。我們沒有必要按照西方哲學的模式來定義「自我」。在佛教經典尤其禪宗的語言系統裡面，「我」在表面上作為代詞，實際上常常指名詞的

「自我意識」。**「自內我」就是自我意識。對這個「自內我」的執著與貪愛等等，只是以我為對象的執著，並不等於「自內我」**。

佛教「自內我」當然不是意識構造出來的內在之物。佛教意義的自我意識可謂沙特的「自在存在」。「自內我」即阿賴耶識妄心乃是人的一種本質規定。也是在億萬劫的輪迴中永不消逝的輪迴主體。人除非成佛跳出無盡輪迴，否則這個「自我」將會在輪迴中永恆地存在。自內我恆時在場從不缺席。佛教意義的「自內我」絕非只能存在於「被反思」意識中。**我們看到，眾多哲學家至今尚未超越沙特有關自我意識的論說。筆者提出自在型自我意識來闡釋佛教意義的自我，希冀能夠突破沙特理論的局限**。佛教的「意識」與西方哲學的「意識」具有不同的內涵。古代佛教由於語言概念的缺乏使用「我執」、「我見」、「我愛」等，但是這些並不等於「自我意識」。「我執」乃是以「我」為對象的執著。末那識恆執阿賴耶識見分為「我」。末那識並非自我意識。

對「反思」進行分析，我們認為這是特殊的意識活動。人們不能在進行意識的同時進行反思，反思是在事後進行的意識活動。沙特沒有理解的是，反思並不**是「無主」的意識活動。反思是主體在「自我意識」的指揮下進行的意識活動。沒有「自在型自我意識」就不會有「反思」。「自內我」的存在是反思的前提**。從時間上來說反思必然是一種回憶。而回憶必然以自身意識（或「伴隨意識」）為前提。如果我在讀書時並不知道自己在讀書，那麼反思「讀書」這個事件就是不可能的。沙特所謂「自我只能在反思意識裡生成」的論斷，將「自我」與「反思」不可分割地聯繫起來。這裡我們指出：**第一，反思不是隨意的意識活動，反思是在「自我意識」的指令下進行的。「反思」是被動的意識。反思的前提是自在型自我意**

識。自在型自我意識「始終在場」。第二，反思必須借助自身意識，而自身意識正是「自我意識」的組成部分。人的多數意識活動都非「反思」。「故意反思」只是少數人在特殊場合所進行的意識活動。遑論將「自我」作為對象進行「反思」而獲得西方哲學意義的「對象型自我意識」。筆者認為，對象型自我意識僅僅具有哲學理論的意義而缺失經驗的基礎。

當禪定修證到高級次第，禪定意識可以「返觀」主體的意識流。能夠觀察妄念的起滅。我們看《坐禪銘》（佛眼清遠和尚）：

> 坐不我觀禪非外術。初心鬧亂未免回換。所以多方教渠靜觀。端坐收神初則紛紜。久久恬淡虛閒六門。六門稍歇於中分別。分別才生似成起滅。起滅轉變從自心現。還用自心返觀一遍。一返不再圓光頂戴。靈燄騰輝心心無礙。橫該豎入生死永息。一粒還丹點金成汁。身心客塵透漏無門。

禪定意識以「我思」（意識流）為對象來「返觀」，這是沙特不能想像的。

得道禪者「身先在裡」，「百千明鏡互相鑒照」、「驢覷井，井覷驢」。「撒手懸崖下，分身萬象中」，「十方世界是全身」。「一個渾淪花木瓜」。得道禪者徹底消融自我意識後才能消除主客、能所的對立。其實在沙特的例子裡，人的一切活動都是在主體自我意識的操控下完成的。「我」並未消失，而是潛藏於意識深處而已。「自在型自我意識」可能以欲望、願望等情緒的形式表現自己。「我要追上電車」、「我要知道是否需要購買香煙」，自我意識充斥於各種紛亂的意識，自在型自我意識「統覺」所有表象的碎片，而使得這些表象成為「我的表象」。

就禪宗思想而言，自在型自我意識是一切意識活動得以進行的前提。在這個意義上，自在型自我意識與康德的「先驗自我」或者胡塞爾的「最終意識」都有某種相似之處。不過禪宗思想的自我意識並非哲學思辨的推理而來，完全是「經驗的實證的」。我們如果將「我思故我在」改為「我疼故我在」，命題就會更加簡單。感受者說「疼死我了」，他根本沒有反思而自我意識直接作用。動物遭到打擊不會有「疼死我」的意識。作家昆德拉曾經說：「『我思故我在』是一位低估了牙疼的知識分子提出的命題。『我覺故我在』才是一條更有普遍性的真理，適用於一切有生命之物。」（米蘭・昆德拉《不朽》）他這種說法遭到西方哲學家的嘲諷。筆者認為這種嘲諷是很需要推敲的。西哲將「反思」或「意識的意向性」置於先在的自在型自我意識之前。這是大有問題的理論。

我們來分析一個禪宗公案，即六祖慧能的弟子神會參拜慧能為師的經過（《壇經》敦煌本）。

又有一僧，名神會，南陽人也，至曹溪禮拜。

（神會）問言：「和尚坐禪，還見不見？」

大師起，以拄杖打神會三下，卻問神會：「吾打汝，痛不痛？」

神會答言：「亦痛亦不痛。」

師曰：「吾亦見亦不見。」

神會又問：「何以亦見亦不見？」

大師言：「吾亦見，常見自心過愆，故云亦見，亦不見者，不見他人過罪，所以亦見亦不見也，亦痛亦不痛如何？」
神會答曰：「若不痛，即同無情木石；若痛，即同凡夫，即起恚恨。」
大師言：「神會向前，見不見是兩邊，痛不痛是生滅，自性且不見，敢來弄人？」神會禮拜，更不敢言。

神會拜六祖為師的故事，表面上是一般性的對話，其實禪意極為深刻。六祖棒打神會以後，問神會「痛不痛」。神會答曰：「若不痛，即同無情木石；若痛，即同凡夫，即起恚恨」。**這個公案含蘊禪宗「凡聖分離」的玄奧**。這關係到能否理解禪思想的核心問題，可以說禪思想的一切都與此公案有很大的關係。首先，禪師利用「我痛故我在」的原理來勘驗學人的自我意識。神會被打，如果他有自我意識，他的「我」感到疼痛。這時他的意識中必然出現「我被打」、「疼死我」之類的意識。這裡不必反思「我剛剛被打」卻有「我」在意識中直接的呈現。「反思型自我意識」無法解釋。動物沒有「自我意識」，挨打後本能地會反擊或逃跑。神會的回答表明他已經泯除自我意識，而且進入佛菩薩的「凡聖分離」境界。他的主人公已經更換，自我意識被佛性代替。佛性利用菩薩故我肉體在人間活動。神會的「佛性」不會感覺「被打」。因此他說：「若痛，即同凡夫」，表明「被打者」不是「我」。神會的「我」不存在。這也適用「我怕故我在」。自我意識即是佛性，「無明實性即佛性」，能「轉識成智」即成佛。

十四、有關自我意識的公案

【公案】趙州茶公案

趙州問新到。曾到此間麼。曰曾到。師曰。吃茶去。又問僧。僧曰。不曾到。師曰。吃茶去。後院主問曰。為什麼。曾到也云吃茶去。不曾到也云吃茶去。師召院主。主應諾。師曰。吃茶去。頌曰：

佛印元：

曾到還將未到同。趙州依舊展家風。近來王令關防緊。從此人情總不容。

【按】「人情」即謂自我意識。

佛國白：

此間曾到不曾到。人義人情去吃茶。院主不知滋味好。卻來爭看盞中花。

【按】「人義人情」即謂自我意識。趙州和尚問「來過嗎」，不論學人答「來過」或「沒來過」，其實都是說「我來過」或「我沒來過」，說明學人對「我」——「自我意識」尚無醒悟，因此趙州說：「吃茶去」。

【公案】子湖利蹤禪師「子湖狗」公案

子湖利蹤禪師於門下立牌曰：「子湖有一隻狗，上取人頭，中取人心，下取人足。擬議即喪身失命。」

【按】禪宗著名的「子湖狗」公案中，子湖利蹤禪師無非利用人們「怕狗」——「我怕故我在」的心理來提醒學人的「自我意識」：怕狗的是誰？還不就是學人的「自我意識」。

【公案】南泉普願與陸亙「瓶中出鵝」公案

南泉普願有俗人弟子陸亙，是一個御史大夫，一日問南泉：「弟子家中瓶內養有一鵝，鵝見長大，出瓶不得。如今不得毀瓶，不得損鵝，和尚（指南泉）有何法可以讓鵝出來？」南泉喚一聲「大夫」，陸亙應諾，南泉曰：「出也。」陸亙大悟。

【按】在這個公案裡，南泉普願以鵝譬喻陸亙的「自我意識」。「自我意識」與每個人打成一片難分難解。絕大多數人甚至不明白自己有「自我意識」，也不明白稱呼某人的姓名時，某人一回答就是自我——自我意識在回答。因此南泉普願叫一聲「大夫」，讓陸亙明白他的「自我意識」，再結合「瓶內出鵝」的難題，說「出也」，即是點化陸亙要泯除自我意識才能成佛。

後來南泉普願禪師逝世，禪師弟子們在寺內祭奠他。陸亙來祭，卻哈哈大笑。寺廟院主說：「先師與你有師生之誼，為何不哭？」陸亙說：「你說說看，說對了我就哭。」院主無語。陸亙大哭：「蒼天蒼天，先師去世久矣！」因為陸亙明白，南泉普願悟道成佛時已經泯絕他的自我意識，南泉普願的自我早已逝去，故此他說：「**先師去世久矣**。」至於他呵呵大笑，是因為他知道南泉普願此時成就佛果，即永恆地與絕對本體合二為一。

【公案】五台山秘魔岩和尚公案

（秘魔岩禪師）常持一木叉，每見僧來禮拜，即叉卻頸曰：「那個魔魅教汝出家，那個魔魅教汝行腳，道得也叉下死，道不得也叉下死。速道，速道！」學者鮮有對者。霍山通和尚訪師（秘魔岩禪師），才見不禮拜，便躥入懷裡。師拊通（通禪師）背三下。通起拍手曰：「**師兄三千里外賺我來，三千里外賺我來**。」便回。（《指月錄》）

【按】「**賺我來**」意謂泯滅自我意識，「**躥入懷裡**」則比喻「**凡聖分離正偏兼帶**」。

《圓覺經》我相云：

善男子。云何**我相**。謂諸眾生心所證者。善男子。譬如有人百骸調適，忽忘我身。**四肢弦緩**。**攝養乖方**。微加針艾則知有我。是故證取方現**我體**。

此處「**微加針艾則知有我**」表明佛教的「我」來自人的直接感覺而非「反思」。這即是「我疼故我在」的詮釋。

【公案】韶州雲門山光奉院文偃禪師公案（《指月錄》）

以己事未明。往參睦州。州才見來。便閉卻門。師乃叩門。州曰。誰。師曰**某甲**。州曰。作什麼。師曰。己事未明。乞師指示。州開門一見便閉卻。師如是連三日叩門。至第三日。州開門。師乃拶入。州便擒住曰。道道。師擬議。州便推出曰。秦時度轢鑽。**遂掩門損師一足。師從此悟入。**

【按】這個公案裡陳睦州禪師問誰，雲門文偃答「**某甲**」，表明雲門文偃尚有「自我意識」，陳睦州三次開門關門，其實也是讓雲門文偃醒悟：開門時你看得見我，關門時你就看不見我，利用這個「有我」與「無我」的意象，暗示雲門文偃的「自我」。可惜雲門文偃仍未開悟。陳睦州「遂掩門損文偃一足」，成為後世所稱的「跛腳阿師」。這個公案利用「我痛故我在」的原理提示學人的自我意識問題，到此雲門文偃方才大悟。「己事」即自我意識問題。雲門文偃後來成為雲門宗的祖師。禪師常以「命根」比喻自我意識。「命根不存」意謂泯滅自我意識。雲門文偃開悟後去見雪峰義存，後得雪峰義存密付心印遂成雲門宗之祖師。

佛教理論認為，自我意識總是與意識活動俱起而糾纏不分的。對於凡夫來說，意識活動都與「我」（「自我意識」）交融一體。意識總是「我」的意識活動，自在型自我意識在人的活動中永遠在場但是不一定「出場」。自我意識甚至在深度睡夢中也存在。在這個意義上，我們說「自在型自我意識」對於一切意識思維活動必然是在先的、優位的。佛教意義的自我意識不但是主體對自身的「知道」，而且超越「知道」來操控人的一切活動，包括意識思維活動。在此意義上自我意識即是人的「主人公」。

波羅提尊者云：

示異見王曰。在胎為身。處世為人。在眼曰見。在耳曰聞。在鼻辨香。在舌談論。在手執捉。在足運奔。徧現俱該法界。收攝在一微塵。**識者知是佛性。不識喚作精魂。**

「精魂」即自我意識，大致等於個體的「靈魂」，或謂靈魂之核心即自我意識。現代研究者否認佛教具有「神我」概念。其實從「輪迴主體」來思考這一問題，結果很清楚。輪迴主體必然存在，業報輪迴等都建立其上，神我即個體靈魂就是輪迴主體。凡夫的自我意識即神我。我們在後面的公案解說裡會提供詳細的闡釋。從佛教教義上講，人在世間的唯一意義即是追求成佛，即拋棄「自我意識」從而滅除「神我」，消融神我（自我意識）以達致與「大我」契合為一，這即是成佛的解脫之道，即是大乘佛教的超越生死解脫的終極關懷。

我們知道，佛教的核心思想之一是輪迴。既然提出「無始無明」，那麼這個「無始的」無明必然與輪迴有著本質的聯繫。這裡存在「輪迴主體」的難題。我們無法迴避「造業者誰」、「輪迴者誰」的問題。否則的話，假如某人犯罪殺人而別人下地獄受輪迴之苦，整個佛教的教義基礎就搖搖欲墜了。筆者在此要說明，**「無始無明」來自「一類相續」的輪迴主體**，無論人們稱其為細心、阿陀那識、補特伽羅、不可說我還是阿賴耶識的妄心，無明來自流轉不斷業力相續的「神我」。儘管佛教各派千方百計地各立名目來避免「神我」這個名詞，甚至認為神我就是「外道」的邪說。但是佛教各派所提出的「輪迴主體」都具有神我的色彩。這裡我們不能不提到阿賴耶識，這是佛教最重要的概念。而阿賴耶識就是來源於「細心」一類的神我。「一類相續，恆常不斷」的細心確實具有神我色彩。佛教所謂「無始無明」即佛性的來源，也就由阿賴耶識的建立可以說明了。

印順法師委婉地表示，阿賴耶識即是「神我的變相」，按照印順法師所考證，「如來」在梵語裡即是「神我」之意。而印度哲學、宗教大多數流派認為「神我」是存在的，否則「輪迴」之說無法成立。在這樣的社會思想背景下，面對「造業者誰」以及「輪迴者誰」的問題，佛教如果無法給出合理的答案，則無法在印度思想裡面立足。印順法師特意提到「如來藏我」來討論「神我」。筆者以為印順法師「意在言外」，他曲意提醒我們佛教教義其實包含「神我」。當代很多學者至今仍然認為「神我」是佛教所拒斥的「外道」概念，其實，佛教各派早就提出「補特伽羅」、「細心」、「不可說我」一類概念來作為「神我」的異名。

玄奘法師對阿賴耶識的頌非常重要。其中「去後來先作主公」包含意味深刻的佛教意旨。「來先」指出生嬰兒來到世界上的時候意識活動非常簡單，僅有一些知覺而已，談不上意識思維活動。但是，按照佛教的思想，這時卻有一份極其細微的、無始以來相續不絕的「細心」在他的潛意識裡潛伏著。這個「細心」還不能說是自我意識，嬰兒的自內我也沒有建立起來。以唯識的理論來說，這個「無始無明種子」雖然細微，卻「一類相續，恆常不斷」。在人出生前就已經在內心裡埋下無明種子。玄奘頌云「來先作主公」，可見玄奘對於阿賴耶識（「自我意識」）操縱控制人的身心活動是非常清楚的。人在出生後，漸漸建立了「自我意識」，這樣的自我意識對於「意識」而言是「在先」的、是「統攝的」、是「主導的」。自我意識是「統攝意識」的意識。人們在說「我這樣」、「我那樣」的時候，或者這樣思考的時候，早就有一個「自內我」在主持人們的意識活動，既然人們的意識總是「某我」的意識，人們在意識活動中，已經將「某我」與「意識」融合在一體，水乳交融不分彼此。

自我意識操控人的身心。這個「主公」即是《大涅槃經》所說的「無明郎主貪愛魔王」，毫無疑義地這是指自我意識，因為只有自我意識才能「役使身心策如童僕」。玄奘對阿賴耶識所頌的最重要的旨趣即在於此。個我的自我意識一旦顯現成熟，這個主公立即操控人的一切身心活動。如同帝王一樣地「統攝全局」。阿賴耶識作為輪迴主體在人死後「去後」（「中陰階段」）並未散失而是繼續投胎輪迴。這是大小乘佛教都默認的「神我」。這是佛教意義的自我意識特有的宗教色彩，佛教各派無論叫作補特伽羅、細心、「不可說我」還是禪宗所謂的「精魂」，我們今天研究佛教思想，不能不正視這個「輪迴主體」，這是阿賴耶識的根本起源，也是阿賴耶識最重要的內涵。

人的佛性絕非「成佛的可能性」。人的佛性即《大乘起信論》所說的「**無始無明**」。禪宗大師玄覺說過：「**無明實性即佛性**」。表明無明妄心與佛性一體兩面非一非異。唯識宗所謂「轉識成智」，以及禪宗宣說的「去妄明真」的根本義諦都在於「轉化無明為佛性」。「無始無明」是「法爾如是」的「存在」，對眾生而言，佛性即以「無明」的形式存在於每個人內心。作為無明核心的自我意識乃是人的意識中的「實在」。成佛即在於轉化「無明」而顯現佛性，轉化「阿賴耶識」而顯現大圓鏡智。人在修證禪定的過程中泯滅無明核心即自我意識達致「識陰盡」，這個過程即是「滅妄明真」。此即證入涅槃然後轉身退位證得佛性。這就是將無明轉化為佛性。當代人們由於不理解「佛性」（「如來藏」）是特殊的禪定意識，即首楞嚴大定的定心，即是精神性的宇宙本體能夠顯現發生萬法以「建立世界」。人們只能從佛經以及佛教經典中斷章取義，只能「依文解義」，於是在佛性、如來藏、真如等概念上爭執紛紜。人們不能理解大乘佛教的中道辯證法爭訟不已。其實，佛性與無明即是一體之兩面。猶如一面明鏡，「本來清淨客塵所染」，這樣一面明鏡被灰塵油污所薰染遮蔽，這就猶如我們凡夫的「眾生心」，這即是阿賴耶識。每個人的行為都是被自私自利的無明所驅使。人們的心思行為都被以自我意識為核心的無明所薰習污染。大乘佛教指出，阿賴耶識乃是真妄和合，在這個被自私所污染的心識中，人人都具備佛性，都有本來清淨的佛性。人作為六道輪迴的高級階段，在「人的階次」必然具有「覺性」，很多人都能夠認識到佛教的道理，希望修證成佛，以期結束輪迴進入永恆。

禪宗以禪定為宗。千百年來多少僧人苦苦修習禪定，定慧雙修。多有「幾十年脅不至席」、「坐破七個蒲團」等故事。自從達摩祖師將禪法傳入中國，修道禪者數以萬千。然而自明末清初數百年來修行者不懂高級禪定，不知道成佛修證的次第，不懂「如來逆流」，不懂「正偏兼帶」，甚至否定禪定。胡適先生多年研究《壇經》，卻說：「直到南宗出來，連禪定也一掃而空，那才是徹底的解放了。」胡適根本不懂禪，他「大膽假設」卻沒有「小心求證」。他不懂慧能在《壇經》反覆講的「一行三昧」就是最深湛的禪定之法。他也沒有讀懂《壇經》明確講到的不出不入的「大定」，筆者無法理解胡適先生何以誤判至此。以他多年研究《壇經》的功力，加上《壇經》中關於「不出不入」的大定以及「一行三昧」的明確表述，

他為何作出如此輕率錯誤的論斷？而民國時期與胡適辯論的鈴木大拙其實也不懂禪，他說「禪對人生是絕對的肯定」即違反佛教教義。他提到香嚴「今年貧錐也無」公案時，他解釋為僧人「身無長物非常貧窮」。這表明他根本不理解禪宗說「錐也無」意謂進入「識陰盡」無漏涅槃。作為「名喧宇宙」的「世界禪者」，鈴木大拙卻不懂禪理。他根本沒有進入「禪的大門」。

西方哲學家從康德的「先驗自我」到胡塞爾現象學的「純粹自我」，均認為人的意識活動必然要有一個東西將「雜多」的表象、經驗等統一完整地進行把握，故此康德提出「先驗自我」即「統覺」。但是這僅僅具有邏輯意義。佛教的自內我在理論上與康德意義的「先驗自我」具有類似的功能，即能夠「統覺」雜多表象以形成人的認識或知識。沒有自內我的統覺作用，在意識流裡面的紛紜變幻的雜多表象形成不了任何「經驗」，也形成不了任何有意義的「現象」。我們說「自內我」確實在眾生的「心內」存在，每個人都常說「我如何如何」，「自內我」是每個人都能體驗的自我意識。佛教認為這是實在的「精神實體」，而不是休謨所說的難以把握的「一束知覺」從而否定「自我」的存在。自內我不僅具有統覺作用，而且是人的一切意識思維與肉體活動的「主人公」。自內我指揮操縱人的一切行為。從佛教對意識結構的分析來說，意識是有等級層次的，這一點與西方哲學不同。康德雖然提出理論意義上的先驗自我意識具有對雜多表象的「統覺」作用，西方哲學家並未意識到人的活動是由「自我意識」操縱的，對眾生來說就是阿賴耶識。「去後來先作主公」。這句話將自我意識作為「主公」操控人的活動表達得非常清楚。作為輪迴主體的精魂操縱個體的一切活動。

十五、無明實性即佛性

當代很多研究佛教禪宗的學者不理解大乘中觀的辯證法思想，例如無明與佛性本來是「一對冤家」，實際上卻是「一體兩面」。例如，萬松老人《從容錄》云：「摩訶衍論。十四祖龍樹祖師造也。乃云一切諸法。一切因緣故應有。一切諸法。一切因緣故不應有。」這句話按照世俗諦來說如同戲言。然而對禪宗的勝義諦而言卻是千真萬確。這是大乘中道辯證法的典型說法。

中國禪宗講究「頓悟成佛」，不像唯識宗那樣講究成佛要經歷五十二的「階級」。《楞嚴經》裡講到「識陰盡」則可以一超頓入佛地見性成佛。

無明大體分為兩種，即根本無明（無始無明、生相無明）以及枝末無明。我們談到「無明」即指謂「根本無明」。佛教所謂「無始無明」對於眾生凡夫來講意謂無始以來恆常存在的無明，即作為生死輪迴的根本「主體」。禪宗稱為「精魂」，其實就是人的靈魂（神我）作為「輪迴主體」。無論我們稱其為「細心」抑或「補特伽羅」還是什麼其他名詞，其實本質上就是「神我」。筆者提出以「自在型自我意識」來解釋「根本無明」。我們知道佛教理論的基礎是輪迴，因此必有一個「輪迴主體」。佛教既然承認輪迴，就存在「造業者誰」以及「輪迴者誰」的根本問題。假如「我」造業而別人承受輪迴的苦難，「我」又何必在乎呢？早期佛教在這個問題上含混不清，引起很大爭執，有的佛教教派宣傳沒有「神我」，其旨乃是為對抗婆羅門教的教義而設。而後又講補特伽羅或細心。佛教後來承認「神我」概念。根本無明（無始無明）都是與此聯繫起來的。中國禪宗關於「無明」（根本無明）的觀點極為辯證而且高明，永嘉玄覺說：「無明實性即佛性，幻化空身即法身」。中國禪宗認為，佛性與無明實際上乃是「一體兩面」，相即相成非一非異。這即是「絕對矛盾的自我同一」。佛性既然從無始以來就存在，那麼無明也同時存在，我們不應將佛性與無明視為完全不同的東西。

佛教核心是輪迴理論也必然涉及輪迴主體，不管叫作什麼名字，細心、補特伽羅、無始無明（佛性），總之，如果嬰兒出生具有「來先」的靈魂，這可以叫無始無明也就是佛性。初生嬰兒還沒有完備的自我意識，他的眼睛雖然可以看到卻無法「了別」事物，因為這時「意根」——意識之根還沒成立。甚至連第七末那識也沒成立。此時阿賴耶識之「自內我」還處於潛伏狀態，我們可以稱為「前自我」的狀態。無明（佛性）都處於潛伏狀態而沒有顯現，自我意識是在嬰兒認識外界事物時顯現建立的，或者說「來先」的「神我」漸漸顯露。然後一旦建立了自我意識，建立了自內我，自我意識便成為「主公」即主人公，隨時隨地操控人的意識與行為。這即是「無明郎主」的來由。

初生嬰兒的意識活動非常簡單，僅有一些知覺。思維是談不上的。按照佛教思想，這時有一份細微的、無始以來相續不絕的「細心」在他的潛意識裡潛伏著。嬰兒的自內我處於隱性。以唯識的理論來說，**「無始無明種子」雖然細微，卻「一類相續，恆常不斷」**，阿賴耶識在人死後「去後」（中陰），出生時則**「來先作主公」**，這是玄奘對阿賴耶識所頌的重要旨趣。這是大小乘佛教都默認的「神我」。不管叫作補特伽羅還是細心，禪宗所謂的「精魂」還是「不可說我」。**今天研究佛教思想不能不正視這個「輪迴主體」**，自我意識完備後，自我意識如同導演「統攝全局」，作為「主人公」全面操控人的身心活動。

我們不必更多地列舉其他論述，即可清楚理解佛教的「無始無明」與「我」的關係。而無論「我執」、「我見」、「我愛」、「我貪」、「我欲」均是自我意識的表現。《圓覺經》特別醒目的指明：「**由有無始本起無明為己主宰。一切眾生生無慧目。身心等性。皆是無明。**」這個「主宰」即是《大涅槃經》所說的「**無明郎主，貪愛魔王，役使身心，策如童僕**」。也是玄奘頌阿賴耶識的「**去後來先作主公**」的主人公。我們可以斷言，對任何凡夫來說，只有「自我」（「自我意識」）才能操縱控制每個人的身心活動。自我意識是無明妄念的核心。提到無明妄念，按照《大乘起信論》，作為「眾生心」的阿賴耶識是「真妄和合」。阿賴耶識的「妄心」即是無明。而這個「無明妄心」的本質就是「自我意識」。佛教主張「無我」即泯滅個體自我意識為核心的無明妄識，去妄明真。

我們從《圓覺經》的描述可以看出「無始無明」與輪迴的聯繫。我們分析《圓覺經》裡面的幾段話來印證「無始無明」與「自我」的關係。

《圓覺經》云：

云何無明。善男子。一切眾生。從無始來。種種顛倒。猶如迷人四方易處。妄認四大為自身相。六塵緣影為自心相。譬彼病目見空中花及第二月。善男子。空實無花。病者妄執。由妄執故。非唯惑此虛空自性。亦復迷彼實花生處。由此妄有輪轉生死。故名無明。

這段話講得很清楚，「無明」來自「一切眾生。從無始來。種種顛倒」以及「妄認四大為自身相。六塵緣影為自心相」。這即是「妄執自我」之義。以唯識學的理論來說，即是末那識妄執阿賴耶識為「自內我」。這表明無明來自我們凡夫所妄執的「自我」。我們不能否認在眾生內心裡有自私的「自我」。這是人的世界存在的基本事實。至於如何消融自私的小我那是另外的問題。如果我們只會一味地堆砌佛教的詞彙強調「無我」，那對於佛教理論毋寧是一種誤解。佛教首先承認眾生心內的自私有我之心，然後指出眾生的「自我私心」是妄執，這樣來化解眾生對「自我」的執著，以求達到教化眾生消除「自我私心」的目的。

《圓覺經》云：

> **是故我說一切菩薩及末世眾生先斷無始輪迴根本。**
>
> 善男子。一切眾生從無始際由有種種恩愛貪欲故有輪迴。若諸世界一切種性。卵生胎生濕生化生。皆因淫欲而正性命。**當知輪迴，愛為根本。**由有諸欲。助發愛性。是故。能令生死相續。欲因愛生。命因欲有。眾生愛命還依欲本。愛欲為因愛命為果。由於欲境起諸違順。境背愛心而生憎嫉造種種業。是故。復生地獄餓鬼。知欲可厭愛厭業道。捨惡樂善。復現天人。又知諸愛可厭惡故。棄愛樂捨。還滋愛本。便現有為增上善果。皆輪迴故不成聖道。**是故。眾生欲脫生死免諸輪迴。先斷貪欲及除愛渴。**善男子。菩薩變化示現世間非愛為本。但以慈悲令彼捨愛。假諸貪欲而入生死。若諸末世一切眾生能捨諸欲及除憎愛永斷輪迴。勤求如來圓覺境界。於清淨心便得開悟。
>
> 善男子。**一切眾生從無始來妄想執有我人眾生及與壽命。**認四顛倒為實我體。由此便生憎愛二境。於虛妄體重執虛妄。二妄相依生妄業道。有妄業故妄見流轉。厭流轉者妄見涅槃。由此不能入清淨覺。非覺違拒諸能入者。有諸能入非覺入故。是故。動念及與息念皆歸迷悶。何以故。**由有無始本起無明為己主宰。一切眾生生無慧目。身心等性。皆是無明。**

這裡可以清楚看到，佛教主張「無我」即要消除作為「主宰」的「無明」。這個無明即是眾生的自我意識。而且這個自我意識能夠以「神我」的形式輪迴不已。不論稱為補特伽羅還是細心，神我是輪迴的根本。此處《圓覺經》分明地指出：「**是故我說一切菩薩及末世眾生先斷無始輪迴根本**」，這個「無始輪迴根本」意指「為己主宰」的自我意識。任何人的主宰就是自我意識。而《圓覺經》進一步指出：「一切眾生從無始際由有種種恩愛貪欲故有輪迴」；「一切眾生從無始來由妄想我及愛我者。曾不自知念念生滅。故起憎愛耽著五欲」；以及「一切眾生從無始來妄想執有**我人眾生及與壽命**。認四顛倒為實我體。由此便生憎愛二境。於虛妄體重執虛妄。二妄相依生妄業道。有妄業故妄見流轉。厭流轉者妄見涅槃。由此不能入清淨覺。非覺違拒諸能入者。有諸能入非覺入故。是故。動念及與息念皆歸迷悶。何以故。由有無始本起無明為己主宰。一切眾生生無慧目。身心等性。皆是無明」。這樣「無明」就與眾生所妄想所執著所貪愛的「自我」建立了本質的聯繫。上面引述的「無明為己主宰」指謂「自我意識」。

慧能在《壇經》中反覆講到「我」：

> 人我是須彌，邪心是海水。
> 吾我不斷，即自無功。
> 常自言我修般若，念念說空，不識真空。
> 有我罪即生。

我們要特別注意《涅槃經》中所說：「**無明郎主，貪愛魔王，驅使身心，策如童僕**」。禪師常以「木偶」比喻眾生被自我意識所牽引，能夠「驅使身心」的只有人的自我意識。這裡「無明郎主」就是「自我意識」。很多人讀《大乘起信論》時，不明白為什麼「無明妄念」忽然生出，其實這就是由於人的「自我意識」——「無明郎主」所導致。而這個自我意識能夠以隱顯形式存在。

《圓覺經》覺經四相云：

> 善男子。云何我相。謂諸眾生心所證者。善男子。譬如有人百骸調適忽忘我身四支弦緩攝養乖方微加針艾則知有我。是故證取方現我體。善男子。其心乃至證於如來畢竟了知清淨涅槃皆是我相。
>
> 善男子。云何人相。謂諸眾生心悟證者。善男子。悟有我者不復認我。所悟非我悟亦如是。悟已超過一切證者悉為人相。善男子。其心乃至圓悟涅槃俱是我者。心存少悟備殫證理皆名人相。
>
> 善男子。云何眾生相。謂諸眾生心自證悟所不及者。善男子。譬如有人作如是言我是眾生。則知彼人說眾生者非我非彼。云何非我我是眾生則非是我。云何非彼我是眾生非彼我故。善男子。但諸眾生了證了悟皆為我人而我人相所不及者存有所了名眾生相。
>
> 善男子。云何壽命相。謂諸眾生心照清淨覺所了者。一切業智所不自見猶如命根。善男子。若心照見一切覺者皆為塵垢。覺所覺者不離塵故。如湯銷冰無別有冰知冰銷者。存我覺我亦復如是。
>
> 善男子。末世眾生不了四相。雖經多劫勤苦修道但名有為。終不能成一切聖果。

大乘講八識甚至九識（阿摩羅識）。前五識為眼耳鼻舌身意，第六意識、第七末那、第八為阿賴耶識。識陰雖然泛指八識，識陰的指阿賴耶識的妄識，也就是以自我意識為核心的根本無明。佛性與無明（自我意識）都具有隱顯兩種形態。人在沒有悟道成佛時只是凡夫俗子，佛性處於隱伏狀態，而他的自我意識則是他的主人公，控制他的身心活動。人在死後處於輪迴，以一切「有情生命」的形態在無盡的輪迴裡「生死流轉」。這時補特伽羅（細心）卻未喪失，這實際上就是人的「自我意識」。玄奘所謂「去後來先」正是這個「自我意識」（中陰身），在投胎時首先進入人心而成為「主公」，對人的身心活動進行控制。這裡我們強調「覺經四相」關於「我」的問題，其實這也彰顯「正偏兼帶」，後面細談。

十六、菩薩轉識成智

佛教思想與西方哲學思想不同之處還在於，近代西方哲學從笛卡兒提出「我思故我在」以後，僅僅對人的意識結構加以關注並進行研究，而忽略了人的欲望。實際上**欲望在人的生命活動中具有「強烈追求自己對象的本質力量」**。**人首先作為「有情欲的存在物」，然後才是一個有意識的存在物**。生物的本能使「生存」的欲望來自天然。西方哲學家把人的問題歸結為意識問題，在西方哲學研究意識的理論中，人是脫離世界的抽象化純粹化的「**絕緣的主體**」。西方哲學對意識的研究從根本上是從知識論、認識論出發的。從笛卡兒的阿基米德之點到康德的哥白尼革命，西方哲學家為了探求人類知識的立足點可謂費盡心思。有的西方哲學家提出「**我意故我在**」，以為「意志」可以取代意識的地位。或者「我行動故我在」，可是他們未能明瞭**生命最本質的生命力在於欲望**。就「自私」而言，基因都是自私的，人為了生存與繁衍，具有強烈的生存本能與生殖本能。而無論這些「私心」以意識的形式表現出來還是以欲望的形式表現出來，佛教阿賴耶識作為種子識皆可以兼收並蓄。阿賴耶識作為「心」，不僅包含意識，而且包含欲望。種子所謂「有漏」即意味種子受到欲望的薰染。我們可以稱欲望為自私的「自我意識」的表現形式。**作為「自內我」的自我意識，不一定以「意識」顯現出來，往往會以欲望的形式來表現**。因此《大乘起信論》根本不提末那識，而只是將阿賴耶識作為「一心」來解釋是有道理的。阿賴耶識的妄心不但包含意識也含蘊欲望，這是我們要特別注意的。如果我們以為人的「心」僅僅具有意識活動而忽視欲望的心理活動，我們就不能全面地理解這個「心」。佛教的「心」與「心所」全面涵蓋了意識與欲望等活動。

阿賴耶識確實具有「統覺」或曰「統攝」的功能。作為一切意識的「種子識」的集合自然具有「統覺功能」。種子是佛教特有的意識概念，是「前意識的意識」，這是西方哲學從未探討過的意識。然而佛教的「種子說」卻是從經驗出發的。我們必須看到，阿賴耶識具有高於「統覺」功能的更為本質的性質。這表現在：第一，阿賴耶識源自「細心」一類的輪迴主體概念。第二，凡夫位的阿賴耶識（妄心）由於本質上就是自我意識或云自我意識的種種顯現，這個阿賴耶識在人生過程裡處於「主人公」的地位。玄奘所頌「去後來先作主公」即概括了阿賴耶識的這一本質。這個「自我意識」作為操控人的意識思維活動的主人公的本質特徵，西方哲學從未深入地探究過。理論上「先驗自我」對雜多表象具有「統覺」作用，西方哲學卻忽視自我意識在人的活動中的主人公作用。第三，阿賴耶識是「真妄和合」或云「染淨混雜」。阿賴耶識真心即是人人具備的佛性。這表明眾生平等均可成佛。我們將會詳細解釋這個真心佛性。第四，阿賴耶識無明妄心（「自我意識」）即是經驗世界的本體。佛教認為這個虛幻世界即是由阿賴耶識妄心產生顯現的。這就是「萬法唯識」的含義。西方哲學家或許看不起這個思想，因為「宇宙本體」在現代哲學裡被認為是一種「土著的」思想。也許當我們說出「本體」這個概念時，西方哲學家或者時髦的現象學家會聳聳肩膀表示鄙視，然而出現於千年前的佛教思想認為阿賴耶識是宇宙本體並不奇怪。阿賴耶識確實具有「萬物主」之義。我們要沿襲佛教的原本理路來研究佛教思想。我們再三地闡述「自我意識」乃是「無明妄念」的核心，也是每個「自我」的操控者。《楞嚴經》稱為「**五陰主人**」。唯識認為自我意識為「**主公**」（玄奘：「去後來先作主公」）。《大涅槃經》裡說：「**無明郎主，貪愛魔王，役使身心，策如童僕**」。「自我意識」也是每個「個我」的操控者。自我意識就是這個「無明郎主」。對於任何人來說，他的「自我意識」這個「無明郎主」能夠終身操控他的「個我」的認知、情緒、意志、意念等等。臨濟義玄禪師在三玄三要裡說「**看取棚頭弄傀儡。抽牽元是裡頭人**」，即形容人們如同木偶傀儡被操縱在「自我意識」的手裡。佛經裡「無明郎主」的意蘊是非常深刻準確的。

法藏在《起信論義記》裡說：「**如來藏隨緣（起念）成阿賴耶識，此則理徹於事也；亦許依他緣起無性同如，此則事徹於理也。**」他把作為宇宙本體的「如來藏」概括為「理」。筆者認為「**如來藏隨緣（起念）成阿賴耶識**」來表述如來藏與阿賴耶識的關係是準確的。佛教認為世界是虛幻不實的「幻相」，這個虛妄不實的世界所有現象都是如來藏佛性本體在被無明妄念薰習污染的作用下成為阿賴耶識所生成的。佛教理論認為，**阿賴耶識是真心（佛性）與妄心（無明）和合而成**。阿賴耶識可以視為「眾生世界」宇宙本體，眾生世界乃是「眾生業力所成」。業力即眾生的阿賴耶識所成。阿賴耶識包含「共相種子」，故此眾生世界大致相同。這個共相種子即是佛性。禪師說「**真如不變隨緣**」即涅槃生成佛性，佛性隨緣受薰而成阿賴耶識。這個我們會解釋。阿賴耶識不是終極的宇宙本體。佛是宇宙本體的含義。涅槃、佛性、阿賴耶識都具有宇宙本體的意涵。如來藏即謂佛性。須知「一有多種」（《信心銘》）。佛教宇宙本體是多元多層次的結構。佛教理論認為阿賴耶識直接顯現眾生經驗的大千世界，眾生世界乃是由「眾生業力所成」。《起信論》云：「**心生滅者，依如來藏，故有生滅心。所謂不生不滅，與生滅和合，非一非異，名為阿梨耶識。此識有二種義，能攝一切法，生一切法。**」從表面來說阿賴耶識似乎是宇宙本體，而從深層來看，如來藏佛性本體被人的自我意識為核心的無明薰習，在眼耳鼻舌身意作用下，阿賴耶識「顯現建立」經驗世界。「**依如來藏**」**表明如來藏佛性作為宇宙本體的功用**。哲學家認為事物本體並不直接呈現現象，本體必須經由人的感覺器官在神經系統的作用才能形成「表象」。這就是說，必須經過人的眼耳鼻舌身意以及人們的私心妄念的「作用」，才能使人感覺到這個經驗世界。這樣就為「阿賴耶識」留下「加工現象」的空間，於是阿賴耶識「偷天換日」，為人類呈現森羅萬象的經驗世界。我們要注意的是，阿賴耶識所含蘊的無明不但具有個體性，也具有普世唯一性。我們可以說世上每個人都有以自我意識為核心的「無明」，另一方面，「無始無明」與如來藏佛性不一不異相即相成，「無明實性即佛性」。佛性如來藏具有「唯一性」。因為佛性與涅槃同質。佛性來自涅槃，涅槃則與客觀存在的絕對本體同質。涅槃生成佛性。佛性作為「共相種子」在阿賴耶識中起著重要作用。眾生世界是「眾生業力所成」，意謂阿賴耶識生成顯現世界。佛教認為眾生經驗世界是一個虛幻不真的世界。有人認定阿賴耶識就是宇宙本體，這即是「有為依唯識學」的思想淵源。佛教的根本義諦之一，即在於揭示這個經驗世界的虛妄本質，說明「萬法皆空」。否認經驗世界的真實存在乃是佛教所有流派共同遵奉的根本教義。我們不妨說，佛性本體受到無明妄念的薰習污染扭曲以後，真如不變隨緣形成阿賴耶識，並且以阿賴耶識作為「宇宙本體」生成顯現這個虛幻不真的世界。因此我們要特別地指出佛教意義的自我意識在宇宙生成過程中具有特殊的作用。這是西方哲學所沒有探索過的思想。

南傳《增一阿含經》說「**為滅阿黎耶。如來說正法**」。玄奘引述了這句經文，並譯為「**為斷如是阿賴耶故**」。這裡所謂阿賴耶識當然只能指阿賴耶識含蘊的無明妄念而非佛性。**這證明阿賴耶識不能等同如來藏佛性**。阿賴耶識含蘊如來藏佛性，但是也含蘊無明妄念，我們必須明白阿賴耶識具「真妄和合」之義，無明與佛性也是「一體兩面」。禪宗說：「滅一分無明，顯一分佛性」。《**增一阿含經**》說「**為滅阿黎耶。**如來說正法」證明這裡阿賴耶識的含義絕不能等同真如佛性，否則佛陀為何要「滅阿賴耶」**？我們由此可以判斷，早期佛教阿賴耶識必然已經具有真妄和合的要義。「滅阿賴耶」只能意謂泯滅阿賴耶的妄心。

按照佛教理論，阿賴耶識是真心妄心和合而成。阿賴耶識（第八識）包含如來藏（真心），也含攝以自我意識為主的無明妄心。我們對阿賴耶識與如來藏必然有所區分。我們不能將如來藏與阿賴耶識等同起來混為一談。後來佛教提出以阿摩羅識來稱呼如來藏，以便與阿賴耶識區別開來，這有一定的道理。禪師以月亮比喻阿賴耶識，黑月比喻無明，白月比喻如來藏，月亮全黑時表示如來藏隱晦不明，月亮全白意謂泯滅無明妄念。月亮既然可能有時黑有時白，我們就不能說月亮是黑月或是白月。普通人的「心」就是阿賴耶識，這時自我意識為核心的無明妄念占據主人公地位，像操縱一個傀儡一樣控制人的身心活動。爾時如來藏佛性深藏不露隱晦不明。我們不應認為如來藏即是阿賴耶識，而要強調阿賴耶識含蘊如來藏佛性，另外不應忘記阿賴耶識含有無明妄念。阿賴耶識是真心妄心和合而成。真心妄心可以互相轉化。永嘉玄覺法師說：「無明實性即佛性」，這表明無明與如來藏本是「一心」，真妄和合起來稱為阿賴耶識，這種說法非常有道理。如果我們將如來藏單獨列為「第九識」，或恐忽略阿賴耶識含蘊如來藏佛性的事實。我們要明白，「無明即是佛性」這個重要的禪宗理路。我們也不能將無明等同於佛性。成佛意謂轉凡成聖以及轉識成智。轉化無明妄念為如來藏佛性而成佛。

當代很多講解佛教和禪宗思想的書籍對於「無我」的理解和闡述都是完全錯誤的。很多研究佛學禪學的學者或佛教徒將「無我」僅僅理解為「破除我執」。**禪宗「成佛」關鍵就在於「泯滅自我」**。這不僅僅要破除「我執」。我執僅僅是將小我作為對象而執著於此對象。**而真正要消融的正是我執的「對象」即「自內我」**。禪者要永久地全面地泯絕自我意識，**消除一切與「自我意識」有關的無明妄念。也就是消除個我在精神上的存在，即個我的靈魂。禪的核心思想，就是使個人完全徹底消融「自我意識」**，這是成佛的必要條件。泯滅自我意識的禪者，就是「無我之我」，只有這樣才有成佛的可能。悟到這一點，就是開悟。莊子在《齊物論》中曾經提過「吾喪我」，指的就正是「無我」的境界。六祖《壇經》說「吾我不斷，即自無功」。古漢語的「吾我」指謂「自我意識」。莊子並沒有將這一思想發展為一整套意識形態體系，也沒有發展出實際可操作的修證方法。中國禪宗卻作到了。**禪的宗旨，就是要人泯滅自我意識，泯滅「小我」，使小我契入大我——絕對本體，從而進入涅槃再轉身證得佛性，這就是見性成佛。成佛的前提是泯除小我，才能成就大我**。

自古以來佛教思想就是出世的思想，佛性與人性乃是完全不同的概念。「佛性」（如來藏、真心）是宇宙本體的概念，是高級禪定的定心。從本質上說，佛性完全揚棄了「人的心性」。佛教否定世俗人生，甚至厭惡人的肉體。佛教雖然認為成佛必須作一個戒律具備的好人，而且要有大慈大悲的心腸，然而成佛不等於作好人。「好人」只是成佛的必要條件之一。《起信論》說明普通人的「一心」由真心（如來藏）與妄心（無明）含混而成，真妄相即不一不異。成佛需要滅除阿賴耶識所含蘊的「自我意識」。這意謂消融個我的「精神存在」（靈魂）。若以「人性」或「人心」泛指普通人具有私心的「心性」，我們可以簡略地說，成佛即是消融「人性」彰顯佛性。這就是「見性成佛」的意義。儒家的心性論是以人為本的思想，基本不涉及有關宇宙本體的形而上學。儒佛兩家思想絕對不可混為一談。很多學者將慧能《壇經》所說的「人性」解述為現代語義的「人性」，這是嚴重的誤讀。慧能所說「人性」是「人的自性」即如來藏之義，這在《壇經》的語境裡語義極為清楚，絕對不容杜撰亂解。

讀者也許會懷疑筆者所說「泯滅自我意識」的可能性。每個人豈不正是由於有「自我意識」的存在，個體才成為獨立自主的個人？西方文化自從文藝復興以來，就大張旗鼓地張揚個性解放和個人主義。當代西方哲學所有的流派無不高揚標舉主體性原則的大旗，西方的法律和社會規範在在都是鼓舞每個人的「自我意識」，使得每個人的「自我」成為神聖不可侵犯的東西。從西方人的觀點看，人之成為人的根本意義就是「個體」——自我的存在，每個人都是獨立的個人或者說個體。我們知道個人主義自文藝復興以來就高高舉揚其旗幟。對西方人而言泯滅自我意識是絕對不可思議的事情。自我意識是個人靈魂的中心，失去自我意識就失去靈魂，也就是失去「個我」。在今天西方社會的形態下，「自我」或者說「自我意識」就是西方社會得以建構和延續的基礎。標舉「主體性原則」以及「個人自由」的西方意識形態離不開私有概念，其一切社會的、經濟的、政治的、法律的體制都是建立在私有制上，而所謂私有制就是保護每個個體的「自我」所主張所要求的利益的體制。從根本上說，就是為了保護每個個體的利益和個人「自由」而建立起來的。在現代西方文明中，只能高唱「個人自由萬歲」，而絕對不可能想像「無我」的個人或社會。從某個視角來審視，我們看到自私自利的「個人主義」正在導致人類文明的毀滅，導致地球生態的徹底崩潰。

現代心理學認為人的自我意識並非與生俱來，人在出生時完全沒有自我意識。人在出生以後的幾個月內，能夠產生初級的「自我意識」，即意識到個體的存在。也就是能夠將「自我」分辨出來即自我識別。

現代絕大多數心理學家認為自我意識是在嬰兒出生後在與外界外人以及社會的接觸交往中發展出來的。初生嬰兒在被其他物體碰到時不會有「我疼」的感覺，而只會按照本能哭叫。例如，人被別人呼叫姓名時都會作出答覆，因為知道這是在呼「我」，人照鏡子見到自己的形象知道這是「我」而不是別人。這些都是自我意識的作用。人都知道自己有一個物質的自我，也意識到存在一個精神的心靈的「自我」——靈魂。而自我意識即可說是個人靈魂的中心。普通人自從出生來到世上，經過幾個月至數年時間，由「自我識別」發展出「我的」觀念，漸次形成完善的「自我意識」，以後這個「自我意識」就會永遠控制我們的身心，指揮每個人的一念一思一舉一動。如果讀者真正要弄懂佛教的「無我」，請你暫且放下此書，對自己提出並深入思考一個問題：**「我」每天忙忙碌碌，究竟是什麼在操控我的行為意念？如果「我」失去自我意識，假如將一切有關「我」以及「我的」這種念頭徹底打消，設想一下「我」成為「無我」之人，那麼「我」又是「誰」呢？**

學佛者必須了悟「自我意識」的存在，必須認清這個「**無明郎主**」對我們身心無孔不入的控制。這就是「悟道」。每個人從童年開始發展出來的自我意識往往暗藏在我們的潛意識中，操縱控制我們的思想和行為。自我意識這位導演平時不出場，只在暗中操縱我們的行為。自我意識隱藏在我們每個人的潛意識中，我們平時很少想到自我意識的存在，以為自我意識就是「我」。對於絕大多數芸芸眾生來說，自我意識總是與「自我」打成一片，一生一世與「自我」形影不離難解難分。每個人隨便動個念頭都會與「自我」聯繫在一起，即使作慈善事業也會考慮「我應該捐出多少錢？」的問題。更不用提在現實生活中，我們每個人都在時時刻刻地考慮「我怎樣賺錢、投資、享受、成功」等等完全以自我為中心的這些意念。自我意識在人出生後幾個月到幾年中逐漸形成。人在此後的幾十年生活中，自我意識深深進入每個人的內心深處，形成「自我」與「自我意識」的混雜不清難解難分形影不離的情形。很少有人能審視自己以便觀察自己「自我意識」的存在。對於學佛者來說，如果你根本不認識「自我意識」，你根本不明白你的一切思想念頭行為都被「自我意識」所操縱控制，你就還沒有認識到「自我意識」的存在，你對「役使身心，策如童僕」的「無明郎主」毫無覺知了解，我們也只好像趙州從諗和尚說的：你喝茶去吧。

佛教的成佛理路要求人們徹底消除自我意識，人首先要認識自己，明白自己的身心完全操控在自我意識這個「無明郎主」的手裡。這即是開悟的第一步。禪宗歷史上很多公案的內容就是啟示學禪者了解「自我意識」這回事。當然，禪宗也提供各種漸修頓悟的修行方法來教導學人如何消融自我意識。

禪師將泯滅自我意識說成「命根斷」，「殺人」即意謂泯滅自我意識。在禪宗公案裡有很多這樣的比喻。禪師常說「殺人刀活人劍」，慧能說「馬駒踏殺千萬人」、趙州從諗說「老僧好殺」、風穴延沼回答僧人問如何是大善知識時說「殺人不眨眼」，禪師這些說法其實皆意謂「泯滅自我意識」。禪師以「殺人刀」比喻禪師開示學佛者「泯滅自我」的教導。古代沒有「自我意識」這個名詞，古代禪師常常以吾我、精魂、自家底、人情、家醜、家私、回光返照、鶻臭布衫、炙脂帽子、貼體布衫、鐵面皮、皮膚、項上鐵枷、枷鎖等比喻「自我意識」。禪師形容泯滅自我意識的語句有：斷腸、斷魂、捨家破財、銷魂、斷橋、貧窮、赤貧、赤窮、窮世界、洗清凡骨、剜腹剖心、斷弦、脫胎換骨、抽筋拔髓、拈卻炙脂帽子、脫卻鶻臭布衫、踏破草鞋、殺人、大死一回、運出家財、破家散財、抽釘拔楔、禍殃子孫、粉身碎骨、喪身失命、脫落身心、皮膚脫落等等。古代禪師借用這樣的語句來「繞路說禪」。我們需要把握禪宗的原始理路，熟悉禪宗文獻和這些特殊的「語句」，就能讀出禪師的「禪意」。

禪宗開悟的重要一步，**人必須徹底泯絕「自我意識」，就是成為莊子講的「吾喪我」之人才能成佛；當然，要對宇宙本體的存在有所了悟，即「知有」**。所謂成佛，即是一個人泯絕「自我意識」，「吾之大患，在吾有身」。**禪者進入涅槃後轉身退位證得首楞嚴大定。首楞嚴大定的定心就是佛性，就是彌勒佛。佛性出世建立世界。此即見性成佛。大定定心成為菩薩的主人公，菩薩入廛垂手普度眾生，肉身遷化後定**心經過涅槃後與永恆的絕對本體契合。

成佛首先要求徹底泯滅「自我意識」為核心的無明妄念。這即是《楞嚴經》所說的「識陰盡」的境界。消除阿賴耶識所含蘊的無明即可「滅妄顯真」，從而「見性成佛」。禪宗實際上承認輪迴主體是「精魂」（即佛性）。無明妄念與如來藏佛性乃是「一體兩面」。永嘉玄覺禪師說「無明實性即佛性」，這是禪宗極其深刻的洞見。在禪宗看來，自我意識是人的「無明郎主」，對凡夫來說，人像一具傀儡一樣被自我意識所操縱控制，自我意識即是人的主人公，主宰操控人的思維與行為。人的自我意識（無明）與佛性一樣都有或隱或顯的性質。人死後「精魂」即成為輪迴主體進入痛苦的永恆的輪迴。人只有在作為「人」的輪迴階段認真修習佛法，徹底泯滅自我意識「滅妄顯真」以成佛，這樣才能跳出輪迴苦海。對人來說，泯滅自我意識意味失去「個我靈魂」，禪宗視為「大死一回」。只有徹底泯滅自我意識為核心的無明妄念才能進入菩薩境界。成佛即是「泯滅小我、成就大我」。只有成佛才能脫離「生死輪迴」。禪師認為佛法是「殺人刀活人劍」。禪師建立禪定修證消融自我意識，大死一回絕後復蘇，經歷涅槃轉身退位佛性出世即成佛。這時的菩薩不再是「人」而是「半人半佛」。這時的菩薩已經證入佛地，經過「清淨涅槃」的烹煉，已經脫胎換骨識陰盡而證入妙覺佛地（正位）。到此不居正位而轉身退位。這即是《楞嚴經》所說的「妙覺逆流」。即是「夜明簾外轉身退位」。經過「子歸就父」，禪者的禪定意識與清淨涅槃同質化，即與精神性涅槃本體同質化。禪師不滯留涅槃，不被死水淹殺，不在「鬼窟裡作活計」。要鶴不停機而「飛渡寒煙」。謂此「踏破澄潭月，穿開碧落天」。出離涅槃而證得首楞嚴大定。到此「一劈華山成兩路」、「帝命旁分」。清淨涅槃為「正位」，首楞嚴佛性是「偏位」。到此佛性出世建立世界。大定定心「金針往復來」，進而「金針雙鎖鉤鎖連環」而至「正偏兼帶」。這是「最玄最妙」（《指月錄》）境界。

佛教關於智慧（「佛智」）的名相很多，實際上都是「般若智」。一切智、道種智、一切種智等「三智」是幾部佛教所提出。這些名相流傳至今除了「名相不同」，可以說沒有什麼人真正理解其中的差別。以「一切種智」而言，就廣義來說與「一切智」同，指無所不知的佛智。實質即謂「中道」。《法華義疏》（隋代吉藏）卷六云：「若是一切種智但在於佛，故以佛名標一切種智也。」《大智度論》卷二十七云：「所謂禪定、智慧等諸法，佛盡知諸法總相、別相故，名為一切種智。」《摩訶般若波羅蜜經·三慧品》云：「一相故名一切種智，所謂一切法寂滅相。復次諸法行類相貌，名字顯示說佛如實知，以是故名一切種智。」**《大乘起信論》**云：「諸佛如來離於見相，無所不遍，心真實故，即是諸法之性。自體顯照一切妄法，有大智用，無量方便，隨諸眾生所應得解，皆能開示種種法義，是故得名一切種智。」我們知道，唯識宗對於很多相同概念分別「安立名相」，所謂「一切種智」與「大圓鏡智」名相不同，實質沒有根本差別。

禪宗非常重視「轉識成智」。六祖慧能在《壇經》裡的講法：

師曰：三身者，清淨法身，汝之性也。圓滿報身，汝之智也。千百億化身，汝之行也。若離本性，別說三身，即名有身無智。若悟三身無有自性，即名四智菩提。聽吾偈曰：

自性具三身，發明成四智。
不離見聞緣，超然登佛地。
吾今為汝說，諦信永無迷。
莫學馳求者，終日說菩提。

通再啟曰：四智之義，可得聞乎？

師曰：既會三身，便明四智。何更問耶？若離三身，別談四智。此名有智無身。即此有智，還成無智。復說偈曰：

大圓鏡智性清淨，平等性智心無病。
妙觀察智見非功，成所作智同圓鏡。
五八六七果因轉，但用名言無實性。
若於轉處不留情，繁興永處那伽定。

如上轉識為智也。教中云：轉前五識為成所作智，轉第六識為妙觀察智，轉第七識為平等性智，轉第八識為大圓鏡智。雖六七因中轉，五八果上轉；但轉其名，而不轉其體也。通頓悟性智，遂呈偈曰：

三身元我體，四智本心明。

身智融無礙，應物任隨形。
起修皆妄動，守住匪真精。
妙旨因師曉，終亡染污名。

慧能特殊地提出：「繫興永處那伽定」。那伽定即佛定，妙覺大定。「那伽」是印度語，就是龍的大定。禪者生前最高定境即那伽定，所謂「得的人終日閒閒的」。「如愚若魯」隨流得妙。最終「到頭霜夜月，任運落前溪」即契合絕對本體。

《壇經》云：

善知識，我此法門，從一般若生八萬四千智慧。何以故？為世人有八萬四千塵勞。若無塵勞，智慧常現，不離自性。悟此法者，即是無念。無憶無著，不起誑妄，用自真如性，以智慧觀照，於一切法，不取不捨，即是見性成佛道。

般若之智亦無大小。為一切眾生，自心迷悟不同。迷心外見，修行覓佛，未悟自性，即是小根。若開悟頓教，不執外修，但於自心常起正見，煩惱塵勞，常不能染，即是見性。

智慧觀照，內外明徹，識自本心。若識本心，即本解脫。若得解脫，即是般若三昧。般若三昧，即是無念。何名無念？若見一切法，心不染著，是為無念。用即遍一切處，亦不著一切處。但淨本心，使六識，出六門，於六塵中，無染無雜，來去自由，通用無滯，即是般若三昧，自在解脫。名無念行。

> 善知識，智如日，慧如月。智慧常明，於外著境，被妄念浮雲蓋覆自性，不得明朗。若遇善知識，聞真正法，自除迷妄，內外明澈，於自性中，萬法皆現。見性之人，亦復如是。此名清淨法身佛。

六祖《壇經》講不二法門，也講一心三觀。《壇經》講無念三昧、無相三昧、無住三昧，即對應「一心三觀」。第一止觀即「奢摩他」，「三摩缽提」即假觀，「禪那」即中觀。《圓覺經》、《楞嚴經》對「三觀」均有解釋。天台宗專門修證而成「一心三觀」。禪宗也一樣修證，只是名稱不同。無念三昧即是奢摩他，即止觀；無相三昧是假觀；無住三昧是中觀。也就是空、假、中一心三觀。**按照佛教理論，無念三昧屬一切智，無相三昧屬道種智，無住三昧屬一切種智**。無念三昧屬於二乘之法，無相三昧、道種智屬菩薩境界，無住三昧、一切種智屬成佛的境界。禪師謂「妙體本來無處所，通身何更有蹤由」。一行三昧即首楞嚴大定。至於「行亦禪坐亦禪」，這是妙覺的那伽定。

六祖慧能是中國禪宗實際創建者。他提出以「成就種智」為禪宗宗旨，而且特別提出「轉識成智」即轉阿賴耶識為大圓鏡智。這為後代禪者提供了修證的根本目標。例如**溈山靈祐禪師就明確提出「吾以鏡智為宗要」**（《人天眼目》）。禪宗禪師將「轉識成智」成佛過程寫進公案。禪宗以「證龜成鱉」形容轉識成智。

中國天台宗、華嚴宗，稱為圓教。禪宗在唐代也曾被認為圓教一種。圓教理論認為菩薩修證時不必經歷漸次，可以「頓悟成佛」，這就表明可以「頓悟修成佛智」。中國禪宗從開始就沿襲「如來逆流」，從證入涅槃正位後轉身退位出離涅槃佛性出世，菩薩境界定心往復，然後「金針雙鎖玉線貫通」，從「鉤鎖連環」進入「正偏兼帶」的「雙眼圓明」的理事無礙法界，然後進入涅槃佛性綿密不分的事事無礙法界，到此證得即空即假即中的「一心三觀」。禪宗並不重視先以根本智通達空性，次以後得智通達一切有。認為這些漸次修證並非圓滿。印度大乘理論認為菩薩修行是有次第的。先要證悟通達「空性」。然後起如幻智，通達「一切有」。而「空」「有」並非開始就二諦圓融。例如唯識宗對於無分別智，分別為根本智，後得智，其實即表示先後的次第。龍樹菩薩說：「**般若將入畢竟空，絕諸戲論；方便將出畢竟空，嚴土化生**」。其謂「般若」就是「根本無分別智」，可以證入畢竟空。但是中國的性宗尤其天台宗，專門修習「一心三觀」即「空假中三觀」。這是唯識與性宗（台、賢、禪宗）在修證佛智上的根本不同。一般地說彌勒、無著、世親菩薩的唯識，與中國的圓頓教不同。當然，到達究竟成佛境界時，還是進入空有一如、理事無礙、事事無礙的境界。這必須要達致「空假中」的「一心三觀」境界。這是「教外別傳」的特殊的修證法門。

中國台、賢所謂「圓教之義」以及禪宗講究「頓悟成佛」包括成就佛智，相較之下，這是中國人智慧的殊勝之處。佛智的名相與修證方法根本不必斤斤計較，我們只要注重修證的「究竟成果」即可。「空假中」是佛智所必須具有的三觀。而佛智的極則在於「事事無礙法界」的究竟境界。即「一心三觀」即中道。即一切種智。現代有些人只能「紙上談兵」，有的無知狂徒胡說修證禪宗到不了佛地。他大談特談這個「智」那個「智」，以為可以唬住大眾。研究此公所注解的禪宗公案，可知他解說公案都是胡說。例如他對圓悟克勤禪師「開悟偈」的解釋竟然說是「色情」。可見此人根本不懂「正偏兼帶」，不懂涅槃與佛性的「父子」關係。他還在密林岔路裡鬼迷心竅東走亂轉，卻敢胡說八道誣衊禪宗。千百年來這樣的無知狂徒實屬少見。

十七、禪宗的禪定修習

禪宗以禪定為宗，禪宗思想不僅是一種宗教信仰，也不僅是一種世界觀。禪是可以實踐修證的，禪可經由親證實踐來達到成佛以契入宇宙本體的最終目的。當前佛教界關於如來藏與阿賴耶識的討論如火如荼，然而這樣的討論僅僅限於理論，爭論雙方只能「引經據典」來互相辯駁。實際上只是「紙上談兵」，並不懂得什麼是如來藏，什麼是無明。筆者要在這裡明確提出，如來藏佛性並不僅僅是一個名詞、一種理論上的概念。如來藏乃是一個真實的「實體」。如來藏即是禪者進入首楞嚴大定三摩地的「禪定意識」。這在早期阿含類佛經稱為「定心」或「三昧心」。如來藏就是首楞嚴大定的「禪定意識」。六祖慧能《壇經》說：「即佛乃定」，即清楚地表明佛是大定的定心。《涅槃經．師子吼品》云：「**首楞嚴者。名一切事畢竟。嚴者名堅。一切畢竟而得堅固。名首楞嚴。以是故言首楞嚴定。名為佛性。**」也清楚地闡釋了佛性即是首楞嚴大定的「定心」。馬祖所說「長養聖胎」的「聖胎」即是指這個「禪定意識」。**這是精神性的實體而並非傳統形而上學意義的「思辨的虛構」。這是客觀存在。禪師所說「真空不空」即謂這個「金剛心」是確實的「實在」**。禪宗各代大師都強調「即心即佛」，這個「心」即是禪定意識或謂「定心」。佛性這個精神性實體作為「大定意識」是具有發生學意義的宇宙本體。這裡我們要說明，就禪定意識而言，「佛性」只在修證者的心內顯現萬法，對修證者而言，佛性出世建立世界，只是內心的世界。與「眾生業力所成」的現象界並不重合，菩薩長期修證到正偏兼帶理事無礙法界，「世法佛法打成一片」，「山是山水是水」，菩薩內心世界與眾生世界才能重合。「共相種子」或「佛性」可以解釋眾生所見山河大地森羅萬象之所以相同，眾生所見相同證明必然存在「共相種子」。實際上禪宗還要區別客觀遍在的宇宙本體與個人意義的宇宙本體。首楞嚴大定的禪定意識畢竟只是個人修證的境界，因此「佛性」乃是對於個人具有宇宙本體的意義。曹洞宗提出「夜明簾外主」、「主中主」的概念，具有客觀遍在的宇宙絕對本體之意義。

禪宗主張「不立文字」，對於許多語言概念在使用上有時混用不清。我們在本書裡盡力使用準確的概念避免混淆。「如來藏」指謂首楞嚴大定的定心即佛性。本書裡佛性本體指「佛性」即「用中法身」，「涅槃本體」指清淨涅槃、無漏滅盡定的禪定意識，此謂「理體法身」。禪師肉體滅度後，契合客觀存在的精神性宇宙絕對本體。這裡我們還要進一步解釋的是，佛性是針對修證者而言的首楞嚴大定的定心，在其「心內」顯現萬法。這對個體具有發生學宇宙本體意義，卻不能說佛性是客觀的精神性宇宙本體。「佛性」是首楞嚴大定的禪定意識，與清淨涅槃的禪定境界還有細微區別。禪師肉體滅度最終證入妙覺佛位即涅槃境界，也是「路過」而已，個人修證最終契合「夜明簾外主」，即契合客觀遍在的宇宙絕對本體。這是禪宗解脫生死進入永恆的終極關懷。

六祖慧能在《壇經》云「即佛乃定」，以及馬祖云「即心即佛」，都揭示「法身佛」是大定定心即禪定意識。即涅槃心或首楞嚴定心。人們往往忘記在佛教唯心的宇宙觀下根本不存在客觀的物質世界。經云：「凡所有相皆是虛妄」，我們所感知的一切事物在「勝義諦」看來不過是「真空」的涅槃本體，即「菩薩見色無非觀空」。**「空」是宇宙本體的代名詞，絕對不是一些研究者所謂「空無」**。當代研究者多以「世俗諦」來解釋佛教理論，這是錯誤的路徑。當代佛教研究者包括禪宗研究者由於缺乏對禪定的體驗，無法理解佛教的根本理論建立在禪定實踐上。以胡適為例，他說：「故慧能、神會雖口說定慧合一，其實他們只認得慧，不認得定。此是中國思想史上的絕大解放。禪學本已掃除了一切文字障和儀式障，然而還有個禪定在。直到南宗出來，連禪定也一掃而空，那才是徹底的解放了。」（胡適致湯用彤）這是對禪宗的根本誤解。胡適「大膽假設」卻沒有「小心求證」。他不懂慧能在《壇經》反覆講的「一行三昧」就是最深湛的禪定之法。這表明他沒有讀懂《壇經》，更不懂不出不入的「大定」，因此他完全誤解慧能的南宗禪。胡適在禪宗史研究方面有所建樹，但是他「胡亂假設，無意求證」的學術態度成為禪宗思想研究史上的笑談。在佛教與禪宗的典籍中常常說「（佛）菩薩住首楞嚴」的話，這些話暗示所謂的「佛菩薩」即是處於首楞嚴大定的「定心」。佛不是指謂人或人格化的神。

禪宗的核心在於禪定。中國禪宗是實證之學，一切理論皆從禪定實踐而來。禪宗，不管頓悟漸修，南宗北宗，都要講「定慧」、「止觀」的修證。一般而言，慧能南宗頓教絕非普通人就能頓悟成佛，只有最上乘大根大器才有可能頓悟成佛。這是慧能在《壇經》中反覆地講過的。禪師成佛以後才可以「**行亦禪，坐亦禪**」。這是禪者的境界。就是證得那伽定的佛菩薩境界，絕非普通學禪者可以修煉。這即是慧能所說「不出不入」的「大定」即「一行三昧」。普通人學禪還是要漸修漸悟。宋朝天童如淨禪師說：「只是打坐，身心脫落」。這是禪修的正法。中國禪宗祖師常常幾十年「脅不至席」地修習禪定。不過在明末清初，禪宗極其衰弊以至在入清後不久就失傳。雍正後三百多年來禪宗思想漸漸凋零而失傳。有人自稱禪宗五派傳人，他的「法語」表明他根本不懂禪。

禪宗以禪定為根本修行，而禪定方法卻有很多種類，有世間禪、有出世間禪、小乘禪、大乘禪，還有

最上乘禪等等。三界內的禪定修行大致可以四禪八定來界說。禪定修證有不同階次，梵語謂奢摩他、三摩缽提、禪那。本書不作區分，而以「禪定」名之。**本書討論出離三界的高級禪定，這是成佛的理路。**

禪宗的一切思想都是從禪定境界而來。而禪定境界與我們的經驗世界是根本不同的，禪定境界超越我們的經驗世界。當代學者，尤其是哲學家在進入佛學研究的時候，往往忘記或者根本不理解禪定境界，因此他們以人類的哲學思想試圖解釋禪宗的思想。以禪師的語言來說，這些研究者試圖從「俗諦」出發來理解禪宗思想。他們忘記了，至今人類的哲學理論完全建立在人對這個經驗世界的知覺上面。近現代哲學的一切理論都沒有離開經驗世界的「現象」以及我們對這些現象的知覺與分析。人類哲學、科學所研究的對象畢竟是我們的知覺所感知的世界，這是一切研究的基礎。而禪宗思想卻與我們的經驗世界無關。禪宗思想來自禪定境界。禪定境界超越我們的經驗世界，也遠遠超越我們在世俗諦意義的思維。我們要理解禪宗思想就要從禪定入手，「即佛乃定」意謂佛是大定定心。

禪宗的一切理論都離不開禪定實踐。禪宗的一切完全建立在禪定的「親證踐履」上。這是佛教禪宗與其他宗教不同之處。我們在前面已經解說了禪宗有關禪定最基本的四禪八定。我們解釋了最重要的兩點，第一，禪宗修習的「一行三昧」即首楞嚴大定是「最上乘禪」；第二，所謂「法身佛」指謂清淨涅槃或首楞嚴大定的禪定意識，即阿含類經典所說的「定心」。這即是真心佛性。這即是慧能所說「即佛乃定」與馬祖所謂「即心即佛」的意旨。我們要強調，禪定境界乃是決定佛菩薩階次的根本因素，佛智也是禪定境界所決定的。佛教在三界之內的禪定是四禪八定。這是大小乘各派所共許的禪定。其中「非想非非想」是三界內最高級的定境。從這個境界出離三界進入彼岸的「空界」。

佛教將「此岸」分成三界：欲界、色界和無色界。「彼岸」即是「空劫以前威音那畔」的涅槃本體界（「空界」）。人在欲界具有種種欲望。色界和無色界要依靠定力進入。我們首先要在欲界裡修禪定，從初步的禪定練習才能開始修習四禪八定。禪修即禪定修習。**禪定實際上是古代印度森林隱修士由靜思發展出來的瑜伽術，也可稱為瑜伽止觀**。按照佛教理論，小乘禪法分世間禪，亦世間亦出世間和出世禪。禪法一般講四禪八定。四禪八定指色界四禪與無色界四禪，共有八定。四禪有初禪、二禪、三禪、四禪之說。四定稱為「四無色定」，是在所謂「無色界」修行的「定」，這是高級禪定，具有四種境界：一空處定，二識處定，三無所有定，四非想非非想處定。我們無法在此書詳細講解禪定。本書要講解成佛過程最奧妙的「如來逆流」，禪宗所謂成佛的三轉身也是由此發端。這是指證入清淨涅槃後三次轉身退位的過程。佛教經典沒有「明說」這個過程。

佛教基礎在於禪定，佛教的任何理論都基於禪定的「實證」。所有佛教的理論實際上都是佛陀在禪定狀態下「體悟」出來的。這一點我們可以從佛陀入滅時在禪定狀態對「諸法皆空」的描述看得非常清楚。《大涅槃經》描述佛陀即將入滅時，佛陀即進入禪定的「終極狀態」。由釋迦牟尼在將要寂滅入涅槃之前所描述的「如來入諸禪定二十八反」並且在禪定狀態「觀照」世界的過程，可知禪定在佛陀的世界觀及其他所創造的佛教理論中占有如何重要的地位。我們說禪定在佛教及禪宗中是絕對不可缺少的修煉，也可以說禪定是成佛必不可少的「功課」。我們在此指出，所謂「四禪八定」以及「九次第定」等等說法，只是對禪定境界有一個籠統的界定，一般地說這是小乘以及某些外道修習禪定的路徑。實際上禪定境界極其複雜，何止千百萬種境界。而且修證的手段路徑也是門派紛紜，並非只有一個修證方式。因此我們不要將四禪八定以及九次第定作為公式化的教條。大乘修習的禪定與小乘有所不同，但是就初級階段的修證來說，「四禪八定」畢竟是大小乘共許的修定方法。我們不能偏執僵化地來看待「四禪八定」。《大般涅槃經》描述世尊在進入涅槃以前不是反覆地進入「四禪」嗎？而最後也是從「第四禪」進入涅槃。禪定的修證有「百千三昧」，這是沒有特殊界定的極其複雜的內心修證。「四禪八定」也僅僅是一種大致的禪定階次的分類。我們不可拘泥於禪定的種種名相。筆者在此介紹成佛修證的高級禪定，也藉機解釋世上有關禪定修證的謬誤。我們論證禪宗修證禪定乃是「最上乘禪」，是成佛的禪定。

天目中峰云：

殊不知，達磨遠繼西天二十七祖，以如來圓極心宗之謂禪也。此禪含多名，又名最上乘禪，亦名第一義禪，與二乘外道，四禪八定之禪，實天淵之間也。當知是禪不依一切經法所詮，不依一切修證所得，不依一切見聞所解，不依一切門路所入，所以云**教外別傳者也**。

這表明達摩祖師所傳禪法與四禪八定根本不同，「實天淵之間也」可謂定論。以上所說是「如來禪」，意即證入涅槃為極則，而「祖師禪」意謂不但證入涅槃還要「轉身退位」證得佛性，「不居正位」（南泉普願），禪者入廛垂手入世鍛鍊。

禪宗反對形式主義的「假坐禪」，禪宗的坐禪，要在「智慧」引導下進行。如同昏睡般的打坐、坐禪永遠也修不到首楞嚴大定的境界。《楞嚴經》列舉禪定中可能出現的五十陰魔（走火入魔）的危險。禪師說「枯木岩前岔路多」，都說明禪定修習要在「智慧」引導下進行。沉空滯寂的禪定與禪宗的修煉完全不同。在禪宗歷史上，從達摩祖師到六祖慧能，以及慧能以下各代禪師，均以禪定為修證基本功。而坐禪是禪定修習的基本方式。佛教對於禪定的不同階段和境界，也有很多不同名目。例如初禪可稱為「守般」，定中稱為「三摩申那」，定中止分稱為「奢摩他」，定中觀分稱為「毗婆舍那」等等。

馬祖道一是禪宗歷史上最著名的祖師之一。據說馬祖在居南嶽傳法院，獨處一庵，既不看經書，亦不問佛事，唯習坐禪，凡有來訪者皆不顧。南嶽懷讓前往，他亦不顧。懷讓知他是法器，設法教導道一。懷讓問馬祖：大德坐禪圖什麼？答曰：圖作佛。某一天懷讓拿一塊磚在馬祖前反覆磨，開始馬祖不顧，時間長了，馬祖好奇，問：磨磚作何？懷讓答：磨磚作鏡。馬祖云：磨磚豈能作鏡？懷讓說：磨磚不能成鏡，坐禪豈能成佛？馬祖聞言大徹，拜懷讓為師。這個磨磚作鏡的故事流傳很廣，也引起誤會。人們以為禪宗是「反對坐禪」。其實這完全是誤解。禪宗各代禪師多有幾十年「脅不至席」者，也有坐破七個蒲團者。趙州從諗和尚說：「金佛不度鑪。木佛不度火。泥佛不度水。真佛內裡坐。菩提涅槃真如佛性。盡是貼體衣服。亦名煩惱。實際理地什麼處著。一心不生。萬法無咎。**汝但究理坐看三二十年**。**若不會**。**截取老僧頭去**。」圓悟克勤《擊節錄》云：「長慶棱道者。平生參請。直是將死生著在額頭上。坐破七個蒲團。豈似今日。如存若忘。」

《圓悟心要》（示良蘆頭禪人）云：

金色頭陀雞足峰論劫打坐，達磨少林面壁九年，曹溪四會縣看獵，大潙深山卓庵十載，大梅一絕人跡，無業閱大藏，古聖翹足七晝夜，贊底沙常啼經月鬻心肝，長慶坐破七個蒲團，此皆為此一段大因緣，其志可尚，終古作後昆標準。

這些論述表明禪宗對「**長慶坐破七個蒲團**」實在稱賞有加。《修習止觀坐禪法要》云：「修止觀者有二種。一者於坐中修。二者歷緣對境修。」（正修行第六）這就表明禪定不一定非要「坐」，也可根據情況「歷緣對境修」。但是對中下根器的學佛者，「坐禪」是必修課。馬祖門徒對「死坐」禪法多有攻訐，黃檗希運禪師說：「有一般瞎禿子。飽吃飯了。便坐禪觀行。把捉念漏不令放起。厭喧求靜是外道法。祖師云。你若住心看靜。舉心外照。攝心內澄。凝心入定。如是之流。皆是造作。」筆者以為這種說法針對初學者。禪定修習方法可說千種萬般，南宗頓悟一派對「漸修」多有不滿。但禪宗在發展過程中逐漸形成「頓悟漸修」模式。

《圓悟心要》云：

悟則剎那，履踐工夫須資長遠。如鵜鳩兒出生下來，赤骨律地，養來餧去，日久時深，羽毛既就，便解高飛遠舉。所以悟明透徹，正要調伏，只如諸塵境界，常流於中窒礙，到得底人分上，無不虛通，全是自家大解脫門。

「**悟則剎那，履踐工夫須資長遠**。」這即是「頓悟漸修」的法門。南宗北宗的修習法門漸漸融會貫通。慧能講解的「一行三昧」即是「最高級」的禪定法門。馬祖本人也多次提出「保任」。說明修證成佛不是「一悟即成」。只有極少數人「一悟即至佛地」。「去年貧」與「今年貧」不同，可視為「漸修」。

正如我們一再指出的，如果佛教禪宗可以稱作一種哲學思想體系，那麼佛教禪宗的哲學真理，佛教理念的形成是在禪定狀態下獲得的，這也可以認為是佛教禪宗特殊的知識論。就此而言，佛教禪宗與西方所有的哲學體系均依據邏輯思辨推演而得到概念和理念是完全不同的意識形態系統。佛教禪宗的哲學建立在禪定的實證實踐之中，這可以說是對人類精神文明的一大特殊貢獻。

禪定之法到了中國禪宗時不但沒有像胡適先生說的「一掃而空」，而是得到進一步發展而達到「一行三昧」的最高級境界。中國禪宗的禪法原來稱為「思惟修」，而所謂三昧，即是瑜伽修煉中的最高境界——三摩地，也有譯為「正定」。大乘瑜伽行派非常講究禪定的修煉，在《瑜伽師地論》中論述了瑜伽修煉的很多名目。中國禪宗的禪定方法似乎也吸收了瑜伽修煉的方法。

佛陀世尊講解「修習念身」即是指修習禪定。佛陀提出修習禪定的方法：「比丘者。**齒齒相著。舌逼上齶。以心治心。治斷滅止。猶二力士捉一羸人。處處旋捉。自在打鍛。如是比丘齒齒相著。舌逼上齶。**以心治心。**治斷滅止**。如是比丘隨其身行。便知上如真。彼若如是在遠離獨住。心無放逸。修行精勤。斷**心諸患而得定心**。」從上面修習禪定獲得「定心」的指示，我們可知這裡的「定心」即是「禪定意識」，即如來藏佛性。我們看「定心」具有什麼特性。

《長阿含經》對「定境」的描述：

入第四禪。身心清淨。具滿盈溢。無不周遍。猶如有人沐浴清潔。以新白疊被覆其身。舉體清淨。摩納。比丘如是入第四禪。其心清淨。充滿於身。無不周遍。**又入第四禪。心無增減。亦不傾動。住無愛恚．無動之地。譬如密室。內外塗治。堅閉戶嚮。無有風塵**。於內燃燈無觸嬈者。其燈燄上怗然不動。摩納。**比丘如是入第四禪。心無增減。亦不傾動。住無愛恚．無動之地**。此是第四現身得樂。所以者何。斯由精勤不懈念不錯亂。樂靜閒居之所得

> 也。

我們要注意這裡對「禪定意識」（「定心」）的描述：「**譬如密室。內外塗治。堅閉戶嚮。無有風塵。**」實際上這即是「凡聖分離」的情形。如來藏佛性如同「密室」，「無有風塵」意謂「迴脫根塵」。實際上即是「實際理地不受一塵」的意思。我們要注意的是，阿含類經典裡面總是先提出「**入第四禪**」然後才談到「定心」，這也說明這個「定心」必是首楞嚴大定的禪定意識。阿含類經談到「定心」時也總會提到「清淨」，表明「定心」即是「自性清淨心」，即是如來藏佛性。早期佛教經典也稱「定心」為「三昧心」。為了證明「定心」就是「禪定意識」，就是「如來藏」，我們反覆引證佛教經典對「定心」的描述。**《中阿含經》卷第五十一中說：「定心清淨，無穢無煩。」**

《增一阿含經》云：

> 彼復以此三昧心清淨無瑕穢。諸結便盡。亦無玷污。性行柔軟。逮於神通。便得自識無量宿命事。所從來處。靡不知之。若一生．二生．三生．四生．五生．十生．二十生．三十生．四十生．五十生．百生．千生．百千生。成敗劫．不成敗劫．成敗不成敗劫．無數成敗劫．無數不成敗劫。我曾在彼。字某．名某．姓某。如是生．如是食．受如是苦樂。受命長短。從彼終生彼間。從彼終生此間。如是自識無數宿命事。
>
> 復以此三昧心清淨無瑕穢。知眾生心所念之事。**彼復以天眼觀眾生類**。有生者．有終者。善色．醜色。善趣．惡趣。若好．若醜。隨眾生行所作果報。皆悉知之。或有眾生。身行惡。

口行惡。心行惡。誹謗賢聖。邪見造邪見行。身壞命終。生三惡道。趣泥黎中。或復有眾生。身行善。口行善。意行善。不誹謗賢聖。正見．無有邪見。**身壞命終。生天上善處。是謂清淨天眼觀眾生類。**有生者．有終者。善色．醜色。善趣．惡趣。若好．若醜。隨眾生行所作果報。皆悉知之。

彼復以此三昧心清淨無瑕穢。無有結使。心性柔軟。逮於神通。復以漏盡通而自娛樂。彼觀此苦。如實知之。復觀苦習。復觀苦盡。復觀苦出要。如實知之。彼作是觀已。欲漏心得解脫。**有漏心．無明漏心得解脫。已得解脫。便得解脫智。**生死已盡。**梵行已立。所作已辦。更不復受有。如實知之。**如是。比丘。賢聖弟子心得解脫。雖復食粳糧．善美種種肴膳。摶若須彌。終無有罪。所以然者。以無欲．盡愛故。以無嗔．盡恚故。以無愚癡．盡愚癡故。是謂比丘中比丘。則內極沐浴已。

《增一阿含經》經文又云：

遊志初禪。有覺．有觀除盡。遊志二．三禪。護念清淨。憂喜除盡。遊志四禪。**我爾時以清淨之心。除諸結使。得無所畏。自識宿命無數來變。我便自憶無數世事。**或一生．二生．三．四．五生．十生．二十．三十．四十．五十．百生．千生．百千萬生．成劫．敗劫．無數成劫．無數敗劫．無數成敗之劫。**我曾死此生彼。從彼命終而來生此。無其本末因緣所從。憶如此無數世事。**

筆者在此將「三昧心」作為一個名詞。這裡描述「三昧心」的「神通作用」。經文云：「我以**三昧之心清淨無瑕穢**。有漏盡。**成無漏心解脫**．智慧解脫。生死已盡。梵行已立。所作已辦。更不復受胎。如實知之。即成無上正真之道」、「**欲漏心得解脫**。**有漏心．無明漏心得解脫**。**已得解脫**。**便得解脫智**。**生死已盡**。**梵行已立**。**所作已辦**。**更不復受有**。**如實知之**。」這樣描述「三昧心」，可知「三昧心」即是如來藏佛性。我們引述《長阿含經》對「定心」的描述。證明如來藏心性思想在原始佛教裡即已存在。日本批判佛教一派歪曲經典極端錯誤。

《宗鏡錄》永明延壽云：

> **又三止三觀為因。所得三智三眼為果。三智者。一切智道種智一切種智。**三眼者。慧眼法眼佛眼。若一心眼智者。眼即是智。智即是眼。眼故論見。智故論知。知即是見。見即是知。佛眼具五眼。佛智具三智。**王三昧一切三昧悉入其中。首楞嚴定。攝一切定。**大經云。依智勿依識。識但求樂。凡夫識求妄樂。二乘識求涅槃樂。是故雙亡不可依止。智則求理。如是觀者。即是**一心三智。即空是觀照般若。一切智。即假是方便般若。道種智。**即中是實相般若。一切種智。是三智一心中得。即空即假即中。無前無後不併不別。甚深微妙最可依止。是為觀心三般若。

《宗鏡錄》對於「一心三智」的解釋，以及《宗鏡錄》對於佛智的解釋具有權威性，禪師對《宗鏡錄》非常尊重，經常引用《宗鏡錄》的語錄來教導學人。

我們在這裡引述典籍，表明禪宗所習乃是「最上乘禪」即首楞嚴大定。六祖慧能在《壇經》裡反覆說，他的禪法乃是「此法門是最上乘。為大智人說，為上根人說」。我們為什麼這樣重視禪宗（頓教）的禪定修習？因為「禪定」決定「智慧」。禪宗所習既然是「一行三昧」，那麼無論「由定發慧」還是「定慧雙修」，禪宗所習「大定」即決定禪宗菩薩到達的般若智慧的「果地」。「果地」即慧能《壇經》裡所說的「大圓鏡智」。大圓鏡智與一切種智是一樣的。「大圓鏡智」與「一切種智」有什麼差別？我們研究禪宗菩薩，首先要指出禪宗重視「頓悟成佛」，這是禪宗修證的法門。禪宗並不講究繁瑣的名相，這些名相在禪宗看來，歸根結蒂是人類語言文字所表達的，是「不了義」。研究修證次第必須首先弄明白禪宗所修習的「禪定」。這是決定菩薩「佛智水準」的根本因素。

證成首楞嚴大定即謂「見性成佛」。佛性即是「大定定心」，「見性」意味佛性顯現。「大定定心」作為禪定意識具有佛智與特殊的知覺系統。涅槃並非大眾理解的「死亡」，而是「無漏滅盡定」的境界。這指「常樂我淨」的清淨涅槃。涅槃與佛性作為「定心」即「心體」是獨頭意識，具有特殊知覺。涅槃是「實際理地」即精神性宇宙本體。禪師證入涅槃也不可留戀。禪者還要夜明簾外轉身，出離涅槃證得首楞嚴佛性。然後入廛垂手普度眾生。入世菩薩的定心處於「金針往復來」（自得慧暉）的境界。此即圓悟克勤說「機輪兩邊走」。定心絕不會「滯在一處」，而是活潑潑地在涅槃與首楞嚴之間「無須鎖子兩頭搖」。經過長期修煉菩薩定心進入「正偏兼帶」。這是「最玄最妙」的境界（《指月錄》）。大定定心經過涅槃境界的烹煉與涅槃同質化，轉身退位證得佛性，佛性出世建立世界。因此佛性是主觀色彩的宇宙本體。這時菩薩心內世界與眾生現象界尚未完全重合。故此曹洞宗偏正五位的「正中來」最後境界云「無中有路隔塵埃」（《洞上古轍》鼓山元賢）。泯滅自我意識後佛菩薩不再是「人」而是「半人半佛」。**梵志曰「吾猶昔人非昔人也」。故此汾陽善昭云「千里持來呈舊面」。菩薩外表依舊而內心已經泯滅自我意識，「太平本是將軍致，不許將軍見太平」。禪者「轉識成智」成為佛菩薩，非「昔人」也。**

禪者肉體死亡，他的「大定意識」則與宇宙本體契合為一，這即是佛教與禪宗超越生死的解脫之道。禪宗根本理路表明禪定修習何等重要。「即心即佛」是禪宗宗旨。禪宗初祖達摩以《楞伽經》四卷本印心，傳授心法禪法。我們強調，學禪要「實證實修」。達摩祖師面壁九年即是禪定修證。

慧能在《壇經》中再三提到並講解的「一行三昧」，就是禪定的最高級境界即首楞嚴大定。事實上，禪宗發展到慧能神會時代，禪宗的「定慧雙修」是非常先進的禪法。宗密稱為「最上乘禪」。我們講禪定要特別注意慧能在《壇經》中講的「大定」，即慧能弟子東陽玄策引述慧能的「**妙湛圓寂**」的大定。慧能的禪定法門由東陽玄策講解出來，他說：「**我師所說妙湛圓寂，體用如如。五陰本空，六塵非有，不出不入，不定不亂。若有出入，即非大定。**」這即是指大定。這裡要明白定心處於「正偏兼帶」才能說「**體用如如**」。禪宗以禪為宗，禪即意謂禪定。《大智度論》云：「非禪不智，非智不禪」。筆者要明確地說明，一切佛法皆由禪定而來，一切佛家智慧皆由禪定而來。這在漸修一派稱為「以定發慧」，而講頓悟的禪宗（南派）稱為「定慧雙修」。佛家所謂「智慧」，我們在此一概總稱為「般若智」或「佛智」，包括一切智、道種智以及一切種智。關於「佛智」，佛教有很多名相，但是這些智慧全部來源於「禪定」。因此如果我們要判別禪者修習的「智慧」到達何種境界，首先就要研究禪者修習的「禪定」屬於什麼種類。任何人要評斷禪宗菩薩修行的「智慧水準」，首先就要研究禪宗修習何種「禪定」。在一切禪定中，首楞嚴大定（真首楞嚴）乃是最上乘的禪定，中國禪宗所修習的「一行三昧」即是首楞嚴大定，三昧者即首楞嚴也。

《禪源諸詮集都序》（華嚴五祖圭峰宗密）云：

禪是天竺之語。具云禪那。中華翻為思惟修。亦名靜慮。皆定慧之通稱也。源者是一切眾生本覺真性。亦名佛性。亦名心地。悟之名慧。修之名定。定慧通稱為禪那。此性是禪之本源。故云禪源。亦名禪那理行者。此之本源是禪理。忘情契之是禪行。故云理行。然今所集諸家述作。多談禪理少談禪行。故且以禪源題之。今時有但目真性為禪者。是不達理行之旨。又不辨華竺之音也。然亦非離真性別有禪體。但眾生迷真合塵。即名散亂。背塵合真。方名禪定。若直論本性。即非真非妄。無背無合。無定無亂。誰言禪乎。況此真性非唯是禪門之源。亦是萬法之源。故名法性。亦是眾生迷悟之源。故名如來藏藏識（出《楞伽經》）。亦是諸佛萬德之源。故名佛性（《涅槃》等經）。亦是菩薩萬行之源。故名心地（《梵網經・心地法門品》云。是諸佛之本源。是菩薩道之根本。是大眾諸佛子之根本）。萬行不出六波羅蜜。禪門但是六中之一。當其第五。豈可都目真性為一禪行哉。然禪定一行最為神妙。能發起性上無漏智慧。一切妙用萬德萬行。乃至神通光明。皆從定發。故三乘學人欲求聖道必須修禪。離此無門。離此無路。至於念佛求生淨土。亦須修十六觀禪。及念佛三昧。般舟三昧。又真性則不垢不淨。凡聖無差。禪則有淺有深。階級殊等。謂帶異計欣上壓下而修者。是外道禪。正信因果亦以欣厭而修者。是凡夫禪。悟我空偏真之理而修者。是小乘禪。悟我法二空所顯真理而修者。是大乘禪（上四類。皆有四色四空之異也）。若頓悟自心本來清

> 淨。元無煩惱。無漏智性本自具足。此心即佛。畢竟無異。依此而修者。是最上乘禪。亦名如來清淨禪。亦名一行三昧。亦名真如三昧。此是一切三昧根本。若能念念修習。自然漸得百千三昧。**達摩門下輾轉相傳者**。**是此禪也**。達摩未到。古來諸家所解。皆是前四禪八定。諸高僧修之皆得功用。南嶽天台。令依三諦之理修三止三觀。教義雖最圓妙。然其趣入門戶次第。亦只是前之諸禪行相。唯達摩所傳者。頓同**佛體**。

圭峰宗宗密的這一番話明確說明：「況此真性非唯是禪門之源。亦是萬法之源。故名法性。」這即表明佛性即是宇宙本體、萬法之源。「真性」非禪，卻「**然亦非離真性別有禪體**」。這指明「禪體」是精神性的實體，實際上即是首楞嚴大定的「定心」，他又指出「唯達摩所傳者。頓同**佛體**」，這自然指謂法身佛。各種禪法都不如達摩所傳的「如來禪」以及「祖師禪」。他強調表明：「**依此而修者**。**是最上乘禪**。**亦名如來清淨禪**。亦名一行三昧。**亦名真如三昧**。**此是一切三昧根本**。**若能念念修習**。**自然漸得百千三昧**。**達摩門下展轉相傳者**。**是此禪也**。」圭峰宗宗密本人曾在神會的「菏澤宗」門下作禪師，後來成為「華嚴五祖」。他對禪宗修行禪必有深刻了解，他有資格對禪宗的「所行禪」進行分析與論斷。首楞嚴雖然有「百千三昧」，乃是最殊勝最上乘的禪定之法。此或謂「威德首楞嚴」，有謂「勝王首楞嚴」、或謂「勝王瑜伽」。證入首楞嚴大定的「定心」即是如來藏佛性，也是法身佛。「即心即佛」的意旨就在於此。六祖慧能在《壇經》講得非常明白：「即佛乃定」。可惜這個道理少人理解，人總是將「佛」理解為

「聖人」或「仙人」。其實佛性人人具足，經過禪定修習泯滅小我，佛性就顯現出來，「如淨琉璃，內含寶月」，這個禪定意識即我們所說的大定意識即是如來藏佛性，即是法身佛（涅槃也是法身佛）。這是《大涅槃經》明確說明的。

《首楞嚴經》云：

佛告阿難：「有三摩提，名大佛頂首楞嚴王，具足萬行，十方如來一門超出妙莊嚴路。」

「首楞嚴」在我國歷史上翻譯為「三昧」。但此經的首楞嚴，不是普通的正定三昧。首楞嚴大定超出這個境界。大定就是《壇經》中講的沒有出定也沒有入定的「大定」。大定無出無入。真首楞嚴古代譯為一行三昧，即正定、大定，即為首楞嚴大定。首楞嚴有百千種，六祖慧能所謂「一行三昧」可謂首楞嚴大定，《壇經》裡解釋很清楚，這個大定的特點是「不出不入」，時時刻刻處於禪定狀態。禪師所謂「行亦禪坐亦禪」即謂這種真首楞嚴禪定。菩薩在「正偏兼帶」的境界所行「那伽定」是「不定之定」。是在涅槃與首楞嚴之間兩邊優游的「大定」。禪師要首先大死一回脫胎換骨，「識陰盡」後證入清淨涅槃。這即是「妙覺佛地」，然後夜明簾外轉身，出離涅槃證入首楞嚴大定，此即「見性成佛」的時節。佛性出世建立世界。菩薩入廛垂手普度眾生。這即是「等覺佛地」也是普賢菩薩境界。佛性出世建立世界，菩薩的禪定意識處於「**金針雙鎖玉線貫通**」的狀態。定心在涅槃滅盡定與楞嚴大定之間「金針往復來」。圓悟克勤謂「機輪未曾轉，轉必兩邊走」。石霜慶諸謂「無須鎖子兩頭搖」。菩薩在人間普度眾生時處於「正偏兼帶」的狀態下，行走坐臥都處於禪定狀態。筆者所說禪者的「大定意識」即指時刻處於禪定狀態的「定心」。慧能所說「頭上養親」以及馬祖所說「常養聖胎」皆謂這個「大定意識」。

禪定有很多名目，我們只能簡略地解釋最重要的禪定修習法：關於禪定法門，古代也有很多的「名相」來描述。例如三摩缽提、奢摩他等。音譯為等至、正受或正定現前。我們本書裡一般只說首楞嚴大定境界，盡量避免提及這些特殊禪定名詞。我們所說的大定即首楞嚴大定。關於禪定首楞嚴，歷代高僧大德有很多論述，我們就不贅述了。筆者以為，禪宗「心心相印」的傳法，必有關於禪定修習的口頭相傳的「秘訣」，可惜這些都失傳了。禪師常說：「枯木岩前岔路多」，即指禪定修行的繁難，沒有大善知識的指導很容易走火入魔。禪定對成佛之重要，在於首楞嚴大定的「定心」即是如來藏佛性，也就是法身佛。禪定的修證，直接關係修正者的佛智高低。禪宗者，以禪定為宗也。我們看禪宗六祖的言說。

慧能在《壇經》中關於定慧有如下論說：

> 善知識！若欲入甚深法界及般若三昧者，須修般若行……般若三昧即是無念。
>
> 善知識，我此法門，以定慧為本。大眾勿迷言定慧別，定慧一體不是二。定是慧體，慧是定用。
>
> 即**心**名慧，即佛乃定。

慧能明確指出：「**即佛乃定**」。表明佛法身即是禪定首楞嚴的「定心」。「定心」即是「慧體」。

《壇經》也通過慧能弟子東陽玄策見禪者河北智隍講述慧能禪定之法：

我師所說妙湛圓寂，體用如如。五陰本空，六塵非有，不出不入，不定不亂。若有出入，即非大定。

後來河北智隍直接問慧能，慧能解釋說：

若欲成就種智，須達一相三昧，一行三昧，若於一切處不住相，於彼相中不生情愛，亦無取捨，不念利益成壞等事，安閑恬靜，虛融淡泊，此名一相三昧。若於一切處，行住坐臥，純一直心，不動道場，真成淨土，此名一行三昧。

「相」指現象，凡夫見相紛亂起念，菩薩「見相不生癡愛業」，菩薩意根已滅，雖然見相，而心鏡不染塵埃。「影流萬象心鏡空」（宏智正覺）。「直心」指「真心」，菩薩入世大定定心「靈光獨耀迴脫根塵」，「實際理地不染一塵」。

六祖慧能講禪定：

善知識，我此法門，從上以來，先立**無念為宗，無相為體，無住為本**。無相者，於相而離相。無念者，於念而無念。無住者，人之本性。於世間善惡好醜，乃至冤之與親，言語觸刺欺爭之時，並將為空，不思酬害。念念之中，不思前境。若前念今念後念，念念相續不斷，名為繫縛。於諸法上，念念不住，即無縛也。此是以無住為本。

外離一切相，名為無相。能離於相，則法體清淨。此是以無相為體。

六祖慧能所說的「無念」、「無相」、「無住」均是對於禪者的大定意識而言，對應「空假中」三觀，有如下的對應關係：

無念即「止觀」的「止」，即「奢摩他」。對應空如來藏。
無相即「三摩缽提」。假義。對應不空如來藏。
無住即般若中道，不住兩邊。對應空不空如來藏。

慧能所講其實就是「空假中」三觀。天台宗智顗大師所提出的「一心三觀」，在禪宗修證裡也是必要的，因為這是佛智共同境界。

《圓覺經夾頌集解》云：

圓照者。照之一字即三觀也。空觀破一切法。假觀立一切法。中觀妙一切法。此三觀名三而體一也。故云圓照。圓融圓妙。三只是一。一即是三。此三立則俱立。破則俱破。亦云始覺。**楞嚴云。妙奢摩他空一切法也**。覺相者。即真諦俗諦中諦三諦也。**此三諦亦一體異名。全本覺而起。謂之不思議境也。**

《壇經》云：

善知識，一行三昧者，於一切處行住坐臥，常行一直心是也。《淨名經》云：直心是道場，直心是淨土。莫心行諂曲，口但說直，口說一行三昧，不行直心。但行直心，於一切法，勿有執著。迷人著法相，執一行三昧，直言常坐不動，妄不起心，即是一行三昧。作此解者，即同無情，卻是障道因緣。

我們不要以為這裡慧能所說的「直心」即是我們當代人所說的「直率之心」。這裡慧能引述《淨名經》所述：「**直心是道場，直心是淨土**」，慧能又說：「但行直心，於一切法，勿有執著。」即表明「直心」乃是「清淨無染之心」。這個「直心」即筆者所說的首楞嚴大定意識，也就是如來藏佛性。這裡慧能所言「迷人著法相，執一行三昧，直言常坐不動，妄不起心，即是一行三昧。作此解者，即同無情，卻是障道因緣」，乃是針對「迷人著法相」而言，並非針對「坐禪」，這是我們要理解的。慧能的師兄神秀提出的「屈曲直」的禪定法門，說明人心原來是「屈曲」的，禪定要達到「直心」的目的。《大智度論．五》云：

一切禪定攝心，皆名為三摩提（首楞嚴），秦言正心行處，是心從無始世界來，常曲不端，得此正心行處，心則端直，譬如蛇行常曲，入竹筒中則正。

由此觀之，人們批評北宗神秀的禪法還是要謹慎的，因為神秀的禪法沒有錯誤。六祖慧能《壇經》特別記述一個故事：

禪者智隍，初參五祖，自謂已得正受。庵居長坐，積二十年。師弟子玄策，遊方至河朔，聞隍之名，造庵問云：汝在此作什麼？

隍曰：入定。

策云：汝云入定，為有心入耶？無心入耶？若無心入者，一切無情草木瓦石，應合得定。若有心入者，一切有情含識之流，亦應得定。

隍曰：我正入定時，不見有有無之心。

策云：不見有有無之心，即是常定。何有出入？若有出入，即非大定。

隍無對。良久，問曰：師嗣誰耶？

策云：我師曹溪六祖。

隍云：六祖以何為禪定？

策云：我師所說，妙湛圓寂，體用如如，五陰本空，六塵非有，不出不入，不定不亂。禪性無住，離住禪寂。禪性無生，離生禪想。心如虛空，亦無虛空之量。

隍聞是說，徑來謁師。

師問云：仁者何來？

隍具述前緣。

師云：誠如所言，汝但心如虛空，不著空見，應用無礙，動靜無心，**凡聖情忘，能所俱泯，性相如如，無不定時也**。

我們由這個故事可以知道六祖慧能教授的禪定乃是「不出不入」的大定，六祖弟子東陽玄策讚歎云：「我師所說，妙湛圓寂，體用如如。」這句話大有深意，描述慧能禪法是「妙湛圓寂」的大定。這個故事指出那些整天如同昏睡一樣的禪定根本不是禪定的「正法」。東陽玄策明確地指出「若有出入，即非大定」。近代有位高僧，他說自己在入定時能聽到別人說話。可謂莫名其妙。他根本不懂得禪定。他只會堆砌「禪言禪語」而妄解禪機。

《壇經》云：

師示眾云：善知識，我此法門，以定慧為本。大眾勿迷，言定慧別。定慧一體，不是二。定是慧體，慧是定用。即慧之時定在慧，即定之時慧在定。若識此義，即是定慧等學。善知識，定慧猶如何等？猶如燈光。有燈即光，無燈即暗。燈是光之體，光是燈之用。名雖有二，體本同一。此定慧法，亦復如是。

六祖慧能主張「定慧不二」，「定」是為「發慧」而「慧」可以幫助修定。我們要特別注意「定是慧體，慧是定用」的說法，因為這個「慧體」即是禪者的首楞嚴禪定意識，即是首楞嚴大定意識，即是如來藏佛性。這個「慧體」也是佛教萬法歸一的宇宙本體。圭峰宗密在前面說：「**況此真性非唯是禪門之源。亦是萬法之源。故名法性。亦是眾生迷悟之源。故名如來藏藏識**（出《楞伽經》）。**亦是諸佛萬德之源。故名佛性**（《涅槃》等經）。**亦是菩薩萬行之源。故名心地**（《**梵網經．心地法門品**》云）。**是諸佛之本源。是菩薩道之根本。**」這裡的「慧體」與「禪體」均指處於首楞嚴大定的「禪定意識」。在早期佛教阿含類經典裡稱為「定心」。實際上即是如來藏佛性。這個「體」在古代乃是「實在」、「實體」的意思，以此我們要懂得「慧體」、「禪體」都是指「禪定意識」，這是精神性的「實體」。禪者在成佛後轉成菩薩入廛垂手，此即「見性成佛」，經過修證菩薩進入正偏兼帶境界，大定意識時刻處於大定之中，這個「定心」即是「慧體」。至於「佛慧」則是「慧體」所生發的智慧，即佛智或云般若智。大定定心具有特殊的知覺系統。

慧能以前的禪法，一般稱為「以定發慧」，即是先入禪定狀態，經過漸修之後具備般若智慧。而到慧能頓悟南宗，則變成「定慧雙修」，「定慧相即」，這是中國禪宗的創造。《大涅槃經》中描述佛陀在進入涅槃之前迅速的由初禪進入四禪，然後又從四禪返回初禪。佛陀反覆講述的般若觀照下所見到的「世界空相」就是佛教的「慧」。我們可以說佛陀的禪定狀態也是「定慧雙修」，即「**一旦入定，智慧發動**」。這與慧能的禪法乃是一致的修行境界。

六祖《壇經》不但提出修習達到「大圓鏡智」，也提出成就「種智」。慧能所謂「一相三昧」、「一行三昧」的禪定修行均屬首楞嚴大定。首楞嚴大定就是《壇經》中講的無出無入「大定」。我們說，慧能禪定之法乃是最上乘的禪法，就是「**行亦禪，坐亦禪**」的一行三昧，因此禪師在「正偏兼帶」的狀態下，行走坐臥都是處於禪定狀態。這就是筆者為什麼說成佛禪者的「首楞嚴大定意識」就是永遠處於禪定狀態的意識。慧能講得明白，修習禪定是為了「成就種智」。結合慧能在《壇經》裡專門提出的「大圓鏡智」，我們可知禪宗的宗旨即是「成就種智」。慧能所指的即是「一切種智」。有人竟然說修習禪宗永遠修不到佛地，可謂是無知妄徒的胡言。禪宗修習最高級的禪定決定禪宗必然可以到達佛地。有人堆砌一大堆佛教名詞來吹噓，這樣的人可以說連禪宗的山門都沒找到，遑論登堂入室窺其堂奧。這種人連在禪門外「探頭探腦」的資格都未具備。此人將圓悟克勤開悟詩貶為「豔詩」，可見他根本不懂「正偏兼帶」的境界。

六祖講法表明禪宗修行的宗旨就是成就「大圓鏡智」或云「一切種智」。《楞嚴經》云：「**妙湛總持不動尊。首楞嚴王世稀有。**」意謂修習首楞嚴大定即可具備「三種佛智」。《楞嚴文句》（明代蕅益智旭）解釋這句話：

> **又一切智名妙湛。道種智名總持。一切種智名不動。該具功德名妙湛。積具功德名總持。性具功德名不動。**真諦之理名妙湛。俗諦之理名總持。**中諦之理名不動。**是故三身皆妙湛。三即一故。三身皆總持。一即三故。三身皆不動。非一非三而三而一故。今阿難一語便即贊盡。自非圓悟。安得有此。**舊謂妙湛領顯見義。總持領陰入處界義。不動領七大義。失於妙旨甚矣。**首楞嚴王。即全性成修三昧之名。

中國禪宗既然修習「一行三昧」，即首楞嚴大定，自然可以證得「妙湛總持不動尊」即三智，包括一切種智。其實證入「中道」即得一切種智。

《宗鏡錄》云：

> 又三止三觀為因。所得三智三眼為果。**三智者。**一切智道種智一切種智。三眼者。慧眼法眼佛眼。若一心眼智者。眼即是智。智即是眼。眼故論見。智故論知。知即是見。見即是知。**佛眼具五眼。佛智具三智。王三昧一切三昧悉入其中。首楞嚴定。攝一切定。**

「小乘」往往以證入「滅盡定」為涅槃，到此境界以「灰身滅智」為極則。實際上「滅盡定」也有不同的境界，有無漏滅盡定以及有漏滅盡定。這裡的關鍵在於「識陰盡」。即以「滅盡定」而言，在大乘修證者看來，小乘人以涅槃為極則，以「自利」為宗旨證入滅盡定，修證者留戀滅盡定的「寂滅境界」，這即是「法愛」未泯，這樣的涅槃即是有漏的涅槃境界。因此小乘只能得到羅漢果位。就證入佛地的禪定而言，我們一般不講「滅盡定」而說「涅槃境界」。我們為了強調涅槃是禪定境界而稱為「妙覺滅盡定」。這是無漏九次第定。大乘菩薩的定境謂「金剛定」或謂之「一行三昧」。實際上即「首楞嚴大定」。這是「十地」以上才能修證的「大定」。這個「一行三昧」含攝「百千三昧」。

關於出世間禪，大小乘的禪定修證可謂名相繁多眾說不一。非想非非想定乃是三界「頂地」。小乘以此為涅槃。「灰心滅智」證得鈍羅漢。就九次第定而言，或曰滅盡定、滅受想定等。存在有漏無漏兩種「大定」，清淨涅槃即無漏滅盡定。「涅槃」有多種解說。佛有等妙兩位，對應的涅槃也有差異。「粗中之細，人牛不見處正是月明時」對應等覺。尚有「細中之細」枝末無明。「今年貧錐也無」則對應妙覺涅槃。曹洞宗偏正五位「偏中正」即「知有」。正中來的初始次第即「內守幽閒」「純清絕點」的「涅槃前一色」。然後「打破鏡」進入有漏涅槃。還要脫胎換骨識陰盡證入清淨涅槃，謂之「正位」。到正位還要轉身退位證得首楞嚴大定。此即佛性出世。禪宗修證的正是圭峰宗密所謂「最上乘禪」。

筆者認為，中國禪宗的禪定才是真正的「佛定」。這裡筆者要鄭重指出，禪宗菩薩首先證入無漏滅盡定，即清淨涅槃，到此「全身入理」，脫胎換骨識陰盡，此謂「子歸就父」，禪者的禪定意識與無漏滅盡定「同質化」。禪宗稱為「還鄉」或「到家」。然而進入涅槃卻「不居正位」，不能在「死水淹殺」，

「古塚不為家」、「不能在鬼窟裡作活計」，而要「澄源湛水尚棹孤舟」，「佛祖玄關橫身直過」，「那邊不坐空王殿」。到此境界要轉身退位，「百尺竿頭須進步，十方世界是全身」（長沙景岑禪師），宏智正覺禪師謂「夜明簾外轉身難」，由此涅槃寂滅境界轉入首楞嚴大定，即等覺菩薩的境界。然後還要轉身回途入廛垂手，普度眾生行菩薩道。這即是《楞嚴經》所說的「如來逆流」（「妙覺逆流」）。這個過程在世界上根本無人理解，禪宗的「成佛奧旨」已經失傳數百年，筆者將仔細地解說「如來逆流」的成佛過程。

十八、禪宗的坐禪

當前有些人對禪宗坐禪有嚴重誤解。有的學者甚至僧人也認為禪宗的祖師「反對坐禪」。這是對禪宗坐禪的錯誤理解。禪宗以禪定為宗，禪定可以不拘形式，但是一般還是以坐禪為主要的禪定修證方法。禪師並不反對坐禪，而是反對形式主義的坐禪，也就是離開「定慧雙修」的坐禪。在《禪源諸詮集都序》裡，圭峰宗密分析禪宗各派心法：

> 息妄者。息我法之妄。修心者。修唯識之心。故同唯識之教。既與佛同。如何毀他漸門息妄看淨時時拂拭凝心住心專注一境及跏趺調身調息等也。此等種種方便。悉是佛所勸贊。**淨名云。不必坐不必不坐。坐與不坐任逐機宜。凝心運心各量習性。**當高宗大帝乃至玄宗朝時。圓頓本宗未行北地。唯神秀禪師大揚漸教。為二京法主三帝門師。全稱達摩之宗。又不顯即佛之旨。**曹溪菏澤。恐圓宗滅絕。遂呵毀住心伏心等事。但是除病。非除法也。況此之方便本是五祖大師教授。各皆印可為一方師。達摩以壁觀教人安心。外止諸緣內心無喘。心如牆壁可以入道。豈不正是坐禪之法。**又盧山遠公與佛陀耶舍二梵僧所譯《達摩禪經》兩卷。具明坐禪門戶漸次方便。與天台及侁秀門下意趣無殊。故四祖數十年中脅不至席。即知了與不了之宗。各由見解深淺。不以調與不調之行而定法義。偏圓但自隨病對治。不須贊此毀彼。問悟此心已如何修之。還依初說相教中令坐禪否。答此有二意。謂昏沉厚重難可策發。掉舉猛利不可抑伏。貪嗔熾盛觸境難制者。即用前教中種種方便隨病調伏。若煩惱微薄慧解明

利。即依本宗本教一行三昧。如《起信》云。若修止者。住於靜處端身正意不依氣息形色。乃至唯心無外境界。《金剛三昧經》云。禪即是動不動不禪是無生禪。《法句經》云。若學諸三昧。是動非坐禪。心隨境界流。云何名為定。《淨名》云。不起滅定現諸威儀（行住坐臥）不於三界現身意。是為晏坐。佛所印身。據此即以答。

圭峰宗密本人曾在菏澤神會處習禪，後來成為華嚴五祖，其造詣深厚自不待言。他引述《淨名經》云：「《淨名》云。不必坐不必不坐。坐與不坐任逐機宜。凝心運心各量習性。」這就分明顯示坐禪並非錯誤。實際上坐禪是禪定的主要方式。達摩祖師來華「面壁九年」，當然是修習禪定。達摩認為，理入是悟道，行入是修行。達摩所謂「壁觀」，指禪定時心如壁立屏除雜念。當然在達摩來華前就有頭陀行的禪定修習者。僧人都是托缽乞食，「行無軌跡，動無彰記」。禪宗四祖道信始創禪宗的組織活動，具備僧團性質。道信著有《菩薩戒法》、《入道安心要方便法門》兩本，他說：我此法要，依《楞伽經》諸佛心第一，又依《文殊說般若經》「一行三昧」。道信正式提出「一行三昧」的禪定方法。道信弟子五祖弘忍建立東山法門。東山法門是禪宗的重要里程碑。弘忍的禪學思想是「守本真心」。他特別抬高「本真心」的地位，眾生只要「守我本心，則到彼岸」。關於坐禪，禪宗五祖弘忍在《最上乘論》云：

若有初心學坐禪者，依觀無量壽經，端坐正念，閉目合口，心前平視，隨意遠近，作一日想守真心，念念莫住，即善調氣息，莫使乍粗乍細，則令人成病苦；夜坐禪時，或見一切善惡境界，藍天入青黃赤白等諸三昧，或見身出大光明，或見如來身相，或見種種變化，**但知攝**

心莫著，並皆是空，妄想而見也。經云：十方國土皆如虛空，三界虛幻唯是一心作。若不得定，不見一切界者，亦不須怪，但於行住坐臥中，常了然守本心，會是妄念不生，我所心滅，一切萬法不出自心，所以諸佛廣說，如許多言教譬喻者，只為眾生行行不同，遂使教門差別。其實八萬四千法門、三乘八道位體、七十二賢行宗，莫過自心是本也。若能自識本心，念念磨拭不律者，即自見佛性也。

弘忍是禪宗五祖，然而到了五祖付法時卻發生了問題。弘忍弟子神秀到了北方成為國師，對北方禪宗傳播大有影響，史稱「北宗」。慧能在南方成為「南宗」。現在公認慧能為六祖。實際上當時禪宗的正統卻在北方，朝廷內外以神秀為禪宗六祖。以神秀為代表的北宗，繼承達摩以來前五位中華祖師坐禪禪定的禪法，繼承四祖道信的「守一」、「看心」禪法以及弘忍的「守本真心」的禪法。北宗以「觀心看淨」、「坐禪攝心」為主旨的禪法，按照圭峰宗密的總結，稱為「拂塵看淨、方便通經」（《圓覺經大疏抄》卷三）。在《中華傳心地禪門師資承襲圖》卷二說：「北宗意者，眾生本有覺性，如鏡有明性，煩惱覆之不見，如鏡有塵暗。若依師言教，息滅妄念，念盡則心性覺悟，無所不知，如磨拂昏塵，塵盡則鏡體明淨，無所不照。」簡單地說，**神秀、普寂北宗禪法以坐禪修習禪定為主要修證方法。與慧能南宗的禪法並無不同。**慧能在《壇經》裡反覆講解南禪禪法為上根利智的人所設立，在成佛修證上只有「遲疾頓漸」之別。筆者認為，北宗也是達摩以來禪法的忠實繼承者。慧能南宗以「一悟即至佛地」為標榜，吸引大量的修佛者，漸漸成為禪宗主流。**實際上慧能本人也坐禪修證。慧能在此所談到的「坐禪」實際上講解高深禪定修**

為的修行。這在《壇經》裡面有大量描述。我們看《壇經》（不同版本均有這個故事）記載慧能打神會的故事。**神會問：「和尚坐禪，見亦不見？」**從這個問題的提出以及慧能並未否認坐禪，可知慧能本人也要坐禪。當代有人以為慧能的禪法「反對坐禪」，甚至對北宗的禪法進行攻擊，這是嚴重誤解。慧能師兄神秀以及北宗嵩山普寂的禪法也重視坐禪，以「觀心」、「攝心」、「住心看淨」作為禪定的法門，而「觀心、看淨」達到「息滅妄念」，這些義理與南禪並無二致。「觀心看淨」、「坐禪攝心」、「制心一處」等修行可謂通行的禪定修習方法，這些絕對不是某些學者所謂「形式化」的東西。慧能也不反對「頓悟漸修」。神秀禪法「雙眼圓明」（萬松老人），懂得證到正偏兼帶時「雙明雙暗」、懂得「保任」，其與慧能禪法並無矛盾。近現代學者不懂禪法卻信口胡言，在禪宗研究上缺乏嚴肅的態度。胡適先生連《壇經》都沒看懂，連「依文解義」都作不到，卻說「直到南宗出來，連禪定也一掃而空，那才是徹底的解放了」。這種信口開河的學風，胡適先生真要負責。

學人要注意，就「滅盡定」而言，進入滅盡定並不意謂「識陰盡」，但有可能進入滅盡定「一死不再活」。而「一死不再活」的修行者進入有漏涅槃不會轉身退位證得佛性。只能證得小乘羅漢的境界，甚至是「鈍阿羅漢」的境界。禪宗大師稱為「死水淹殺」或者「鬼窟裡作活計」。在大乘看來，小乘行者證入「灰身滅智」的涅槃境界如同「寒灰枯木」一樣仍然是「眼中塵」。即認為小乘的涅槃並非無漏的清淨涅槃。禪宗講究進入涅槃轉身退位證得「首楞嚴大定」，也稱為「金剛喻定」。佛性出世建立世界，此即「枯木生花始與他合」。如此驗證其所證入的乃是清淨涅槃。若繼續修煉直到「正偏兼帶理事無礙」，定心在涅槃佛性之間往復優游直到「鉤鎖連環」、「雙明雙暗」。世尊拈花迦葉微笑即謂正偏兼帶，這在

「教義」是缺失的。然而在實證上凡是證到理事無礙、事事無礙法界的菩薩，必然證到「兼帶」的定境。禪宗宣稱「教外別傳」而自成體系，大禪師從不以四禪八定來教示學人。六祖慧能講的「一行三昧」以及禪師所說「獅子奮迅三昧」等禪定是「最上乘禪」，也就是首楞嚴大定。超越小乘修習的四禪八定及滅盡定。禪宗自有禪定的修證法門即「心印」，禪宗的禪定修證確實是登峰造極。**天童如淨云「只是打坐，身心脫落」。表明禪者坐禪並不是坐在「寒岩死水」而不悟，更不會「鬼窟裡作活計」。**

無異元來禪師（《五燈會元續略》）云：

有一等人閉門作活暗裡休心。將自己身心煉得如枯水寒灰。蟲咬衣而不知。蛛結網而不顧。縱是百年在定。終如一個死人。於本分事中全無交涉。所以玄沙大師曰。直饒如澄潭月影靜夜鐘聲。隨叩擊以無虧。觸波瀾而不散。此猶是生死岸頭事。道人行處如火銷冰。箭既離弦無返回勢。

這即是所謂「百尺竿頭坐的人，雖然得入不為真」的「鬼窟裡作活計」的有漏涅槃。到此如果不能「百尺竿頭進步」則「死水淹殺」。禪宗反對的是形式主義的「假坐禪」，禪宗的坐禪，要在「智慧」引導下進行。如同昏睡般的打坐、坐禪永遠也修不到首楞嚴大定的境界。《楞嚴經》列舉禪定中可能出現的五十陰魔（走火入魔）的危險。禪師說「枯木岩前岔路多」，都說明禪定修習要在「智慧」引導下進行。沉空滯寂的禪定與禪宗的修煉完全不同。在禪宗歷史上，從達摩祖師到六祖慧能，以及慧能以下各代禪師，均以禪定為修證基本功。而坐禪是禪定修習的基本方式。佛教對於禪定的不同階段和境界，也有很多不同名目。例如初禪可稱為「守般」，定中稱為「三摩申那」，定中止分稱為「奢摩他」，定中觀分稱為「毗婆舍那」等等。

馬祖道一是禪宗歷史上最著名的祖師之一。據說馬祖在居南嶽傳法院，獨處一庵，既不看經書，亦不問佛事，唯習坐禪，凡有來訪者皆不顧。南嶽懷讓前往，他亦不顧。懷讓知他是法器，設法教導道一。懷讓問馬祖：大德坐禪圖什麼？答曰：圖作佛。某一天懷讓拿一塊磚在馬祖前反覆磨，開始馬祖不顧，時間長了，馬祖好奇，問：磨磚作何？懷讓答：磨磚作鏡。馬祖云：磨磚豈能作鏡？懷讓說：磨磚不能成鏡，坐禪豈能成佛？馬祖聞言大徹，拜懷讓為師。這個磨磚作鏡的故事流傳很廣也引起誤會。有人以為禪宗是「反對坐禪」。其實這完全是誤解。禪宗極其重視「蒲團上工夫」。這是禪宗的基本功。禪宗各代禪師多有幾十年「脅不至席」者，也有坐破七個蒲團者。趙州從諗和尚說：「金佛不度爐。木佛不度火。泥佛不度水。真佛內裡坐。菩提涅槃真如佛性。盡是貼體衣服。亦名煩惱。實際理地什麼處著。一心不生。萬法無咎。汝但究理坐看三二十年。若不會。截取老僧頭去。」圓悟克勤《擊節錄》云：「**長慶棱道者**。**平生參請**。**直是將死生著在額頭上**。**坐破七個蒲團**。**豈似今日**。**如存若忘**。」《圓悟心要》云：

> 金色頭陀雞足峰論劫打坐，達磨少林面壁九年，曹溪四會縣看獵，大溈深山卓庵十載，大梅一絕人跡，無業閱大藏，古聖翹足七晝夜，贊底沙常啼經月鬻心肝，長慶坐破七個蒲團，此皆為此一段大因緣，其志可尚。

這些論述表明禪宗對「長慶坐破七個蒲團」實在稱賞有加。《修習止觀坐禪法要》云：「修止觀者有二種。一者於坐中修。二者歷緣對境修。」（正修行第六）這就表明禪定不一定非要「坐」，也可根據情況「歷緣對境修」。但是對中下根器的學佛者，「坐禪」是必修課。馬祖道一門徒對「死坐」的禪法多有批評，例如黃檗希運禪師說：「**有一般瞎禿子。飽吃飯了。便坐禪觀行。把捉念漏不令放起。厭喧求靜是外道法。祖師云。你若住心看靜。舉心外照。攝心內澄。凝心入定。如是之流。皆是造作。**」這裡黃檗希運禪師批評的是形式主義的坐禪方法。這樣的禪定往往可以入定幾天甚至幾個月，然而這並非「不出不入的大定」。這些不應視作北宗的禪法。後人的說法畢竟有宗派爭論的色彩，我們不必過於重視。禪定修習方法可說千種萬般，但是禪宗在發展過程中形成「頓悟漸修」的模式。南宗北宗的修習法門漸漸融會貫通。馬祖多次提出「保任」。禪師「行亦禪坐亦禪」，慧能講「繁興總處那伽定」，即表明菩薩境界的禪師時時刻刻處於禪定境界。這是不出不入的大定。這些說明成佛絕對不是「一悟即成」。禪師說「無明習氣旋起旋消」，經過禪定才能「滅妄顯真」。而首楞嚴大定的「定心」即是如來藏佛性。證到楞嚴大定即成佛，可見禪定的重要。六祖慧能在《壇經》裡再三強調禪定的「一行三昧」，這是不容後人竄改歪曲的事實。

我們一再指出，如果認為佛教禪宗可以稱作哲學思想體系，那麼佛教禪宗的哲學真理，佛教理念的形成是在禪定狀態下獲得的，這也可以認為是佛教禪宗特殊的知識論。就此而言，佛教禪宗與西方所有的哲學體系均依據邏輯思辨推演而得到概念和理念是完全不同的意識形態系統。佛教禪宗的哲學建立在禪定的實證實踐之中，這可以說是對人類精神文明的一大特殊貢獻。

禪定之法到了中國禪宗時得到進一步發展而達到「一行三昧」的最高級境界。中國禪宗的禪法原來稱為「思惟修」，而所謂三昧，即是瑜伽修煉中的最高境界，也有譯為「正定」。大乘瑜伽行派非常講究禪定的修煉，在《瑜伽師地論》中論述了瑜伽修煉的很多名目。

筆者在此也要指出，禪定修煉不必「坐禪」。伊斯蘭教在土耳其有一個分支叫「梅夫拉維」（蘇菲派），這些信徒練習「旋轉舞」來進入禪定境界。目的也是「與主合一」。這些也叫「托缽僧旋轉舞」。我們對此尚待研究。

我們要理解，禪定境界可以「隨機變化」，尤其證入首楞嚴大定以後，由於大定含攝百千三昧，即可隨機變化定境。更加重要的是，在菩薩境界，大定定心在清淨涅槃與首楞嚴大定之間來回往復，這邊那畔優游，此謂「金針雙鎖玉線貫通」。而清淨涅槃與首楞嚴大定之間存在體用、父子、伴侶的關係。由「鉤鎖連環血脈不斷」證得「正偏兼帶」，涅槃佛性混居一身，定心兼攝兩個定境。「內君外臣」。由是證得「前釋迦後彌勒」的「佛真法身」。鏡體鏡面合體而生成山河大地。這是非常奧秘的禪機，圓悟克勤在《碧巖錄》裡謂之「絕機絕解」。所謂「明暗雙雙的時節」而「誰共澄潭照影寒」。當代學者對於禪宗菩薩境界的「金針雙鎖正偏兼帶」境界一無所知。我們在後面詳加解說。

十九、中國禪宗修行最高級禪定

禪宗以禪為宗，禪即意謂禪定。筆者要明確地說明，一切佛法皆由禪定而來，一切佛家智慧皆由禪定而來。然而當代研究者卻不懂禪定。以胡適先生為例，他竟然說：「直到南宗出來，連禪定也一掃而空，那才是徹底的解放了。」這是對禪宗的誤解。禪宗漸修一派稱為「以定發慧」，而講頓悟的禪宗（南派）稱為「定慧雙修」。佛家所謂「智慧」，我們在此一概總稱為「般若智」或「佛智」，包括一切智、道種智以及一切種智。關於「佛智」，佛教有很多名相，但是這些智慧全都來源於「禪定」。禪宗的智慧與凡夫的「智慧」根本不同，定慧的「慧」來自般若現量直觀，而與大眾的「眼耳鼻舌身意」無關。如果我們一定要判別禪宗修習的「智慧」到達何種境界，首先就要研究禪宗修習的「禪定」屬於什麼種類。任何人要評斷禪宗菩薩修行的「智慧水準」，首先就要研究禪宗修習何種「禪定」，因為「禪定」決定「智慧」。眾所周知的禪定即有「四禪八定」以及「小乘禪」、「大乘禪」，還有「凡夫所行禪」等等，可謂名目繁多種類紛雜，但是在一切禪定中，首楞嚴大定（真首楞嚴）乃是最上乘的禪定，實際上與印度瑜伽裡的「勝王瑜伽」同出一轍。中國禪宗所修習的「一行三昧」即是首楞嚴大定，三昧者即首楞嚴。我們在下面引用禪宗歷史上一些大禪師對於禪宗修習禪定的分析以及評判，來印證中國禪宗所修行的乃是「最上乘禪」。

華嚴五祖圭峰宗密在《禪源諸詮集》裡說：

若頓悟自心本來清淨。元無煩惱。無漏智性本自具足。此心即佛。畢竟無異。**依此而修者。**

是最上乘禪。亦名如來清淨禪。亦名一行三昧。亦名真如三昧。此是一切三昧根本。若能念念修習。自然漸得百千三昧。**達摩門下展轉相傳者。是此禪也。**

圭峰宗密本人曾在神會的「菏澤宗」門下作禪師，後來成為「華嚴五祖」。他對禪宗修行禪定具有深刻了解，他有資格對禪宗的「所行禪」進行分析與論斷。

《宗鏡錄》云：

答。若論莊嚴。無非福智二業。於六波羅蜜中。前五是福德業。後般若是智慧業。前五福德業中。唯禪定一門。最為樞要。前以廣明。今更再述。此宗鏡所集禪定一門。唯約宗說。於諸定中而稱第一。名王三昧。總攝諸門。囊括行原。冠戴智海。亦名無心定。與道相應故。亦名不思議定。情智絕待故。**亦名真如三昧。萬行根本故。亦名一行三昧。一念法界故。**亦名金剛三昧。

這些大師都明確說明禪宗修習「一行三昧」即金剛三昧，即是首楞嚴大定。我們在此論證中國禪宗所修習的乃是「最高級禪定」是很有意義的。如此可知禪宗菩薩能證得一切佛智。我們不講初級的「四禪」，因為這方面書籍文獻很多。筆者僅僅提醒讀者，禪定很難用語言形容，要靠「心心相印」與「自證」。禪定從出離三界非想非非想定進入威音那畔即涅槃本體界的修證，今天已經無人理解，實際上進入有漏涅槃，對治法身有病以及如何一步步泯滅妄識最後進入「識陰盡」，以至「妙覺逆流」的「三轉身」，乃是成佛的關鍵。筆者願意就自己所知，盡量詳盡地闡釋「三轉身」的成佛過程。

六祖慧能《壇經》記述：

> 隍云：六祖以何為禪定？
>
> 策云：我師所說，妙湛圓寂，體用如如，五陰本空，六塵非有，不出不入，不定不亂。禪性無住，離住禪寂。禪性無生，離生禪想。心如虛空，亦無虛空之量。
>
> 隍聞是說，徑來謁師。師問云：仁者何來？隍具述前緣。
>
> 師云：誠如所言，汝但心如虛空，不著空見，應用無礙，動靜無心，凡聖情忘，能所俱泯，性相如如，無不定時也。

慧能所描述的「禪定」即「不出不入」的「一心三昧」。在定心「機輪兩邊走」時，定心「妙體無處所」，故謂「那伽大定」。「一心三昧」即首楞嚴大定。

六祖慧能說：

> 師復曰：諸善知識，汝等各各淨心，聽吾說法。**若欲成就種智，須達一相三昧**。若於一切處而不住相，於彼相中不生憎愛，亦無取捨，不念利益成壞等事，安閒恬靜，虛融澹泊，**此名一相三昧。若於一切處，行住坐臥，純一直心，不動道場，真成淨土，此名一行三昧**。若人具二三昧，如地有種，含藏長養，成熟其實。一相一行，亦復如是。

慧能所謂「一行三昧」即首楞嚴大定。攝一切三昧。首楞嚴大定就是《壇經》中講的沒有出定也沒有入定的「大定」。大定無出無入。實際上，禪定意識證入清淨涅槃正位，然後轉身退位證得首楞嚴，菩薩境界定心在涅槃與首楞嚴之間「機輪兩邊走」，即「金針雙鎖」。萬松老人說：「難得出則為雲為雨。入則冰結霜凝。此乃乍出乍入。未是作家。直得針線貫通。毫芒綿密。機絲不掛。文彩縱橫。正當石女機停時。已早木人路轉。正當夜色向午處。已早月影移央。」這也稱為「捏聚放開」。這裡「出」指出離涅槃進入楞嚴大定，「入」指進入涅槃。菩薩境界還要修證，直到「首尾相接鉤鎖連環」，還要進入「**雙遮雙照，雙明雙暗。遮照同時。同時不立，不立卻同時**」的**定境**。須知，涅槃生成佛性，定心經歷涅槃與涅槃同質化（子歸就父），然後證得首楞嚴，佛性出世建立世界。所謂自心不動指謂涅槃，涅槃所生的佛性呈現萬法，此佛性本性具足人人皆有。即是首楞嚴王三昧。有「鉤鎖連環」證得正偏兼帶。慧能禪定之法乃是最上乘的禪法，就是一行三昧，禪師在「正偏兼帶」的狀態下，行走坐臥都是處於禪定狀態。證得理事無礙法界與事事無礙法界皆是菩薩的「定中境界」。如下可見。

《楞嚴經》云：

> 爾時世尊於師子座。從其五體。同放寶光。遠灌十方微塵如來。及法王子諸菩薩頂。彼諸如來。亦於五體同放寶光。從微塵方。來灌佛頂。並灌會中諸大菩薩及阿羅漢。林木池沼。皆演法音。交光相羅。如寶絲網。是諸大眾。得未曾有。**一切普獲金剛三昧**。即時天雨百寶蓮華。青黃赤白。間錯紛糅。十方虛空。成七寶色。此娑婆界大地山河。俱時不現。**唯見十方微塵國土。合成一界**。梵唄詠歌。自然敷奏。

《首楞嚴三昧經》云：

> 佛告釋提桓因。憍尸迦。若此三千大千世界滿中。釋迦毗楞伽摩尼珠。更有照明諸天摩尼珠。能令此珠皆不復現。憍尸迦。若此三千大千世界滿中照明諸天摩尼珠。更有金剛明摩尼珠。能令此珠皆不復現。憍尸迦。若此三千大千世界滿中。金剛明摩尼珠。更有諸明集摩尼珠。能令此珠皆不復現。憍尸迦。汝見是釋所著諸明集摩尼珠不。已見世尊。但為此珠其光猛盛我眼不堪。佛告憍尸迦。若有菩薩得首楞嚴三昧。或作帝釋。皆著如是摩尼瓔珞。現意天子謂堅意言。是為首楞嚴三昧自在勢力如是。**堅意菩薩得首楞嚴三昧。能以三千大千世界入芥子中。令諸山河日月星宿現皆如故**。而不迫迮示諸眾生。堅意。首楞嚴三昧不可思議勢力如是。爾時諸大弟子。及諸天龍夜叉乾闥婆釋梵護世天王。同聲白佛言。世尊。**若人得是首楞嚴三昧。是人功德不可思議**。所以者何。是人則為究竟佛道。成就智慧神通諸明。

《華嚴經》一部皆是頌揚「華藏世界海」，即事事無礙法界，謂之「帝釋網」或「因陀羅網」。這是極其宏麗的玄幻境界。這正是等覺佛位的境界，**「令諸山河日月星宿現皆如故」**，**「如」即真如**。到此塵塵剎剎皆是真身。理事無礙法界尚有現象，事事無礙則「重重無有盡，處處現真身」。

《楞嚴經》云：「妙湛總持不動尊。首楞嚴王世稀有。」意謂修習首楞嚴大定即可具備「三種佛智」。禪宗修證的「一行三昧」即金剛三昧，即是首楞嚴大定。證得首楞嚴大定，即具備「一切智」、「道種智」以及「一切種智」。禪宗菩薩皆要先證入妙覺佛位再轉身退位證得首楞嚴大定成為菩薩。具備一切佛智是必然結果。我們在這裡引述禪宗典籍，表明禪宗所習乃是「最上乘禪」即首楞嚴大定。證得首楞嚴大定即謂證得「一切智道種智一切種智」。六祖慧能在《壇經》裡反覆說，他的禪法乃是「此法門是最上乘。為大智人說，為上根人說」。我們為什麼這樣重視禪宗（頓教）的禪定修習？因為「禪定」決定「智慧」。禪宗所習既然是「一行三昧」即首楞嚴大定，那麼無論「由定發慧」還是「定慧雙修」，禪宗所習的「大定」就決定了禪宗菩薩修證般若智慧的「果位」。**這個「果位」即是慧能在《壇經》裡所說的「大圓鏡智」。須知「妙湛總持不動尊」乃是三即一一即三的佛智**。

我們反覆解釋六祖所說「一行三昧」即是首楞嚴大定。中國禪宗所修習的正是最高級的禪定，由此定發慧得「**妙湛總持不動尊**」，自然證得一切佛智。我們研究禪宗成佛理路，首先要指出禪宗最重視的是「見性成佛」，這是禪宗的真正教旨。這個「性」即是佛性，即是首楞嚴大定。禪宗並不講究繁瑣的唯識名相，這些名相在禪宗看來，歸根結蒂是人類語言文字所表達的東西，並非「第一義諦」，也不是「了義教」。禪宗修習講究「不歷階級」。然而，我們如果要研究禪宗菩薩的「階位」，那就必須首先弄明白禪宗所修習的「禪定」。「禪定」是決定禪宗菩薩「佛智水準」的根本基礎。中國禪宗修習的是「最高級禪定」，禪宗菩薩必然要修成「大圓鏡智」。禪師要脫胎換骨命根斷以後證入「妙覺佛地」即清淨涅槃，「轉身退位」證得首楞嚴大定，成為菩薩普度眾生。此即「如來逆流」（《楞嚴經》）。禪宗密旨如同隱藏在深山密林中的「荒林野寺」，修證者只能在懸岩荊棘的崎嶇小路中尋覓。出離三界證入涅槃境界，猶是「枯木岩前岔路多」。「荊棘林中死人無數」，經歷大死一回絕後復蘇只是「法身初立」的起點。宏智正覺禪師云：「夜明簾外轉身難」。成佛需要證入涅槃後轉身退位佛性出世，才能進入菩薩境界普度眾生。

「妙湛總持不動尊。妙湛即空智也。總持即假智也。不動即中智也。」禪師證入首楞嚴三昧，即佛性出世。若證到「正偏兼帶」進入事事無礙法界，即得「一心三觀」，此即「一切種智」。

《新華嚴經論》卷第十三（長者李通玄撰）云：

於十個定名中。總以法界無依住智性為體。此體亦名首楞嚴定。與不可說一切諸佛三昧諸智慧門為體。如歎德中。具如經云。世界海旋。無不隨入者。是三昧之用徹遍一切眾生法之名故。海者。廣大義。旋者。甚深義。明此三昧體用廣大甚深無盡諸佛菩薩及一切十方六道眾生中行皆遍故。

《大智度論》云：「首楞嚴。秦言健相」。**攝大乘論譯為健行定**，亦云健相，**亦云金剛三昧**。雖然名稱不同而指謂同一禪定的境界。等覺佛位的首楞嚴大定乃是經歷「全身入理」的清淨涅槃的「烹煉」而證得，與清淨涅槃同質而有細微差別。禪宗菩薩首先證入妙覺佛地即清淨涅槃，然後「不居正位」轉身出離涅槃證得首楞嚴大定，菩薩轉身回途入廛垂手，定心往復「鉤鎖連環」則證入「正偏兼帶」。由此證入事事無礙法界，即「一念三觀」，即「中道」，即一切種智。修證禪定的讀者，我們推薦佛眼清遠和尚的《坐禪銘》。

《坐禪銘》龍門佛眼清遠禪師云：

心光虛映。體絕偏圓。金波匝匝。動寂常禪。念起念滅。不用止絕。任運滔滔。何曾起滅。起滅寂滅。現大迦葉。坐臥經行。未嘗間歇。禪何不坐。坐何不禪。了得如是。始號坐禪。

坐者何人。禪是何物。而欲坐之。用佛覓佛。佛不用覓。覓之轉失。坐不我觀。禪非外術。初心鬧亂。未免回換。所以多方。教渠靜觀。端坐收神。初則紛紜。久久恬淡。虛閒六門。六門稍歇。於中分別。分別才生。已成起滅。起滅轉變。從自心現。還用自心。反觀一遍。一反不再。圓光頂戴。靈燄騰輝。心心無礙。橫該豎入。生死永息。一粒還丹。變金成汁。身心客塵。透漏無門。迷悟且說。逆順休論。細思昔日。冷坐尋覓。雖然不別。也大狼藉。剎那凡聖。無人能信。匝地忙忙。大須謹慎。如其不知。端坐思惟。一日築著。伏惟伏惟。

筆者要說明，判斷修行者的高級禪定境界必須從「後果」來作出判斷。例如，修證者證入涅槃境界，其定境是有漏無漏，即他是否證入「清淨涅槃」，我們從修證者的「入定」是無法判斷的。禪師說「枯木生花始與他合」。要從禪者是否證得首楞嚴佛性建立世界來判斷。修證者證入「無漏滅盡定」，即禪師所謂「到法身」，如果不能滅除我執我愛留戀涅槃安樂，反而被「死水淹殺」，「鬼窟裡作活計」。這即是「百尺竿頭坐的人，雖然得入未為真」。「枯木岩前岔路多」，很多學人進入岔路。就修證正路言，「涅槃前一色」是「純清絕點真常流注」。進入有漏涅槃「清光照眼似迷家」。若脫胎換骨證入涅槃而留戀涅槃的寂滅之樂，只能「一死不再活」。禪師說「坐斷十方猶點額」，結果還是落在「有漏涅槃」而無法證入佛位。禪者要「絕後復蘇欺君不得」。從「涅槃前一色」大死一回絕後復蘇，泯滅粗中之細，卻還有「細中之細」的妄識。故此無異元來說：「絕後復蘇救得一半」。禪師形容有漏涅槃「清光照眼似迷家，明白轉身還退位」。到此脫胎換骨證入涅槃正位。南泉普願禪師說「不居正位」。要夜明簾外轉身退位證得首楞嚴大定，佛性出世建立世界稱為「枯木生花」。證得首楞嚴佛性後再次轉身回途入廛垂手普度眾生，經歷「定心往復來」而進入「正偏兼帶」的菩薩境界。建立世界曲為今時。菩薩最後證得妙覺「那伽大定」。

從妙覺佛地經過「如來逆流」轉身退位成為菩薩入廛垂手普度眾生，初始菩薩的禪定境界處於「金針雙鎖玉線貫通」的境界，大定定心在清淨涅槃與首楞嚴之間時時變換。謂之「無須鎖子兩頭搖」、「機輪兩邊走」。經過長期修證，進入最玄最妙的正偏兼帶理事無礙法界。這個境界佛性具有特殊知覺與佛智，「高低一顧萬象齊彰」（雲門）。「有時萬象有時空」即形容正偏兼帶。禪定意識「金針雙鎖」保持佛性與清淨涅槃同質化。臨濟義玄禪師說「吹毛用了直須磨」。禪定意識時時進入清淨涅槃，在這邊那畔金針往復來。進一步「鉤鎖連環首尾相接」。在金針雙鎖鉤鎖連環的極則即正偏兼帶，若佛性與涅槃綿密無間混融一體，這即是事事無礙法界。曹洞宗的「功功」極則即謂此境界。到此無人無佛無觀察者。理事無礙法界「無風匝匝波」（圓悟克勤），尚有現象呈現。事事無礙法界則「重重無有盡，處處現真身」。猶如「帝釋網」的每個寶珠都是一個宇宙本體，其生成一個宇宙，層層無盡。經過這個境界證得「一心三觀」，中道，即一切種智。

二十、如來藏性起與十二因緣緣起

印順云：

「四阿含」所開示的法門，好像是很多，但自有一貫的核心，這便是緣起。緣起的定義，像經上說：「此有則彼有，此生則彼生；此無則彼無，此滅則彼滅」。意思說：宇宙、人生，要皆為關係的存在，無獨立的個體，因關係的演變分離而消失。佛法雖以「因緣生」總攝一切，說明一切，但主要的是生命緣起。

印順法師的分析與觀念，可說代表「十二因緣緣起說」。他們的根本觀點是：「**所以我說原始佛教的核心，是緣起**。」筆者認為這是對佛教意旨的誤讀。首先他們不懂佛教的根本意諦在於證入宇宙本體，他們否認如來藏的存在，他們不理解如來藏佛性即首楞嚴大定的禪定意識即是精神性宇宙本體。「定心」、「三昧心」是原始佛教阿含類經典大量提到的。他們不理解「三昧心清淨無穢」即是「自性清淨心」也即是如來藏。他們所謂如來藏來自佛弟子在世尊逝世後由於想念從而臆想出來「法身」，是誤解。例如在《如來藏之研究》（印順）中云：

然無論怎樣，如來總還是人間的釋尊。如來為三寶之一，為佛法住世的重要一環。自釋尊涅槃以後，如來不再見了，由於信仰及皈依的虔誠，永恆懷念，被解說為與如來藏為同一內容的法身dharmakāya，漸漸的在佛教界發展起來。

佛將入涅槃，弟子們懊惱悵惘，覺得失去了依止的大師，所以佛這樣的開示大眾。只要佛弟子能如法修行，那麼佛的法身，就常在人間而不滅。因為有如法的修行者，就有如法的證見者，就有「見法即見佛」的。法身呈現於弟子的智證中，即是「法身常在而不滅」（如沒有修證的，法身就不在人間了）。這一充滿策勵與希望的教授，勉大眾如法修行，比後代的法身常住說，似乎有意義得多！

印順法師如此解釋如來藏、法身佛的來源可謂不夠嚴謹。這豈不是宣揚，釋迦牟尼作為人，在他肉體死亡之後，弟子為了思念而臆想出來一個不滅的法身以激勵後世的修行者。這樣一來如來藏就成為「方便假說」。否定如來藏的真實存在，才能建立十二因緣緣起理論。那麼他們的根據是《雜阿含經》的「此有則彼有，此生則彼生；此無則彼無，此滅則彼滅」。這是十二因緣緣起理論的依據。實際上這是對《雜阿含經》的斷章取義。

《雜阿含經》原文：

爾時阿難語闡陀言：「我親從佛聞，教摩訶迦旃延言：『**世人顛倒，依於二邊，若有、若無**。世人取諸境界，心便計著。迦旃延，若不受、不取、不住、不計於我，此苦生時生、滅時滅。迦旃延，於此不疑、不惑，不由於他，而能自知，是名正見。如來所說。所以者何？迦旃延，如實正觀世間集者，則不生世間無見。如實正觀世間滅，則不生世間有見。迦旃延，如來離於二邊，說於中道。所謂此有故彼有，此生故彼生，謂緣無明有行，乃至生老病死、憂悲惱苦集。所謂此無故彼無，此滅故彼滅，謂無明滅則行滅，乃至生老病死、憂悲惱苦滅。』」

這裡世尊談「離於兩邊」的中道辯證法，與「緣起」無關。此、彼只是對立的方面，「世間**無見**」、「世間**有見**」皆不合中道。「**如來離於二邊，說於中道**」，有無互相依倚。此即大乘不二法門。有無相即相成互相依存。經文指責世人執著「有無」之見：「世間有」、「世間無」。經文表明若以佛的「正見」，則世間的有無是執著的偏見。「**所謂此有故彼有**，此生故彼生，**謂緣無明有行**，乃至生老病死、憂悲惱苦集。**所謂此無故彼無**，**此滅故彼滅**，**謂無明滅則行滅**，**乃至生老病死**、**憂悲惱苦滅**。」世尊在此解釋「無明」與「行陰」的關係，竟然被附會成「佛法的核心在緣起」。從上下文來研究，無論如何也談不到因緣緣起，這是後代的嚴重誤讀。他們曲解「**此有故彼有**，**此生故彼生**」的意旨。殊不知菩薩證得「一心三觀」一切種智，「有無」在一念中同時成立。禪宗公案說「你有拄杖子，我給你拄杖子，你無拄杖子，我奪你拄杖子」正是「一心三觀」的「中道」。

《雜阿含經》（二九六）云：

爾時世尊告諸比丘：「**我今當說因緣法及緣生法**。**云何為因緣法**？**謂此有故彼有**，**謂緣無明行**，**緣行識**，**乃至如是如是純大苦聚集**。云何緣生法？謂無明行。若佛出世，若未出世，此法常住，法住法界，彼如來自所覺知，成等正覺，為人演說，開示顯發，**謂緣無明有行**，**乃至緣生有老死**。若佛出世，若未出世，此法常住，法住法界，**彼如來自覺知**，**成等正覺**，**為**

> **人演說，開示顯發，謂緣生故，有老病死、憂悲惱苦**。此等諸法，法住、法空、法如、法爾，法不離如，法不異如，審諦、真實、不顛倒。如是隨順緣起，是名緣生法，謂無明、行、識、名色、六入處、觸、受、愛、取、有、生、老病死憂悲惱苦，是名緣生法。

眾多佛教學者以「十二因緣緣起」來否定如來藏性起的理論。世尊講解緣起主要針對眾生的生老病死現象而言。「**謂緣無明行，緣行識**」，世尊解釋「緣行陰」、「識陰」，「**如是純大苦聚集**」。意思明確。世尊說「云何緣生法？謂無明行」。世尊明確說明。這是世尊認真講解「因緣法及緣生法」。值得特別注意的是：「此等諸法，法住、法空、法如、法爾，法不離如，法不異如。」我們知道早期佛教的宇宙本體稱為「如如」或「如」。這裡的「如」即是「涅槃本體」之義。大乘的「空」也是本體之義。此處「法不離如，法不異如」與大乘《心經》的「色不異空空不異色」可謂一致。有人說：「**佛教的緣起說，不管是原始佛教的十二因緣說，還是後來的普遍緣起說，皆說明『無我』的道理，反對有『造物主』的存在，強調萬法皆是在因果關係中由因緣和合產生的。**」試問《雜阿含經》這段經文的「如」又該如何解釋？這裡的「如」難道不是宇宙本體的意義嗎？經文強調說，世諦所見的諸法，歸根結蒂還是「如」所變現。另外在《雜阿含經》中，處處提到「真如法」並且與如來相提並論。這個「真如法」又是什麼？又該如何解釋？經文多次提到：「**汝真實持我所說四聖諦**，如如、不離如、不異如、**真實**、**審諦**、**不顛倒**，**是名比丘真實持我四聖諦。**」這裡的「如」豈不是真如？其他阿含類經典中更多提出「定心清淨」、「三昧心清淨無穢」等，實際上即是如來藏佛性之義。現代學者怎能對此視而不見，反而杜撰出佛教「反對有造物主的存在」之謬說？這些人故意誤讀經文來支持所謂「十二因緣緣起說」，以此來否認宇宙本體即如來藏緣起概念，來否認佛教的「證入本體」的根本意旨。日本批判佛教一派的「專家」根本沒有讀懂阿含類經典，他們胡說原始佛教沒有如來藏概念。這樣無知的狂言妄語應該受到批評。

《楞嚴經》云：

阿難。汝猶未明一切浮塵諸幻化相。當處出生。隨處滅盡。幻妄稱相。其性真為妙覺明體。如是乃至五陰六入。**從十二處至十八界。因緣和合。虛妄有生。因緣別離。虛妄名滅**。殊不能知生滅去來。本如來藏常住妙明不動周圓妙真如性。**性真常中**。求於去來迷悟生死。了無所得。

就真諦而言，「五蘊，六入，十二處，十八界，四諦，十二因緣，七處徵心，十番辨見一切諸法」等等皆**是妙真如性、由如來藏所顯現生發，由此可以判斷如來藏為五蘊四諦等諸法的緣起根本**。所謂「十二因緣緣起」主要針對人生的生命現象而言，如果我們明白個體生命只是「幻相」，只是「五蘊和合」的生滅法，而一切生命現象的背後則是「本如來藏常住妙明不動周圓妙真如性」。這才是一切事物包括有情生命的起源與本質，「幻妄稱相。其性真為妙覺明體」，表明萬法幻相的「性」為「妙覺明體」。佛教認為，一切生命無非「五蘊和合」的幻相，一切萬法也是因緣和合的幻相。此處經云：「如是乃至五陰六入。從十二處至十八界。因緣和合。虛妄有生。因緣別離。虛妄名滅。」既然幻相之「生滅」來自「虛妄」。正是從「虛妄」的世俗諦觀察才有「生滅」。龍樹菩薩名言：「因緣所生法，我說即是空」（《中觀論・四諦品》），此處「空」即謂真心本體。在此論中，龍樹菩薩再三解釋「俗諦」與「勝義諦」（「第一義諦」）的區別。**就世俗諦而言，萬法似乎是「因緣所生」；從勝義諦看，「空」作為宇宙本體生發萬法。龍樹要破除的正是因緣緣起論。**

清淨涅槃是「理體法身」而非萬法的直接本體。佛性是清淨涅槃所生。佛性生成萬法。佛性（楞嚴定心）即是呈現萬法的直接本體。真歇清了云：「一念不生，萬里無寸草，通體紅爛，遍界不曾藏」。「一念不生」謂涅槃，「通體紅爛」比喻佛性。「山河與大地，全露法王身」即謂「遍界不曾藏」。

《宗鏡錄》永明延壽云：

> 般若之體非有非無。虛不失照。照不失虛。故曰不動等覺而建立諸法。如鏡鑒像虛不失照。似日遊空照不失虛。又不動等覺建立諸法。則寂而常用。不壞緣生而觀實相。則用而常寂。斯乃千差萬用別相異名。俱同出一真心體矣。

「又不動等覺建立諸法。則寂而常用。**不壞緣生而觀實相。**」表明涅槃（「般若之體」）生成佛性（等覺）作為宇宙本體建立諸法而「不壞緣生」，意謂不破壞眾生世諦下「因緣所生」的諸法。而在菩薩佛眼觀照下，「實相」乃是「斯乃千差萬用別相異名。俱同出一真心體矣」，指明諸法乃是真如本體所生。「不動等覺」的意思是不動地菩薩，即首楞嚴定心。《楞嚴經》云：「**一真如心，名不動地。**」**正是菩薩的境界，已證無生法忍。《八識規矩頌》云「不動地前才捨藏」，意謂到此境界「定心」捨棄無明，故云「清淨無穢」**。

呂澂先生著《楞嚴百偽》，希望批倒《楞嚴經》，否則他們所謂「十二因緣緣起」的「教旨」也就無從說起。這些學者其實不懂佛法的根本思想在於證入宇宙本體。他們完全不懂「**斯乃千差萬用別相異名**。**俱同出一真心體矣**」。呂澂竟然要**將**《楞嚴經》**批為**「**偽作**」，**其所著**《**楞嚴百偽**》破綻百出不倫不類。他在《中國佛學源流略講》中**竟然將曹洞宗**「**敲唱**」**理解為**「**有敲有唱**」，**他不懂**「**正偏兼帶**」**的禪機**。這樣的學者膽敢妄批《楞嚴經》，可見中國內學院一派以及現代日本批判佛教的學者根本不懂佛法。就「如來逆流」這句話我們即可判斷《楞嚴經》是最珍貴的大乘寶典。「如來逆流」是中國禪宗成佛實證的必經之路。而這在其他經典中從未明確說明。中國禪宗大師從未質疑《楞嚴經》。這些真正禪者經常引述《楞嚴經》，這即可證明《楞嚴經》的偉大價值。

《涅槃經》云：

善男子。因有二種。一者正因。二者緣因。正因者如乳生酪。緣因者如醪暖等。從乳生故故言乳中而有酪性。師子吼菩薩言。世尊。若乳無酪性角中亦無。何故不從角中生耶。

我們說「正因」即本體，「正因者如乳生酪」。「緣因」是外界條件。「真如不變隨緣」而生萬法。

二十一、禪宗禪定修證辯略

弘忍是禪宗五祖，這是沒有疑義的歷史。然而到了五祖付法時卻發生了問題。弘忍弟子神秀到了北方成為國師，對北方禪宗傳播大有影響，史稱「北宗」。慧能在南方成為「南宗」。現在公認慧能為六祖。實際上當時禪宗的正統卻在北方，朝廷內外以神秀為禪宗六祖。以神秀為代表的北宗，繼承達摩以來前五位中華祖師坐禪禪定的禪法，繼承四祖道信的「守一」、「看心」禪法以及弘忍的「守本真心」的禪法。北宗以「觀心看淨」、「坐禪攝心」為主旨的禪法，按照圭峰宗密的總結，稱為「拂塵看淨、方便通經」（《圓覺經大疏抄》卷三）。在《中華傳心地禪門師資承襲圖》卷二說：「北宗意者，眾生本有覺性，如鏡有明性，煩惱覆之不見，如鏡有塵暗。若依師言教，息滅妄念，念盡則心性覺悟，無所不知，如磨拂昏塵，塵盡則鏡體明淨，無所不照。」簡單地說，神秀、嵩山普寂北宗禪法以坐禪修習禪定為主要修證方法。與慧能南宗的禪法並無根本不同。慧能在《壇經》裡反覆講解南禪禪法為上根利智的人所設立，在成佛修證上只有「遲疾頓漸」之別。筆者認為，北宗是達摩以來禪宗禪法的忠實繼承者。慧能南宗以「一悟即至佛地」為標榜，吸引大量的修佛者，漸漸成為禪宗主流。慧能《壇經》有一節專門寫坐禪。

《坐禪品第五》云：

> 師示眾云：此門坐禪，元不著心，亦不著淨，亦不是不動。若言著心，心原是妄。知心如幻，故無所著也。若言著淨，人性本淨。由妄念故，蓋覆真如，但無妄想，性自清淨。起心著淨，卻生淨妄。妄無處所，著者是妄。淨無形相，卻立淨相，言是工夫。作此見者，障自

> 本性，卻被淨縛。
>
> 善知識，何名禪定？**外離相為禪，內不亂為定**。外若著相，內心即亂；外若離相，心即不亂。本性自淨自定。只為見境，思境即亂。若見諸境心不亂者，是真定也。

慧能本人也坐禪修證。慧能在此所談到的「坐禪」實際上講解高深禪定修為的修行。我們看《壇經》（不同版本均有這個故事）記載慧能打神會的故事。神會問：「和尚坐禪，見亦不見？」從這個問題的提出以及慧能並未否認坐禪，可知慧能本人也要坐禪。故此當代有不少人以為慧能的禪法「反對坐禪」，甚至對北宗的禪法進行攻擊，這是嚴重誤解。神秀、嵩山普寂的北宗禪法重視坐禪，以「觀心」、「攝心」、「住心看淨」作為禪定的法門，而「觀心、看淨」達到「息滅妄念」，這些義理與南禪並無二致。「觀心看淨」、「坐禪攝心」等修行可謂天下通行的禪定修習的要旨，當代學者完全沒有禪定經驗，任意臆造信口胡言，在這方面的研究上確實缺乏嚴肅的學術態度。

敦煌本《壇經》記載神秀派其門人志誠去慧能那裡聽法，被慧能說破後便坦白了自己的來意。然後他向慧能介紹了神秀教人「戒定慧」為「諸惡莫作名為戒，諸善奉行名為慧，自淨其意名為定」。慧能聽後又說：「汝師戒定慧勸小根智人，吾戒定慧勸上人，得悟自性，亦不立戒定慧。」志誠進一步問：「不立如何？」慧能答道：「**自性無非、無亂、無癡，念念般若觀照，常離法相，有何可立！自性頓修、亦無漸契，所以不立**。」這種記載與慧能的通行本《壇經》不符，這句話應該理解為針對「得悟自性」以後的禪者而言，絕對不能理解為對普通學佛者的教誨。胡適等學者以敦煌本《壇經》的年代最早而否定契嵩與元代宗寶本，其邏輯是不能成立的。我們無法了解契嵩與宗寶編寫《壇經》時所據「古本」究竟是什麼內容。但是「年代」絕非鑒定敦煌本為「曹溪原本」的理由。實際上敦煌本年代也在慧能去世幾百年之後。在當時被認作「蠻煙瘴雨」的嶺南抵達河西走廊的大漠，這個敦煌本《壇經》不知經過多少傳抄轉寫的過程。這個敦煌本確實存在很多訛誤，敦煌本裡有很多錯別字在其他地方的使用卻是正確的，這可以表明抄寫者文化水準不高。敦煌本過去被視為「惡本」其來有自。郎簡《六祖法寶紀敘》云「得曹溪古本，校之勒成三卷」（契嵩《鐔津文集》卷三），很可能是真實的史實。宗寶所搜羅的三個不同的《壇經》版本，據其自稱：「續見三本不同，互有得失，其板亦已漫滅。因取其本校讎。訛者正之，略者詳之，復增入弟子請益機緣，庶幾學者得盡曹溪之旨。」很可能是風幡報恩光孝禪寺（慧能談論「風動幡動」以後在此出家剃度升座講法之寺院）的珍藏品。宗寶作為此寺的住持，聲稱「嗣祖比丘」，對慧能的敬仰之心楚楚可見。風幡報恩光孝禪寺，即以「風動幡動」命名，可見對慧能祖師的重視。這個原名「廣州法性寺」在南宋紹興年間被改為「報恩光孝寺」，作為慧能升座講法的禪宗祖庭很可能保留慧能和《壇經》的更多資料。我們絕不能輕易地定論說宗寶所據的三個「古本」即是敦煌本。胡適在《壇經考之一》中說，契嵩所據的「俗所增損」本即是真正的古本，即敦煌本（日本後來發現惠昕本，胡適在《壇經考之二》中又認為契嵩所據古本可能是指惠昕本）。胡適以《神會語錄》與《壇經》多有相似語句來判斷《壇經》出自神會或其門人，這種判斷缺乏邏輯支持。圭峰宗密在《中華傳心地禪門師資承襲圖》說：「**菏澤宗者，全是曹溪之法，無別教旨**。」神會教旨與曹溪一脈相承，表明神會是慧能的忠實信徒。這些論點，當時江西洪州宗馬祖道一以及門徒也無異議，例如《興福寺大義禪師碑銘》云：「**洛者曰會，得總持之印，獨曜瑩**

珠」，不但認同神會得曹溪「總持之印」，「得總持之印，獨曜瑩珠」表示神會已經成佛。因為佛教裡道種智名「總持」。這樣的極高讚譽出自馬祖道一門下，可見神會在禪宗內部的聲望與地位。我們不必爭論《六祖壇經》是否出自神會一系或有雜糅改竄，我們只需知道神會一系確屬曹溪法脈，神會是慧能思想的忠實繼承者。《興福寺大義禪師碑銘》裡面提出：「洛者曰會，得總持之印，獨曜瑩珠。習徒迷真，橘柘變體，竟成《壇經》傳宗，優劣詳矣。」胡適以這句話作為神會寫作《壇經》的證據，實際上胡適的解讀大有問題。印順法師對此的解讀是合理的。這裡前面提出「得總持之印」，後面說：「竟成《壇經》傳宗」，這樣曹溪以來以「心心相印」的傳法方式與「《壇經》傳宗」的傳法方式兩相比較，才有「優劣詳矣」之論。筆者認為只有這樣解讀才通達。這句話不能作為神會門徒作《壇經》的論據。郭朋先生在一九八一年出版《壇經對勘》，他認定敦煌本即是曹溪原本即法海本，另外在評注裡對惠昕本、契嵩本、宗寶本大加批評，認為他們「對神會作了更加露骨的吹捧」，以及「這一類顯然是慧能思想中所不會有的東西，也一起承襲了下來」。其主旨是認為這三個本子「雜糅改竄」《壇經》原文，增添很多慧能所不可能有的思想內容。郭朋先生對禪宗思想的理路完全不得要領。他說：

按：惠昕帶頭，增加了「思量即不中用……」以下的幾句話。特別是，「若如此者，輪刀上陣，亦得見之」的話，可以說它已啟「手握屠刀，也可見性成佛」**這種狂禪思想之先聲**。從思想影響上說來，它已為以後的狂禪作了開端。所以，惠昕，不但是竄改《壇經》的始作俑者，而且，也可說是以後狂禪思想的倡始者。

由郭朋先生的批評，可見郭朋沒有理解「輪刀上陣，亦得見之」這句話的含義。他以此批評惠昕，甚至說「**惠昕，不但是竄改《壇經》的始作俑者，而且，也可說是以後狂禪思想的倡始者**」。郭朋的解釋表明他對禪宗思想的理解可謂一塌糊塗。宗寶本點明這句話的本意：「**思量即不中用。見性之人，言下須見。若如此者，輪刀上陣，亦得見之喻利根者！**」禪宗禪師常常提到「殺人刀」，也常說「**殺人不眨眼**」（風穴延沼）以及「**老僧好殺**」（趙州從諗）等。圓悟克勤《碧巖集》云：「看他古人，見到，說到，行到，用到，不妨英靈，**有殺人不眨眼的手腳，方可立地成佛**；立地成佛的人，自然殺人不眨眼，方有自由自在分。」這些話的真正含義是提示學人「泯滅自我意識」，即所謂「大死一回」，這與「手握屠刀」的「屠夫」完全沒有關係。就佛教慈悲為懷廣度眾生的理想而言，即使真的「放下屠刀立地成佛」也不能認作「狂禪」。**憨山德清大師在《觀楞伽阿跋多羅寶經記》**云：「記曰。此正顯佛性平等如如也。一切眾生皆有佛性。以闡提不斷善性，如來以平等大悲而攝持之，故有時而發善根。由昔謗法因緣為種，今日緣熟，故如來以神力加持，或時善根生也。**如廣額屠兒，放下屠刀，便作佛事**。」《大方廣佛華嚴經合論纂要》（卷上．李長者）云：「**令屠兒廣額賢劫成佛。以破闡提無佛性見**。」郭朋先生對禪宗思想根本不通，卻肆意攻擊古代高僧。這種顛倒黑白混淆是非的學術態度確不可取。古代高僧、寺院主持都是德高望重、戒律精嚴的大師，「不妄語」是五戒之一，何況故意改竄祖師的「經文」？我們不能輕率地否定惠昕本、契嵩本、宗寶本的價值與真實性。契嵩與宗寶都明確說明在編寫《壇經》前參考了三個「曹溪古本」，即使其中或有敦煌本，那麼其他兩個「古本」是什麼並不明確，我們既然連「三分之二」都不清楚，何以能夠妄下結論？

胡適又認為契嵩所得「曹溪古本」，乃是《曹溪大師別傳》（或曰：《曹溪大師傳》）。這是有可能的。但是胡適又說：《曹溪大師別傳》是「一個無識陋僧妄作的一部偽書，其書本身毫無歷史價值，而有許多荒謬的錯誤」。筆者認為，《曹溪大師傳》是很有參考價值的文獻。我們以慧能打神會的例子來說明其價值。

《曹溪大師傳》記載：

其年四月八日，大師為大眾初開法門，曰：「我有法，無名無字，無眼無耳，無身無意，無言無示，無頭無尾，無內無外，亦無中間，不去不來，非青黃赤白黑，非有非無，非因非果。」大師問眾人：「此是何物？」大眾兩兩相看，不敢答。**時有荷澤寺小沙彌神會**，年始十三，答：「此是佛之本源。」大師問云：「何是本源？」沙彌答曰：「本源者，諸佛本性。」大師云：「我說無名無字，汝云何言佛性有名字？」沙彌曰：「佛性無名字，因和尚問故立名字。正名字時，即無名字。」大師打沙彌數下。大眾禮謝曰：「沙彌小人，惱亂和上。」大師云：「大眾且散去，留此饒舌沙彌。」至夜間，大師問沙彌：「我打汝時，佛性受否？」答云：「佛性無受。」大師問：「汝知痛否？」沙彌答：「知痛。」大師問：「汝既知痛，云何道佛性無受？」沙彌答：「豈同木石！雖痛而心性不受。」大師語沙彌曰：「節節支解時，不生嗔恨，名之無受。我忘身為道，踏碓直至胯脫，不以為苦，名之無受。汝今被打，心性不受。汝受諸觸如智證，得真正受三昧。」沙彌密受付囑。

敦煌本《壇經》是這樣記述的：

又有一僧名神會，南陽人也，至曹溪山禮拜。問言：和尚坐禪，見亦不見？大師起把（「把」字疑衍）打神會三下，卻問神會：吾打汝，痛不痛？神會答曰：亦痛亦不痛。六祖言曰：吾亦見亦不見。神會又問：大師，何以亦見亦不見？大師言：吾亦見者，常見自過患，故去亦見；亦不見者，不見天地人過罪，所以亦見亦不見也。汝亦痛亦不痛如何？神會答曰：若不痛即同無情木石，若痛即同凡夫，即起於眼。大師言：神會向前，見不見是兩邊，痛不痛是生滅，汝自性且不見，敢來弄人。神會禮拜，更不敢言。大師又言：汝心迷不見，問善知識覓路；汝心悟自見，依法修行。汝自迷不見自心，卻來問慧能見否！吾不自知，代汝迷不得；汝若自見，代得吾迷？何不自修，問吾見否。神會作禮，便為門人，不離曹溪山中，常在左右。

筆者已經指出，慧能打神會這一公案在禪宗史上可謂是驚天動地的大事。禪宗重要理路在此「泄露天機」。第一，這個故事裡神會被打後，答曰：「亦痛亦不痛」。這表明神會已經泯滅自我意識並且進入「凡聖分離」菩薩境界。因為「我痛故我在」。神會既然說「不痛」，表明「我」已經「不在」。第二，《曹溪大師傳》裡，慧能對此事非常重視，敘說慧能至夜間，大師問沙彌：「我打汝時，佛性受否？」答云：「佛性無受。」大師問：「汝知痛否？」沙彌答：「知痛。」大師問：「汝既知痛，云何道佛性無受？」沙彌答：「豈同木石！雖痛而心性不受。」大師語沙彌曰：「節節支解時，不生嗔恨，名之無受。

我忘身為道，踏碓直至胯脫，不以為苦，名之無受。**汝今被打**，心性不受。**汝受諸觸如智證，得真正受三昧。**」這是六祖揭示菩薩「凡聖分離正偏兼帶」的奧秘。慧能進一步指出：「得真正受三昧。」這表示慧能印可神會已經成佛。「得真正受三昧」即表明神會已得入「首楞嚴三昧」（佛性），這是十地菩薩修證的三昧。筆者曾經揭示，禪者在泯滅自我意識（「識陰盡」）後佛性出世，發生「凡聖分離」，這正是「見性成佛」的境界。禪者在泯滅自我意識後，被人打時感受「疼痛」而沒有「感受主體」，所感到「痛」的只是菩薩的肉體，而禪者的「主人公」——如來藏佛性（「佛性」）卻不會感到「疼痛」，在這裡慧能直接地問神會：「**我打汝時，佛性受否？**」這就分明揭示「凡聖分離」的情形。這個故事在敦煌本裡面目全非，慧能說：「大師言：神會向前，見不見是兩邊，痛不痛是生滅。」可以說以隱晦方式點明「痛不痛是生滅」的大事，可惜和《曹溪大師傳》所述慧能的語句比較起來太過玄奧，如果不懂禪宗成佛的根本理路，則無法理解這個故事的重要性。這個公案是一般未見性的僧人無法杜撰的，「凡聖分離正偏兼帶」在禪宗內也是所謂「父子不傳」（指師徒）的「絕機絕解」，必須要求學人自悟才行。當代流通的宗寶本沒有採納這裡慧能的說法，反而與敦煌本一樣，這是禪宗史上的遺憾。《曹溪大師傳》對研究禪宗思想具有重要參考價值。

二十二、如來逆流　轉身退位見性成佛

釋迦世尊滅度以後，能夠真正修證到佛地的人並不多，在佛陀滅度後大約不到千年時間，成就「首楞嚴大定」的修證者在印度幾乎不見蹤影。因此佛教界對禪定的境界眾說紛紜。舉例而言，對於九次第定即滅盡定（「受想滅盡定」）的解釋紛紜矛盾。南北共許的說法認為滅盡定無漏。九次第定一般公認為是「滅盡定」，而滅盡定一般認為是「無漏」的「無心定」。而有部認為滅盡定是有漏禪定境界；《楞嚴經》中分明說：「**佛告阿難。世間一切諸修學人。現前雖成九次第定。不得漏盡成阿羅漢。皆由執此生死妄想。誤為真實。是故汝今雖得多聞。不成聖果。**」這表明即使進入九次第定也未必得到「漏盡」。「楞嚴九次第定」即有漏涅槃。此境可謂已到「法身」。由此脫胎換骨達致識陰盡才能證入涅槃正位，還要轉身退位證得佛性才是見性成佛。我們知道阿羅漢也有很多不同的境界，例如「大阿羅漢」、「鈍阿羅漢」、「小乘羅漢」等名相。甚至「涅槃」這個佛教最重要的概念也有不同的理解與解釋。以四禪八定而言，對於非想非非想禪定境界的解說就很不同。有的外道以非想非非想為涅槃，而小乘以「滅盡定」為涅槃。我們絕對不能以教條主義的態度來對待禪定境界。這裡筆者要說，中國禪宗對印度佛教的教理與禪定實踐皆有超越之處。今後將會專文詳述。

《解深密經》講到瑜伽止觀：

> 如是如來求奢摩他（首楞嚴，三昧），彼由獲得身心輕安為所依故。即於如是所善思維法內首楞嚴所行影像所知義之中，能正思擇，周遍尋思，周遍伺察……

《大智度論．五》云：

一切禪定攝心，皆名為三摩提（首楞嚴），秦言正心行處，是心從無始世界來，常曲不端，得此正心行處，心則端直，譬如蛇行常曲，入竹筒中則正。

慧能的師兄神秀所說：「屈曲直」即是此意。神秀是北宗「漸修」一派的祖師。其實無論南北，無論宗派，禪定都是最重要的修行。禪定的作用首先在於泯滅自我意識，即達到消除無明妄識的無我境界。

《大涅槃經》（**遺教品一**）云：

大若根本無明所起，以般若慧，示以性淨，諦觀根本，即斷諸有過患無明。根本滅故無明滅，乃至老死悲苦惱皆滅，得此觀時，攝心定住即入三昧，以三昧力，得入修習，然後自當得證上果，離三界苦。

憨山德清大師答武昌段幻然給諫書云（講解《楞嚴經》）：

此經正義。重在單破生死根本。**專指淫習為生死之根**。**大定乃破敵之具**。**特出發業潤生二種無明**。是以大定直破八識根本無明。而以定研窮。縱八識未破。見思塵沙粗惑。任運先落。至若以不生滅心為本修因。正是以金剛心為禪定本。故經云。是名妙蓮華。金剛王寶覺。由是觀之。則初修定時。在三漸次中。已破八識。透出金剛心地。正是理須頓悟。乘悟並消。則能超越諸位矣。若云從此安立聖位。則自入信已來。乃至等覺。正是事須漸除。因次第

> 盡。仍約侵斷歷劫無明習氣。特就厚薄輕重。約位以判淺深高下耳。頓悟漸修。由破陰而人位。元無二路。溈山云。若人一念頓了自心。是名為悟。即以所悟淨除現業流識。是名為修。非此外別有修也。以眾生隨生死流。蓋有四種。謂欲流。有流。見流。無明流。今三漸次中。欲愛乾枯。根境不偶。乃斷欲有見三流也。名乾慧地者。言乾有其慧。未與如來法流水接。是無明流尚未乾耳。**此無明流。乃金剛心中無明流**。宗門目為**真常流注**。故經結位文云。是覺始獲金剛心中初乾慧地。此言從前漸次。得乾慧以來。直至等覺金剛心中。無明習氣之流。才得乾耳。所以無明必歷諸位而後盡者。以從真淨界中。瞥生一念無明。遂起生死。無量劫來。起惑造業。生死時長。染著愛欲。習氣深厚。必須以金剛心。重重磨煉。方始得還本源心地。故從信位。即云圓妙開敷。中道純真。末後乃云。如是重重單複十二者。正顯以此大定消磨習氣之功也。

憨山德清指出，「破五陰」的方法在於：「以從真淨界中。瞥生一念無明。遂起生死。無量劫來。起惑造業。生死時長。染著愛欲。習氣深厚。**必須以金剛心。重重磨煉。方始得還本源心地。故從信位。即云圓妙開敷。中道純真。末後乃云。如是重重單複十二者。正顯以此大定消磨習氣之功也。**」憨山德清又云：「此經正義。重在單破生死根本。專指淫習為生死之根。**大定乃破敵之具**。特出發業潤生二種無明。**是以大定直破八識根本無明**。而以定研窮。縱八識未破。見思塵沙粗惑。任運先落。至若以不生滅心為本修因。正是以金剛心為禪定本。**故經云。是名妙蓮華。金剛王寶覺。**」此正顯示禪定的作用。**修習禪定的**

第一目的在於消融以自我意識為核心的「妄念」，即「去妄現真」。在大定的修證過程中，消磨無明習氣。此無明習氣旋起旋消，修正者必須以大定修證來作為「金剛王寶覺」，所謂「必須以金剛心。重重磨煉。方始得還本源心地」。筆者引述在此，限於篇幅無法詳加解說，讀者可以認真參究，必有助益。

從涅槃前一色進入涅槃境界，即使「不見一色」、「萬里無寸草」仍是有漏涅槃。「室內紅塵」尚未消除。還要經過大死一回命根斷，脫胎換骨識陰盡才能進入清淨涅槃。然後不居正位而轉身退位，經過妙覺境界轉身退位而得「金剛心」即首楞嚴大定。然後入廛垂手普度眾生。此即「如來逆流」（《楞嚴經》）。「真常流注」指識陰區宇的最後階段。萬松老人在《從容錄》裡描述：「楞嚴道。如急流水。望為恬靜。流急不見。非為無流。靈雲喚作真常流注。圓覺道。潛續如命。為壽者相。諸方謂之命根不斷。一條紅線掌中牽。分未分。點未點。是衲僧家常茶飯。最好是打破鏡的時節。命根斷處。妄識銷鎔。流注乾枯。正恁麼時。向何處與靈雲相見。天地黯黑。如一錠墨相似。喚作衲僧奪胎換骨轉身一路。」萬松老人所描述的正是從涅槃前一色進入有漏涅槃，然後脫胎換骨識陰盡證入涅槃正位的過程。禪宗宗旨在「破妄顯真」，一旦以自我意識為核心的根本無明銷盡，達致「識陰盡」地步，則「識陰若盡。如淨琉璃。內含寶月。如是乃超十信。以至等覺圓明。入於如來妙莊嚴海」（《楞嚴經》）。頓超直入妙覺佛地。這是禪宗修習禪定的極則境界。到此不可留戀涅槃安樂。必須「夜明簾外轉身」，退位出離涅槃證得首楞嚴大定，入廛垂手普度眾生，這是成佛「三轉身」的過程，到此即禪宗的菩薩境界。

學佛者追求成佛的首要大事即是消融自我，這意味徹底泯滅以自我意識為核心的無明妄念。**人的無明妄念一旦消除，深藏在內心中的如來藏佛性就會顯現出來，這就是禪宗所謂「見（現）性成佛」的意旨。**

禪宗的宗旨即「去妄明真」。這裡的「真」指謂「真心」，即真如，這是如來藏的別名。「去妄」即滅除阿賴耶識以自我意識為本質的無明妄念。筆者在前面反覆解釋泯滅自我意識即是「去妄」。《楞嚴經》詳細地闡釋如何達到「五陰盡」的境界，這就是「去妄」的修習過程。《壇經》云：「善知識，摩訶般若波羅蜜最尊最上最第一，無住無往亦無來，三世諸佛從中出。當用大智慧，打破五蘊煩惱塵勞。如此修行，定成佛道。」永嘉玄覺大師云：「五陰浮雲空去來。三毒水泡虛出沒」。五陰之中「識陰」意味阿賴耶識妄心，而無明妄心的核心即是人的自我意識。因此泯滅自我意識乃是成佛的關鍵。成佛意謂「**消融小我成就大我**」。

小乘證入滅盡定即到「頂地」，灰心滅智不受後有，證得的果位只是小乘阿羅漢或者鈍阿羅漢。大乘佛教主張「自利利他普度眾生」，在禪定修證方面，禪者要出離三界，經過「偏中正」進入「空界」。首先進入純清絕點的「涅槃前一色」。由此證入有漏涅槃，曹洞宗謂此「清光照眼似迷家，明白轉身還墮位」。尚須脫胎換骨識陰盡證入涅槃正位，定心不居正位，轉身退位證得佛性。佛性出世即「見性成佛」。這即是禪宗「三轉身」公案之意旨。《楞嚴經》中稱為「如來逆流」。進入涅槃「暫時不在如同死人」。到此「子歸就父」，禪定意識與涅槃本體「同質化」；證入涅槃的修證者卻「不居正位」（南泉普願禪師），「那邊不坐空王殿」，曹洞宗云：「鶴不停機」，佛祖玄關橫身直過，澄源湛水尚棹孤舟，禪者到此不可滯留涅槃死水淹殺，不在鬼窟裡作活計，不能獨守寒岩坐卻白雲。金龍豈守於寒潭，修證者證入涅槃佛地，必要「夜明簾外轉身」。轉身退位出離涅槃。證入首楞嚴大定的境界，這即是長沙景岑禪師所說：「百尺竿頭須進步，十方世界是全身」的時節。曹洞宗謂此：「枯木生花全體即用」。菩薩需要轉身回途入廛垂手作為菩薩普度眾生。佛菩薩的禪定意識是「活潑潑的」，在涅槃與首楞嚴大定之間「金針往復來」（自得慧暉）。定心從「金針雙鎖」進入「正偏兼帶」。其禪定意識必須與塵世的見聞覺知隔絕。此即雲門所謂「庵內人不知庵外事」。禪師常說「百花叢裡過，一葉不沾身」。大定定心「靈光獨曜迥脫根塵」。佛菩薩的禪定意識處於「金針雙鎖正偏兼帶」的玄妙境界。禪定意識已經與涅槃本體「同質化」，為了保持禪定意識的純潔無染，菩薩禪定意識時時在清淨涅槃與首楞嚴之間變換。禪師謂之「無須鎖子兩頭搖」（石霜慶諸）。菩薩證入「正偏兼帶理事無礙」境界。定心處於涅槃與佛性兩個定境，「或隱或顯」。菩薩需要保任。臨濟義玄遷化時偈云：「吹毛用了急須磨」即是這個意思。首楞嚴大定的定心即佛性，臨濟宗謂之「吹毛劍」。為了與清淨涅槃保持同質化，禪師的禪定意識時時回到清淨涅槃「重新烹煉」。經過「鉤鎖連環」進入「正偏兼帶」境界。所謂「內君外臣」、「一腳門裡一腳門外」（宏智正覺）。最終涅槃與佛性混融不分，進入事事無礙法界。到此證得「一心三觀」，即中道，一切種智。

禪宗「法身佛」具有宇宙本體的根本性質。在早期阿含類佛教經典裡，這個「禪定意識」稱為「定心」或稱為「定心清淨」。如果我們認真研究早期阿含類經典所反覆宣講的「定心」，即可明白「定心」作為幻化世間萬法的宇宙本體的本質。中國性宗對此十分理解與讚歎。六祖慧能在《壇經》裡明確指示「**即佛乃定**」。禪宗禪師也都宣講「**即心即佛**」，這裡的「心」即是「定心」之意。本書有時稱為「**首楞嚴定心**」。如來藏佛性即是禪師處於首楞嚴大定的「禪定意識」。這個大定意識在證入清淨涅槃時節與涅槃本體同質化。即是與客觀存在的絕對本體同質化。在這個意義上「涅槃生成佛性」。如來藏佛性是第一因宇宙本體。高級菩薩處於「凡聖分離正偏兼帶」，謂之「前釋迦後彌勒」，涅槃佛性混融一體。即證

「事事無礙法界」。當代學者未能理解早期佛教的「自性清淨心」即阿含類經典所說的「定心」，正是如來藏佛性。「如來」並非佛弟子為了想念釋迦而臆造出來（印順法師），佛性是禪者基於禪定經驗的「實證」，菩薩時刻處於「一行三昧」大定。禪者作為菩薩，還要在人間進行普度眾生的菩薩事業，因此禪者必須保留「見聞覺知」的「凡夫意識」。筆者揭示禪者處於「凡聖分離」。「首楞嚴定心」脫穎而出卓然獨立。即百丈懷海禪師所謂「靈光獨曜迥脫根塵」。首楞嚴定心與凡夫六根六塵隔絕不通，「首楞嚴定心」是精神性的「實在」。「定心」清淨而其最重要的特質在於其發生學意義的「宇宙本體」之義。這在阿含類經典裡有著詳細的描述，我們將在後面予以解說。印順法師在《如來藏之研究》裡對如來藏進行多方面的論述，顯示他深厚的佛學造詣。令人遺憾的是，印順法師未能指出如來藏作為宇宙本體呈現萬法的本質。如來藏（定心、真如、佛性），作為發生學意義的精神性宇宙本體產生顯現一切事物，因此具有「宇宙論」意義的宇宙本體之義。禪宗的宇宙本體不是一個簡單的「一」，而是多元多層次的結構。所謂「一有多種」（三祖《信心銘》），這符合中國哲學的宇宙論。中國哲學講「道生一，一生二」以及「無極而太極」等。這表明中國哲學的宇宙本體並非單一的「一」，如來藏佛性具有宇宙本體的意涵，而真妄和合的阿賴耶識也顯現萬法。如來藏佛性（首楞嚴大定）是清淨涅槃所生發。故此謂之「父子」。所謂「佛性之父」即謂清淨涅槃。曹洞宗特別提出「夜明簾外主」、「主中主」的概念作為客觀存在的精神性宇宙本體。這即是絕對本體。事實上，世界上所有的高級宗教信仰，與「宇宙第一因」均有極大關聯。在人類理性的極限之外，確實存在一片神秘的不可言說的「造物主」領域。佛教的「教主」並非人格化的神靈，佛陀是「覺者」，佛陀是人而不是神。禪宗大師明確地講說釋迦世尊也是「傳言送語人」。佛教所尊崇的是「宇宙本體」，而非神祇或「先知」。佛教與世界上其他宗教不同，在佛教這裡，人的終極關懷並不意謂得到上天神祇如上帝的佑護而進入天堂，反而是要人經過戒定慧的修行與「宇宙本體」相契融合，從而超越生死進入永恆。學佛的根本要義就是要人自己成佛，成為山河大地的「萬物主」。這是人類超卓的終極關懷精神。因此我們說，禪宗的如來藏佛性，其具有宇宙本體以及第一因的性質，這是毫不奇怪的。禪宗教人通過戒定慧修證而自我成佛，即所謂「證入本體」。這顯示了禪宗在終極關懷的意義上所具有的殊勝之處。

禪並不是由抽象的哲學思辨發展而來的。禪悟是人類的一種認識世界的特殊方式。我們在前面指出，禪的知識來自禪者的「般若直觀」，這與世俗知識論所說的「知識」完全不同。禪悟超越主客能所的二元思維框架，也超越一切語言概念。禪悟要在禪定狀態下進行，這與我們普通人通過見聞覺知來感知外部世界是完全不同的認識方式。禪悟本身就是超越主客二元的認識論。印度婆羅門教的「大梵」與禪者在禪定中體悟的「法身」（涅槃、如來藏、佛、真如）是類似的宇宙本體。禪宗祖師達摩面壁九年。達摩是在禪定境界認識和感悟到如來藏佛性具有宇宙本體顯現萬法的功能。

如來藏來自早期佛教的「自性清淨心」的概念。然而「自性清淨心」或者「如來藏」究竟是什麼，卻一直沒有人能夠闡釋明白。按照筆者的解釋，如來藏就是首楞嚴大定的禪定意識。如來藏在早期佛教阿含類經典中也被稱為「定心」、「三昧心」或「清淨心」等，這些稱謂表明修行者可以在禪定的大定中實證「定心」的存在與作用。唯識學稱禪定意識為「獨頭意識」。如來藏在早期佛教阿含類經典裡稱為「定心」。在佛教早期阿含類經典裡，已經十分詳盡地描述「定心」變現世界萬法的過程。在後期如來藏類的經典裡，如來藏作為宇宙本體的描述更為清楚。因此我們說如來藏是精神性的宇宙本體。

二十三、禪宗的「空」與「無」

龍樹菩薩建立了大乘中觀學說的「空」觀，「空」成為佛教理論的核心思想。我們已經講解「空」即「宇宙本體」的意義。「真空」即宇宙本體。筆者需要區分「空」的兩個根本不同的含義。除了宇宙本體的意涵，大乘般若哲學的「空」也有「空無」的意思。例如「人我空，法我空」的「空」就是形容詞。佛教學者由於常常被「空」這個詞彙迷惑，將意謂本體的「空」與形容詞的「空無」之義的「空」混為一談。梵文的「空」原來有「虛有」或「幻有」之意，譯為「空」也是曲意為之。這並不意謂「絕對無」。學佛者在談到「空」時常常越講越亂，高僧大德在談到「空」時也往往語義隱晦，「以空說空」，甚至他們自己也說不明白。我們有必要整理、辨別這個「空」。

大乘中觀與大乘不二法門相同。我們應該首先弄懂「空」、「有」、「無」這一類基本概念，否則我們可能進入「循環定義」的怪圈。印度思想是從古代奧義書與吠陀哲學發源的，「空」的含義，按照般若哲學就是「有無」的辯證統一，這就是「真空妙有」。「空」的辯證法思想最早來自《吠陀經》。在《梨俱吠陀》的《有無歌》中有「無即非有，有亦非有」這樣的頌，表達了印度早期的辯證法思想已經對絕對對立的形式邏輯的「有」「無」進行了否定。中國的佛教研究者要注意，印度語言中說「有」意謂「『有』居『無』先」（反之亦然），這即是說，「有」的概念並不否定「無」，只是「有」的含義居於「優先地位」，這與形式邏輯的絕對的「有」「無」觀念是根本不同的。我們要從語言的源頭找到「有無」概念的初始意義。西田幾多郎認為「空」即是「有無」的「絕對矛盾的自我同一」。這說對了一部分。印度語言的特點可以視為大乘中觀思想的初始來源。龍樹在奧義書哲學和吠陀的辯證法思想上發展出大乘中觀學說。禪宗菩薩證入事事無礙法界，到此理事混融，「萬象明明無理事」，一念間有無同時成立。

大乘般若中觀學說的核心思想是「不二法門」。「性空假有」的「假有」確實含有「無」的意思。這原是針對一切有部的理論提出的。大乘中觀所謂「人我空，法我空，一切皆空」，意謂「人法」的「自性」即是佛性本體。龍樹說「因緣所生法，我說即是空」意指所有現象實質是「真心本體」，此與中國大禪師雲門文偃所說「菩薩當體即空」意思相近。「性」即本體義，認為世界上的一切都是「性空假有」。其實意謂「萬法本體即是佛性」。六祖《壇經》說「清淨法身，汝之性也」、「自性能含萬法是大。萬法在諸人性中」、「何期自性，本自清淨；何期自性，本不生滅；何期自性，本自具足；何期自性，本無動搖；何期自性，能生萬法。」六祖說的「性」（「自性」）即「真心」、即「佛性本體」。當代學者對「性」的誤讀誤解實在太多。這裡我們不區別涅槃本體與佛性本體。

中國佛教以「真空妙有」解釋中觀的「空」，問題在於，我們如何理解這個「妙有」？按照筆者的理解，「妙有」對應「實有」，其意是說事物現象並不真實，我們所感覺到的經驗世界的本質其實是虛幻的。禪宗認為世間一切事物，只有宇宙本體是「真實存在」。阿賴耶識（如來藏）所顯現生發的「萬法」如同鏡花水月。我們可以從不同的角度來解說「妙有」，例如大乘佛教常常以「如夢似幻」即人的夢境所見的事物來比喻「妙有」；例如現代佛教學者常以量子物理學的觀點說明「**我們稱之為真實的任何東西都是由不能視為真實的東西所構成**」；例如我們可以引用僧肇的「不真故空」理論來說明「妙有」。凡此種種都在一定程度上說明事物是「真空妙有」的「存在」，如此刻畫出「空」的本質。我們必須告訴讀者：

「空」並不是「無」。筆者需要指出的是，大乘空觀在中國流傳的過程中的確存在否定一切的「頑空」傾向。

大乘中觀思想的發展經歷了曲折的歷程。《放光般若經》裡提出「十四種空」，《摩訶般若經》發展成「十八空」。其中「有為空」講一切有為法「空」，「無為空」講一切無為法如「涅槃」、「虛空」（意即佛性、本體）也是「空」，按照我們前面的解釋，如果理解「空」作為「本體」的代名詞，這是說得過去的。但是如果認為「宇宙絕對本體」也是「空無、不存在」，那就大錯特錯。如若按照《問摩訶衍品》的解釋，不僅五蘊空，十二處空，十八界空，十二因緣空，甚至「佛法」、「菩薩」、「佛」也「空」。這樣的「空」走到極端，導致後來大乘般若學說發展成偏重「空無」的「空宗」（三論宗）。鳩摩羅什翻譯的《華手經．求法品》中說：「何謂為空？無一切法故名為空。」這裡他的一切法包括有為法和無為法。在鳩摩羅什以及其弟子開拓的「空宗」的思想影響下，中國大乘般若學說的發展過程中，「空」一般被人們理解為「空無」即「不存在」，這種極端「空無」的思想曾經風行一時。在大乘佛教發展史上，印度佛教哲學家龍樹闡發大乘般若學說特別是般若「空」觀和中道邏輯，開創了大乘中觀學說。他的弟子提婆確實發展了龍樹的學說，但把般若「空」觀推到極端，提出「破而不立」的三分法破執原則。提婆繼承了小乘方廣「大空宗」的一些理論。終於成為「一切皆空」的極則，他的主張空來空去，空到最後連「空」本身也要「空」掉。他的理論變成「無立足境，方是乾淨」。提婆的這種理論招致佛教界大量批評，被唯識論者評為「執空」，也曾被龍樹批評為「惡趣空」。後來《寶積經》指出：「有見很壞」，但是「空見」則壞到無可救藥的地步。提婆的「空觀」儘管有其積極的一面，但是由於他的《四百論》的漢譯不準確，引起嚴重的誤讀，導致「一切皆空」理論氾濫成災，由此以訛傳訛，甚至使佛教理論「無立足境」。如前所述，鳩摩羅什本人也偏向「一切皆空」的「空無」思想，在他的譯籍中很多地方沒有忠於原著，反而特別強調「空無」思想，這就誤導了學佛者。他的弟子創立的大乘空宗只經過三代就淪落不傳，這與他們的「空觀」大有關係。筆者在此花費筆墨所反覆強調的，乃是希望讀者理解：「空」絕不等於「無」、「本無」（非本體義）、「無有」（不存在）、「頑空」這樣的極端「無」概念，與大乘般若哲學的「空」、「無」的意義完全不同。大眾理解的般若思想偏重「空無」，應該說是一種誤解，「因緣所生法，我說即是空」，意謂眾生世俗諦看到的萬象，在菩薩勝義諦的觀照下，「菩薩當體即空」，此「空」即謂佛性本體。青青翠竹郁郁黃花皆是佛性。按照中觀學說，世間萬法雖然外「相」千差萬別，然而菩薩佛智觀照下，這些差別並不存在，《金剛經》云「凡所有相，皆是虛妄」，故此「萬法皆空」意謂萬法現象由「空」生成。顯現萬法的佛性本體確實存在，而生成佛性的涅槃本體也是「不空」或謂「真空」。涅槃本體如如不動不生不滅，因此「妙有」（實有）的就是涅槃本體。《大乘起信論》說：「聞修多羅說：『世間諸法畢竟體空，乃至涅槃真如之法亦畢竟空。從本已來自空，離一切相。』以不知為破著故，即謂真如涅槃之性唯是其空。云何對治？明真如法身自體不空，具足無量性功德故。」這裡辯證地解讀「涅槃真如之法亦畢竟空」的說法，明確指出「真如法身自體不空，具足無量性功德故」。

「**無盡燈**」云：

自性本體廓然清淨無物可名。強名謂空。自性體中隨差別法無物不現。強名謂假。

「**自性本體**」即謂涅槃本體，清淨無物。然而此清淨心體卻真實存在，絕非虛空無物。須知這是**精神性實體**、**妙體**、**心體**。「**即佛乃定**」**即指謂此**「**定心**」。**此涅槃心體內部**「六根門頭淨裸裸赤灑灑」**不見一物**。**《壇經》**云「汝若欲知心要，但一切善惡，都莫思量，自然得入清淨心體。湛然常寂，妙用恆沙」、「去來自由，心體無滯，即是般若」。**涅槃、佛性作為精神性實體，作為精神性宇宙本體，謂之「空」，絕不能等同於「虛無」**。**《注心賦》**（**永明延壽**）**云：「此知是一切眾生心體。不同虛空**。性自神解。亦不作意。任運而知。」「知」（「智」）是心體之用。入就瑞白云：「**心境雖空而不得常住心體，非為正悟**。」即是說僅僅證入「心空」並非「正悟」。證得「常住心體」**為正悟**。禪宗一脈全**靠此**「**即心即佛**」**的**「**心**」**代代傳續而**「**心燈不滅**」。**一些人不懂裝懂將**「**空**」**解釋為**「**虛無**」**大錯特錯**。

俄國學者舍爾巴茨基認為，把空理解為「絕對空無」、「極端地空除一切存在直到否定一切否定結果的否定主義」的觀念是對「空」的誤解。有人說「般若即是對虛無的理解」正是笑談。學佛者必須把握對「空」的正確理解。否則淪為「斷滅空」、「頑空」、「惡趣空」就無法學佛。

《信心銘》三祖云：

> 二由一有，一亦莫守。一心不生，萬法無咎。無咎無法，不生不心。能由境滅，境逐能沉。
> 境由能境，能由境能。**欲知兩段，元是一空。一空同兩，齊含萬象。**

《信心銘》云「一有多種二無兩般」意謂宇宙本體是多元多層次結構。「一空同兩，齊含萬象」表明生成森羅萬象的本體即是「空」。在世俗大眾看來，世間萬法明明存在，佛教為何聲稱這些都是「空」？

《起信論》裡面解釋說：「是故三界虛偽，唯心所作，離心則無六塵境界。此義云何？以一切法皆從心起，妄念而生。一切分別，即分別自心，心不見心，無相可得。當知世間一切境界，皆依眾生無明妄心而得住持。是故一切法，如鏡中像，無體可得。唯心虛妄：以心生則種種法生，心滅則種種法滅故。」這就是說，世間萬法只是人們的「妄心」（阿賴耶識）所生成顯現的，如果滅卻無明妄心，則這些現象也不存在。這是就俗諦而言。進入佛菩薩境界，「菩薩見色無非觀空」。尤其在理事無礙法界，一切色法在佛智觀照下皆是「佛性本體」（此時不分涅槃佛性）。禪者謂「洞然全是釋迦身」或「要識堂堂補處尊」。這是菩薩境界實證的結果。據此來說明「萬法皆空」的道理。《起信論》從「萬法」生成的源頭說起，剖析妄心的作用，說明：「**唯心虛妄。以心生則種種法生，心滅則種種法滅故**」。

般若中觀學說的有無概念與人們一般理解的有無概念是根本不同的。一般我們說「有某物」意謂某物確實「存在」，我們的感官可以感知這樣的「存在物」，所以我們說「存在某物」。然而在中觀學說裡，單純的「有」「無」這樣的概念並不足以描述事物（現象）的「有」「無」。中觀學說認為事物是「即有即無」。在大乘中觀學說裡，形式邏輯（俗諦）的「有無」被「有無，非有非無，非非有非非無」所顛覆。中觀思想超越雙遣雙非的辯證法。四句百非也無法描述。菩薩在禪定境界實證下，「你有拄杖子我給你拄杖子，你沒有拄杖子我奪你拄杖子」。這個公案遣除俗諦「有無」概念。我們在後面會解釋。定心「不居中間與兩頭」而金針往復隨流得妙，證入「正偏兼帶」境界，「內君外臣」、「一腳門裡一腳門外」，涅槃佛性混融一體，事事無礙境界「有無」在一念中同時成立，一切俗諦中對立的東西「同時俱立」，六相義、四句百非同時成立。因此我們說，大乘中觀思想建立在禪定實證的基礎上，絕非空洞的哲學思辨。

在大乘中觀學說看來，只有否定了形式邏輯的「有無」概念，我們才能進入中觀學說的「有無之境」。在大乘中觀學說裡，任何事物都是「即有即無」，包括一切道理都是「即真即假」。龍樹說：「若人見有無，見自性他性，如是則不見，佛法真實義。」他又說：「定有則著常，定無則著斷，是故有智者，不應著有無。」這樣龍樹就否定了形式邏輯的「有無觀」。對於佛陀滅度之後是否活著（有）還是死了（無）的問題，龍樹解答說：「**如來滅度後，不言有與無，亦不言有無，非有及非無。**」這就解釋了大乘中觀學說認為如果只談「有無」或「非有非無」都會落入偏有或偏無的極端，而違反了中道的教義。世間萬法本身就是「空」，「空」即一切。我們可以理解「空」絕不是「一切皆無」的意思，而是以「空」將「有無」辯證地統一起來。因此禪師常以「真空妙有」來解釋「空觀」。中國禪宗對中觀辯證法理解非常深刻。「不二法門」來自深刻的禪定實證。證得「不二法門」即「一心三觀」，即大乘中道。既得一切種智。

《宗鏡錄》云：

凡是真空。必不異色。以是法無我理。非斷滅故。是故空即是色。若離事求空理。即成斷滅。今即事。明無我無性真空之理。離事何有理乎。以真如不守自性。隨緣成諸事法。則舉空全色。舉理全事。又真如正隨緣時不失自性。則舉色全空。舉事全理。空色無礙者。謂色。舉體全是盡色之空。故色盡而空現。空。舉體不異全盡空之色。即空即色而空不隱。**是故看色無不見空。觀空莫非見色。無障無礙**。為一味法也。如舉眾波全是一水。舉一水全是眾波。波水不礙同時。而水體挺然全露。如即空即色而空不隱。

說到「空」，人們經常提到《心經》。《心經》裡講「色不異空，空不異色，色即是空，空即是色」，這句話自古以來流傳極廣。人們甚至將這句話當作「空」的最為權威的注腳。我們在前面解釋過，這裡「色」指事物，指事物的「妙有」。這裡「空」並不是「空無」之義而是意謂「本體」。「色不異空空不異色」的含義是「理事無礙法界」。「空即是色色即是空」意謂「事事無礙法界」。筆者要提醒讀者注意，《心經》前面講得很清楚，「觀自在菩薩，行深般若波羅蜜多時，照見五蘊皆空」，就是講菩薩處於深度禪定狀態得到的「空觀」。《大涅槃經》裡反覆描述佛陀以「佛眼」觀照所見「三界皆空」。同樣也是釋迦在「入滅」前出入四禪二十八反的境界得到的「佛之知見」。從宇宙本體的視角來觀照宇宙和世間事物，這些事物並非如同人們以「眼耳鼻舌身意」感受到的「真實存在」，因此在佛教哲學中認為這些事物或現象（「色」）都是「假有」。事物的存在只能稱為「真空不空。妙有不有」。實際上，佛陀釋迦在悟道成佛之後，他的「大定意識」經由涅槃證得佛性本體，在首楞嚴三摩地狀態中，他可以用「佛眼」或者說般若智慧觀照世界從而得到「佛之知見」。這是通過般若現量直觀得到的，因而是語言文字無法解釋的。從知識論的角度來說，現當代有的學者不理解佛教的理論如般若空觀，從根本上來說並不是來自人們世俗世界的「知識」（「眼耳鼻舌身意」），而是來自深度禪定（三摩地）狀態的般若直觀，依賴於所謂「出世間的現量」或稱為「瑜伽現量」的特殊「知識」。**這種知識不是來自經驗世界，而是「超驗的」知識，可以說是「超現世經驗的來自直觀體驗內證」**的知識。佛教理論也奠基於特殊的深奧的「直觀邏輯」（現量直觀）。有的學者努力將佛教理論與現當代的哲學理論例如海德格存在論進行比較格義，可以說沒有意義。這兩種學說完全建立在不同的「公理系統」上，並不具備可以進行比較的基礎，也就是不具備「通約性」。現當代西方哲學建立在「邏各斯」為中心的概念、邏輯的演繹、推理、歸納等西方的思維方式上，其哲學還是在「主客對立」模式轉圈。而佛教的知識、概念、邏輯完全是特殊的、獨立於西方的思維和辯證方式。般若直觀乃是消泯了主客能所對立的一種內在的特殊體驗。從知識論來講，佛教的知識來自般若直觀，是徹底超驗的知識系統（勝義諦），與西方哲學毫無共同之處。因此與西方哲學思想進行比較意義不大。

若從時間的角度來分析「空」與「有無」，我們說任何事物（現象）的存在總是與時間聯繫在一起。在佛家看來，任何事物（現象）都是即生即滅，這在佛家稱為「剎那生滅」。如果用現代數理語言來解釋，這意味在時間的一個無論多麼小的間隔，對應事物（現象）並不是一個固定的「狀態」，而是一個非固定的有「成住壞空」過程的混沌狀態。用現代物理學來解釋，大約等同「量子態」。菩薩在考察現實世界的事物變化過程所形成的時空概念是「無時空」。印度語「剎那」含有「無時間」的含義。表明「時間」並不存在，任何現象都是「**未生未有，生已即滅**」。在《了本生死經》中提出「無命」、「不步」的概念，認為運動的事物總是處於「剎那滅」，這個「剎那」可以理解為給定任意小的時間間隔，現象皆是即生即滅或者說「正成時即壞」（《宗鏡錄》），因此任何現象都沒有存在的時限。按照佛教的理論，每一現象在「剎那」之中不但「剎那生滅」，而且在下一個「剎那」立即成為另一現象，這就組成「因果相續」的「世界」。在事事無礙法界，「因果同時」（無異元來）。這就是說，現象是「即生即滅」的。即現象的「生滅」是「同時」完成的。事物「成住滅空」以及「六相義」都同時成立。這樣解讀事物和現象的「無命」乃是佛菩薩境界可以理解的事情。這就是說，從時間的角度分析，事物（現象）並不真實存在。當然，我們這樣的解說，也是在俗諦的角度來分析，也是「不了義」。

大乘中道的「一念三觀」建立在「正偏兼帶事事無礙」的禪定實證上。在事事無礙法界，定心進入涅槃「無」（涅槃本體），同時進入首楞嚴佛性「有」（現象界）。「有無」同時俱立，即有即無。「有無」在「一念」同時成立。這即是「一念三觀」的「中觀」。「空假中」在一念中同時俱立。這是大乘中道的核心。中觀學說裡沒有對立的「真假」、「有無」概念，大乘中觀學說是辯證的思維模式，是人類經由禪定實證的高級辯證法。在中觀學說中要討論「有無」就必須談論「有無相即」或「即有即無」的觀念。例如中觀學說的「有」與「非有」相即相成，而且必須與「非非有」共同形成「勝義有」的概念。這裡簡單的絕對的「有」被一個複雜的非絕對的「概念集合」所代替。在大乘中觀學說中，一切二元對立的簡單概念都變成複雜的相即相成的概念，由此也就演繹成「中道」的概念。這也稱為「不二法門」（《維摩詰經》）。筆者要特別指出，大乘般若中觀學說的「有無」說到「有無，非有非無，非非有非非無」也並未說到極則處，還要繼續進行描述和理解，必須到達「心行處滅，言語道斷」的境界。即百丈懷海禪師所謂「三句外」的境界，這就超越人類語言所能表述的，是語言無法形容的境界。應該重視的是，中觀學說的「空」有可說和不可說兩方面。語言能夠解釋的「空」即是俗諦的「空」，而「空」還含有語言不能解釋的即真諦的意蘊。因此我們必須從「真俗二諦」來思考解釋「空」。大乘中觀真諦（「第一義」）的「有」和「無」並不是西方思想中「存在」與「非存在」。《楞伽經》中說「第一義者，聖智內證，非言語法」，因此「第一義」（真諦）的「有」（勝義有或畢竟空）的含義，包含語言可以描述的部分以及語言無法描述的「無言」的部分。「無」也是如此。龍樹說「**諸法實相者，心行言語斷，無生亦無滅，寂滅如涅槃**」（《中觀頌》）。這裡的「諸法實相」也就是「涅槃本體」，「涅槃正位」是無法言說無法解釋的。龍樹的弟子提婆發展了中道學說，他提出「真有」、「假有」之說，他說「**諸世間可說，解釋假非真；離世俗名言，乃是真非假**」。這表明「有無」哲學的實質是人類語言無法表達的。

我們在探討「有無」的哲學範疇時，必須提到佛教中觀學說的「真諦」和「俗諦」。大乘中觀學說提出「空」的觀念，在於利用「空」來進一步解說佛教教義，並且利用討論「空」及「有無」的概念來進一步提出「勝義諦」與「俗諦」的區別，這就是龍樹提出的二義諦說。我們如果要追究「空」、「有」、「無」這一類概念的真正意蘊，必須從「二義諦」來開始闡述。「二義諦」就是「真諦」和「俗諦」，真諦也稱為聖（勝）義諦或第一義諦。西方哲學從未離開人的境界來「觀照」這個宇宙，禪宗的「聖諦」就是從宇宙本體的角度來觀照世界得到的「真諦」，因此用人類語言（俗諦）是無法說清的。講得形象一些，禪宗所謂的真諦乃是拋離了人的立場、視域，而只能在禪者禪定狀態得到的直觀觀照（般若智慧）。因此我們說，這是人類思想史的巨大突破。人竟然敢於以「造物主」的目光觀照世界，這無論如何都應視為人類思想最超卓的視角。

大乘佛教真俗之分絕對不能從海德格「存在論區分」來解釋。將真俗二諦納入「存在」與「存在者」的範疇極大降低禪宗思想的高度，也說明論者並未了知真俗二諦的要旨。當代有些學者並不懂佛教的「真諦」——「俗諦」的區分來自不同的知識系統：「般若智」的「現量直觀」（或超現量）與世俗世界的經驗。這些學者要勉強地將中觀學說的「二諦」納入西哲存在論的哲學框架內。這是很可笑的。按照中觀學說，任何人類語言能夠闡釋描述的東西都只能在俗諦範疇之中，而海氏或西方哲學理論正是通過語言、概念和邏輯來闡釋的理論，因此必在俗諦範疇之內。菩薩定心「分身萬象中」且「身先在裡」，「渾淪一個花木瓜」，「山河大地是全身」，「獨頭意識」（定心）不會將事物作為客觀「對象」來觀察。這與西方現象學根本不同，這裡存在「不可通約性」。

我們看到，俗諦的「有」「無」被用來解釋真諦的「有」「無」，俗諦的「有」「無」仍然是解說真諦的「有」「無」概念的基礎和工具，這叫作「即俗而真」或者「即俗明真」。「有」「無」的概念，也就是我們普通人理解的「有無」。俗諦也稱為世諦。俗諦是我們凡夫俗子即所謂「眾生」對於一切事物的觀念與看法。這包括對於宇宙萬物的發生源即宇宙本體的觀念。就俗諦而言，人們可以用「眼耳鼻舌身意」來觀照感受世間萬法，人們在自己的經驗世界裡體會到山河大地歷歷分明地存在著。而「真諦」一般解釋為「佛之知見」，是超越我們凡夫俗子的「經驗的」觀念與看法。「真諦」來自「般若直觀」的「瑜伽現量」（因明正理學派的現量也有區分，這裡不作深入討論）。「真諦」和「俗諦」的關係是辯證的、相即相成的。龍樹在《中觀論．四諦品》中說：「若不依俗諦，不得第一義，不得第一義，則不得涅槃」。這就是說，無論真諦多麼玄妙，人們要理解這個「第一義」，還是要從俗諦入手，因此要談佛教也離不開語言文字。《楞伽經》中說「第一義者，聖智內證，非言語法」，又說「依言語聲，證離言語，入自內身修行義」，後來又總結說「依義不依語」。這是講成佛不能依賴語言的道理，必須依賴「第一義」才能獲得「佛之知見」。我們要記住，**佛教認為，一切用語言文字表達的都是「不了義」**。也就是說語言文字無法完全地解釋「真諦」的道理，只能「逼近」「真諦」的道理或真理。若真要獲得「第一義」，必須作到「聖智內證」才行。然而這種解說仍然令人迷惑，彷彿世界上真的存在什麼「佛祖」，他處在高高的天上觀照人間的事物因而得到「佛之知見」。我們在前面已經解釋過，佛並不是人格化的神仙。佛教禪宗的「佛」就是生成顯現世間萬法的絕對本體。因此我們說，所謂「真諦」、所謂「佛之知見」，就是從宇宙本體的視角來觀照宇宙和世間事物所得到的「知見」。一般地說，「真諦」是語言無法表達闡釋，也是按照世俗經驗的概念邏輯無法思議的「佛之知見」。

《清涼疏》云：「幻有。即是不有有。真空。即是不空空。不空空故。名不真空。不有有故。名非實有。非空非有。是中道義。」**西田幾多郎提出中道哲學是「絕對矛盾的自我同一」**，這是相當高明的闡述。不過他還是從「形式邏輯」出發，他首先使用了「矛盾」這個名詞，這包含「有無」這個範疇。而禪宗禪者不會從形式邏輯出發，而是從禪定自證的體悟出發，菩薩證入事事無礙法界以極其特殊的體悟驗證「絕對矛盾的自我同一」。念即心，心指意識，非謂連續的意識流，而是獨立的「斷點」。念念不相續，念念際斷。可謂「一念萬年」、「一念千里」。「一心三觀」即「一念三觀」。「有無」在一念中同時成立。六相義同時成立。故此，**筆者將「絕對矛盾的自我同一」改造為「絕對矛盾的自我同一與無限超越」**。因為「有無」、「非有非無」、「非非有非非無」尚未到達中道辯證法的極則。成佛禪者的體悟中，「四句百非」乃是「言語道斷」的境界。禪宗中道辯證法是人類最為卓絕的哲學思想，而且具有禪定境界的實證基礎。

我們注意到存在不同文化系統的「不可通約性」。另一方面，我們要特別注意中國古代佛學家對印度佛教經典的「創造性的誤讀」與「創造性的解釋」。**現代的日本學者批判「如來藏思想不是佛教」**，引起一些**中國學者的共鳴。他們甚至將中國傳統的「體用論」貶斥得一無是處。這是文化虛無主義的表現**。學者們試圖以現代西方哲學來解說佛教思想乃是當今學界的「時髦」，可惜這些學者並未真正下工夫學懂西方哲學，只會堆砌幾句西哲的「話頭」裝飾在文章裡故作「中西兼通」而已，他們對佛學也是一知半解，於是他們就開始舞文弄墨來貶斥中國佛教。他們偏偏愛好將現代西方哲學思想強加在中國佛學的頭上，以西方哲學思想來批判中國佛教思想，其實這本身就是荒唐的作法。「如來藏思想不是佛教」這一提法本身就是一個「偽問題」。就此而言，我們不妨說中國禪宗自成一家，是獨立的屬於中國文化的佛教思想系統。禪宗是中國人智慧所特有的「終極關懷」，禪宗在世界思想之林獨樹一幟。

思想家費耶阿本德認為不同思想理論不可通約。他認為科學理論是不可通約的，各個民族的文化、宗教都不可通約。實際上不僅不可通約，發生「文明衝突」或在一個思想內部產生矛盾也不可忽略。我們以六祖慧能的傳法偈遭到「雜糅改竄」為例，他原來寫的「佛性本清淨」被改成「本來無一物」，就是一個很好的例子。千百年來，人們誤解「本來無一物」是「空無」。其實慧能這首詩的中心思想是表明「涅槃清淨」，其思想並非強調「本來無一物」的「無」，更不是「斷滅空」。表達「無我之境」，慧能「開悟偈」與神秀所說「時時勤拂拭，勿使染塵埃」的「開悟偈」有所區別。神秀詩偈表示佛菩薩入廛垂手要「保任」。萬松老人說神秀的詩偈表明「雙眼圓明」。這是證入「正偏兼帶」、「雙遮雙照」的境界。對於慧能與神秀開悟偈的誤讀延續一千多年直至當代。

號稱「世界禪者」的日本學者鈴木大拙在引用這首詩偈時，就曾多次引用「本來無一物」，實際上他曾參與慧能《壇經》的校譯整理，他對各種版本是很熟悉的。鈴木完全知道敦煌版《壇經》裡慧能說的是「明鏡本清淨，何處染塵埃」，但是他從未這樣引用。**鈴木「明知故犯」的作法表明，他對於般若中觀的「空」是按照「本來無一物」來理解的**，看來他連《壇經》裡最基本的理路都沒有搞懂。慧能在《壇經》中特別強調「**莫聞吾說空便即著空。第一莫著空**」、「**不知一法守空知，還如太虛生閃電**」等，慧能明白無誤地反對「頑空」或「斷滅空」的「空即無」的思想。可惜這些話對鈴木來說是未能糾正他的「頑空」傾向，因此他總以「本來無一物」為成佛的極則境界。

圓悟克勤云：

時有僧問。勿謂無心便是道。無心猶隔一重關。如何是一重關。師云。十重也有。無心更有幾重關。

現代日本禪學家阿部正雄在《禪與西方思想》一書中，也站在西方哲學立場，試圖利用西方哲學的邏輯推出「絕對無」的概念，他以此來闡釋大乘般若學說的「空」，他的方法是「**無限遞歸**」的錯誤推理。他從根本上誤解禪宗思想，我們留待後面再詳加解釋。歷史上很多人以魏晉玄學的「無」代替大乘般若學說的「空」，在中國佛教歷史上「以訛傳訛，謬種流傳」。至今越演越烈。後來雖然翻譯了大批般若類經典，也無法糾正佛教傳入中國後產生的「誤讀」。我們要指出，**中國的禪宗華嚴宗天台宗等佛教宗派在《金剛經》等大乘經典的影響下，尤其自稱「教外別傳」的禪宗，反倒堅持了正確的大乘般若的中觀學說**。

我們要探究的是，這樣嚴重的誤讀在佛教歷史上是怎樣發生的呢？

般若類經典傳入中國是從支婁迦讖翻譯《道行般若》（小品般若）開始的，《放光般若》（大品般若）經過一百多年才翻譯出來。因此《道行般若經》在佛教思想史上占有重要地位。到了鳩摩羅什來華，他對以往的般若經籍的翻譯工作全面否定，認為誤譯嚴重，因此他進行了廣泛的重譯。他這樣作的確有正確的一面，不過筆者需要指出，**鳩摩羅什對般若「空」的理解具有嚴重的「空掉一切」的「頑空」傾向，他在譯籍中淡化甚至不譯有關「本體」的詞彙。這樣連佛教最重要的佛性觀念也「空」掉了，他近乎否定一切「存在」**。例如他反對佛教的「無為法」諸如「涅槃」、「虛空」等有關法身佛性的說法。他也不承認任何實體，因此**他的弟子僧叡批評他「於實體不足」；僧肇也在《百論序》中批評他「常詠斯論（百論）以為心要。先雖親譯而方言未融，致令思尋者躊躇於謬文，標位者乖忤於歸致」**。僧肇將鳩摩羅什的「親譯」說成「謬文」，考慮到他們的師承關係，這表明學生對老師提出相當尖銳的批評，說明中國佛教思想家對鳩摩羅什的翻譯早就很不滿意。這也可以表示中國思想家與「天竺」譯者在佛教根本理路上的分歧。我們來看幾個例子。首先我們對比竺法護翻譯的《正法華經》與鳩摩羅什翻譯的《妙法蓮華經》。雖然是《法華經》的同文異譯，但是竺法護的譯文處處突出「法身」長存的觀念。在《藥草品》中講到如來說法，竺法護譯為「因從本力，如其能量，堅固成就平等法身」，而鳩摩羅什的譯文則連「法身」的字眼都沒提到。再如竺法護翻譯《授五百弟子決品》中有「入海求寶喻」，將「獲如來無極法身」喻為「入海得如意珠」，而鳩摩羅什的譯文《五百弟子受記品》則根本沒有這種比喻。再以支謙翻譯的《道行經》為例，《道行經．照明品》提出「**本無如來**」也就是本體的觀念，在鳩摩羅什的譯文中也付之闕如。竺法護翻譯的《善權品》談佛性「諸佛本淨，常行自然，以諸誼者，佛所開化」。也為鳩摩羅什翻譯的《方便品》所無。鳩摩羅什自己反而加入一個頌，其中說：「**佛種從緣起，是故說一乘。**」由此我們認識到，鳩摩羅什對「佛種」（如來種、佛性、真如、如來藏、本體、實相）的理解是錯誤的，與大乘般若學說的「佛性論」（「**佛性無生無滅，不從緣起**」）謬之千里。再看鳩摩羅什翻譯的《小品般若．序品》中說：「一切法無生，無成就故。」而我們對照支讖翻譯的則是「薩芸若（一切智）無所從生」。這裡「一切智」相當於「佛智」，可以說與「佛性」是同義語（神會將「知」等同佛性）。在佛教理論中，只有「本體」（佛性）是「無生無滅」的，「一切法」都有「成住壞空」的過程，因此可以判斷這是鳩摩羅什明顯的錯譯。也就是僧肇所批評的「謬文」。筆者認為，佛經個別字句的翻譯有誤是可以理解的，但是對關鍵的概念譯錯即說明鳩摩羅什本人的佛學修養有嚴重問題。翻譯者本人對某種思想的理解必然影響他的翻譯工作，事實上支讖和鳩摩羅什都沒有作到忠於原文。這使筆者相信，**鳩摩羅什本人雖然對大乘經典傳入中華作出很大貢獻，但是由於他對般若思想的理解偏重「一切皆空」的「空觀」，具有嚴重的頑空傾向**。他的錯譯千百年來誤導了中國的學佛者。我們在此特別指出這一點，因為很多般若類經典都是鳩摩羅什和他的弟子翻譯的，其中浸透「一切皆空」的極端傾向，這對中國佛學的影響十分巨大，以致鳩摩羅什的弟子們開拓了偏重「空無」的大乘「空宗」（三論宗）。我們已經談過禪宗六祖慧能的傳法偈竟然被人改竄為「本來無一物」，以致謬種流傳千年之久，一直延續到近代。鈴木大拙竟然還要再三引用這句「謬文」，可見後果何等嚴重。這與鳩摩羅什在譯經中攙雜自己的「本來無一物」的頑空思想是大有關係的。鳩摩羅什的翻譯有時也談到涅槃概念，例如《摩訶經．實際品》中說「**諸法畢竟空，即是涅槃**」，佛教理論的涅槃其實就是本體之義。但是鳩摩羅什將涅槃這個概念與「畢竟空」聯繫起來，表明他對於發生學意義的本體理解不夠。幸好中國思想家早有以「無」為本體的玄學傳統，**於是中國人將「畢竟空」理解為「本體」**。正統的印度般若思想雖然否定「萬法」的真實存在，但是絕不否定精神性的本體即佛性的存在，否則佛教理論根本無法立足。由於鳩摩羅什的翻譯沒有完全忠實準確地翻譯出佛性、真如即本體的意思，在後來發展出的大乘唯識學（法相宗）中對此進行了補充和澄清。**筆者為了對讀者解釋清楚「空義」，確實花費不少時間對此段歷史進行梳理挖掘，以求徹底說明和澄清「空」之「本體」含義**。至於空有兩宗內在理路的差別和融會之處不在本書範圍，我們在此不能詳述。印度奧義書哲學的兩派對於「無」「有」的看法都是「無中含有」或「有中含無」的辯證模式，只是印度思想中說「有無」與形式邏輯對立的「有」「無」觀念根本不同。這樣的印度思想可以視為大乘中觀思想的來源。值得注意的是，印度奧義書哲學的根本思想，就是確立一個遍在的絕對的精神性的絕對本體——大梵，並在《蛙氏奧義》和《慈氏奧義》中提出「無」即是「梵」的說法，這與中國的魏晉玄學和大乘佛教有關「佛性」的本體理論十分相似，也是相容不悖的。

近現代佛學界一般認為，大乘般若哲學主要講「空」甚至偏重「空無」，並不重視佛性、真如一類的「本體」概念。並因禪宗依據《起信論》的「真心」（如來藏）建立成佛的宗旨而將禪宗歸為「性宗」，此處「性」即佛性之意。有的學者認為，「**性空緣起**」思想與如來藏（真如）緣起理論是完全對立不可融合的，這是嚴重的誤解。「自性空」譯成「本無」原不算錯。而且「無」字也是中國道家現成的用語。如果了解「本無」的來歷，本來不會產生誤解。由此證明「空」雖有不同語義，**但是「空」的最重要本義乃**

是宇宙本體，也就是說「空」即「真如」或「如」的意思。這就可以論證，就佛教的「本體論」而言，「性空緣起」與「真如緣起」沒有不同，更非針鋒相對。因此郭朋先生的說法有誤。值得注意的是，郭朋先生這種看法在佛教界是一種「主流」。人們普遍認為「性空緣起」與「如來藏緣起」是互相對立互相排斥的。當代很多佛教的高僧大德都持有這種錯誤見解。原始佛教確實講過「十二因緣緣起」的理論，這是針對人生現象而言。「因緣」的關鍵是「正因」。「真如不變隨緣」。涅槃如如不動謂之「真如不變」，涅槃生成佛性，隨緣而成萬法。佛性是第一因宇宙本體。六祖說「自性能成萬法」，自性即佛性。「性」即本體之義。「自性空」有「諸法性空」的意思，還是說諸法生成來自「佛性」。龍樹說「諸法實相者，心行言語斷，無生亦無滅，寂滅如涅槃」（《中觀頌》）。這裡的「諸法實相」也就是「空」的意思，而龍樹說「無生亦無滅，寂滅如涅槃」，意謂「實相」即「涅槃本體」。

康德借物自體引入上帝之類超越的創造者，表明人要超越經驗世界尋求宇宙的創造者，涅槃本體並非超驗實在，它不是宗教信仰而是禪定實踐的實證結果。涅槃是禪定中「妙有」的精神性實體。**禪者只能在禪定實證中「知有」而非語言概念可以表達，涅槃超越人的認知，是聖者內證的境界。**西方的上帝只是哲學或宗教的概念，而涅槃（佛性）在禪宗而言是「定心」，**是人「證入」的精神性實體。故此禪師以「心體」、「妙體」來形容。**「常住心體」，即獨立存在的定心。這個心體有別於一切事物。**涅槃「冥神絕境」，此心體不與萬法為侶。**

牟宗三先生《佛性與般若》認為《大般涅槃經》的如來法身也可稱作「大我」：**「如是自在名為大我，如是大我名大涅槃，以是義故名大涅槃。」「有大我故，名大涅槃。涅槃無我大自在故，名為大**

我。」《大般涅槃經》所說法身大我，實際上就是指精神性宇宙本體。熊十力先生在《新唯識論》裡說：「入無餘涅槃時，以惑盡故，得出離人間世或生死海；而個體的生命，乃與寂然真體契合為一。」熊十力先生未能說明「寂然真體」究竟是什麼。其實就是指謂涅槃本體。不過他們不理解「一有多種」的禪宗宇宙論，涅槃之上存在與人無關的客觀的宇宙本體。即曹洞宗所謂「主中主」、「夜明簾外主」。筆者謂「絕對本體」。

我們舉《心經》為例。玄奘所譯的《心經》，作為般若經典的代表作傳誦極廣，千百年來膾炙人口。玄奘的譯文雖然非常優美，但是他的翻譯卻失之準確。《心經》中最為人樂道的一句話是「**色不異空，空不異色，色即是空，空即是色**」。根據歷史文獻，這裡的「空」應該譯為「如」（真如），否則容易引起誤解。我們來看《出三藏記集》卷九，慧遠《修行方便禪經統序》，其中說「故曰色不離如，如不離色，色即是如，如即是色」，這與《心經》中的「色不異空，空不異色，色即是空，空即是色」是意思相同，只是對「空」（佛性）的翻譯不同。另外鳩摩羅什所譯《摩訶般若經．集散品》曾明白地說過「如即是空，空即是如」，也就是說「空就是真如」。這樣我們明白「空」的含義就是本體。玄奘的翻譯將「真如」譯為「空」，而沒有明確指出「空」的宇宙本體之意，這導致千百年來很多人將這個「空」理解為「無」——這就偏離了大乘佛教的理路，這種誤導延續至今令人慨歎。《心經》這句話與禪宗廣為引用的「萬象之中獨露身」都是一個意思。筆者要特別指出，中國禪宗大師在提出「空」的時候，除非特指「空無」之意，否則都不應理解為「空無一物」的「無」，而應該理解為「真空妙有」，就是本體的意思。這裡慧遠法師所謂「如」即「真如」，慧遠說：「色則是如，如則是色」與「色即是空，空即是色」意思相同。這是佛智高級的境界，乃是比「萬法皆空」的境界要高深的佛菩薩境界。禪宗說：「一切聲是佛聲，一切色是佛色」即是此意。僧肇所謂「觸事而真」也是相同意旨。華嚴宗謂之「理事無礙法界」。這是禪者的佛智觀照下所證入的境界。

《金剛經》（莊嚴淨土分第十）云：

佛說非身，即是大身。

我們在前面已經講解過，「無我」古時譯為「非身」；「佛身」或「法身」譯為「大身」。這裡的「大身」即是法身、佛性、大我之意。這句話直譯就是「佛說無我者即是佛性本體」，意謂「泯滅小我成就大我」即成佛。這說明般若經典確實包含融會了「佛性」（本體）的理論。故此我們必須明白般若哲學與佛性理論是相容互補的，**絕對不應認為般若思想排斥甚至完全「空」掉了「佛性」**（如來藏）的理論。我國佛教界一般均認為般若學說是「一切皆空」的「空無」思想，甚至認為般若中觀連「佛性」（真如、法身）也空掉了。有的學者將般若空觀與如來藏緣起對立起來，可謂是錯誤的見解。我們用以上的例子證明，般若思想與真如「佛性」理論絕非針鋒相對不可融合。我們要進一步強調，佛教雖然存在不同派別，但任何佛教理論都必須容納「佛性」，否則佛教理論無法立足。「佛」就是涅槃、真心、佛性、法身、如來藏，就是精神性宇宙的本體，成佛意謂泯滅小我，契入「大我」即終極的絕對本體進入永恆。

二十四、禪宗的宇宙本體：涅槃與佛性

佛教的涅槃概念，可謂眾說紛紜，各家各派歧義百出。本書要統一名詞的使用，甚至創造若干名詞，以期能夠在嚴格語義下使用這些名詞。清淨涅槃其實就是無餘涅槃（無漏滅盡定），首楞嚴大定的定心，「妙體本來無住所，通身何更有根由」。菩薩的禪定意識不會滯留一處。定心經歷涅槃後佛性出世，「帝命旁分」進入「龍蛇混雜凡聖分離」、「凡聖同居常寂光」的境界，菩薩境界裡定心在這邊那畔隨意優游。金針往復來而且「不居中間與兩頭」，經云「應無所處而生其心」，即形容定心居無定所。禪師謂之「牢籠不肯住，呼喚不回頭，祖師不安排，至今無處所」。禪定意識如同「機輪」「轉必兩頭走」（圓悟克勤）。菩薩進而證入「正偏兼帶」。「內君外臣」、「一腳門裡一腳門外」，涅槃與佛性父子不離，卻有細微區別。非一非異卻又是「兩個無孔鐵錘」。禪師說「鋸解秤錘」、「前三三後三三」比喻「凡聖分離正偏兼帶」境界的涅槃與佛性。

涅槃是佛教的重要概念，涅槃是印度思想家所闡釋的解脫境界。涅槃並非只是佛教獨有的概念，印度各個宗教派別以及哲學思想派別都有涅槃的說法。佛教的涅槃思想確實沿襲古代印度思想而來。在佛教歷史上，涅槃這個概念可謂眾說紛紜莫衷一是。當代的佛教研究者對於涅槃的理解基本都是因襲附會佛教史上一些說法，講解涅槃的文章書籍都是東抄西抄，他們對這些經文也只能「依文解義」，在最膚淺的文字語義層面來闡述「涅槃」。這樣涅槃就成為佛教最神秘的境界。佛教的涅槃概念大致上可以分為外道（即非佛教）、小乘以及大乘的涅槃概念。由於涅槃境界有多種，我們以「清淨涅槃」表示禪宗的無漏滅盡定境界，即曹洞宗「正位」。這裡要注意「九次第定」有無漏與有漏兩種境界。《成唯識論》說「**由斷不住生死涅槃。利樂有情窮未來際**」，表明不住生死（紅塵世間）也不住「涅槃」，禪師說不能「靜沉死水，動落今時」以及「入不居陰界，出不染諸緣」。這種說法與禪宗思想相符。禪師形容禪定意識在涅槃與首楞嚴之間「金針往復來」，定心自由來去，禪定意識「無須鎖子兩頭搖」（石霜慶諸）。菩薩入世後，「金針雙鎖玉線貫通」，乃至「正偏兼帶」是必需的修行。

佛教的涅槃是令人迷惑的概念，這首先由於涅槃有不同的境界，大小乘各派的說法眾說紛紜。佛教各家各派對涅槃的解釋不同甚至大相徑庭互相矛盾。很多人將涅槃理解為生理學的死亡。這是嚴重的誤解。佛教將人的肉體視為「蛇篋」，慧能在《壇經》云：「一具臭骨頭，何為立功課。」佛教將肉體視為生死輪迴中的一個環節。涅槃與死亡沒有關係。涅槃是特定的禪定狀態。人們不懂得禪宗菩薩首先證入清淨涅槃即涅槃境界，也即是證入妙覺佛地，卻不居正位出離涅槃，轉身回途入廛垂手普度眾生。此謂「如來逆流」。我們說世尊是佛菩薩的代表。佛菩薩在人間普度眾生，肉體死亡以後，其大定意識已與絕對本體同質化，故而在肉體死亡後即進入「絕對本體」。禪師肉體滅亡以後，才可經過清淨涅槃即涅槃境界，最終與精神性的絕對本體「玄契」而進入永恆。

禪宗的「天人合一」是可以實證的、能夠通過禪定來最終契合精神性的宇宙本體（禪宗的「天」非儒家的「天」）。這與中國新儒家所主張的「天人合一」，特別是經由人的道德修養如「良知的自我坎陷」的近乎臆想的旨趣完全不同。儒家理論的前提是人必須首先成為道德上的「聖人」。儒家所懸設的前提與人的自私本性相矛盾。眾生每天都在生動地演繹「自私本性」，試問在道德層面如何可能達到天人合一？

禪宗的修煉要經過禪定，「無明習氣旋起旋消」來泯滅自我意識，並轉化自我意識為佛性。即為「轉識成智」。

儒家的「天」「理」在語義上含混不清。就「理」「氣」這些宇宙論概念，儒家的定義與解釋都很模糊。儒家在宇宙論方面，從朱熹時代就「借用」了很多禪宗思想。道家「內丹」學借鑑禪宗的核心思想。而道家內丹學的產生，晚於禪宗傳入中國至少數百年。老子說「道生一，一生二，二生三，三生萬物」。這個「道」在曹洞宗來說即主中主，也稱為「夜明簾外主」，就是我們所說的精神性「絕對本體」。宇宙絕對本體是超越的與人無關的存在。「人力能夠造到」的涅槃本體可謂第一本體。涅槃生成佛性，佛性即是第二本體，佛性直接建立世界。禪宗的實證宇宙論的本體與中國傳統哲學宇宙論是相容的。「萬法歸一」而「一有多種」。佛性乃是眾生所見的「三界唯心」的虛幻世界的本體。**涅槃通過佛性**「建立世界」。禪宗成佛要求徹底泯滅無明妄識最終「證入本體」。

禪宗思想不應視為哲學，然而禪宗思想確實浸潤著極其玄奧極其高妙的哲學思想。例如禪宗思想沿襲大乘中道辯證法，將「不二法門」發揮到極致。當代只有日本哲學家西田幾多郎的「絕對矛盾的自我同一」差可解釋。不過，我們如果細讀百丈懷海禪師關於「四句百非」的論說，可以明白禪宗哲學尚有「無法言說」的更為深刻的部分。這只能在禪定境界體會。筆者願意提出將西田的「絕對矛盾的自我同一」修改為「絕對矛盾的自我同一與無限超越」。這樣或許更為接近禪宗的大乘中道辯證法。例如，「有無」不僅是「自我同一」，並超越為「非有非無」，乃至「非非有非非無」，直至「言語道斷」的境界。若能理解百丈懷海禪師的論說，加以禪定實踐，才能明白禪宗中道辯證法的高明。禪者證得「正偏兼帶」的境界後，可進入事事無礙法界，在一念間有無同時成立。這是當代哲學無法解釋的。禪宗在禪定實證中「證入涅槃本體」，而且要「御樓前驗始知真」。這意謂證入「理事無礙法界」即可以驗證佛性本體顯現萬法的功用。禪定意識經歷涅槃境界的試煉而消融無明妄識，此謂「不入驚人浪，難得稱意魚」。大死一回絕後復蘇也只是半途，到此「涅槃正位」定心「子歸就父」。即與涅槃本體「同質化」。定心不滯死水不坐寒岩，轉身證得佛性即是首楞嚴大定。涅槃佛性兩者同質卻有微妙差別。證得佛性還要入廛垂手普度眾生。禪宗了解客觀存在的宇宙絕對本體。涅槃本體具有主觀與客觀存在的特性。作為與絕對本體同質的精神性存在，涅槃是「空劫前存在」的與人無關的究竟涅槃。人類出現後，人經由禪定能夠「造到」涅槃。涅槃生成佛性。而「心內」的佛性本體作為禪定意識當然有主觀色彩。曹洞宗的「夜明簾外主，不落偏正方」，指謂絕對本體。禪宗謂之「這一個、那一個、更一個」。禪宗的「本體」是多層次的「本體界」（「空界」）。六祖說「來時無口」表明死後契合絕對本體，來世作為宇宙本體生成山河大地。

二十五、禪宗以如來藏（佛性）性起為宗旨

「性起」即六祖所云「自性建立萬法」，自性不假外緣生成世界。清涼澄觀大師謂「所謂性起者，體性現起義，謂不待他緣，依自性本具之性德生起，即性起者」。涅槃以無漏滅盡定的禪定意識存在。定心經歷涅槃佛性出世，佛性建立世界。佛性「依自性本具之性德生起」，**涅槃「無中生有」生成佛性**。

清涼澄觀大師《華嚴經玄談記》云：

若以染奪淨，則屬眾生，故唯緣起；今以淨奪染，唯屬諸佛，故名性起。所謂性起者，體性現起義，謂不待他緣，依自性本具之性德生起，即性起者，在如來果上，真如法性，順自性起為世出世間一切諸法，所謂性海無風，金波自湧。

以上表明，凡夫所見「以染奪淨」**故謂「緣起」，而佛菩薩所見**「以淨奪染」故名性起。禪宗主張「如來藏性起」，即佛性建立世界。

《**普賢行願品疏鈔**》云：

此宗所說真性，湛然靈明，全體即用，故法爾常為萬法，萬法常自寂然，寂然是全萬法之寂然，故不同虛空斷空，頑癡而已。萬法是全寂然之萬法，故不同遍計倒見定相之物，壅隔質礙。既世出世間一切諸法，全是性起，則性外更無別法。

佛教承認諸如「佛性」、「共相種子」、「眾生業力」之類。以共相種子來說，沒有共相種子，則我們見到的山河大地人見人殊。而阿賴耶識最重要的共相種子即是真如（如來藏）。《華嚴經隨疏演義鈔》（唐大華嚴寺沙門清涼澄觀述）中解說：「法界則用真如為體。真如即是諸法共相。」此處真如即是佛性的同義詞。佛性人人具有，「真如」（佛性）作為「諸法共相」的種子識，存在於每個人心內。佛性與涅槃同質，對於心內的真如，我們稱為佛性本體，在人的心內呈現諸法，眾生共同所見的諸法如山河大地，雖云佛性生成，歸根結蒂以涅槃（無住本）為體，佛性與涅槃同質而「涅槃本體」具有「不變」的意義。如同「眾生業力」不屬於某個人，而是眾生共同的業力，此業力對個人是客觀存在。人所見山河大地森羅萬象，可謂由「他的」真妄和合的阿賴耶識所變現，而大眾所共見的山河大地森羅萬象則是佛性作為「共相種子」而變現的。故此清涼澄觀大師說：「**法界則用真如為體。真如即是諸法共相。**」

二十六、理體法身與用中法身

《天台四教儀集注》云：「理體法身。在眾生不滅，諸佛不增。」《圓覺經心鏡》云：「**法身有二種。理體法身。用中法身。**」「理體法身」指清淨涅槃，這是「涅槃正位」，即妙覺滅盡定。「用中法身」即指首楞嚴大定的定心，曹洞宗謂之「賓中主」。《大涅槃經》謂之「佛性」。兩者並無本質區別，可謂「一體兩面」。菩薩死後進入涅槃，經由涅槃契合「主中主」即最終契合客觀遍在的絕對本體，這是曹洞宗所謂「夜明簾外主」。這個客觀存在的宇宙本體與人的修證無關，非人力可以造到。完全超越了人間萬法。清淨涅槃與絕對本體在本質上相同，涅槃視為佛性本體的「體」，是枯寂安靜的。禪師必須經歷清淨涅槃的洗禮達至識陰盡後，轉身退位出離涅槃，證得首楞嚴大定。清淨涅槃作為佛性的生成之本體。此即「佛性之父」。禪師說「萬法歸一」指佛性是宇宙萬法的第一因的生成者。而如來藏佛性則是由清淨涅槃所生成。曹洞宗謂之「父子」。

禪師說「一有多種」，我們也解釋宇宙本體是多元多層次的概念。禪師謂「一有多種」的意涵微妙複雜。從客觀存在的絕對本體到內心證入的不同的禪定境界，可謂奧妙難言。清淨涅槃指「天上月」；而「千江有水千江月」則指謂修證者的「佛性」。首楞嚴大定的禪定意識即是佛性，對個人言具有宇宙本體的功用。此即「全體即用枯木生花」。對於個體修證者來說，首楞嚴大定的禪定意識即是自性清淨心，也即是佛性本體，佛性建立世界故謂本體。法身佛一般地也指佛性、如來藏、自性、真如等。我們在上面解釋法身佛有兩個佛位，一曰等覺佛位，二曰妙覺佛位。妙覺佛位對應涅槃大寂滅海，此為「佛性之父」，也可以比喻為「明鏡之體」，也可以說「清淨涅槃之體」。而等覺佛位則是補處佛位，相對菩薩而言稱為佛位，相對妙覺稱為普賢菩薩境界。此為「用中法身」，即建立世界。證入首楞嚴大定，在正偏兼帶理事無礙法界，菩薩即可驗證本體變現萬法的作用。這叫作「御樓前驗始知真」。菩薩尚有肉體，還有最後一品無明。不過這是枝末無明。等覺妙覺皆已泯滅根本無明進入「識陰盡」。我們借助曹洞宗的「偏正五位」，**稱妙覺為「涅槃正位」，等覺佛性為「用中法身」**。我們在此將會解釋「如來逆流」。就是修證者從有漏涅槃證入清淨涅槃以後，修證者「脫胎換骨識陰盡」。雖然進入涅槃正位卻「不居正位」，「全身入理」之後，還要夜明簾外轉身進入首楞嚴大定境界即謂佛性出世。這裡我們要說明，中國禪宗菩薩皆是證入妙覺佛位以後，經過「如來逆流」轉身回途入廛垂手普度眾生。菩薩經歷「金針雙鎖鉤鎖連環」進入正偏兼帶境界。而最後肉體滅度「極盡今時」進入涅槃境界。到此也不滯留而最終成就「主中主」契合絕對本體。涅槃是人力能夠證入、人力可以造到的成佛境界。猶如「碧潭之月」，這是禪師內心修證的境界。而絕對本體猶如「天上月」，這是超越個人修證境界而獨立客觀存在的宇宙本體，乃是「無人無佛」即存在的宇宙本體。禪宗的根本義諦在於契合客觀的宇宙本體即絕對本體。禪師肉體滅度，其大定定心進入清淨涅槃，然後超越涅槃與客觀的絕對本體契合為一，到達「一朝風月萬古長青」的永恆境界。

鼓山元賢（**《洞上古轍》**）云：

四賓主者。主。即正。即體。即理。賓。即偏。即用。即事。理之本體。**不涉於用者。名主中主**。喻如帝王深居九重之內也。**親從體發出用者。名主中賓**。喻如臣相奉命而出者也。在用中之體。名賓中主。如鬧市裡天子也。用與體乖。全未有主。名賓中賓。喻如化外之民。無主之客也。

這裡鼓山元賢的解釋表明「主中主」即絕對本體，非「人力可以造到」。這是終極的精神性宇宙本體。曹洞宗也以「夜明簾外主」形容絕對本體。涅槃與絕對本體同質，卻猶如裝在瓶子裡的空氣與大氣中的空氣同質卻不能說完全相同。只有肉體這個「瓶子」打破以後，禪師的大定意識才契合絕對本體。鼓山元賢對「兼中到」的解釋不如其弟子為霖道霈。為霖道霈頌「偏正五位」說「不落虛凝」，意謂死後經歷涅槃契合絕對本體，六祖說「來時無口」、「楊柳為官」。「佛性之父」指清淨涅槃。「不涉於用」意味不直接顯現萬法。「主中賓」的境界即「全用即體芳叢不豔」的涅槃境界。而「用中之體」指佛性即首楞嚴大定，即是「全體即用枯木生花」的境界。我們需要明白這些皆是內心證入的禪定境界。禪師死後經由清淨涅槃，契合客觀的宇宙絕對本體。

清淨涅槃的禪定意識與客觀存在的「絕對本體」（「主中主」）同質。佛位兩個階位即等覺與妙覺。妙覺佛位相應的即清淨涅槃。清淨涅槃之心體與客觀存在的絕對本體（「究竟涅槃」）同質。「理體法身」指謂清淨涅槃。此謂「佛性之父」。「理體法身」即指無漏滅盡定。這個「空寂」的涅槃境界禪師謂之「今年貧錐也無」，這是「本來無一物」的境界。**我們稱清淨涅槃為涅槃本體以彰顯其生成佛性之義。**「用中法身」指首楞嚴大定的定心（佛性），因其大機大用建立世界。禪宗的「本體」是多元多層次的結構。本書沿襲曹洞宗「偏正五位」的說法，我們稱無漏涅槃為「正位」，「正位」以下皆「偏位」。「佛性」是脫胎換骨滅除無明妄念後證入涅槃後不居正位，轉身退位出離涅槃證得的「金剛心」。故此兩種本體同質而有細微差別。禪師云：「易分雪裡粉，難辨墨中煤」。這是指禪定境界的區分，筆者的描述重複繁瑣也請諒解。

「理體法身」並不直接顯現萬法，卻是「佛性」的產生者。若以明鏡比喻顯現萬法的本體，那麼理體法身相當於明鏡之「背面」（萬松老人）。無漏滅盡定即清淨涅槃。其性相只是「寂滅」。而「用中法身」指佛性、如來藏、真心。這是人「內證」的宇宙本體，可以在「心內」呈現森羅萬象。我們謂之具有主觀色彩的宇宙本體。這對應等覺佛位。佛教認為萬法虛妄，由阿賴耶識所產生。而阿賴耶識乃是真心（佛性本體）與妄心和合而成。個人對於山河大地的認知必然有佛性本體的作用。由於人的真心佛性同質於絕對本體，所以具有「共相種子」的作用。故此眾生所見的山河大地才是相同的「景象」。

人的佛性即首楞嚴大定並非終極的境界。佛性並非無生無滅的宇宙本體。真正客觀存在的宇宙本體是「絕對本體」。絕對本體與人無關。絕對本體作為超越「人」而客觀獨立的精神性實在（非物質的），乃是「萬法歸一」的終極宇宙本體。佛性（首楞嚴大定的定心）只是絕對本體在人心中的「映像」。此即所謂「千江有水千江月」。首楞嚴大定意識只是修證者個人的「定心」，與無漏滅盡定非一非異卻不可混為一談。佛性是「用中法身」，佛性與「清淨涅槃」有「父子不離」的關係。清淨涅槃與佛性（首楞嚴大定）本質相同卻有微妙差別。佛性是經過「涅槃正位」轉身退位得到的。禪師要證入清淨涅槃，經歷「脫胎換骨」泯除根本無明達致「識陰盡」，再轉身退位證入首楞嚴大定。由此可見涅槃與佛性（「如來藏」）有著體用關係。曹洞宗喻以「父子」。佛性在禪師心內呈現萬法，具有宇宙本體的性質。佛性本體是針對個人修證者的禪定意識而言。清淨涅槃與佛性是非一非異非彼非此的關係，禪師常常以「鴛鴦」、「難兄難弟」等來形容，菩薩的禪定意識在「這邊那畔」來回優游，此謂「金針雙鎖玉線貫通」。石霜慶諸禪師云：「無須鎖子兩頭搖」。我們將專門詳述菩薩境界。

曹洞宗洞山良价禪師云：「**青山白雲父。白雲青山兒。白雲終日倚。青山總不知**」。這裡白雲比喻大定意識，青山比喻清淨涅槃。這表明清淨涅槃與禪定意識之間的體用關係。佛性是清淨涅槃所產生的，故此兩者也有「體用關係」。隱山禪師公案裡以「長江水上波」來形容清淨涅槃（「主中賓」）與大定意識（「賓中主」）的體用關係。表明清淨涅槃是佛性的本體，故謂「佛性之父」。曹洞宗常說「體在用處」，即謂通過佛性的大機大用才能顯現「涅槃本體」。佛性在呈現山河大地時起著「如來藏緣起」的作用。真心佛性是阿賴耶識的主要成分，即是「共相種子」。人人可見的山河大地才是一致的。佛性是涅槃本體在人心中的「鏡像」。禪師在描述佛性的時候，例如「珊瑚枝枝撐著月」、「玉兔懷胎」、「老蚌懷珠」等，「明月」（涅槃本體）的作用含蘊其中。千江反射明月之光輝。禪師或以「天上明月」比喻絕對本體，這是客觀獨立與人無關的宇宙本體，禪師謂之「明月終不下碧霄」。

清淨涅槃與絕對本體是實質相同的精神性的「存在」。清淨涅槃是個人的禪定境界。人通過禪定修證，使禪定意識逐漸接近清淨涅槃的境界，最終證入清淨涅槃。這個「去妄存真」的過程即是禪定意識與絕對本體同質化。「證入涅槃」指證入清淨涅槃。**絕對本體是與人無關的獨立存在的精神性實在，這即是馬祖道一所說的「大道」**。人無法直接「造到」絕對本體。人的肉體死後要通過清淨涅槃才能最後契合於絕對本體。

我們需要分清主觀的禪定意識與「客觀存在」的「絕對本體」。兩者都是精神性的存在。「清淨涅槃」是人在禪定境界證到的精神性境界，即無漏滅盡定。這與客觀存在的絕對本體同質。不過人的禪定意識畢竟具有個體的主觀性，處於「個體心內」。清淨涅槃以及佛性具有宇宙本體的功能，卻不是客觀存在的宇宙本體。佛性出世建立世界，初始時「未與塵境合」，意謂菩薩心內世界與眾生業力所成的山河大地未能「重合」，尚須修煉才能證到「理事無礙法界」。

六祖慧能說「即佛乃定」、馬祖道一大師說「即心即佛」，「定」、「心」指謂菩薩境界大定的定心。即涅槃、佛性。馬祖道一的說法乃是為「止小兒啼」，是為初學者提示的入門路徑。馬祖道一大師後來提出「非心非佛」以及「不是心不是佛不是物」，最後要學人「體會大道」。**馬祖道一所說的「大道」指謂「絕對本體」**。即客觀獨立存在的絕對本體。禪師所說的「如如」即指這個宇宙本體。禪宗的宇宙本體是多元多層次的結構。即「一有多種」。絕對本體可謂「道」。涅槃作為「佛性之父」而生成佛性。「佛性」是直接因本體。「萬法歸一」的「一」指謂佛性。曹洞宗偏正五位的「正位」指謂清淨涅槃。清淨涅槃就其精神性存在而言與絕對本體同質。絕對本體是永恆不變、客觀存在的精神性宇宙本體。清淨涅槃則是禪師「內證」的禪定意識。兩者同質。這猶如開口瓶子裡的空氣與大氣的空氣同質，卻有內外之分。禪者最終經過涅槃契合絕對本體進入永恆。

鼓山元賢云：

> 佛所說諸經。有三乘不同。未可一概而說。如除相空以存本性。去邪念以歸正道。此正小乘宗旨。二語只是一意。由執相故邪念。由邪念故執相耳。若大乘則了相即性。諸相本空安待

除。本性自如安待存。若必除彼以存此。是之謂生滅法。《楞嚴經》中。備陳此旨。細看當自知之。如高皇帝所詔三經。楞伽乃大乘頓教。開卷百八問。便非二語所能攝。即《金剛心經》。雖有破相之說。然彼云。是諸法空相。不生不滅。不垢不淨。不增不減。是何等境界。若如二語所說。則正是有生有滅。有垢有淨。有增有減。豈知真空實相者哉。承諭作三經路疏。恐力有不逮。**但《楞嚴》一經。能備三經之旨。**

此處指明大乘宗旨在於，「**若大乘則了相即性。諸相本空安待除。本性自如安待存。若必除彼以存此。是之謂生滅法。**」若不二法門即相即空。「性」即本體，「相」指現象。性相平等，故「理事一如」，菩薩當體即空即是「了相即性」。

「枯木生花始與他合」，表示禪師出涅槃證得佛性建立世界，才能證明禪師的禪定意識與涅槃完全同質化。洞山良价說「枯木上撒些花子」，即謂枯木生花冰河發燄。意謂佛性出世建立世界。「**密移一步玄路轉，無限風光大地春**」。森羅萬象即「十方大地是全身」，塵塵剎剎無非如來，「山河與大地，全露法王身」。「全體即用枯木生花」則比喻佛性作為宇宙本體生成森羅萬象。**涅槃正位雖是定境，卻是虛位**，並非「**證位**」，意味定心無法久居正位。佛性出世菩薩處於「金針雙鎖」，定心在涅槃與首楞嚴佛性之間「轉必兩邊走」。久之「鉤鎖連環」。進入正偏兼帶境界。若金針不動，進入「理事無礙」的境界。若涅槃佛性混融一體不分彼此，到「萬象明明無理事」的境界，即是事事無礙法界。理事同時顯現、「遮照同時，同時即不立，不立卻同時」、華嚴六相義「同時」成立，「有無同時成立」，這即是事事無礙的菩薩境界。所謂「因陀羅網」是也。

禪師定心經歷涅槃，佛性出世建立世界。要經過長期修證進入菩薩正偏兼帶境界。成佛禪師在「正偏兼帶」的情形下，佛菩薩佛智五眼具有類似凡夫的意識與普通人的見聞覺知功能，而菩薩的「定心」與凡夫的見聞覺知完全不同。定心具有「六根互用」的特殊知覺，就功用來說，菩薩具有類似凡夫的六根六識。菩薩正偏兼帶的境界，定心兼攝涅槃佛性，「內君外臣」、「一腳門裡一腳門外」（宏智正覺），喻為「前釋迦後彌勒」。「正偏兼帶」建立在「金針雙鎖鉤鎖連環」的禪定基礎。由此進入理事無礙、事事無礙法界。

佛教世界觀是「三界唯心，萬法唯識」。大定意識與絕對本體實質相同只有細微差別。佛性在禪師「心內」也可以稱為「理地」。「理地」即指本體。禪師證入「清淨涅槃」。這即是「涅槃正位」。禪師以「空劫以前威音那畔」來形容涅槃正位。禪師不居正位轉身退位，重新回途人間普度眾生。菩薩境界就禪定來說即是首楞嚴大定或謂大乘「金剛喻定」。六祖慧能稱為「一行三昧」。這是最上乘禪定，也可稱為「佛定」。菩薩正偏兼帶境界，「前釋迦後彌勒」，涅槃佛性混居一身，「凡聖同居龍蛇混雜」。此即「佛真法身」。

《楞嚴經》云：「一人發真歸元，十方虛空悉皆消殞」，形容清淨涅槃「寂滅」。中國禪師則說「一人發真歸元，十方虛空錦上添花」、「十方虛空觸著磕著」，則形容定心出離涅槃佛性出世建立世界。等覺（首楞嚴大定）的境界乃是「全體即用，枯木生花」；而涅槃則是「全用即體芳叢不豔」的枯寂境界。等覺，相對地上菩薩即是佛之境界，相對於妙覺則是普賢菩薩境界。雖然本質相同卻還在修證之中。佛性本體的「體」即「清淨涅槃」，意謂涅槃生成佛性。**「真如不變隨緣」。不變者即涅槃。隨緣變現萬法者即佛性。明鏡背面「無直接作用」，鏡面卻不能離開「鏡體」**。涅槃佛性「父子不離」，「前釋迦後彌勒」所成**「佛真法身」共同作用呈現萬法**。

宏智正覺云：

主中之主天中天。家勢金輪萬代傳。退步不居尊貴位。借功卻作誕生緣。廓虛印上無瑕垢。明白機頭有轉旋。劫數不能知壽量。湛存象外自綿綿。**諸禪德。還覷得破個中行履處麼**。良久云。獨據道樞成父祖。主持世界付兒孫。

主中主，喻為祖父。絕對本體。獨據道樞，雪岩祖欽云「**祖父不曾離正位**」。須知正位乃虛位，前面云「萬代傳」。「**退步不居尊貴位」謂主中主之子即涅槃定心**，「不居尊貴位」。這種表述不嚴謹卻無可奈何。「主中主」與「涅槃本體」並非父子。然而南泉普願說「祖父從來不出門」。祖父絕對本體作為精神性存在與人無關。祖父之位恆在。**主中主與尊貴位無關。涅槃與佛性的關係乃是「一體兩面」。兩者非一非異，可分可不分。有時「一刀兩斷」，有時「刀斧斫不開」混融一體。涅槃生成佛性，因此是「體用關係」。我們必須辯證地理解涅槃佛性的關係**。

大乘佛教菩薩能入涅槃而不居正位，證入佛地卻要入廛垂手普度眾生。等覺乃是「補處佛位」。菩薩回途人間時首楞嚴大定定心即佛性，出世建立世界。禪師肉體滅度，其大定意識經歷涅槃寂滅海後再與絕對本體契合為一，此即曹洞宗「兼中到」之意旨，也是禪宗修證成佛的意旨。涅槃正位即妙覺佛位乃是人力能夠證入的成佛境界，是禪師內心修證的境界。**我們反覆說客觀遍在的絕對本體乃是與人無關，非人力可以造到，超越人間一切價值，乃是獨立客觀的自在的存在。這是絕對意義的宇宙本體。禪宗的終極關懷在於人的靈魂最終與宇宙絕對本體契合為一**，因此「身滅影不滅」最終解脫生死進入永恆。

妙覺法身與等覺法身有著細微的差別。首先要說兩者本質相同，都是「識陰盡」之境界。等覺首楞嚴大定乃是經過清淨涅槃的洗禮以後轉身退位而證得，修證者「脫胎換骨」即泯滅根本無明，大死一回命根斷進入清淨涅槃，然後轉身出離涅槃證入首楞嚴大定，獲金剛心。到此分際「見性成佛」。等覺尚有所知障、枝末無明。禪定意識經過「全身入理」的過程，證入「理地」與涅槃本體同質化。金針往復的目的即為保持佛性定心與清淨涅槃同質。菩薩證入清淨涅槃「不居正位」。為了普度眾生，到此涅槃正位轉身退位進入菩薩境界。菩薩不能留戀涅槃安樂，需要轉身退位而證首楞嚴佛性。此謂「枯木生花」。即謂佛性出世建立世界，菩薩進入世俗紅塵，經歷涅槃轉身退位謂之「不入驚人浪，難得稱意魚」。

「兼中至」有兩個境界即理事無礙法界與事事無礙法界。菩薩經過「金針雙鎖鉤鎖連環」的修證，菩薩的意識進入「正偏兼帶」，定心在首楞嚴大定與涅槃之間「正去偏來無非兼帶」。菩薩禪定境界處於首楞嚴大定，而首楞嚴大定含蘊百千三昧，包括海印三昧，卻不含蘊無漏滅盡定。佛性是「這邊事」而涅槃則是「威音那畔」的境界。菩薩在脫胎換骨命根斷以後，「菩薩」以佛性為主人公，利用「故我」之身在人間行菩薩道，如此才能與眾生打交道。所謂「千里持來呈舊面」。佛菩薩因為肉體尚在，故此尚有最後一品無明，這是「枝末無明」。趙州從諗和尚說：「我在南方三十年。**除粥飯二時是雜用心處**」。這個雜用心即是枝末無明。菩薩處於有漏涅槃。「恆納虛空時含法界」。等覺妙覺的禪定境界，即佛性與涅槃定境本質相同只有細微差別。禪定意識經過證入清淨涅槃與涅槃同質化（「子歸就父」），然後轉身退位證得首楞嚴佛性。佛性即首楞嚴定心（《涅槃經》）。佛性出世定心往復，證得「鉤鎖連環」後轉入正偏兼帶。若定心不來不去則證得理事無礙法界。若至涅槃佛性混融一體，即進入事事無礙法界。到此證入「一心三觀」，即「中道」，證得一切種智，成就妙覺佛位。以上名相繁瑣，需要仔細體究。簡單地說，涅槃分成兩段看，在無人無佛時，涅槃作為絕對本體，謂之究竟涅槃。當人出現後，涅槃作為禪定意識可以存在於人心內，具有主觀意蘊。涅槃具有主客觀存在的意蘊。

二十七、涅槃的「自體用」以及「隨緣應用」

涅槃「自體用」與「隨緣應用」是理解涅槃與佛性關係的要害。禪宗重要的「正偏兼帶」關鍵在此。

圭峰宗密批判馬祖道一洪州宗不懂「自性用」，萬松老人作出辯解。

《禪門師資承襲圖》圭峰宗密云：

問。洪州以能語言動作等。顯於心性。即當顯教。即是其用。何所闕耶。

答。真心本體有二種用。一者自性本用。二者隨緣應用。猶如銅鏡。銅之質是自性體。銅之明是自性用。明所現影是隨緣用。影即對緣方現。現有千差。明即自性常明。明唯一味。以喻心常寂是自性體。心常知是自性用。此能語言。能分別動作等。是隨緣應用。今洪州指示能語言等。但是隨緣用。闕自性用也。又顯教有比量顯．現量顯。洪州云。心體不可指示。但以能語言等驗之。知有佛性是比量顯也。菏澤直云。心體能知。知即是心。約知以顯心。是現量顯也。洪州闕此。

《圓覺經大疏鈔》圭峰宗密云：

心寂而知者。先問真心既非色聲香味等相。復無分別緣慮愛惡等相。未審何者是此真心。**真心自體有何勝能**。云何表顯得有真心。凡欲釋諸法門。皆須釋名出體。不可但言一心不出體相故。答云。寂而能知也。寂者即是決定之體。堅固常定。不喧動不變異之義。非空無之

> 義。故經云。一切空寂法是法寂不空。**若無真心之體。說何物寂何物不動不變耶。知者謂體自知覺。昭昭不昧。棄之不得。認之不得。是當體表顯義。**非分別比量義。上言不喧不動不變等者。只說此知寂而不變等耶。寂是知寂。知是寂知。**寂是知之自性體。知是寂之自性用。故清涼大師云。靈知不昧性相寂然。**

「真心之體」即無漏涅槃定心，其與客觀的絕對本體同質，注意「真心之體」指謂涅槃的心體，無漏滅盡定與「絕對本體」同質，有時不加區分。如如智指一切佛智。「**寂而能知也。寂者即是決定之體。堅固常定。不喧動不變異之義。非空無之義。**」「空寂心體」指謂涅槃定心作為「體」，「知是寂之自性用」指謂「知」之「妙用」在「佛智」。「寂」在此代表涅槃，「知」即「智」代表佛之「智慧」。這句話奧義很深。近現代學人對涅槃與佛性的關係以及他們作為「體用」、「父子」、「非一非異」、「一體兩面」的關係並不理解。他們也不懂「一有多種」的空界是多元多層次的本體界。

萬松老人在《從容錄》云：「鏡雖明而有背面。唯玉機轉側遞相綺互，雙明雙暗兼到之方也。」「鏡雖明而有背面」之「背面」指「鏡體」，即謂涅槃本體，**涅槃的自體用在於生成佛性**，佛性大用在於建立世界**呈現森羅萬象**。**涅槃本體如同鏡體**，**不直接顯現萬法卻生成佛性**，**涅槃猶如鏡體**產生「鏡之明」顯現萬法。「佛真法身猶若虛空，應物現形如水中月」。此句不能分開理解，第一句說涅槃猶若虛空，第二句講「佛性」如同「水中月」「應物現形」呈現森羅萬象。萬松老人對此反覆講述，**因為「佛真法身」乃由涅槃佛性混居一身而成就**。這是菩薩「正偏兼帶」的境界。所謂「前釋迦後彌勒」。萬松老人云「雙明雙暗兼到之方也」。**涅槃為體佛性是用。兩者合體而成「真法身」。證到正偏兼帶才能「雙明雙暗」、「雙眼圓明」。若到定心不動，即是理事無礙法界的定境。若涅槃佛性混融一體，證到「事事無礙法界」，**「法界量滅」。到此「理事何妨分不分」，正是在「事事無礙法界」證得「一心三觀」，即一切種智。故此我們說，「凡聖分離正偏兼帶」是極其重要的菩薩境界。這是成佛的必經之路。

涅槃生成佛性，本身並不顯現萬法。佛性顯現萬法。涅槃與佛性非一非異，「父子不離」而刀斧斫不開。涅槃作為「理體法身」生成佛性，佛性「用中法身」建立世界。涅槃佛性即為「一體兩面」。法身由涅槃佛性合體組成。涅槃佛性如同「鏡體鏡面」，雖然有時「一刀兩斷」，有時「混融一體」。兩者有體用關係，曹洞宗謂之「白雲終日倚，青山總不知」。

「昨夜寒岩無影木，白雲深處露橫枝」（丹霞子淳）表明涅槃本體如如不動卻生成佛性建立世界。宇宙本體永恆存在且「法爾如是」地建立世界。禪宗所謂「無風匝匝波」，不知因何而起，因何而滅。現象界「生滅運動」永遠不會停止。曹洞宗說「正中有偏」，形容宇宙本體（涅槃與佛性）天使其然地具備生成宇宙萬有的本性。此謂「性海無風，金波自湧」。形容涅槃生成佛性，佛性生成世界。雖然對於世間的現象，宏智正覺云：「借來聊爾了門頭（當處發生）。得用隨宜即便休（隨處滅盡）。」菩薩意根久滅，故「見相不生癡愛業」。菩薩必須經歷紅塵世界才能修證成佛。

《注心賦》永明延壽云：

> 升沉表用。體具靈知。
>
> **此知是一切眾生心體。不同虛空。**性自神解。亦不作意。任運而知。禪源集云。此言知者。

> 不是證知。意說真性不同木石。故云知也。非如緣境分別之識。非如照禮了達之智。直是真如之性自然常知。又不同虛空者。**靈然覺知。覺知即神解義**。陰陽不測謂之神。解即是智。智即是知。知即一心也。故祖師云。空寂體上。自有本智能知。於一切染淨法中。有真實之體。了然鑒覺。目之為心。如是無漏無明種種業幻。皆同真如性相。蓋為真如隨緣成於一切。一切不離真如。以理融之。唯是一味。此是通相。相即無相。若約別顯。染淨施為造作。即是真心不守自性。隨緣之相用。

永明延壽用「靈知不昧」解釋空寂之心。這樣將「空寂之知」與涅槃本體相提並論起來。圭峰宗密、永明延壽等人將靈知與真心等同。其思想來源於菏澤神會與清涼澄觀。清涼澄觀曾說：「**無住心體，靈知不昧**。」（《顧順宗心要法門》）神會禪師則明確表示：「本空寂體上，自有般若智能知，不假緣起。」（《菏澤神會禪師語錄》）又說：「**空寂體上，自有本智**，謂知以為照用。故《般若經》云：應無所住而生其心。應無所住，本寂之體；而生其心，本智之用。」（《菏澤和尚與拓跋開府書》，見《神會和尚禪話錄》）這些思想與六祖慧能所說「般若自性起念」、「真如自性起念」、「念念都是般若」相符。這種說法將佛性與「佛智」相提並論。「應無所住」意謂佛性定心無形無相無影無蹤，正是這個「牢籠不肯住，呼喚不回頭，祖師不安排，至今無處所」的首楞嚴大定的定心（佛性），即是佛智之心。這個「無住心體」正是首楞嚴大定的定心。「涅槃之心」即「空寂之體」。涅槃生成佛性，神會將心體等同「智」（知）。神會之說意謂涅槃生成佛性而佛性自有不假緣起的佛智。首楞嚴大定的定心具備佛智以及五眼等特殊知覺系統。「法身佛」亦指「首楞嚴大定定心」，此即建立世界的精神性宇宙本體。無異元來云：「動境中求起處不可得。靜境中亦求起處不可得。動靜既無起處。將何為境耶。會得此意。總是一個定體。充塞彌亙。無餘蘊也」。此定體即佛性定心也。

菏澤神會云「擬心即差」。禪宗大師經常講「動念即乖」等，菩薩對任何事物都是「現量直觀」，不需要意識的參與。般若智慧直接觀照「諸法實相」。「實相」卻又難以言詮。釋迦牟尼、龍樹以及禪宗各代祖師，只能以世諦的語言來間接表達「如來知見」，因此學佛學禪還是需要「參悟」，需要「自悟實證」。我們講佛性不受根塵污染，即「實際理地不受一塵」，這種「根塵」包括凡夫的「俗智」，即凡夫的「情識見解」。「佛智」與「俗智」格格不入，不能受「俗智」的污染。讀者要記住，「如來知見」超越我們世諦的語言或符號系統所能表達的一切見解，**這種「超越」乃是「佛智」的重要屬性**。這也是真諦與俗諦的差別。我們對「佛菩薩境界」的了解，雖然要通過俗諦語言，但是語言所表達的並不是佛法的「究竟」。就筆者所見，中國各代大禪師都是「語言天才」，「天下老和尚的舌頭」真正了不得。這些大禪師借助中國語言的優勢，常常「繞路說禪」，我們需要懂得禪師的話「意在言外」，懂得禪師的「言外之旨」，懂得菩薩只是涅槃的「代言人」（禪師喻為「金聲玉振」）。或者說佛性是涅槃本體的代言者。

圭峰宗密云：「寂者，是決定之體，堅固常定，不宣動，不變異之義，非空無之義。」這指謂涅槃本體。圭峰宗密將佛智與涅槃本體相提並論，圭峰宗密云：「寂是知寂，知是寂知。寂是知之自性體，知是寂之自性用……用而常寂，寂而常用。知之一字，眾妙之門。」讀者請注意，古漢語「知」與「智」通。這裡的「知」應該理解為「智」。**「寂」指謂涅槃本體**。禪宗講究「定慧雙修」，圭峰宗密云：「因止緣而心定，定者寂然不變；**因觀照而發慧，慧者知無分別也**」。因此認為佛智來自禪定，即我們所說的涅槃或首楞嚴大定。圭峰宗密說：「菩提，梵語，此翻為覺，即是知也。涅槃，梵語，此翻為寂滅。即是寂也」。圭峰宗密將菩提解釋為覺，而覺就是般若智慧，故而菩提「即是知也」。他將涅槃翻譯為「寂滅」，即是涅槃本體。此般若智就是圭峰宗密所主張的「知」，**所謂「慧者知無分別也」應是「分別智」**，即萬法平等萬法皆空的究竟。這樣圭峰宗密將「知」與真心等同。

圭峰宗密列舉了三種知，即：**量知、寂知與真知**，圭峰宗密所說的量知包含了三種類型，即：**比量、現量和佛言量**（聖言量、聖教量）。圭峰宗密的寂知與真知則成為學人通向涅槃本體的途徑。我們以講解「空」為例，來解釋圭峰宗密的「佛智」。

> 空者，空卻諸相，猶是遮遣之言，唯寂是實性，不變動義，不同空無也。知是當體表顯義，不同分別也，唯此方為真心本體。故始自發心，乃至成佛，唯寂唯知，不變不斷，但隨地位，名義稍殊。謂約了悟時，名為理智；約發心修行時，名為止觀；約任運成行，多為定慧；約煩惱都盡，功行圓滿，成佛之時，名為菩提涅槃。當知，始自發心，乃至畢竟，唯寂唯知也。

空與妙有不是對立而排斥，而是對立而統一的「相對法」。說妙有即不空，圭峰宗密的解釋是：「以有自體，具足無漏功德故。又云：已顯法體空無妄故，即是真心，常恆不變，淨法滿足。」可見，**圭峰宗密所講的妙有不空就是真心**，真心「常恆不變，淨法滿足」，所以真心是真實存在的本體。與之相對，空的解釋則是：「**從本以來，一切染法不相應故，謂離一切差別之相，以無虛妄心念故，妄念分別皆不相應也。**」**空既然是對於執著的否定，被否定的對象則是虛妄心、妄念，是謂「真心」**。由於這些虛妄心與妄念的作用，才有了「分別皆不相應」的世間染法。通過空與不空即妙有的界定，圭峰宗密將妙有定義為真心的真實存在，將空的對立物界定為妄心、妄念，這就再次論證了其空寂的定義：「空者，空卻諸相，猶是遮讜之言，唯寂是實性不變動義，不同空無也。」這就表明「空不是無」。圭峰宗密將真心與空寂之知發生了聯繫，而空寂之知的本質就是真心。

圭峰宗密進一步提出佛智具有「靈明知覺」：

諸法如夢，諸聖同說，故妄念本寂，塵境本空，空寂之心，靈知不昧。即此空寂之知，是汝真性。任迷任悟，心本自知，不藉緣生，不因境起。知之一字，眾妙之門。

圭峰宗密用「靈知不昧」解釋空寂之心。圭峰宗密對於「靈知不昧」的解釋是：「**任迷任悟，心本自知，不藉緣生，不因境起**」，圭峰宗密所言的「空寂之心，靈知不昧，即此空寂之知，是汝真性」（《禪門師資承襲圖》），圭峰宗密又說：「若云知見覺明，靈鑒光明，朗朗昭昭，惺惺寂寂等，皆是表詮。若無知見等體，顯何法為性，說何法不生滅等，必須認得見今了然而知，即是心性，方說此知不生不滅等。」這樣圭峰宗密就將「空寂之知」與佛性本體相提並論起來。正是如來藏佛性，乃是佛智之心。圭峰宗密的思想與六祖弟子菏澤神會的思想是一致的。

有人認為禪定是一種宗教性質的神秘體驗，這是錯誤的。就筆者所知，西方學者研究的神秘體驗有

「內向」與「外向」之分。神秘體驗一般都是短時間內發生的，無論是潛意識或催眠作用、還是致幻藥的作用、甚至夢境，都是短暫的經歷，絕對沒有歷時數十年之久的神秘體驗，而且千萬人都有相同的「體驗」。禪宗大定，例如慧能所說的「一行三昧」或謂「首楞嚴大定」，都是恆時在定，不出不入的大定。所謂「行亦禪坐亦禪」。禪定意識顛覆了現象學的「意識相關項」學說。這也不是西方哲學所謂「純粹意識」能夠解釋的。「純粹意識」只是哲學概念。**而禪定意識則是一個精神性的「實在」。最重要的是，無論何種神秘體驗，每個人的體驗都不同，致幻劑使人達到的心理生理的「境界」也非相同。而禪師經過禪定達致的「定中境界」卻是相同的。**另外，筆者還要指出，禪定境界是等級分明的，即使證入「**沒有意識活動的意識**」也不過是中級的定境。按照《楞嚴經》的解說，也只是「想陰盡」而已。「未到無心需要到，無心還隔一重關」表明即使證入涅槃還有幾道重關。中國儒家發展到宋明心學、理學，實際上受到禪宗思想的極大影響。而心學家、理學家也修習「靜坐」，據說能夠達到「**心體呈露**」的境界，不知何來「心體呈露」？再說何謂「心體」？當代學者應知，儒家發展到宋明心學、理學階段，受到禪宗思想的挑激。事實上儒家學者雖然在表面上排斥禪宗思想，卻大量借鑒禪宗思想。而道家內丹學說也借鑒禪宗思想。這是中國思想史上極其重要的問題，當代學者本末倒置地論斷說禪宗思想受到儒道兩家的影響是錯誤的。這對中國思想史的研究具有嚴重的誤導。**當代學者所謂以「理性」來研究神秘體驗也大有商榷餘地**。**我們要問什麼是人類理性**？理性有沒有局限？以人類自然科學理論來說，豈不要首先預設一個客觀存在的物質世界？人類的科學理論豈不是一直在更新變化？無論物理學還是數學定理，都只能適用於某個物理場或數學構造，這裡不存在放之四海而皆準的絕對真理。禪者所親證的事事無礙法界，乃是人類所無法想像的境界。這是「塵塵剎剎皆為本體」的境界，這裡沒有主客之分，沒有觀察對象也沒有觀察者。這是神秘體驗所難以解釋的境界。現代物理學越來越認為世界是虛幻的，客觀的物質世界並不存在。量子物理學甚至認為人的靈魂以「量子態」存在而不會消亡。

曹洞宗偏正五位，我們在後面詳細解說。「正中偏」意謂「初悟涅槃本體」，「偏中正」出離三界，「迷頭認影」，「一切處不明，面前有物」。不識涅槃本體而「騎驢覓驢」，到此小死一回絕後復蘇證入「涅槃前一色」，即「正中來」初始。

二十八、如來禪與祖師禪

入就瑞白禪師解釋祖師禪、如來禪：

若談性則一切皆真。若破妄則一切皆假。若談根境則一切皆是塵緣。故法無定法隨人施設。公所說者。正是真如之理。引維摩圓覺二經淫怒癡俱是梵行等。此正是真如。謂之理窟。謂之理障。謂之如來禪。謂之百尺竿頭坐的人。百尺竿頭須用進步。理窟理障如來禪。須用掃去方可透徹祖師關。不然只在死水裡浸卻。何能知向上事乎。

六祖慧能門下，皆證「祖師禪」。這是禪宗禪師的認知。小乘大乘門派眾多說法不一。清淨涅槃是「教義」最高級次第，在小乘佛法中即是極則。然而「祖師禪」是中國禪宗佛法，證入涅槃要「轉身退位」證得首楞嚴大定。然後佛性出世入廛垂手。石霜慶諸首座公案裡，首座死在有漏涅槃「一色邊」。百尺竿頭坐在死水。死水淹殺。一死不再活。「只解恁麼去，不解恁麼來」（紙衣道者）。證入涅槃在禪宗看來並非極則。祖師禪要脫胎換骨證入涅槃不居正位，轉身退位證得佛性出世。在禪宗「正眼看來」，進入涅槃不知轉身退位，則「坐斷十方猶點額」，「鬼窟裡作活計」，「坐斷白雲終不妙」。沉空滯寂坐在枯木寒岩，表明妄識未泯法執猶在。須知「枯木生花始與他合」。佛性出世建立世界。菩薩入廛垂手。

公案「蓮花不住」、「沙米一時去」（雪峰覆盆）、「思大目視雲霄」、「普眼不見普賢」、「長沙進步」等，皆為「如來禪與祖師禪」的公案。**祖師禪要在禪定實踐裡證入「理事無礙法界」與「事事無礙**

法界」，要驗證佛性是顯現萬法的宇宙本體，要證到「十方世界是全身」、「萬物與我一體」。要在正偏兼帶境界證得事事無礙法界，到此證得「一心三觀」即「中道」，即一切種智。

禪師說「枯木生花始與他合」，要驗證佛性的宇宙本體確有生成萬法的功用。如此才能「契合本體」。禪宗認為若一死不再活，叫作「死水淹殺」、「鬼窟裡作活計」、進入有漏涅槃尚有無明妄識未盡，未能證得法身修成佛果。所謂「貼體衫子」、「寶華冠」、「尊貴胎」等皆謂細微妄識，未到「識陰盡」。所以從「偏中正」進入「涅槃前一色」，我們喚作「小死一回絕後復蘇」。進到「涅槃前一色」。「內守幽閒」、「純清絕點真常流注」。由此進入有漏涅槃只能救得一半，尚有識陰未盡。到此脫胎換骨命根斷，證入涅槃正位而不居正位，進入涅槃「子歸就父」意謂定心與涅槃同質化，然後鶴不停機飛渡寒煙，轉身退位證得佛性，此是禪宗成佛「正路」。若如石霜慶諸首座一死不活，謂之「百尺竿頭坐的人，雖然得入未為真」，坐斷白雲終不妙。雖然進入「涅槃境界」而圓寂，未入「識陰盡」的境界，「寒灰枯木眼中塵」。他以「有漏涅槃」為極則。死水淹殺未成佛果。大慧宗杲說「兩個無孔鐵鎚」，涅槃為父謂「最重」，佛性謂較輕，「涅槃生成佛性」，故稱「父」。禪宗要證得佛性，建立世界。要證明佛性生成萬法。所謂「百尺竿頭須進步，十方大地是全身」。

祖師禪從世尊拈花公案，到香嚴公案「我有一機瞬目視伊，汝若不會別作沙彌」、「帝命旁分」、「石人腦裂」等表明，如來禪與祖師禪的區別在佛性出離涅槃，佛性出世建立世界。「回途石馬出紗籠」謂之凡聖分離。須知涅槃與佛性「父子不離」，本質相同而有微妙區別。兩者非一非異，時分時不分。「密移一步春光曉，無限風光大地春」，佛性出世還要「回爐重重烹煉」，此謂金針往復，定心在涅槃與佛性（楞嚴大定）之間反覆來往，「無須鎖子兩頭搖」。佛性出世入廛垂手曲為今時。定心這邊那畔自由來往。在長期修證後菩薩進入「正偏兼帶」的定境。涅槃佛性混居一身。若定心不來不往，則入理事無礙法界。若涅槃佛性混融一體不分彼此，證入雙遮雙照，遮照不立，遮照同時，同時卻不立，「上古今來成一體」，涅槃佛性合為一體。圓悟克勤云「正當十五日。化為萬斛明珠。撒在大千沙界。處處盡放光明」。即是事事無礙的境界。「正當十五日」證得正偏兼帶，圓悟克勤上根利智，他超進一步即頌事事無礙法界。

大乘經典如《華嚴經》講「事事無礙法界」，《楞嚴經》講「如來逆流」，《圓覺經》講「四我相」，皆蘊含「轉身退位」之禪理。否則事事無礙法界從何證得？筆者認為，如來禪、祖師禪乃至佛教教理，都是一脈融通不必執著。

二十九、曹洞宗「偏正五位」之「正中來」

《楞嚴經疏解蒙鈔》錢謙益云：

縱滅一切見聞覺知。內守幽閒。猶為法塵分別影事。

〔交光云〕法塵分別有二。一者境是法塵。體非本有。一不分別。境即沉沒。**彼幽閒境。全託分別而得內守。如無波之流。望如恬靜。而實不住也。**二者凡外權小。皆依六識思惟為觀。六識印持為止。離六識。**無別入觀之體。根本元是分別。**自謂寂定。實全流注也。

明代交光真鑑云：「自謂寂定。實全流注也」，即謂內守幽閒是「真常流注」細心未泯的境界。「**彼幽閒境。全託分別而得內守。如無波之流。望如恬靜**」。

由偏中正小死一回絕後復蘇才能進入「涅槃前一色」。即「正中來」初級次第。這已到法身。涅槃前一色。內守幽閒真常流注。要「打破鏡相見」。「純清絕點」，禪師切不要以為「到家」。《楞嚴經》云：「阿難。當知此湛非真。如急流水。望如恬靜。流急不見。非是無流」，筆者謂此「涅槃前一色」。宏智正覺云「隱人胸次自成情」即是法塵影事。溈山靈祐「無一法可當情。見猶在境」。「透得一切法空，隱隱的有個物」即是「法塵影事」。此是「正中來」最初次第。《楞嚴經》云：「**縱滅一切見聞覺知，內守幽閒，尤為法塵分別影事**」，此即法執不忘己見猶存。到此要小死一回絕後復蘇進入有漏涅槃。「小死」以區別「大死一回」也。

從涅槃前一位小死一回絕後復蘇進入有漏涅槃。「清光照眼似迷家，明白轉身還退位」。滯留於此即謂「**鬼窟裡作活計**」。泯滅粗中之細（妄識）尚有細中之細的補特伽羅。「**粗中之細，人牛不見處正是月明時**」。「一片清虛法身初立」（宏智正覺），有漏涅槃尚有細微識陰流注不停。若不會轉身退位出離涅槃則謂之「雪屋人迷一色功」、「百尺竿頭坐的人，雖然得入未為真」、「萬里無雲天有過」要「青天吃棒」，沉空滯寂坐在「有漏涅槃」。此謂「死水淹殺」。涅槃境界非常奧妙，若在此沉空滯寂，落在法身邊不成佛果。盤山寶積云：「**心月孤圓光吞萬象，光非照境，境亦非存。光境俱亡復是何物？**」到這個「青青黯黯處」要「月落後相見」。萬松老人云「**天地黯黑如一錠墨，正是衲僧脫胎換骨轉身一路**」。宏智正覺禪師說：「夜明簾外轉身難」。不能坐在死水淹殺，不能在鬼窟裡作活計。「澄源湛水尚棹孤舟，佛祖玄關橫身直過」。「金龍豈守寒潭」。不能貪戀涅槃安樂。到此**脫胎換骨識陰盡**，不戴寶華冠，脫卻尊貴脂。進入正位不居正位，泯滅細微妄識即定心與清淨涅槃同質化。「鶴不停機」轉身退位「飛渡寒煙」。出離涅槃證得佛性，佛性出世建立世界。此即「見性成佛」。

真歇清了云：

坐得脫。歇得到。凝想俱盡絕根株。明歷歷。無可趣向也。須是個徹底放下死一遍了。驀地蘇息。個些精彩。若明鏡臨台絲毫不昧。便恁麼橫身。猶恐墮在絕點純清。未透真常流注。

真歇清了說「死一遍了，**驀地蘇息**」發生在「**未透真常流注**」之前。涅槃前一色即「純清絕點真常流注」。由此可證，從「偏中正」證入「涅槃前一色」需要「徹底放下死一遍」。**我們謂之「小死」**。

「光不透脫」公案第二病即「面前隱隱地。似有個物相似」。此「隱隱之物」即前塵影事，透得法空尚有法塵。此即涅槃前一色。內守幽閒尚有真常流注。到此也只「救得一半」（見無異元來與真歇清了禪師語錄）。由此小死一回絕後復蘇到有漏涅槃。尚存「細中之細」的妄識，即阿賴耶識細心、補特伽羅尚未滅絕。要脫胎換骨命根斷。禪師形容為「豹變文」「龍蛻骨」。泯滅細微妄念證入涅槃正位。進入涅槃正位與無漏滅盡定同質化。此謂「子歸就父」。若坐在涅槃不會轉身，則「坐斷十方猶點額」。留戀涅槃則死水淹殺。落在法身邊。修證者要鶴不停機轉身退位出離涅槃證得佛性。「未到無心需要到。及到無心無也休」形容即使進入涅槃的「無心境界」，還要連「無」也泯滅才是無漏涅槃。圓悟克勤云「莫謂無心便是道，無心更有一重關」。

由涅槃前一色證入有漏涅槃。萬松老人說：「**最好是打破鏡的時節。命根斷處。妄識銷鎔。流注乾枯。正恁麼時。向何處與靈雲相見**。天地黯黑。如一錠墨相似。喚作衲僧奪胎換骨轉身一路。**吹殘劫盡灰飛後。突出虛空未兆前。**」「**打破鏡的時節**」**正是有漏涅槃。到此要脫胎換骨命根斷進入正位。無異元來說：「絕後復蘇救得一半，一半倔強拗折拄杖」**。有漏涅槃脫胎換骨正是「天地黯黑」、「光境俱亡」。盤山寶積謂「光境俱亡」即在有漏涅槃「脫胎換骨」的時節。「**命根斷處。妄識銷鎔。流注乾枯**」證入涅槃正位。《十玄談》謂之「一色」或「正位前一色」。若識陰未盡坐在有漏涅槃，法執猶在，留戀涅槃安樂，滯在死水而不懂轉身退位。宏智正覺謂之「正位一色」、在「鬼窟裡作活計」。「坐斷十方猶點額」，落在法身邊。萬松老人問「**向何處與靈雲相見**」，「**天地黯黑**」正是有漏涅槃。注意兩種「一色」境界不同。「正位前一色」謂未入涅槃正位之「有漏涅槃」。「正位一色」謂已入涅槃卻「點額而回」滯在涅槃死水。兩種皆謂有漏涅槃。須知境界不同。

《圓覺經直解》憨山德清云：

一切眾生從無始來妄想執有我人等者。正初所云。妄認四大為自身相。六塵緣影為自心相者也。由諸眾生最初不覺迷本法身故。**妄認五蘊幻妄身心**。**為實我體**。故名我相。**計我展轉趣於餘趣**。故名人相。**計我盛衰苦樂變異相續**。為眾生相。**計有一期命根不斷**。為壽者相。本起無明。謂最初一念不覺生相無明也。法身無我。由一念無明。迷本法身。成陀那識。為我相根本。自此皆是無明用事。故云為己主宰。我者主宰義。謂從無始至今。一向皆是無明主宰。是為我相。自等覺已還。未破生相無明。異熟未空。皆屬我相。然此我相。與諸教所說不同。後文自明。

《空谷集》林泉老人云：

然危巒峻嶺突屼嵯峨。未足安身。更宜轉位。不見道莫守寒岩異草青。坐卻白雲終不妙。正如以癡絕工夫打疊妄心。內守幽閒外絕幻境。灰身滅智撥喪無餘。緊閉玄關施呈妙悟。然則漸修頓悟頓悟漸修。翻覆看來。到底終須親到一回始得。不見道。未到無心需要到。及到無心無也休。

雲門文偃說「直饒透得。放過即不可」，意謂「**透法身**」。佛性出世也要明白「**向上一竅**」。「**定心**」

出世後要在涅槃與首楞嚴大定之間往復優游。此謂「金針往復」。萬松老人說，「串錦老漁懷就市。飄飄一葉浪頭行。雲門大意。在入廛垂手不避風波。」一定心優游要「不居中間與兩頭」，隨流得妙。菩薩境界尚有枝末無明，也是有漏涅槃。故要時時「回爐重烹煉」，故云保任。直到「金針雙鎖玉線貫通」然後「正偏兼帶」雙明雙暗。須知入世菩薩所在有漏涅槃已經泯除根本無明。與進入有漏尚未入正位不可相提並論。菩薩處於有漏涅槃。「和光混俗隨流得妙」形容禪師證得妙覺佛位，處於那伽定。

【公案】《請益錄》第四十一則靈雲露柱（萬松老人）

舉鏡清問靈雲。混沌未分時如何（誰教汝鑿竅）。雲曰。露柱懷胎（暗中書字。文彩已彰）。清云。分後如何（許多時甚處去來）。雲曰。如片雲點太清（話作兩橛）。清云。只如太清還受點也無（事無一向）。雲不對（何不早道）。清云。恁麼則含生不來也（將頭不猛）。雲亦不對（重說偈言）。清云。直得純清絕點時如何（猶有這個在）。雲曰。猶是真常流注（合口了卻開得）。清曰。如何是真常流注（無風起浪作麼）。雲曰。似鏡常明（猶為剩法）。清云。向上更有事不（不可即這裡坐殺）。雲曰。有（何不道無）。清曰。如何是向上事（乞聞一聲）。雲曰。打破鏡來與子相見（有什麼眼）。天童拈云。分與未分（已築界牆）。玉機夜動（踏翻關捩）。點與不點（帶累晴空）。金梭暗拋（已彰文彩）。直是一色純清（黃河上源濁）。未得十成安穩（店司安下）。且道打破鏡來。向什麼處相見（慚惶殺人）。還會麼（是何心行）。清秋老兔吞光後（誰共澄潭照影寒）。湛水蒼龍蛻骨時

（高出層霄望不窮）。

師云。首楞嚴道。如急流水。望為恬靜。流急不見。非為無流。靈雲喚作真常流注。《圓覺經》道。潛續如命。為壽者相。**諸方謂之命根不斷。一條紅線掌中牽。分與未分。點與不點。是衲僧家常茶飯**。最好是打破鏡底時節。命根斷處。妄識銷鎔。流注枯乾。無壽者相。正恁麼時。向什麼處與靈雲相見。天地黯黑。如一錠墨相似。喚作衲僧奪胎換骨。轉身一路。吹殘劫燒灰飛後。突出虛空未兆前。

【按】《圓覺經》道。潛續如命。為壽者相，覺經四相，有漏涅槃（包含涅槃前一色）。萬松老人解說從「真常流注」的涅槃前一色，「打破鏡」即有漏涅槃，到此「命根斷處。妄識銷鎔。流注枯乾。無壽者相」，萬松老人說：「最好是打破鏡的時節。命根斷處。妄識銷鎔。流注乾枯。正恁麼時。向何處與靈雲相見。天地黯黑。如一錠墨相似。喚作衲僧奪胎換骨轉身一路。吹殘劫盡灰飛後。突出虛空未兆前。」「打破鏡的時節」正是有漏涅槃。到此要脫胎換骨命根斷進入正位。有漏涅槃謂：「光境俱亡復是何物？」「光境俱亡」即「脫胎換骨識陰盡」的時節。「命根斷處。妄識銷鎔。流注乾枯」證入涅槃正位（「虛空未兆前」）。若識陰未盡坐在有漏涅槃，法執猶在，留戀涅槃安樂，滯在死水。不懂轉身退位。謂之「正位一色」、在「鬼窟裡作活計」。「坐斷十方猶點額」，落在法身邊。脫胎換骨證入涅槃正位，剎那轉身退位證得佛性。這是重要的成佛過程。

「光不透脫」的「兩病」。「**一切處不明，面前有物**」是一。形容偏中正。到此要經歷小死一回絕後復蘇進入「涅槃前一色」。即「正中來」初級次第。進入涅槃前一色。真常流注識陰未盡。雖然「純清絕點」，禪師切不要以為這裡「到家」。《楞嚴經》云：「阿難。當知此湛非真。如急流水。望如恬靜。流急不見。非是無流」，筆者謂此「涅槃前一色」。到此「一片清虛法身初立」（宏智正覺），「**縱滅一切見聞覺知，內守幽閒，尤為法塵分別影事**」，此即法執不忘己見猶存。乃是「正中來」最初境界。需要大死一回絕後復蘇進入有漏涅槃。有漏涅槃謂「清光照眼似迷家，明白轉身還退位」。滯留於此即謂「以法身為枯樁」或「**鬼窟裡作活計**」。到此還有細微識陰流注不停。若不會轉身則謂之「雪屋人迷一色功」、「百尺竿頭坐的人，雖然得入未為真」、「萬里無雲天有過」要「青天吃棒」，沉空滯寂坐在「有漏涅槃」。此謂「死水淹殺」。到這個「青青黯黯處」，**正是脫胎換骨轉身一路**。宏智正覺禪師說：「夜明簾外轉身難」。進入涅槃不能坐在死水淹殺，不能執著涅槃安樂。禪者證入涅槃境界不能「坐在死水」。「光不透脫」第二病即法執不忘，猶如攬船於枯樁。「面前隱隱地。似有個物相似」。正是有漏涅槃。細中之細妄識猶在。由涅槃前一色大死一回絕後復蘇進入有漏涅槃也只「救得一半」（見無異元來與真歇清了禪師語錄）。此境尚存「細中之細」的妄識，即阿賴耶識細心、補特伽羅尚未滅絕。《碧巖錄》（八十六）云：「盤山道：心月孤圓光吞萬象，這個便是真常獨露。然後與君通一線」，涅槃是「尊貴之位」。「尊貴之人不居尊貴之位」（萬松老人）。正位是「學位」，到此「不居正位」（南泉普願）不可滯留。「百尺竿頭須進步，十方大地是全身」。意謂出離涅槃證得佛性，佛性建立世界。「撒手懸崖下，分身萬象中」，故謂「十方大地是全身」。若留戀涅槃而不會轉身退位，坐在「正位一色」，最終「點額而回」落在法身邊，落在有漏涅槃。猶如鯉魚跳上龍門又被沖下，不得佛果「點額而回」。須知「龍門不留宿客」。到此有漏涅槃境界「不戴寶華冠」，脫掉「貼體衫子」（最後無明），要**脫胎換骨識陰盡**，**脫卻尊貴脂**。「鶴不停機」而「飛渡寒煙」。禪師形容為「**豹變文**」「**龍蛻骨**」。泯滅妄念證入涅槃正位。進入涅槃正位與無漏滅盡定同質化。此謂「就父」。然後夜明簾外轉身退位證得首楞嚴佛性。若坐在涅槃死水則「坐斷十方猶點額」被死水淹殺。不得佛果落在法身邊。修證者轉身退位出離涅槃證得佛性。「踏破澄潭月，穿開碧落天」。佛性出世建立世界。洞山良价云「枯木上撒些花子」，「光境未亡復是何物」，指謂佛性出世建立世界。「枯木生花始與他合」。此即「見性成佛」的時節。

「子歸就父」意味定心進入涅槃與無漏滅盡定同質化，涅槃是「尊貴之位」。「**尊貴之人不居尊貴之位**」（**萬松老人**）。正位是「學位」不可滯留。到此進入正位卻不居正位，定心要「夜明簾外」轉身退位出離涅槃，從有漏涅槃脫胎換骨證入清淨涅槃後轉身退位證得首楞嚴大定即佛性。佛性出世建立世界。禪師謂「不入驚人浪，難得稱意魚」。「密移一步玄路轉，無限風光大地春」。佛性是發生學意義的宇宙本體。佛性出世建立世界，謂「枯木生花」、「冰河發燄」。

三十、有漏涅槃

有漏涅槃即《楞嚴經》所說的「識陰區宇」，尚有細中之細的妄識，到此境界即「心月孤圓」、「清光照眼似迷家」，卻未到「識陰盡」的清淨涅槃。這並非禪定的極致，尚需經歷幾道玄關才能修成佛果，對於修學禪定的人，有漏涅槃是必經之路。佛教經典裡對有漏涅槃的禪定境界的闡述極為簡略。唯有禪宗文獻有所說明，曹洞宗講得尤為細緻。

《楞嚴經》云：

阿難。彼善男子。修三摩提。行陰盡者。諸世間性。幽清擾動。同分生機。倏然隳裂。沉細綱紐。**補特伽羅。酬業深脈。感應懸絕。於涅槃天。將大明悟**。如雞後鳴。瞻顧東方。已有精色。六根虛靜。無復馳逸。內外湛明。入無所入。深達十方十二種類。受命元由。觀由執元。諸類不召。於十方界。已獲其同。精色不沉。發現幽秘。此則名為識陰區宇【細心，補特伽羅】。

此處，未到「涅槃天」。「於涅槃天。將大明悟」指「識陰區宇」。從涅槃前一色脫胎換骨識陰盡轉身進入涅槃正位。「六根虛靜。無復馳逸。內外湛明」即謂「純清絕點真常流注」，「內外湛明」卻「此湛非真」。

《楞嚴經》云：

如是法門。先過去世。恆沙劫中。微塵如來。乘此心開。得無上道。識陰若盡。則汝現前諸根互用。從互用中。能入菩薩金剛乾慧。圓明精心。於中發化。如淨琉璃。內含寶月。如是乃超十信十住十行十回向四加行心菩薩所行金剛十地。等覺圓明。入於如來妙莊嚴海。圓滿菩提。歸無所得。

從有漏涅槃脫胎換骨證入清淨涅槃，此是涅槃寂滅境界，所謂「十方虛空悉皆消殞」。此段講「諸根互用」是首楞嚴大定的定心所具備的功用。「**入於如來妙莊嚴海**。**圓滿菩提**」，指最後成就佛果。非謂先證等覺後入涅槃。此經說「妙覺逆流」即謂先證涅槃卻「不居正位」，轉身退位證得首楞嚴還要入廛垂手。重重磨練最後成就「**圓滿菩提**」。

「一色」有兩種情形：未證入涅槃正位前之「有漏涅槃」，《十玄談》謂「正位前一色」。若似乎進入「涅槃正位」卻滯留於此不懂轉身退位，法執法愛未泯。落在有漏涅槃（法身邊）。宏智正覺的「三一色」之「正位一色」，意指「沉空滯寂」，「雪屋人迷一色功」。禪師往往以「雪」、「雪屋」、「銀籠」比喻有漏涅槃。**我們來講解有漏涅槃（「正位一色」）的著名公案。**

【公案】《從容錄》第九十六則九峰不肯（萬松老人）

示眾云。雲居不憑戒珠舍利。九峰不愛坐脫立亡。牛頭不要百鳥銜花。黃檗不羨浮杯渡水。

且道。別有何長處。

九峰在石霜作侍者。霜遷化後。眾欲請堂中首座接續住持（便好學能無伎倆，不應如秀拂塵埃）。峰不肯乃云。待某甲問過。若會先師意。如先師侍奉（路見不平）。遂問。先師道。休去歇去（費力作麼）。一念萬年去（忘前失後漢）。寒灰枯木去（有甚氣息）。一條白練去（切忌點污）。且道。明什麼邊事（只要無事）。座云。明一色邊事（兩般了也）【有漏】。峰云。恁麼則未會先師意在（一朝權在手）。座云。爾不肯我。那裝香來（果然不會）。座乃焚香云。我若不會先師意。香煙起處脫去不得（氣急殺人）。言訖便坐脫（這裡什麼所在恁麼去）。峰乃撫其背云。坐脫立亡則不無（出身猶可易）。先師意未夢見在（脫體道應難）。

師云。筠州九峰道虔禪師。親傳石霜之道。得殺活杖子。具衲僧巴鼻。首座擔板。只得一橛。當時見道恁麼則未會先師意在。只道吾不如汝。便教九峰無地容身傾心歸伏。不見道。**爭之不足。讓則有餘**。今時參學人只道。古人坐脫立亡。今人臨行手忙腳亂。又見歐陽文忠公見嵩山老僧。道今人念念在亂。臨終安得定。這回一向尋速生速滅。覺範頌云。死時應盡便應盡。坐脫立亡誇小兒。略出乳中無別法。死時何苦欲先知。二朝士問寶峰照和尚。古人臨終去住自在。何道致之。峰云。先僧將來。自縊死去。臨終眾僧。求峰遺訓。峰作惡語數句而終。石霜首座。若到這個地面。免被九峰逼死。佛果示杲上人法語云。嗟。見一流拍盲野狐種族。自不曾夢見祖師。卻妄傳達磨以胎息傳人。謂之傳法救迷情。以至引從上最年高宗師。如安國師趙州之類。皆行此氣。及誇初祖只履。普化空棺。皆謂此術有驗。遂致渾身脫去。謂之形神俱妙。**而人厚愛此身**。怕臘月三十日慞惶。競傳歸真之法。除夜望影喚主人公。以卜日月聽樓鼓。驗玉池。覘眼光以為脫生死法。真誑謼閭閻。捏偽造窠。貽高人嗤鄙。復有一等。假託初祖胎息說。趙州十二時別歌。龐居士轉河車頌。遞互指授。密傳行持。以圖長年及全身脫去。或希三五百歲。殊不知。**此真是妄想愛見**。萬松道。今時下視諸方者。多以臨行要人看。好瘻上塗胭脂。有甚可喜。石霜一生置枯木堂。安枯木眾。往往常坐不臥。坐脫立亡者極多。獨九峰不肯首座。今時好坐脫立亡底。何不參取九峰不肯處。且道。九峰具什麼作用。問取天童。頌云：

石霜一宗（蜂攢蟻聚）。親傳九峰（冰消瓦解）。香煙脫去（生死自在即不無）。正脈難通（先師意未夢見在）。**月巢鶴作千年夢**（樹倒不飛）。**雪屋人迷一色功**（日出後一場懡㦬）。**坐斷十方猶點額**（切忌生根）。**密移一步看飛龍**（別般造化）【佛性出世建立世界】。

師云。天童，仁義先於貧處斷。世情偏向有錢家。萬松道。門庭施設。不如九峰。入理深談。猶較元座百步。勝默和尚作。祖庭詠史詩。元座徒亡一炷煙。九峰不是抑高賢。**若將一色為承紹**。**辜負先師不借緣**。石霜示眾有云。未嘗忘照。猶為外紹為臣種。亦曰借。**若誕生**。**絲毫不隔**。**如王子生下**。**則能紹大位**。謂之內紹。名王種。名句不借也。**借則一色邊事**耳。不得已。應機利生為挾帶。點額飛龍。亦禹門化魚之事。亦周易乾卦。**九五飛龍在天**。

得位之象。豈比月巢鶴夢。雪屋人迷者哉。還識石霜傳九峰處麼。摘破香囊薰大國。撥開天竅吼真風。

【按】「功」指禪定「用功」，曹洞宗以作禪定工夫謂之「未嘗忘照」，石霜慶諸禪師說「一色邊事耳」，所謂「正位前一色」，指坐在有漏涅槃不能脫胎換骨進入涅槃的修證者。「借功轉位」意謂經過禪定的「大功」才能證到「正位前一色」即有漏涅槃。然後脫胎換骨識陰盡證入涅槃，勝默光禪師頌云：「若將一色為承紹。辜負先師不借緣」，表示首座未能理解石霜慶諸「先師」的意旨，他以證入「有漏涅槃」為極則而「坐脫立亡」，未能證入佛位而辜負了石霜慶諸的咐囑。石霜慶諸首座進入有漏涅槃，一死不能再活。證入的境界正是「鈍阿羅漢」，此非佛果，還要進入輪迴，並非大乘無漏滅盡定。此處萬松老人以及評注云：言訖便坐脫（這裡什麼所在恁麼去）。批評首座的「所在」（「境界」）**尚未證入清淨涅槃就坐脫立亡，未成佛果**。「**點額而回**」**落在法身邊**。**宏智正覺謂此**「**正位一色**」。

「密移一步看飛龍」的意思即萬松老人所說「**九五飛龍在天**。**得位之象**」。比喻「**佛性**」**即等覺佛位**，**具備**「**尊貴氣分**」。從有漏涅槃脫胎換骨證入清淨涅槃。然後不居正位，「密移一步玄路轉」，轉身退位證得首楞嚴佛性。「**豈比月巢鶴夢**。**雪屋人迷者哉**。」指佛性出世豈比沉迷有漏涅槃，未出識陰區宇者。修證者留戀有漏涅槃沉空滯寂。「還識石霜傳九峰處麼。**摘破香囊薰大國**。**撥開天竅吼真風**。」比喻出離涅槃轉身證得首楞嚴，佛性出世建立世界。「摘破香囊」、「撥開天竅」形容出離涅槃。「薰大國」、「吼真風」比喻佛性出世成立世界。曹洞宗常以「飛龍」喻佛性出世，即等覺佛。故謂「**得位之**

象」。

萬松老人批評嘲諷修行者死前臨行賣弄一番，如同「好癭上塗胭脂。有甚可喜」。首座以「有漏涅槃」為極則境界。完全誤解石霜的教示。首座「坐脫立亡」離成佛的「識陰盡」差一個次第，如此「死掉」必然仍入輪迴。萬松老人注云：「日出後一場懡㦬」即謂這樣的後果並不能脫離輪迴苦海。石霜諸置「枯木堂」，按說石霜慶諸首座應懂得突破脫胎換骨向上全提的道理。何以其首座墮入「正位一色」？或許如某些禪師闡釋，首座與九峰合作演出雙簧表徵「有漏涅槃」並非極則。禪者到肉體死時撒手便行，不必炫耀不須表演。宏智正覺頌云：「**月巢鶴作千年夢**（**樹倒不飛**）。**雪屋人迷一色功**（**日出後一場懡㦬**）」。這是曹洞宗的典型語言，以「月巢鶴夢」、「雪屋人迷」形容修證者迷戀有漏涅槃。「日出後一場懡㦬」意謂縱使進入有漏涅槃，終歸未能脫離輪迴，白白浪費氣力。修行者滯留正位一色，不知要脫胎換骨識陰盡才能證入清淨涅槃成就佛果。若坐在正位一色不進不退，這個境界被禪師稱為「鐵壁銀山」難以逾越。「清光照眼似迷家，明白轉身還退位」。修行者必須脫胎換骨證入「涅槃正位」，這是重要的玄關。

萬松老人云：「**坐斷十方猶點額**（**切忌生根**）。**密移一步看飛龍**（**別般造化**）。」這裡他提示學人，即使進入「涅槃」，「坐斷十方」也不能「生根」，否則即「坐在死水裡淹殺」。禪師警示「**莫戀白雲深處坐**。**切忌寒灰煨殺人**」。這裡我們要注意，首座以為「正位一色」為極則境界故而「坐脫立亡」，也就是進入有漏涅槃。修證者一旦迷戀涅槃境界，如同生根一般在「死水淹殺」。禪師說「黑山鬼窟作活計」，則下場就會像石霜慶諸首座一樣，白費一場工夫。「點額」的意思指鯉魚躍龍門，雖然躍上龍門卻被激流沖下，未能修成正果。中國古代以此形容科舉不第的人們「點額而回」。這裡指「選佛場」未能修成佛果的人。石霜慶諸首座即是一例。至於「**密移一步看飛龍（別般造化）**」則暗示學人超越鐵壁銀山向上突破涅槃，**證入清淨涅槃卻不居正位，金龍豈守於寒潭。佛祖玄關橫身直過，修行者雖然進入涅槃正位，卻不滯留於此，而是轉身出離涅槃，退位證入首楞嚴大定之等覺境界。佛性出世建立世界可謂「別般造化」**。禪師說：「**懸崖撒手大死一回，絕後復蘇欺君不得**」。禪宗修證成佛的道路可謂重重玄關，「向上一路，千聖不傳」。清淨涅槃即妙覺滅盡定與等覺首楞嚴大定都是佛之境界。實際上兩者只有細微差別，「不道同只是無別」。曹洞宗以妙覺清淨涅槃的境界為「正位」，而以等覺首楞嚴大定為「偏位」。我們將解釋菩薩禪定意識在「這邊那畔」來回往復，處於「金針雙鎖正偏兼帶」的境界。禪定意識「不居中間與內外」，則是更為幽玄的禪定境界。《頌古聯珠》有禪師們對此公案的拈唱。

佛慧法泉云：

> **石霜繼嗣擇高才。上座貪程去不回。只愛寒天無燄起。豈知枯木放花開。虔侍者實堪哀。先師大意雖明得。未免長拖破草鞋【菩薩入塵穿草鞋普度眾生】。**

【按】「上座貪程去不回。只愛寒天無燄起。豈知枯木放花開」，首座在「有漏涅槃」坐脫立亡，未能脫胎換骨泯滅妄識進入清淨涅槃，而死在有漏涅槃。「只愛寒天無燄起」意謂首座進入的境界乃是「一死不再活」的「涅槃死水」、「寒天」。只是有漏涅槃而非「無漏涅槃」，終歸還要進入輪迴。「冰河發燄」、「枯木花開」意謂修證者到涅槃正位轉身退位證入首楞嚴大定，佛性出世建立世界，菩薩重入人間紅塵普度眾生。所謂「虔侍者實堪哀。先師大意雖明得。**未免長拖破草鞋**」，意謂九峰道虔禪師會得先師之意旨，需要入廛垂手，菩薩在人間行菩薩道，是謂「未免長拖破草鞋」。

開福道寧云：

一片虛空亙古今。麟龍頭角競疏親。坐亡立脫知多少。鐵樹花開別是春。

【按】「虛空」指威音那畔空劫以前的清淨涅槃即涅槃本體，此是「有物先天地」的宇宙本體。而修證者即如同「麟龍頭角」努力證入涅槃以成佛。「坐亡立脫知多少」表明學人多數都在禪定境界迷路，禪師云「枯木岩前岔路多」，意謂在「涅槃」之前的境界很容易進入岔路。首座即在有漏涅槃境界迷路失蹤，石霜慶諸首座不懂脫胎換骨證入清淨涅槃，不懂轉身退位證入首楞嚴大定即「枯木花開」，不懂再入人間行菩薩道。「鐵樹花開別是春」、「劫外別有一壺春」都是形容修證者到涅槃後劫外翻身，佛性出世建立世界。而重入人間行大乘菩薩道。首座正是「百尺竿頭坐的人」，不知「百尺竿頭須進步，是否大地是全身」。

大洪守遂云：

涅槃城裡未為親。帶角披毛始是真。相逢盡道休官去。林下何曾見一人。

【按】首座坐脫立亡，從有漏滅盡定自絕而亡。自以為得到佛法修成正果，殊不知不能達致「識陰盡」，未能泯絕自我意識脫胎換骨證入清淨涅槃，死在有漏涅槃。只到不回心鈍阿羅漢果位。同安察禪師在《十玄談》謂：「**涅槃城裡猶孤危**」，長沙景岑禪師說：「**百尺竿頭坐的人，雖然得入未為真。**」這些即是「涅槃城裡未為親」的意思。即使證入清淨涅槃也「不居正位」而轉身退位證得首楞嚴才是正路。首座無法證入清淨涅槃，必定重新輪迴。這裡「帶角披毛始是真」來自同安察《十玄談》，其中說「**披毛戴角入廛來。優鉢羅花火裡開**」，形容大乘佛教菩薩道的禪師，要首先泯滅自我意識。「**披毛戴角**」謂「**異類行**」，禪師認為動物沒有自我意識，禪宗修行要經歷涅槃後入廛垂手。比喻菩薩像動物一樣沒有自我意識，故云「披毛戴角」。「入廛來」即揭示禪師在涅槃正位，進入無漏滅盡定，轉身退位證得首楞嚴佛性。誓願普度眾生的大乘菩薩不能在涅槃境界滯留，不能被「死水淹殺」，要轉入首楞嚴境界，要轉身回途，重入人間。借用「故我」肉體在人間行菩薩道。「相逢盡道休官去。林下何曾見一人」表面形容中國古代作官的人常常自鳴清高，故作姿態要「辭官歸隱」，實際上「**林下何曾見一人**」，以此比喻修證者無法徹底斷滅法執法愛，真正進入涅槃境界。

雲岩因云：

一片虛凝絕謂情。白雲消散彩霞橫。行人莫怪貪程速。坐守寒岩異草青。

【按】宏智正覺禪師謂：「**證一片清虛境界**。**乃法身初立也**。」此即「一片虛凝絕謂情」的「有漏涅槃」。「白雲消散彩霞橫」意謂脫胎換骨進入涅槃正位，證入清淨涅槃後轉身退位出離涅槃證入首楞嚴大定。佛性出世建立世界。「白雲消散」謂妄識滅盡。佛性出世喻「彩霞橫」。此處「行人莫怪貪程速。坐守寒岩異草青」奉勸修證者不要像石霜慶諸首座那樣貪圖盡快成佛，反而滯在有漏涅槃被「死水淹殺」。

三十、有漏涅槃

禪師云：「坐守寒岩異草青，坐卻白雲終不妙」，形容有些修證者沉空滯寂「坐卻白雲」也只能修證到羅漢境界。

三十一、一死不能再活

小乘（包括外道）以滅盡定（或以非想非非想）為涅槃極則，進入滅盡定「灰身滅智」即謂成阿羅漢。而大乘佛教不然。大乘佛教以「普度眾生」為根本宗旨。作為大乘佛教的中國禪宗修行者修證禪定境界要出離三界，進入涅槃彼岸的「滅盡定」，卻不能「一死不再活」，而是「懸崖撒手大死一回，絕後復蘇欺君不得」。這表明禪師證入無漏滅盡定要「不居正位」。不被死水淹殺，不在鬼窟裡作活計。在涅槃性水中，澄源湛水尚棹孤舟，金龍不守於寒潭，要踏破涅槃城，「**夜明簾外，臣退位以朝君，古鏡台前，子全身而就父**」。經歷清淨涅槃禪定意識與之同質化，不能滯留此境。要轉身退位，證得首楞嚴。佛性出世建立世界。重入人間行菩薩道，此謂「入廛垂手」。而在長期修證後進入「正偏兼帶」的菩薩境界。這即是禪宗菩薩「最玄最妙」境界。

禪師以「一死不再活」來形容進入有漏涅槃以後，被死水淹殺、獨守寒岩、坐卻白雲、百尺竿頭坐的人，所謂鬼窟裡作活計，這樣的人不必肉身滅度，而是在禪定境界裡迷失，即使百年在定，總是一個枯木般的死人。修證到涅槃境界，必須活潑潑的，不能死郎當（林泉老人）。我們在石霜慶諸首座的公案裡看到首座「坐脫立亡」，不要誤會為一切在「涅槃死水作活計」的人都會肉體死亡。

著名禪師的頌偈皆表明滯在有漏涅槃並非清淨涅槃，反而是業識未乾真常流注。到此要「脫卻貼體衫子」，泯滅細中之細的妄識，證入「**本體乾淨**。**內外一如**」的涅槃正位。進入有漏涅槃（正位前一色），尚有「細中之細」妄識流注。雖然**心月孤圓，清光照眼似迷家，需要脫胎換骨證入清淨涅槃後轉身退位，**

證得佛性。趙州從諗云「老僧不在明白裡」。「明白」形容有漏涅槃。

曹洞宗對於成佛次第的解釋比較細密。宏智正覺說「**大功才轉。借為誕生**」指修證者能夠以禪定「**大功**」從「涅槃前一色」修證到「正位前一色」（有漏涅槃），到此「法身初立」，曹洞宗喻之「誕生王子」。這即是「借為誕生」。誕生王子指「有漏涅槃」。到此尚須脫胎換骨進入無漏涅槃。曹洞宗以清淨涅槃為「正位」，或謂之君父。對於具備先天潛質禪者，一悟（「知有」）即至有漏涅槃，比喻為誕生王子。所謂「知有」即「大悟一真法界為本體」。誕生王子稱為「東宮儲君」。表明有潛質能夠「王登寶殿」最終成佛。具有「尊貴氣分」的誕生王子特指根器極高能夠證入清淨涅槃妙覺佛地，能夠「內紹王位」的禪定意識。很多修證者未必能夠證入佛地。「枯木岩前岔路多」。眾多修證者進入歧途。石霜慶諸首座即是一例。

修證者在禪定修證中往往遇到很多困難。禪師開始修習禪定時，意識不易入定，人們在世俗的萬丈紅塵裡經常受到各種私心雜念的擾亂。心猿意馬如同頑猴野馬不易平靜下來。所謂「起滅不停」即形容這個情形。為了學人「靜心修禪」，石霜慶諸禪師指示：「直須寒灰枯木去。一念萬年去。函蓋乾坤去。純清絕點去」。要學人進入「純清絕點」的涅槃前一色或有漏涅槃，到此不能停留。證入有漏涅槃還要「百尺竿頭須進步」，脫胎換骨命根斷證入無漏滅盡定。「石霜慶諸首座」的公案教示學人對「有漏涅槃」與「清淨涅槃」的認識。

進入有漏涅槃即「不見一色」。馬祖道一說過：「**不如還我死灰來。淋過死灰無力。喻聲聞妄修因證果。未淋過死灰有力。**」黃檗希運禪師云：「**何不與我心心同虛空去。如枯木石頭去。如寒灰死火去。方有**

少分相應。」石霜慶諸禪師說：「一念萬年去。古廟香爐去。寒灰枯木去。一條白練去」等等，這些禪宗祖師的話語皆形容有漏涅槃。很多學人誤解大禪師的話語，以為「有漏涅槃」即到極則。石霜慶諸禪師設置「枯木堂」教導學人。石霜慶諸謂「直須寒灰枯木去」，只為提示學者禪定的境界。學佛者必須突破有漏涅槃，這個境界猶是識陰區宇。無明妄識尚未消融，有漏涅槃一片清虛，所謂「清光照眼似迷家」，修證者迷惑以為到家（清淨涅槃）。其實「有漏涅槃」業識未消，尚未進入涅槃正位。曹洞宗謂之「雪屋迷人」。有漏涅槃「細中之細，今年貧錐也無」。細心未泯。由此脫胎換骨證入正位也要轉身退位證得佛性。宏智正覺云：「**荊棘林中下腳易，夜明簾外轉身難**」。到此從涅槃正位轉身退位。佛性出世即「見性成佛」。

長沙景岑禪師說「百尺竿頭坐的人，雖然得入未為真」，修證者自以為已經修成佛果，昏天黑地坐在「百尺竿頭」，其實已經成為「死人」，修行者如果迷戀涅槃境界，禪師謂之：「死水淹殺」、「獨守寒岩」、「坐卻白雲」、「死水活計」以及「鬼窟裡作活計」，距離成佛還有幾道玄關，故謂「點額而回」。「選佛場」裡未能及第成佛。修行者如果在有漏涅槃滯留，必有「我愛」，禪師謂之：「室內紅塵遺誰掃？」「室內紅塵」即謂「法愛法執」，是一種執著，必須滅絕。證入有漏涅槃後脫胎換骨「全身入理」（博山無異元來），證入清淨涅槃要「佛祖玄關橫身直過」，所謂「金龍豈守於寒潭」，到此不居正位，必須「**夜明簾外，臣退位以朝君，古鏡台前，子轉身而就父**」。突破涅槃證得佛性，這也稱為透法身或「法身向上」。此謂：「夜明簾外轉身難」，這也是奧秘的玄關。禪師若能突破涅槃，「踏破澄潭月，穿開碧落天」，證得首楞嚴佛性出世，建立森羅萬象的世界，即眾生的紅塵世界。大乘的宗旨是「普度眾生」。修證者證入涅槃寂滅海，再轉入首楞嚴大定境界。為了救度眾生還要入廛垂手重入人間行菩薩道。

這在《楞嚴經》裡稱為「如來逆流」。

修證者是否修成佛果？是否到達清淨涅槃？這要看修證者證入涅槃正位以後的作為與後果才能驗證。修證者在進入有漏涅槃後，百尺竿頭進步，脫胎換骨命根斷，證入無漏涅槃成就正位。不居正位轉身退位出離涅槃證得佛性，此謂「枯木生花始與他合」。意謂真正到達清淨涅槃且轉身退位證得佛性。佛性出世建立世界，此謂「枯木生花」。「不入驚人浪，難得稱意魚」。經歷涅槃「全身入理」而轉身退位。佛性出世建立世界才算修成正果。修證者若迷戀涅槃不肯轉身「坐在死水」、「鬼窟裡作活計」都落入「法身邊」，無法修成佛果。

修證者脫離偏中正，尚須作功進入「涅槃前一色」，然後小死一回進入有漏涅槃。盤山寶積云：「**心月孤圓光含萬象，光非照境境亦非存，光境俱亡復是何物**」，此謂進入有漏涅槃，到此光境俱亡，萬松老人云「天地黯黑如一錠墨，正是衲僧脫胎換骨轉身一路」。此即「識陰區宇」，卻是修證者以大功消泯妄識的時節。禪師往往以「龍蛻骨」、「豹變文」形容「點鐵成金」過程。我們講禪定修習。大禪師們對「一色」境界多有解說，也有若干公案來教示學人，到此一色境界，不可「白雲深處坐」，要脫胎換骨識陰盡突破有漏涅槃證入清淨涅槃。這是成佛的最重要玄關。

《圓悟心要》（**圓悟克勤**）云：

> 但向己求，勿從他覓。蓋自己心無相虛閒靜密，鎮長印定，**六根四大，光吞群象**。若心境雙寂雙忘，絕知見，離解會，**直下透徹，即是佛心**，此外更無一法。是故祖師西來只言直指人心，教外別行，單傳正印，不立文學語句，要人當下休歇去。若生心動念，認物認見，弄精

魂，著窠窟，即沒交涉也。石霜道：休去歇去，直教唇皮上醭生去，一條白練去，一念萬年去，冷湫湫地去，古廟裡香爐去。但信此語，依而行之，放教身心如土木、如石塊，到不覺不知不變動處，靠教絕氣息，絕籠絡，一念不生，驀地歡喜，如暗得燈，如貧得寶，四大五蘊輕安，似去重擔，身心豁然明白。照了諸相，猶如空花，了不可得，此本來面目現，本地風光露，一道清虛，便是自己放身捨命，安閒無為，快樂之地。

圓悟克勤禪師指示學人以涅槃為目的，然後「**到不覺不知不變動處，靠教絕氣息，絕籠絡，一念不生，驀地歡喜，如暗得燈，如貧得寶**」。這即是要害處，也是證入涅槃的時節。「身心豁然明白。照了諸相，猶如空花，了不可得，此本來面目現，本地風光露，一道清虛便是自己放身捨命，安閒無為快樂之地。」

紫塞野人《雪子吟》（禪門諸祖師）云：

雪子明一色也。一色是功。以吟不同於功也。是以因體而起用。以用而明體。體不離用。用不離體。體用無私。方乃唱道。其唱道者。或理或事。或隱或顯。事理和融。隱顯無異。然以無私妙用。體用虛玄。奈緣學人沉空滯跡。不達玄微。墮在物機。是以藉虛空為體。以森羅為用。泥牛吼處火裡蓮生。木馬嘶時冰河燄起。所以正位中來偏位中去。然則正位雖正卻偏。偏位雖偏卻圓。所以野人云。木人夜半穿靴去。石女天明戴帽歸。此是有語中無語。無語中有語。宛轉回牙。始終無滯其間。假雪子吟詠玄唱。明機以示學徒。免滯功跡。注之不迨。達者更詳。雪子之吟。旨在斯矣。

禪師以「雪」形容有漏涅槃境界，形容到此禪定境界，如同雪覆大地只見一片純白。故此曹洞宗禪師常以「雪屋」、「銀籠」來形容有漏涅槃，這首《雪子吟》後面講的修證境界我們以後解釋。下面我們引述幾首吟詠涅槃前一色禪定境界的詩句，供讀者參考。讀者注意，這些詩句不但描述雪景，更加重視提示學人要「向上全提」進入涅槃。這是修證的要害。

宏智正覺關於「有漏涅槃」的法語：

上堂。皓然雪月淨無埃。一色功中更放開。喚起牧童蓑底夢。白牛鼻孔拽教回。參【不得留戀一色，喚起夢境轉身退位入首楞嚴】。

因雪上堂。**若恁麼也難得**。**清光浩蕩無瑕隙**。人言千里本同風。我道十方渾一色。渾一色須轉側。才轉側透關隔。透關隔。酬爾平生今脫白。儂家龜鶴自成仙。昨夜龍門無宿客【脫胎換骨進入正位，不留龍門一躍而上】。

上堂。云。寒雲密密。野雪漫漫。路絕千差。家迷一色。若未到這田地者。是須踏步向前。若墮此功勳者。要須轉卻了來相見【脫胎換骨】。

只個清白家風。得似枯寒時節。十分瑩澈。誰知踏雪人迷。一色齊平。切忌守株自困。到這裡如何履踐。得超脫去。良久云。還會麼。功盡亡依者。轉身覺路玄。參。

舉洞山云。秋初夏末。兄弟或東或西。直須向**萬里無寸草處去**。諸人還體悉得麼。**一色是須轉**。大功不我居。

宏智正覺禪師不但形容有漏涅槃境界，也反覆指示：一色是須轉。大功不我居。即是指示學人不能滯留。這裡尤須注意宏智正覺禪師所說：「一色功圓。切忌當頭印破。夢手推開月戶。轉身撥側玉輪。」這是曹洞宗的宗風，講究婉轉回互。這與「一步密移」的意思一致。修證者特別注意「夢手推開月戶」。這意謂從有漏涅槃進入清淨涅槃，不可「當頭印破」。

為霖道霈云：

> 昔僧問曹山。朗月當空時如何。山云。猶是階下漢。朗月當空。幾人到此田地。曹山猶道是階下漢。你道過在什麼處。不見道清光照眼似迷家。明白轉身猶墮位。豈不是此人過處。這僧卻也伶俐。便進云。請師接上階。山云。月落後來相見。只如月落後如何相見。聽取一偈。昨夜姮娥傳信息。金錢不許戲蝦蟆。大家推倒廣寒殿。相邀來吃趙州茶。珍重。

月落後形容天地黯黑。萬松老人云「正是衲僧脫胎換骨轉身一路」。消融妄識從有漏涅槃脫胎換骨證入正位。鼓山元賢「相邀來吃趙州茶」提示泯滅自我意識。

《虛堂集》云：

> 長江澄澈即蟾華（水月交光）。滿目清光未是家（枉恁奔波）。借問漁舟何處去（提防動落今時）。夜深依舊宿蘆花（切忌靜沉死水）【隨流得妙】。

此處「師云。性水真空。湛玄淵而澄江似練。禪天心月。皎祖域而皓彩如銀。所以道清光照眼似迷家。明白轉身還墮位。直得正不居正偏不垂偏」。

真歇清了云：

坐得脫。歇得到。凝想俱盡絕根株。明歷歷。無可趣向也。須是個徹底放下死一遍了。驀地蘇息。個些精彩。若明鏡臨台絲毫不昧。便恁麼橫身。猶恐墮在絕點純清。未透真常流注。何況爭鋒競銳隨照失宗。認識情。著影響。還出得陰界麼。枯木生花始與他合。是老人不識好惡底語。捨不得者俱為滲漏。直須淨盡灰歇。參教穩密密地。渾金璞玉去。那一人尚未肯在。

真歇清了表明，即使透過「純清絕點」，未必能夠脫胎換骨識陰盡，「還出得陰界麼？」意謂落在有漏涅槃。「枯木生花始與他合」**意謂真正進入清淨涅槃同質化**。

《十玄談》同安察（禪門諸祖）云：

一色（正位前）**【有漏涅槃】**

枯木岩前岔路多（為在白雲深處坐。不知歧路有多端）。行人到此盡蹉跎（不數金仙路。小徑豈相逢）。鷺鷥立雪非同色（體異人難辨）。明月蘆花不似他（類不齊。不稱斷）。了了了時無可了（無絲頭可盡始得）。玄玄玄處亦須呵（絕功勳也）。殷勤為唱玄中曲（那邊誰是知音者。石人吹處木人歌）。空裡蟾光撮得麼（不施設。無下手處）。

此頌有漏涅槃，正位前一色。鷺鷥立雪非同色，表明有漏涅槃與無漏涅槃相似而不同。禪師對此有不同解釋。有人謂「佛性」。我們取「有漏涅槃」義。

為霖道霈云：

正位前（提綱云。**位前如是**。正位如何。還有造到其中者麼）【有漏涅槃】枯木崖前岔路多（著語云。可以東可以西）。行人到此盡蹉跎（多沉毒海）。鷺鷥立雪非同色（類弗齊）。明月蘆花不似他（混不得）。了了了時無可了（亡能所）。玄玄玄處亦須呵（絕影像）。般勤為唱玄中曲（正好掩口）。空裡蟾光撮得麼（住住恩大難酬）。

【按】未入正位前的有漏涅槃，若已入正位沉空滯寂則謂「正位一色」（宏智正覺）。

《碧巖錄》云：

到這裡，古人尚自呵責道：了了了時無可了，玄玄玄處直須呵。又道：事事通兮物物明，達者聞之音裡驚。又云：入聖超凡不作聲，臥龍長怖碧潭清，人生若得長如此，大地那能留一句。雖然恁麼，更須跳出窠窟始得。

以上禪師對此解釋皆謂「有漏涅槃」。進入涅槃不可滯留正位。南泉普願云「不居正位」。鶴不停機飛渡寒煙轉身證得佛性，佛性出世建立世界。「**正位前一色**」（**有漏涅槃**）**與涅槃正位相似卻完全不同**。**故云：鷺鷥立雪非同色**。**明月蘆花不似他**。玄玄玄處亦須呵，到正位前一色必須脫胎換骨證入正位。然後轉身退位證得佛性。否則落在「正位一色」（宏智正覺），死水淹殺。

三十二、夜明簾外轉身退位

禪宗大師指示我們，修證者進入涅槃寂滅以後，不能迷戀滯留於此涅槃境界，否則「死水淹殺」，「一死不能再活」，禪師謂之「鬼窟裡作活計」，如此只能修證小乘鈍羅漢果位，無法修證大乘佛果。禪師由涅槃前一色大死一回絕後復蘇，只到有漏涅槃，還要脫胎換骨進入清淨涅槃。即謂「到法身」。這是涅槃「正位」，然而禪師卻「不居正位」（南泉普願），修證者不能死守在空寂的境界。不能以「法身」為「枯椿」所繫縛。禪宗祖師說：「獨守寒岩異草青，坐卻白雲終不妙」；禪師警告說：「寒灰枯木煨殺人」。禪師到此涅槃境界，也需要「活潑潑的」，趙州從諗和尚說：「活物活物」即謂此境。《玄中銘》說：「澄源湛水尚棹孤舟」，意謂在涅槃境界不能「靜沉死水」，「死水不藏龍」，禪師謂「金龍豈守於寒潭」，萬松老人說「長安雖好不是久居」。對此禪師們也有很多描述，例如「玉殿苔生」、「不種梧桐免鳳來」、「那邊不居空王殿」，「寶殿無人空侍立」等。大乘菩薩在因地即發出普度眾生的誓願，要以大慈大悲之心在人間行菩薩道。故此禪師到此「不居正位」。菩薩能入涅槃不入涅槃。地藏菩薩說「地獄不空不入涅槃」。修證到此需要「密移一步」，以曹洞宗的語言來形容，即「**暗中移足。鶴出銀籠**」。這**意謂突破涅槃前一色以及涅槃寂滅境界轉入首楞嚴大定。到此即是「透法身」或謂「法身向上」的境界。這即是涅槃四境界之一的「無住處涅槃」**。禪師以「死了更死」、「威音那邊更那邊」、「**行人更在青山外**」、「推倒天關天更高」來形容首楞嚴境界。

【公案】《從容錄》第七十九則長沙進步（萬松老人）

示眾云。金沙灘頭馬郎婦。別是精神。琉璃瓶裡搗糍糕。誰敢轉動。不入驚人浪。難逢稱意魚。寬行大步。一句作麼生。

長沙令僧問會和尚。未見南泉時如何（早晨有粥）。會良久（問著便屎臭氣）。僧云。見後如何（更與挑剔）。會云。不可別有也（只向屎堆裡蹉倒）。僧回舉似沙（走口送舌漢）。沙云。**百尺竿頭坐底人**（竿下底一場懡㦬）。**雖然得入未為真（孤危不立道方高）**。百尺竿頭須進步（甚底大如個割捨）。十方世界是全身（始信蒲團不是天）。僧云。百尺竿頭如何進步（果有這個在）。沙云。朗州山澧州水（**築著磕著**）。僧云。不會（可煞聰明）。沙云。**四海五湖王化裡（一任勃跳）**。

師云。湖南長沙招賢大師。諱景岑。覺範云。禪師大寂之孫。南泉之子。趙州之兄。當時衲子。倔強如仰山者。猶下之。而呼以為岑大蟲。上堂云。我若一向舉揚宗教。法堂裡草深一丈。事不護己。向汝諸人道。盡十方世界。是沙門眼。盡十方世界。是沙門全身。盡十方世界。是自己光明。盡十方世界。在自己光明中。盡十方世界。無一人不是自己。我常向諸人道。三世諸佛。共法界眾生。是摩訶般若光。光未發時。汝等眾生。向什麼處委。光未發時尚無佛無眾生消息。何處得山河國土來。沙令僧問會庵主。主乃南泉下不出世。潛符密證之徒。燈錄列在末後無機緣語句中。然此話既在。合作一傳。也不為分外。僧作專使。去見庵主。傳長沙法旨云。庵主未見南泉時如何。會默然。僧進云。見南泉後如何。會云。更不可別有也。萬松道。**一死不再活**。僧回舉似沙。沙述偈云。百尺竿頭坐底人。雖然得入未為真。此與岩頭道雪峰德山不會末後句。病痛一般。萬松常向人道。大似個人把祖父家門。產業並眷屬自身。一契賣卻。置得個水晶瓶子。終日隨形守護。如眼睛相似。莫教萬松見。定與捏破。教伊撒手掉臂。作個無忌諱快活漢。勝默道。撒手懸崖下。分身萬象中。然後朗州山灃州水。四海五湖王化裡。方可配天童水牯牛拖犁拽鈀。頌云。

玉人夢破一聲雞（開眼不覺曉）。轉盼生涯色色齊（無盡藏中受用不了）。有信風雷催出蟄（節氣不相饒）。無言桃李自成蹊（水到渠成）。及時節。力耕犁（避者不作）。誰怕春疇沒脛泥（作者不避）【玉人夢破，轉身退位】。

師云。天童得超方三昧。略去庵主緊抱竿頭。不敢轉動處。撥動若一向恁麼去。法堂上草深一丈。優波鞠多。有著身見者。求度於祖。祖曰。求度之法。要信吾言。不違吾教。人曰。既來投師。固當聞命。祖乃化一險崖。山聳喬木。令其上樹。又於樹下。化作大坑深廣千肘。祖令放腳。其人受教即放二腳。令放一手。便放一手。令復放手。其人答言。若復放手便墮坑死。祖曰。先約受教。云何違我。是時其人身愛即滅。放手而墮。不見樹坑。即證道果。長沙朗州山灃州水。謂之善用險崖之句。若非玉人夢破別有生涯。爭得四海五湖薪新日月。毛詩習習谷風。催之驚蟄。春分後一候。雷乃發聲。漢書。李廣傳贊。桃李無言下自成蹊。宗鏡云。既蘊德行。不言而信。若桃李之自成蹊也。又朗州山灃州水。此語乃拖泥帶水邊事。三聖在會下。令秀上座問沙。南泉遷化向什麼處去。沙云。石頭作沙彌時參見六祖。

秀云。不問石頭作沙彌時參見六祖。南泉遷化向什麼處去也。沙云。教汝尋思去。秀云，**和尚只有千尺寒松。且無抽條石筍**。沙不對。秀云。謝師答話。沙亦不對。秀舉似三聖。聖曰。若實恁麼猶勝臨濟七步。聖親上方丈云。和尚早來答話。可謂光前絕後。沙不答。聖云。我從來疑著這漢。佛印頌云。客見長沙陌路同。令人依約探家風。須彌萬仞磨今古。折草量天柱用功。古人把定處放得行竿頭進步。放行時把得定壁立千仞。為什麼如此自由自在。湖南城裡好養民。米賤柴多足四鄰。

【按】百尺竿頭進步，脫胎換骨命根斷，大死一回識陰盡，證入妙覺滅盡定，轉身退位證得佛性。佛性出世建立世界。經過修證菩薩正偏兼帶，捏聚放開，**把住時放行，放行時把住**，鉤鎖連環血脈不斷。百尺竿頭，形容有漏涅槃。不能坐在涅槃境界死水淹殺，莫守寒岩，鬼窟裡作活計。要由涅槃境界進入首楞嚴境界，轉自己歸山河大地，撒手懸崖下，分身萬象中。金龍豈守於寒潭？「尊貴之人不居尊貴之位」（萬松老人《從容錄》）。

【公案】鼇山得道（雪峰義存禪師《頌古聯珠》）

雪峰與岩頭欽山。至澧州鼇山鎮阻雪。頭每日打睡。師一向坐禪。一日喚頭曰。師兄師兄且起來。頭曰。作什麼。師曰。今生不著便。共文邃個漢行腳到處被他累。今日到此又只打睡。頭喝曰。噇眠去。每日床上坐。恰似七村裡土地。他時後日魔魅人家男女去在。師點胸曰。我這裡未穩在。不敢自謾。頭曰。我將謂你他日向孤峰頂上。盤結草庵播揚大教。猶作這個語話。師曰。我實未穩在。頭曰。若實如此。據你見處一一通來。是處與你證明。不是處與你剗卻。師曰。初到鹽官。見上堂舉色空義。得個入處。頭曰。此去三十年切忌舉著。又見洞山過水偈曰。切忌從他覓。迢迢與我疏。渠今正是我。我今不是渠。頭曰。若與麼。自救也未徹在。師又曰。後問德山。從上宗乘中事學人還有分也無。山打一棒曰。道什麼。我當時如桶底脫相似。頭喝曰。你不聞道。從門入者不是家珍。師曰。他後如何即是。頭曰。他後若欲播揚大教。一一從自己胸襟流出將來。與我蓋天蓋地去。師於言下大悟。便作禮起。連聲叫曰。師兄。今日始是鼇山成道。

【按】雪峰義存處於有漏涅槃的「正位一色」，岩頭全奯開示他「從自己胸襟流出將來。與我蓋天蓋地去」，此與長沙景岑進步公案意旨一致，即謂不得滯留涅槃，要轉身退位證得佛性，佛性建立世界。即謂「蓋天蓋地去」，「十方大地是全身」。

枯木法成云：

說盡平生去住因。到頭難遇赤心人。忽然自肯成家業。瓦礫拈來也是珍。

【按】自肯成家業，佛性出世建立世界。塵塵剎剎皆成佛道。

佛燈守珣云：

丈夫凌勵志英雄。向外馳求枉用功。到得鼇山開眼覷。方知屋裡用無窮。

【按】進入涅槃境界，澄潭不許蒼龍盤，必須轉身退位佛性出世，「屋裡用無窮」謂佛性大機大用，這是菩薩「心內」。

楚石梵琦云：

上堂。岩頭道。須是一一從自己胸中流出。與我蓋天蓋地去。恁麼道。被他掘窖深埋了也。茫茫宇宙人無數。那個男兒是丈夫。男兒丈夫。相去多少。待你出窖來。卻向你道。

【按】此處「掘窖深埋」謂滯留涅槃鬼窟，「待你出窖來。卻向你道」謂出離涅槃。

三十三、成佛三轉身

【公案】青林師虔禪師（洞山价嗣《宗鑑法林》）

凡有新到先令搬柴三轉然後參堂。有一僧不遵乃問曰。三轉內即不問。三轉外如何。師曰鐵輪天子寰中旨。僧無對。師打趁出。

「三轉身」是成佛的關鍵。**《楞嚴經》**謂之「**如來逆流**」。**我們需要講解這個過程**。這裡「三轉」究竟意味什麼？歷來理解公案的人不多。如果不懂成佛的過程，則無法理解這個公案。「三轉內」即謂成佛的「如來逆流」，「三轉外」即謂菩薩奉「**鐵輪天子寰中旨**」在人間行菩薩道普度眾生。凡是認真參禪的讀者，看懂本書以後自然明白這個公案所含蘊的重要意旨。這個公案象徵成佛的三個重要階次，這對修行者至關重要。我們不嫌重複解釋這個「轉身退位」的過程，皆因其極為重要，尤其如今幾乎無人理解這個「轉身退位」的成佛過程。

出離三界證得「偏中正」，要轉入「正中來」的涅槃前一色。此境界是修證者遇到「鐵壁銀山」。純清絕點真常流注。內守幽閒卻有前塵影事。要「打破鏡」證入有漏涅槃。到此要脫胎換骨識陰盡才能證入清淨涅槃而「不居正位」。證入清淨涅槃剎那轉身退位證得首楞嚴佛性，這是禪宗修證成佛的要害。此即成佛「三轉身」公案的要旨。禪宗成佛必須經歷「三轉身」才能「見性成佛」。證入佛地後還要轉回人間行菩薩道。這個過程在《楞嚴經》中稱為「如來逆流」。我們在後面會仔細解述這個過程。我們看《楞嚴經》：

如來逆流。如是菩薩。順行而至。覺際入交。名為等覺。阿難。從乾慧心。至等覺已。是覺始獲金剛心。

諸家解說見解紛紜。以下雷庵正受解釋稍近：

〔雷庵云〕如來證法界一如。見諸眾生。理體無二。亦皆成佛。次於根本智。起後得智。於後得智中。觀諸眾生。依前輪迴苦惱。憶念因中弘誓。示現報化身。**為眾生轉大法輪。從真寂界。復入生死海中。是為逆流。**

雷庵正受解釋說「至等覺已。將成妙覺位時」，令人以為尚未證入妙覺佛地，其實既云「如來逆流」，必然經歷大死一回命根斷，脫胎換骨識陰盡，證入涅槃正位然後逆流而出成為菩薩。證入無漏涅槃，**然後轉身退位而入等覺，這是禪宗成佛修證的根本理路。**

《楞嚴經如說》（鍾惺）云：

如來先證妙覺果海。不捨眾生。倒駕慈航。逆流而出。菩薩方取果海。順流而入。已至覺際。故名入交。與佛無間。

這裡的解釋是正確的。其他的經文也有「如來逆流」的描述。

《金剛三昧經》云：

經曰。**梵行長者言不可思議如是智事自利利人**。過三界地。不住涅槃。入菩薩道。**如是法相是生滅法。以分別故。若離分別法應不滅**。

《淨名經》云：

雖得佛道。轉於法輪。入於涅槃。而不捨於菩薩之道。是菩薩行。

《解深密經》云：

佛告觀自在菩薩曰：「善男子！四因緣故：**謂諸菩薩能善了知涅槃；樂住堪能速證而復棄捨**；速證樂住，無緣無待，發大願心；為欲利益諸有情故。

這裡表明：「雖得佛道。轉於法輪。入於涅槃。而不捨於菩薩之道。是菩薩行」。經文意思很清楚，「**速證而復棄捨**」即是「如來逆流」的根本旨歸。證入清淨涅槃進入佛地，卻不能在涅槃寂滅境界裡沉空滯寂。需要轉身出離涅槃正位，進入首楞嚴大定即證得佛性。禪宗謂之「透法身」或「見性成佛」。這即是成佛三轉身。到此還要轉入紅塵人間普度眾生。「如來逆流」的成佛過程在當代已經無人理解。我們需要花費筆墨仔細解釋這個過程。

由於篇幅有限，我們不解說三界內的四禪八定的修證。圭峰宗密（五燈）說：「達磨未到，古來諸家所解，皆是前四禪八定……唯達磨所傳者，頓同佛體，迥異諸門，故宗習者難得其旨。得即成聖，疾證菩提」。禪宗由超越三界的定境開始解說成佛過程。曹洞宗的「偏正五位」對成佛過程有比較系統由淺入深的講解。因此我們依據曹洞宗「偏正五位」來解說成佛理路。偏正五位只是大致區分定境，每一位都有不同階次。為霖道霈說「正中來一位有三」，表明「正中來」有三個階次。我們按照偏正五位簡要解說禪宗修證從開悟至成佛的過程。依據曹洞宗偏正五位來講述，也必須參考引用其他禪師的語錄。例如同安察《十玄談》、宏智正覺禪師提出「三一色」以及宏智正覺的四轉靈機、曹洞宗「小五位」、為霖道霈提出「四今時」等。這些必須互相印證、參雜，複雜難懂。有心的讀者需要慢慢細讀。當世是否有人證入非想非非想？若證入這個境界，則後面所談極為重要。我們先簡略地敘述偏正五位的修證次第。然後參以曹洞宗諸禪師提出的要旨來講述。筆者將不嫌重複對曹洞宗的宗旨專章詳述，這裡依據偏正五位解說成佛的修證次第。《洞上古轍》對偏正五位有詳細輯錄加之鼓山元賢的評語。我們依據此書所載，從**曹洞宗偏正五位的「正中偏」開始進行簡單解述。本書在中冊與下冊將詳加解說**。

禪宗的本體「一有多種」，我們謂之本體界（「空界」）。佛教分「三界內」與「三界外」。三界外即「威音那畔」的本體界（空界）。菩薩經過定心往復金針雙鎖而「鉤鎖連環」，證入凡聖分離正偏兼帶。**菩薩處於有漏涅槃**。所謂「**滿船空載月，漁父宿蘆花**」。此與未入正位者不同。未入正位尚有根本無明，我相猶在。尚未子歸就父。菩薩已經泯滅根本無明，雖然有漏僅枝末無明。頌蘆花，白色，比喻入廛垂手菩薩處於有漏涅槃。所謂：**祖佛位中留不住。夜來依舊宿蘆花**，形容菩薩仍有所知障，菩薩境界與未入正位前進入有漏涅槃的情形不同。玄沙師備云：「**本是釣魚船上客。偶除鬚髮著袈裟。佛祖位中留不住。夜深依舊宿蘆花**」。「粗中之細，人牛不見處，正是月明時」形容未入正位前有漏涅槃，也可以形容經過涅槃正位轉身退位的菩薩處於有漏涅槃。丹霞子淳禪師頌：「長江澄澈印蟾華。滿目清光未是家。借問漁舟何處去。夜深依舊宿蘆花。」此謂菩薩的有漏涅槃，未入正位者到此脫胎換骨證入涅槃正位而不居正位，轉入首楞嚴佛性境界。由正入偏界。入塵的不動地菩薩有所知障（枝末無明）。

曹洞宗偏正五位的正中偏乃是「初悟」，人天然具有「覺性」，人要追求宇宙生命的真理與意義。「我們從何處來？到何處去？」這是哲學與宗教的主題。初悟即「知有」，知道山河大地由「宇宙本體」所生成。**這個精神性宇宙本體可以由禪定修證「造到其間」，萬法有生有滅，宇宙本體不生不滅，證入宇宙本體乃是進入永恆的唯一方法。人對涅槃本體的「知道」即知有。**

《空谷集》林泉老人云：

不見道。莫守寒岩異草青。坐卻白雲終不妙。正如以癡絕工夫打疊妄心。內守幽閒外絕幻境。灰身滅智撥喪無餘。緊閉玄關施呈妙悟。然則漸修頓悟頓悟漸修。翻覆看來。到底終須親到一回始得。不見道。未到無心需要到。及到無心無也休。

林泉老人說得明白，這個情形正是禪師坐在「枯木寒灰」境界。只是小乘羅漢「灰身滅智」的有漏涅槃。到此尚有玄關要過。首先要懸崖撒手小死一回絕後復蘇進入「涅槃前一色」，然後脫胎換骨命根斷，達致識陰盡的境界。「大死一回」證入「無漏滅盡定」（清淨涅槃），此謂「全身入理」。子歸就父卻

「不居正位」（南泉普願），不能坐在死水裡淹殺，不在鬼窟裡作活計。要轉身退位，此謂「夜明簾外轉身難」，「鶴不停機」轉入首楞嚴佛性境界，此謂佛性出世建立世界。

無異元來云：

> 有一等人閉門作活暗裡休心。將自己身心煉得如枯木寒灰。蟲嘬衣而不知。蛛結網而不顧。**縱是百年在定。終如一個死人。於本分事中全無交涉。**

此處禪宗大師批評有漏涅槃，**坐在死水寒灰而不知「百尺竿頭須進步」**。以法身為枯樁，法執未泯我見猶存。禪師說「庭前殘雪日輪消。室內紅塵遣誰掃」，此為關鍵時節。**有漏涅槃**尚有「細中之細」的無明妄識，泯滅粗中之細後，尚有細心補特伽羅的「細中之細」。盤山寶積說：「心月孤圓，光吞萬象，光非照境，境亦非存，光境俱亡，復是何物？」即指有漏涅槃。此時「清光照眼似迷家」。禪師要脫胎換骨識陰盡，才能泯滅「細中之細」的妄識證入清淨涅槃。禪師謂「枯木岩前岔路多」，證入涅槃境界並不意味清淨涅槃。這是需要驗證的。證入有餘涅槃尚有「無明妄念」。禪師說「坐斷十方猶點額」，雖到龍門卻點額而回，從而坐在「法身邊」。筆者要特別指出，修證者證入涅槃境界並不意味「成佛」，如果法執法愛不能泯滅而留戀涅槃安樂，只能證成小乘羅漢果位。禪師將涅槃境界視為「鬼窟」、「古塚」、「死水」等。到此境界不能滯留否則「死水淹殺」。禪師云「坐卻白雲終不妙」。證入此境「不見一色猶是半提」（雲門文偃）。到此要經歷「脫胎換骨命根斷」，泯除細心一類最細微的無明達致「識陰盡」，才可證入清淨涅槃。這即是「全身入理」。長沙景岑禪師說：「**百尺竿頭坐的人，雖然得入未為真。百尺竿頭**

須進步，十方世界是全身」。禪師百尺竿頭轉動機輪證入「正位」（清淨涅槃），這意味禪定意識與涅槃本體同質化。禪師也稱證入涅槃為「還家」，禪師比喻為「家破人亡」。意在徹底泯滅無明妄識。修證者到此證入妙覺佛地。由此開始「妙覺逆流」。禪師不可留戀涅槃境界的安樂。南泉普願禪師說「不居正位」。萬松老人也說「長安雖好不是久居」。《玄中銘》云：「澄源湛水尚棹孤舟，佛祖玄關橫身直過」。修證者「鶴不停機」、「飛渡寒煙」，雖然「夜明簾外轉身難」，到此必須轉身退位，「金龍豈守於寒潭」，否則「死水淹殺」。故要「踏破澄潭月，穿開碧落天」。出離涅槃轉身退位證得首楞嚴佛性進入等覺佛位。這即是曹洞宗偏正五位的「正中來」。**佛性出世建立世界**。**此即「絕後復蘇枯木生花」**。曹洞宗謂之「臣退位以朝君，子全身而就父（合父）」。禪師所謂「君臣道合」的境界即是「正偏兼帶」。這裡要指出，「正偏兼帶」並非在佛性出世時即可證得，這要長期修證。首楞嚴大定的禪定意識即是「佛性」。證得首楞嚴大定還要轉身回途重入紅塵，此謂「佛性出世」。這即是菩薩境界。禪師謂之「卻著衫來作主人」。大乘菩薩要在人間行菩薩道普度眾生。佛菩薩剛出世時佛性建立的「心內世界」尚未「與塵境合」。與眾生現象界尚未「打成一片」。佛性出世後，大定定心在涅槃與佛性之間往復優游，「機輪兩邊走」。曹洞宗講究「金針雙鎖玉線貫通」，定心要「鉤鎖連環首尾相接」。經過修證菩薩的意識處於「正偏兼帶」。若定心不動即理事無礙法界。到此「山是山水是水」。世法佛法打成一片。菩薩需要利用「故我」的肉體才能以「人」的面目行走人間。菩薩此時「正偏兼帶混居一身」。菩薩的定心具有見聞覺知功能，「六根互用」具有「三身四智五眼」。菩薩處於首楞嚴大定。菩薩定心即「佛性」，即是菩薩「主人公」。百丈懷海禪師說「靈光獨耀，迥脫根塵」，意味「定心」絕不受世塵污染。此即溈山靈祐禪師說「實際理地不受一塵」。佛性意識作為「故我」的主人公來指揮菩薩的行為。菩薩表面上雖然與故我無異，其內心卻與凡夫完全不同。所謂「千里持來呈舊面」。百丈懷海禪師說：「**那邊會了卻來這邊行履**」。首楞嚴大定的定心乃是經過清淨涅槃的烹煉與涅槃本體同質化的禪定意識。等覺菩薩還有「一品枝末無明」，這也是因為菩薩需要肉體在人間普度眾生。例如還要吃飯。六祖慧能說「頭上養親口裡須餐」。「親」指謂「定心」。趙州從諗和尚說「二六粥飯時」雜用心。等覺妙覺的禪定意識就其精神性的存在而言已經同質化。只有極其細微的差別。菩薩的自我意識已經消亡，佛性成為主人公來操控禪師的行為。禪師肉體死亡時，其禪定意識經過清淨涅槃而最終與絕對本體契合為一。這即是曹洞宗所謂「兼中到」。曹洞宗提出「夜明簾外主」的概念來表徵客觀的精神性絕對本體。絕對本體完全脫離「人」的境界。是人難以認知難以名狀的宇宙本體。人可以證入與絕對本體同質的清淨涅槃，最後在肉體遷化後大定意識契合於「不生不滅」的絕對本體，即謂「如空歸空」。禪宗的成佛奧旨盡在於此。這即是禪宗追求生死解脫進入永恆的終極關懷。

禪者作大功進入「涅槃前一色」，此即「正中來」初級次第。「內守幽閒」而「真常流注」。《楞嚴經》云：「阿難。當知此湛非真。如急流水。望如恬靜。流急不見。非是無流」，此即識陰未盡。禪師要「打破鏡相見」或「月落後相見」。小死一回絕後復蘇證入「有漏涅槃」。禪師進入有漏涅槃不見一色。即「不見外境」，臨濟宗四料揀謂之「**奪境不奪人**」。又謂之「將軍塞外絕煙塵」，可以說「已得一玄」。證入「萬里無寸草」、「萬里無雲」的「淨地」，仍有法執法愛，仍有「室內紅塵」。修證者到此以為「不見一色」即證入涅槃，其實識陰未盡命根未斷，自我意識為核心的無明妄念尚在。若執著這個境界則為「枯樁」。「不見一色，猶是半提」（雲門文偃）。此是法執不忘我見猶存。禪師不可「獨坐白雲」。盤山寶積和尚謂「心月孤圓，光吞萬象」，到此尚有細中之細的妄識。所謂「清光照眼似迷家」，「淨地卻迷人」。修證者不要以為「到家」。曹洞宗謂此境界「正位前一色」。「雪屋人迷一色功」，禪師常以「銀籠」等形容這個境界。雖然「萬里無雲」卻「天有過」，要「青天吃棒」，禪者不要以為「到家」。尚要努力作功。「澄源湛水尚棹孤舟，佛祖玄關橫身直過」。趙州從諗和尚說「老僧不在明白裡」，「明白轉身還退位」。意謂不在有漏涅槃滯留，要脫胎換骨識陰盡進入「涅槃正位」即無漏涅槃。到此不戴寶華冠、脫卻尊貴脂，脫去貼體衫子，「細中之細，今年貧錐也無」。泯滅細微無明。進入「尊貴之位」不能留戀，故「不居正位」。涅槃正位如同祖父的寶殿。到此橫身直過，子歸就父與清淨涅槃同質化。「尊貴之人不居尊貴之位」（萬松老人）。禪定意識從有漏涅槃進入正位後要「鶴不停機」而「飛渡寒煙」。從有漏涅槃進入涅槃正位不可滯留。要「踏破澄潭月，穿開碧落天」。須知「涅槃城裡猶孤危」。若留戀涅槃正位不會轉身退位，最終「點額而回」落在法身邊，不得佛果。猶如鯉魚跳上龍門又被沖下。從正位轉身退位出離涅槃，證得首楞嚴大定即佛性。「鶴騰霄漢出銀籠」。禪師經歷涅槃，「不入驚人浪，難得稱意魚」。佛性出世即見性成佛，證得首楞嚴佛性。此即佛性出世建立世界。

禪定意識進入有漏涅槃，要脫胎換骨識陰盡證入清淨涅槃，此謂「全身入理」，「理」即涅槃本體。到此與涅槃本體同質化。故謂大死一回。暫時不在如同死人。這正是修證者「奪胎換骨」的成佛關節。萬松老人說「天地黯黑如一錠墨相似，正是衲僧奪胎換骨的時節」。到此泯滅「細中之細」。命根斷識陰盡證入正位，卻不能留戀涅槃安樂。不能坐在死水淹殺，「金龍豈守於寒潭？」證入涅槃正位不可迷戀，否則點額而回，落在有漏涅槃。到此「夜明簾外轉身」，鶴不停機飛渡寒煙。踏破澄潭月，穿開碧落天，密移一步見飛龍，木馬嘶風過玉關，鶴騰霄漢出銀籠。轉身退位證得首楞嚴大定，佛性出世建立世界，到此「十方大地是全身」。「撒手懸崖下分身萬象中」。佛性本體分身千百億而「身先在裡」。禪師入廛垂手，要重重烹煉才得真金。曹洞宗謂之：「臣退位以朝君，子全身而就父（合父）」。此處的「君」即涅槃正位。意味證入正位後「君臨臣位」，尊貴之人不居尊貴之位。林泉老人說：直須枯木上生花方與他合，可謂正雖正而偏，偏雖偏而圓，皆是此意。

證入首楞嚴大定，佛性顯現。即謂見性成佛。首楞嚴大定的禪定意識即是佛性。前已細述。佛性是「臣」，臣指儲君即等覺。父子不離，此謂父子從來不相離。涅槃為鏡體而佛性為鏡面，故可現象萬法。涅槃與佛性即體用關係。「白雲終日倚，青山總不知」形容佛性依倚涅槃，涅槃無知無覺，「庵內不知庵外事」。涅槃本體獨立不動。佛性出世，「回途石馬出紗籠」，此謂「凡聖分離」。

佛性出世建立世界，即「正中來」的最後階段，「金剛寶劍拂天開」（汾陽善昭）意謂佛性出世建立世界，此時內心世界與眾生現象界未能重合，還要經過長期修煉，進入理事無礙，世法佛法打成一片，才能「見山是山見水是水」。

【公案】「一人發真歸元，十方虛空悉皆消殞」，洞山說「直須撒些花子」（《頌古聯珠》）

無異元來云：

《楞嚴經》云。一人發真歸元。十方虛空悉皆消殞。果知得虛空消殞。華藏世界遍塞塞地。無纖毫滲漏。《法華經》云。是法住法位。世間相常住。果知得是法住法位。可謂無量實聚當下知源。

《宗鏡錄》（卷第九十八）引述志公和尚形容事事無礙法界的詩偈云：

頓悟心原開寶藏。隱顯靈蹤現真相。獨行獨坐常巍巍。百億化身無數量。縱令塞滿太虛空。看時不見微塵相。可笑物空無比況。口吐明珠光晃晃。尋常見說不思議。一語標宗言下當。

此偈所謂「塞滿虛空」，來自《楞嚴經》所謂「一人發真歸元，十方虛空悉皆消殞」。五祖演說「一人發真歸元，十方虛空觸著磕著」。此謂證入涅槃即「實際理地」則「十方虛空悉皆消殞」。形容進入涅槃正位，乃是「本來無一物」境界。而中國禪師說「十方虛空錦上添花」、「逼塞虛空」、「觸著磕著」等，這是形容佛性出世後建立世界。洞山良价云「枯木上摻些花子」即枯木生花之義。「**塞滿虛空**」的境界並非凡夫可以看到，而是首楞嚴大定的禪定意識（「定心」）特具的知覺系統才能感應。因此才有「**看時不見微塵相**」，「滿目飛塵絕點埃」，「心外無法滿目青山」（法眼文益）。這裡說的是在不同境界「見處不同」。「舜若多神」別具佛眼。故此雲門文偃大師云：「菩薩當體即空」，這裡「空」即是涅槃本體之義。我們絕對不能誤解這個「空」為「空無」之義。「當體即空」是菩薩的境界，在菩薩理事無礙法界，萬法的外相雖然還在，卻「如鏡對像」，「影流萬象心鏡空」（宏智正覺）。菩薩穿透萬象看到萬法的本體。雖然見到萬法卻「善能識別諸法相」，「不染萬境」。菩薩的意根久滅，菩薩的佛眼不是「娘生眼」，而是「換了眼睛」。禪師常教示要「擢瞎娘生眼」或云「以兩粒黑豆換了眼睛」都表明這個意思。進一步，佛性出世，撒手懸崖下，分身萬象中。佛性本體對萬象而言「身先在裡」。菩薩佛性與萬象的佛性本體是「一家人」。如此「山河大地是全身」。

三十四、枯木生花始與他合

枯木生花，指從涅槃正位境界轉身退位證得佛性，佛性出世。枯木生花意謂真正消融妄識與清淨涅槃同質。證入正位後轉身退位進入首楞嚴大定的境界。驗證佛性本體建立世界的功用。枯木生花始與他合，意味「全身合父」，即與清淨涅槃同質化，意謂泯滅一切妄識。佛性建立世界，成為第一因宇宙本體，如此可證是否與清淨涅槃同質化。若證入涅槃，入理不深，雖然也可「絕後再蘇」，卻可能坐在正位死水留戀涅槃，不會夜明簾外轉身，「坐斷十方猶點額」，滯在涅槃死水獨守寒岩，最終還會落在法身邊。故此要「死了更死」，「入理要深」，「大死一回」，「暫時不在如同死人」。

宏智正覺云：

君臨臣位。猶帶凝然。子就父時。尚存孝養。玉關未透。正迷一色功動【尚未出離涅槃玉關】。寶印全提。肯露那時文彩。**還從實際。建立化門**。撒手回途。通身無滯。所以道。**法身無相。應物而形。般若無知。對緣而照**。青青翠竹。郁郁黃花。信手拈來。隨處顯現。

「玉關未透。正迷一色功動」表明尚未轉身退位或謂「轉身退位」未能圓融無礙。「夜明簾外轉身難」。禪者泯滅一切妄識，證得佛性。佛性出世「建立化門」。出世定心往復乃至理事無礙法界。成佛由出三界入彼岸進入有漏涅槃，脫胎換骨證入正位，卻不居正位轉身退位。佛性出世枯木生花。枯木生花始與他合。佛性建立世界才能驗證定心是否與真如本體「契合」。

宏智正覺云：

衲僧真實處。要在履踐。徹照淵源。細中之細。混然明瑩。一色無痕。更須轉身過裡許始得。所以喚作能紹家業。機絲不掛。光影杳絕。就父一蹊。妙在體處。塵滓亡節類泯。知之不及。回頭取證。覷破髑髏。可中得了。便能出化。**蘆花明月。古渡船開。玉線金針。那時機轉。入世應緣。塵塵皆爾。**法法無他。順風使帆。自然無礙矣。

泯滅細中之細證入清淨涅槃。「家業」即宇宙全體。涅槃正位謂此為虛位或學位。禪定意識雖然時時進入涅槃，卻不居正位，禪定意識在涅槃與首楞嚴大定之間金針往復，也可以說大定意識時時進入涅槃，此謂回爐烹煉。

三十五、禪宗菩薩境界

佛是精神性的宇宙本體。就禪宗的宇宙觀而言，「一有多種」。這意味禪宗的宇宙本體是一個多元多層次的本體界。成佛意味禪定意識證入精神性的本體界。「正位」即清淨涅槃。意謂主觀意義的宇宙本體，而「偏位」意味首楞嚴大定（佛性）及其所成三界的「萬法」即現象皆是「偏位」。那麼，**禪師如何知道並且驗證自己證入本體界？**這需要在本體界與現象界之間建立聯繫。禪者佛性出世後定心「金針雙鎖玉線貫通」。在涅槃本體與佛性所生的現象界之間「曲為今時潛通劫外」。**大定定心在本體界與現象界建立聯繫**。「**野色更無山隔斷，天光直與水相接**」，又謂「官不容針私通車馬」。

首楞嚴大定即是「全體即用枯木生花」的境界。所謂「大機大用不存軌則」。清淨涅槃作為「佛性之父」生成佛性。佛性出世禪定意識金針雙鎖正偏兼帶。這是「最玄最妙」的境界。菩薩的禪定意識在清淨涅槃（妙覺滅盡定）與首楞嚴大定（等覺）之間「金針去復來」，這邊那畔來回優游。所謂「無須鎖子兩頭搖」、「這頭踏著那頭掀」。「鉤鎖連環」純熟後證得「正偏兼帶」，這個境界「非正非偏」。「前釋迦後彌勒」。定心若不來不去，則到「理事無礙法界」。若定心兼攝涅槃佛性，涅槃佛性混融一體，則進入事事無礙法界。

佛性出世，作為現象世界的本體首先建立世界。宏智正覺云：「六門機息。是須宛轉傍參。一色功圓。切忌當頭印破。夢手推開月戶。轉身撥側玉輪。方能出自胸襟。始免坐他床榻。泥牛運步。已萌建化之緣。木馬嘶風。便是利生邊事」，意謂在正位還要作功，「鶴不停機」、「木馬嘶風過玉關」，已經出離涅槃，「鶴出銀籠」證得首楞嚴大定，即是入廛垂手之時。禪師說「**莫守寒岩異草青。坐卻白雲終不妙。任是深山更深處。也應無處避征徭**」，表明菩薩有義務普度眾生。萬松老人云：「風穴拈云。**若立一塵。家國興盛**。故天童拈起拄杖卓一下云。**官不容針**。**私通車馬**。古人以向上路為本分事。以建化門頭曲為今時。**慈覺道**。**有為雖偽**。**棄之則功行不成**。**無為雖真**。**趣之則聖果難克**。」此乃大乘成佛之要旨。菩薩必須自利利他。「**若立一塵**。**家國興盛**」表明佛性出世建立世界。「建化門頭曲為今時」即謂在世俗世界普度眾生。菩薩境界金針雙鎖正偏兼帶，在「今時」現象界與「劫外」本體界「玉線貫通」，「潛通劫外」形容為「官不容針。私通車馬」。禪定意識在這邊那畔來往，「萬象」與本體界建立關係，本體界與現象界玉線暗通。禪師謂之「一串穿卻」，即謂「野色更無山隔斷，天光直與水相接」。佛性建立世界即有為法的世界。如果放棄菩薩的責任，則無法證成佛果。若一味追求成佛，則法愛法執猶存，即「聖果難克」。

佛性與清淨涅槃同質，而清淨涅槃與客觀存在的絕對本體同質，因此佛性具有遍在的一致性。人人具備的佛性乃是萬法的共相種子，可以建立世界以及萬象紛紜的大千世界。如此眾生所見山河大地才有**高度一致性**。佛性是世界森羅萬象的本體。「偏」即謂首楞嚴佛性，也常常指山河大地。正偏兼帶意味菩薩定境同時含蘊涅槃與佛性。在此禪定基礎上禪者證入「理事無礙法界」。到此驗證首楞嚴作為宇宙本體的作用。「御樓前驗始知真」，御樓喻涅槃，御樓前比喻佛性。禪宗講究實證。在正偏兼帶理事無礙的境界，菩薩聞聲悟道見色明心。「**觀世音菩薩將錢來買糊餅**。**放下手卻是饅頭**」，「**菩薩見色無非觀空**」，「**色不異空空不異色**」。**佛性**「**身先在裡**」，「**山河與大地，全露法王身**」。

佛性是建立世界的本體。世界上萬法唯識，一切皆是心識所生。所謂「建立」無非在心內呈現現象。禪師說「從自己胸中流出蓋天蓋地去」、「十方世界是全身」，表明佛性即是一切現象後面的本體。佛性作為首楞嚴大定定心，出世即「分身萬象」而且「身先在裡」。佛性具有佛智與特殊知覺。例如佛有五眼。佛性與森羅萬象的本體「相互感應」，可以說本是一家，「轉山河大地為自己」。菩薩說「見色無非觀空」或「菩薩當體即空」表明菩薩的現量直觀下，佛菩薩直接驗證佛性的宇宙本體作用，菩薩佛眼可見森羅萬象。這裡不要認為這些皆是塵埃，菩薩因為「久滅意根」，無非「如印印空如鏡對像」，森羅萬象的世界對於菩薩就是「光影」，自然無所執著。對菩薩而言，「六塵不惡還同正覺」。這些現象雖然虛幻，然而對於佛菩薩，這些現象既是現象也是本體。這就是理事無礙法界。「若大乘則了相即性。」本體現象非一非異相即相成。到此境界，「體用何妨分不分」。「見相不生癡愛業，洞然全是釋迦身」。

佛性是精神性的意識實體，本身即可「起念」。此「念」與凡夫的「念」根本不同。菩薩「一念千里」、「一念萬年」，「前念中念後念」要「念念際斷」。佛性具有特殊感知系統與智慧，《楞嚴經》說「爍伽羅眼」等，趙州從諗和尚謂「活物活物」。佛性即首楞嚴大定的定心，具有顯現世界萬法的宇宙本體的意義。我們指出「一有多種」，佛性在人類的世界與彼岸本體界「潛通一線」。這是人類證入本體脫離生死的唯一道路。此是佛教具有實證意義的終極關懷。

三十六、金針往復　正偏兼帶

大定定心證入涅槃正位卻「不居正位」轉身退位證得佛性。佛性出世建立世界，這時定心往復，在涅槃與佛性（首楞嚴）之間往復優游。石霜慶諸謂「無須鎖子兩頭搖」。定心「不居中間與兩頭」。圓悟克勤謂「機輪曾未轉，轉必兩邊走」。宏智正覺謂「月船不犯東西岸，始信船工用意良」。定心往復證到「金針雙鎖玉線貫通」而「鉤鎖連環首尾相接」。從「鉤鎖連環」進一步才是「正偏兼帶」，若定心不來不去，進入「理事無礙法界」。證到「鉤鎖連環」時節，萬松老人云：「**正當石女機停時。已早木人路轉。正當夜色向午處。已早月影移央。**」所謂「捏聚時放開，放開時捏聚」，則是「中道」初級次第。若**涅槃佛性混融一體，進入事事無礙法界。到此證得「一心三觀」，即中道，也證得「一切種智」**。

正偏兼帶理事無礙法界，按照《楞嚴經》，首楞嚴大定定心具備「六根互用」的功能。在意根久滅的情形下可以知覺現象界。所謂「**見色也頭頭彌勒。聞聲也處處觀音。文殊於無差別智。示有差別身。普賢於有差別境。入無差別定**」（宏智正覺）。菩薩雖然可以知覺現象，卻與凡夫不同。在意根久滅的情形下，「如印印空如鏡對像」，雖然可以知覺外境，卻「不染萬境」。慧能祖師說：「善知識，真如自性起念，六根雖有見聞覺知，不染萬境，而真性常自在。故經云：能善分別諸法相，於第一義而不動。」這裡慧能所說的六根已非凡夫的六根，而是《楞嚴經》所說「識陰盡」以後「六根互用」的六根，而菩薩所感應的也不是凡夫所謂的「六塵」。三祖《信心銘》裡面所說「六塵不惡還同正覺」的「六塵」。六祖云：**「何名無念？若見一切法，心不染著，是為無念。」菩薩雖見萬象卻「心外無法滿目青山」。見相不生癡**

愛業，現象後面的佛性本體與菩薩心內佛性是「一家人」（分身萬象中），故云「身先在裡」。如此「菩薩當體即空」。

菩薩證得首楞嚴大定，得「金剛正眼」即佛眼，也可謂般若直觀。菩薩境界意根早滅，菩薩定心具備特殊的「六根六識」與佛智，可見萬法的事相與本體。這是世俗諦與勝義諦的根本區別。菩薩的「觀照」與凡夫「見處不同」。

《宗鏡錄》云：

佛眼具五眼。佛智具三智。王三昧一切三昧悉入其中。首楞嚴定。攝一切定。如來雖具五眼。實不分張。只約一眼。備有五用。能照五境。所以者何。佛眼亦能照色。如人所見。亦過人所見名肉眼。

《六相頌》汾陽善昭（《古尊宿》）云：

見是阿那律。分明無一物。大地及山河。演出波羅蜜。聞是跋難陀。聲通總莫過。遠近一齊了。更不念摩訶。香是殑伽女。慈悲心遍普。淨穢盡能知。即此我人母。味是憍梵缽。甜苦尋常說。入口辨辛酸。恰似當天月。觸是瞬若多。善惡總能和。屠割無嗔喜。只個是彌陀。意是大迦葉。毗盧俱一法。幽室顯然分。

入就瑞白說：「見色非關眼上能。**時人休向眼中親**。應知那律非循目。智鑒圓明耀古今」，禪師常說

「擢瞎娘生眼」。菩薩見色乃用定心所具的**阿那律多眼、佛眼**。佛眼能見到凡夫所見森羅萬象，也與萬法背後的佛性本體互相感應。佛性本體建立萬法，「分身萬象中」故此「身先在裡」，菩薩觀照下「萬象之中獨露身」。對久行菩薩而言「十方大地是全身」。菩薩定心與萬法圓融一體，世法佛法打成一片。「塵塵剎剎是我」（宏智正覺），菩薩沒有主客之分。**菩薩具有佛眼與凡夫娘生眼兩個感知系統。否則菩薩無法得知「山不是山水不是水」。菩薩出世時內心感應的現象界與其肉眼所見眾生世界不同，還要修煉才能打成一片**。

菩薩利用故我肉體在人間普度眾生，定心具備三身四智五眼，其肉眼所見與凡夫相同。菩薩在理事無礙法界全是現量直觀，定心所感知事法現象猶如鏡像。「如印印空如鏡對像」，形容菩薩雖能分別諸法相，而內心卻「心如止水」，更無「愛憎」等心念。內心不起凡夫之念，更不會執著於「貪嗔癡」，禪師謂「**見相不生癡愛業**」。宏智正覺禪師說「**影流萬象心鏡空**」。現象皆「因緣之法，念念生滅」。在法界量未滅的情形下，久行菩薩處於理事無礙的境界。長靈守卓禪師說：「菩薩開眼見個什麼，脫殼烏龜飛上天」，即形容菩薩入世處於正偏兼帶理事無礙的境界。菩薩的佛性「分身萬象中」而且「身先在裡」，任何事物的本體與菩薩的佛性定心都可互相感應。長沙景岑禪師說「十方大地是全身」，這裡沒有觀察者也沒有作為「對象」的客體，菩薩境界沒有主客能所之分。理事無礙法界存在現象，不過「須臾之頃返色歸真」（真歇清了）。禪師常說「見色明空」、「見色無非觀空」，即指理事無礙法界。「空」指謂本體。《心經》說：「色不異空空不異色」即形容理事無礙法界。「色即是空空即是色」則形容事事無礙法界。《心經》這兩句話表明兩個境界的不同。理事無礙法界有很多比喻、公案等。**禪師以「如今看來火裡**

冰」、「紅爐上一點雪」等來形容正偏兼帶理事無礙法界。

浮山法遠云：

上堂。諸佛出世。建立化門。不離三身智眼。亦如摩醯首羅三目。何故。一隻水泄不通。緇素難辨【涅槃】。一隻大地全開。十方通暢【世界】。一隻高低一顧。萬類齊瞻【理事無礙】。雖然。若是本分衲僧。**陌路相逢。別具通天正眼始得**。所以道。三世諸佛不知有。狸奴白牯卻知有。

慈受懷深云：

若論此事。如摩醯首羅三目。又如圓伊三點。一隻眼纖毫不掛。一隻眼萬象頓彰。一隻眼真俗混同。衲僧家。到者裡。**更須別具一隻正眼**。始得。還相委悉麼。**銅頭鐵額莫商量**。

【按】「化門」意謂「世界」，菩薩在金針雙鎖的情形，定心進入涅槃則「水泄不通。緇素難辨」。進入首楞嚴大定意謂佛性出世建立現象世界。「高低一顧。萬類齊瞻」意謂理事無礙正偏兼帶境界。此語來自雲門文偃「高低一顧萬象齊彰」。「三世諸佛」指涅槃，「狸奴白牯」指異類行的菩薩，「知有」表示菩薩知道「涅槃本體」的存在。「陌路相逢。別具通天正眼始得」，意謂綿密處涅槃佛性彼此不分，則是事事無礙法界。這是禪定的「內部境界」。四法界到此即「一真法界」，無量可量。

《五位序》（**丹霞子淳**）云：

> 夫黑白未分。難為彼此。玄黃之後。方位自他。於是借黑權正。假白示偏。正不坐正。夜半虛明。偏不坐偏。天曉陰晦。**全體即用。枯木花開。全用即真。芳叢不豔。摧殘兼帶。及盡玄微。玉鳳金鸞。分疏不下**。是故威音那畔。休話如何。曲為今時。由人施設。略陳管見以示方隅。冀諸同心。幸毋撫掌。

丹霞子淳云「摧殘兼帶。及盡玄微。玉鳳金鸞。分疏不下」。**陳睦州禪師又以「捏聚放開」來形容定心往復。進入涅槃稱為「捏聚」，進入佛性則放開**。捏聚進入涅槃不見一色，放開則佛性出世建立世界。如此修煉久之證入「正偏兼帶」。定心變換只是「剎那之間」。「正去偏來無非兼帶」如同電光石火。菩薩的禪定意識即處於「無須鎖子兩頭搖」。曹洞宗謂「金針雙鎖玉線貫通」。純熟後「鉤鎖連環首尾相接」。**禪師說：前釋迦後彌勒，前三三後三三，今古，前後都是形容正偏兼帶**。涅槃佛性混居一身。「無著金剛窟」公案形容「**龍蛇混雜凡聖同居**」，又說「前三三後三三」，擬人比喻涅槃佛性混居一身。若定心不來不去，不捏聚不放開，則到理事無礙法界。若涅槃佛性混融一體不分彼此，即證入事事無礙法界。正偏兼帶是最玄最妙的境界。

禪宗所修習的禪定是最高級的首楞嚴大定（「一行三昧」）。證入這個首楞嚴大定狀態的禪定意識即《阿含經》所說的「定心」或「三昧心」，即是早期佛教所稱為「自性清淨心」，也就是如來藏佛性。六祖慧能在《壇經》說得明白：「即佛乃定」。禪宗要求定慧雙修。「由定生慧」表明般若智慧建立在禪定基礎上。禪定是禪宗成佛的必修之路。通過禪定修煉禪者「消磨無明習氣」。即泯滅自我意識為本質的無明妄念達致「識陰盡」的境界，轉識成智證入妙覺佛位。這是成佛的關鍵。

《天台四教儀》云：

進破一品微細無明入妙覺位。永別無明父母。**究竟登涅槃山頂。諸法不生般若不生。不生不生。名大涅槃。以虛空為座。成清淨法身。居常寂光土。即圓教佛相也。**

《佛地經論》云：

又如二乘金剛喻定。第七識惑與六識中最細煩惱。一時俱斷。

高峰原妙云：

粗中有細。細中有密。密密無間。纖塵不立。正恁麼時。銀山鐵壁。進則無門。退之則失。如墮萬丈深坑。四面懸崖荊棘。切須猛烈英雄。直要翻身跳出。若還一念遲疑。佛亦救你不得。此是最上玄門。

宏智正覺云：

機輪未動影像俱忘。無跡可尋。與虛空而合體【子歸就父】。無家可坐。盡法界以成身。毗盧頂後看神光。舜若體前分活眼。清白傳家雪月光。玉壺中有轉身方。情乾識盡功勳斷。**不覺全身入帝鄉。**

雪月比喻正位前一色，有漏涅槃之喻。空界謂玉壺，若脫胎換骨識陰盡，即：情乾識盡功勳斷。從正位前一色進入無漏涅槃，**不覺全身入帝鄉**，全身入理。進入有漏涅槃，是作功而情乾識盡功勳斷的時節。萬松老人云：「**最好是打破鏡的時節。命根斷處。妄識銷鎔流注乾枯。正恁麼時向何處與靈雲相見。天地黯黑。如一錠墨相似。喚作衲僧奪胎換骨轉身一路**。吹殘劫盡灰飛後。突出虛空未兆前。」

《圓覺經夾頌》云：

> 圓照者。照之一字即三觀也。空觀破一切法。假觀立一切法。中觀妙一切法。此三觀名三而體一也。**故云圓照。圓融圓妙。三只是一。一即是三**。此三立則俱立。破則俱破。亦云始覺。**楞嚴云。妙奢摩他空一切法也**。覺相者。即真諦俗諦中諦三諦也。

禪師云「**鶴騰霄漢出銀籠**」，「**回途石馬出紗籠**」，意謂禪師意識發生「凡聖分離」。這意謂「禪定意識」分為涅槃與佛性，所謂「**帝命旁分**」（宏智正覺）。無漏涅槃定心稱為「涅槃定心」。佛性與其建立的現象界稱為「佛性定心」（臣子）。佛性與涅槃稱為「父子君臣」，曹洞宗的「子」即謂「大定意識」，禪師肉體尚在，還要在人間行菩薩道普度眾生。有的禪師以「死了更死」、「天外有天」來形容涅槃本體境界。禪師在因地已發誓願普度眾生，到涅槃必須轉身退位。「**夜明簾外，臣退位以朝君，古鏡台前，子轉身而就父**」。到此轉身退位證得首楞嚴大定，禪師還要再入三界普度眾生。此即意謂「由正入偏」。要從「理地」回途再入紅塵普度眾生，這即是禪師所說「入廛垂手」的意義。這也是《楞嚴經》所說「**如來逆流**」的意旨。菩薩直到肉體滅度才能休息，滅度是菩薩的定心經過清淨涅槃後契合絕對宇宙本體。菩薩定心在清淨涅槃與首楞嚴大定之間「無須鎖子兩頭搖」，「金針雙鎖玉線貫通」，漸次證入「鉤鎖連環」。正偏兼帶時涅槃佛性混居一身。若定心不動證入理事無礙境界，「見山是山見水是水」。若涅槃佛性混融一體則證入事事無礙法界，到此證得「一心三觀」即「中道」，此即一切種智。「塵中雖有隱身術，何如全身入帝鄉」。菩薩向上證入那伽定，禪師死後心契合絕對本體進入永恆。

菩薩也有次第，普明諸師頌牛圖，只頌出枯木生花境界，即佛性出世建立世界。「定心往復」（金針往復來），進一步則到「金針雙鎖玉線貫通」，然後鉤鎖連環，直到「正偏兼到，理事雙明」，定心不動即理事無礙法界，然後涅槃佛性混融一體，即事事無礙法界。到此證得一心三觀。菩薩最終證得「那伽定」，妙覺佛位。「得的人，終日閒閒的」，形容為「如愚若魯」。

禪宗菩薩處於凡聖分離正偏兼帶，大定定心出離涅槃證得佛性，大定定心在涅槃佛性兩邊往復優游，此謂「八字打開」、「捏聚放開」、「金針往復」、「無須鎖子兩頭搖」、「機輪兩邊走」、「如珠轉盤」、「蝦跳不出斗」、「河裡盡是木頭船，這邊踏著那頭掀」、「鋸解秤錘」、「兩個無孔鐵錘」、「前三三後三三」、「前釋迦後彌勒」、「龍蛇混雜」、「帝命旁分」等等。禪師發明的比喻很多，由此，定心「木人夜半穿靴去。石女天明戴帽歸」、「自攜瓶去沽村酒，卻著袈裟作主人」、「滿頭白髮離岩谷。半夜穿雲入市廛」，皆形容定心在涅槃與首楞嚴佛性反覆來往的情形。捏聚則進入涅槃不見一色，放開則佛性出世春回大地。久之「捏聚時放開放開時捏聚」則進入「鉤鎖連環首尾相接」。然後正當十五日證得正偏兼帶。若定心不動，不捏聚不放開，即到理事無礙法界。若涅槃佛性混融一體則是事事無礙法界。證得一心三觀，大乘中道，一切種智，一心三觀的定境謂「空不空如來藏」，實則涅槃佛性混融一體。

《萬法歸心錄》永明延壽云：

問。如何是三如來藏。師曰。真心圓明體即空寂。名空如來藏。空藏能發恆沙妙用。名不空如來藏。**體能發用。用不離體**。名空不空如來藏。

《楞嚴經通義》憨山德清云：

謂此心體本來清淨，一法不立，是故名空如來藏。具有恆沙稱性功德，故名不空如來藏。三空不空者：即此**二體但是一心，寂照同時，寂故名空，照故不空，存泯無礙，名空不空**。依此義故，建立三觀，由此三觀，還證一心，故云大定之總名也！是謂之法。

按照禪師的說法，一空如來藏、二不空如來藏、三空不空如來藏。空如來藏指謂清淨涅槃，性相空寂，唯一功用在於生成佛性。不空如來藏指謂佛性。佛性建立世界，故云「恆沙妙用」。兩者是體用關係。涅槃為體，佛性為用。兩者皆為心體，即禪定意識。涅槃與佛性是「父子不離」，因為佛性是大定心經歷涅槃烹煉而成，故此涅槃是「父」，佛性是「子」。父子合體君臣道合的佛菩薩境界，謂之：**空不空如來藏。即是「一心三觀」的禪定境界**。

《從容錄》萬松老人云：

難得出則為雲為雨。入則冰結霜凝。此乃乍出乍入。未是作家。直得針線貫通。毫芒綿密。

機絲不掛。文彩縱橫。正當石女機停時。已早木人路轉。正當夜色向午處。已早月影移央。此末後兩句。只是一句。

「此末後兩句。只是一句」，即謂所形容的正是「鉤鎖連環」。

《請益錄》萬松老人云：

諸方道。把定真金失色。放行瓦礫生光。謂之有擒有縱。能殺能活。洞上宗風。斥為話作兩橛。決針斷線。不見道。恁麼相續也大難。直須當存而正泯。在卷而亦舒。鉤鎖連環。謂之血脈不斷。然後雙遮雙照。更有遮照同時。遮照不立。直得帝網交羅重重無盡。始是圓頓一乘。

萬松老人揭示菩薩從定心往復開始修證，「金針雙鎖玉線貫通」，純熟後「鉤鎖連環」。進一步定心不來不往進入「正偏兼帶理事無礙」。然後「雙明雙暗」「雙遮雙照」，若涅槃佛性混融一體則進入事事無礙法界。萬松老人謂「更有遮照同時。遮照不立。直得帝網交羅重重無盡。始是圓頓一乘」的修證過程。這個修證次第是極其重要的，也是古代禪師從未詳加解釋的過程。

大禪師形容「正偏兼帶」：

宏智正覺：「一腳門裡一腳門外」；「內君外臣」。

入就瑞白：「恆納虛空時含法界」（或謂無明慧經禪師說）。

臨濟義玄：「在家舍不離途中」，「在途中不離家舍」。

禪者定心證入涅槃正位後轉身退位證得佛性（首楞嚴定心），由此大定定心在涅槃佛性兩邊優游往復。圓悟克勤說「機輪曾未轉，轉必兩邊走」。宏智正覺說「帝命旁分」意謂定心出離涅槃變換為佛性。進入涅槃即是「空寂」無物的本體界，轉入佛性則「密移一步六門曉。無限風光大地春」，即建立現象世界。佛性定心指首楞嚴大定的定心。佛性建立世界是「這邊事」。

印度婆羅門教的史詩「摩訶婆羅多」所描寫的戰爭場面，其實就是一種隱喻。就是隱喻在一個人的頭腦中「自我意識」與「佛性」交戰的情形。這部史詩中的重要角色「黑天」與他的好朋友「阿周那」時而被描寫成兩個人，時而又被描寫成一個人，這種情形其實就是描寫「凡聖分離正偏兼帶」。在印度的奧義書（《禿頂奧義》）中將這種凡聖分離正偏兼帶的情形形容為二**鳥同棲一樹**，「二**我同住一我之樹**」隱喻凡聖分離正偏兼帶現象。這與禪者成佛後的凡聖分離正偏兼帶是一回事。現代學者根本不理解這種「凡聖分離正偏兼帶」。人們在閱讀印度古代書籍尤其這些哲學經典時會感到「迷亂」。禪宗思想也令人感到困惑難以理解。正是由於這個原因，禪宗思想自清代中葉以來已經失傳。**本書可說是有史以來明確地揭示並分析禪宗「凡聖分離正偏兼帶」境界的書，也第一次揭示了禪師「凡聖分離正偏兼帶」進入佛境的千古之謎。**

禪宗重視「正偏兼帶」境界，請看佛經描述。

《圓覺經》云：

> 善男子。但諸菩薩及末世眾生。**居一切時。不起妄念。於諸妄心。亦不息滅。住妄想境。不加了知。於無了知。不辨真實。**彼諸眾生。聞是法門。信解受持。不生驚畏。是則名為隨順覺性。善男子。汝等當知。如是眾生已曾供養百千萬億恆河沙諸佛及大菩薩。植眾德本。佛說是人名為成就一切種智。

此處經文即形容「凡聖分離正偏兼帶」的菩薩境界。首楞嚴定心即是法身佛。佛教界也稱為真如、真心、佛性、自性等。「**居一切時不起妄念。於諸妄心亦不息滅。住妄想境不加了知。於無了知不辨真實。**」所描述的正是菩薩凡聖分離正偏兼帶狀態。所謂「於諸妄心亦不息滅。住妄想境不加了知」形容涅槃定心不受佛性定心（「妄心」）的「根塵」污染，即溈山靈祐所說：「實際理地不受一塵」。禪者成佛後還要在人間活動，禪師的肉體尚存，他的肉體具有眼耳鼻舌身，禪師還要在世間（「妄想境」）活動，如何可能「不起妄念」或者如慧能所說「無念」？只有禪師的佛性定心在凡聖分離下才能「不起妄念」；「諸妄心」、「妄想境」謂「不加了知」、「不辨真實」的意思，是佛性對見聞覺知徹底隔絕不受污染。「庵內不知庵外事」，故云「於無了知不辨真實」。歷代對《圓覺經》的注疏都很多，但是真正理解這一段經文的卻很少。筆者認為，能否理解「凡聖分離正偏兼帶」，可以作為一個標準來勘驗學人是否悟道成佛。

我們要注意「**佛說是人名為成就一切種智**」這句話。禪者進入「凡聖分離正偏兼帶」的事事無礙法界標示「**成就一切種智**」。故此禪宗對於「凡聖分離正偏兼帶」的境界極為重視。「凡聖分離正偏兼帶」是我們必要理解的佛菩薩境界。《圓覺經》這一段文字對於「凡聖分離正偏兼帶」的描述非常重要，我們來研究幾位著名大禪師對此的評述。

萬松老人是金元時期的著名禪師，他的弟子有耶律楚材等人。他著有《從容錄》以及《請益錄》等重要的禪宗著作。萬松老人知識極為淵博，可謂「徹悟成佛」之人。他在其著作中解說了很多禪宗公案，筆者得益良多。

《從容錄》萬松老人云：

【舉】《圓覺經》云。居一切時不起妄念（不）。於諸妄心亦不息滅（不）。住妄想境不加了知（不）。於無了知不辨真實（不）。

師云。圭峰科此一段。謂之妄心頓證。又名忘心入覺。萬松下四個不字。**謂不起不滅不知不辨**。此四八三十二字。諸方皆為病。此處為藥。且諸方病者。不起妄念。豈非焦芽敗種。不滅妄心。豈非養病喪軀。不加了知。豈非暫時不在如同死人。不辨真實。豈非顢頇佛性籠統真如。且道。如何是四藥。須是天童修合將來。頌云。（略）

《宗鑒法林》裡引述這個公案云：

天寧琦云。若然者。道有也得道無也得。向上也得向下也得。得也得不得也得。**數片白雲籠古寺**。**一條綠水繞青山**。報恩秀云。居一切時不起妄念不。於諸妄心亦不息滅不。住妄想境不加了知不。於無了知不辨真實不。圭峰科此一段。謂之忘心頓證。又名忘心入覺。萬松四個不字。且道合屬那一科。博山來云。四個不字是殺人刀。是活人劍。點鐵成金旋天轉地。

【按】殺人刀比喻涅槃，活人劍比喻佛性。點鐵成金旋天轉地，謂正偏兼帶。此頌「前釋迦後彌勒」。

萬松老人提出此四個「不」字，可謂畫龍點睛之筆。萬松老人四問，也正好問在關節處。禪者在成佛後仍然活在這個紅塵滾滾的大千世界，如何可以「不起妄念」？只要這個肉身尚在，眼耳鼻舌身意還在工作，起心動念如何能夠免於妄念？既然不能避免妄心的生起，如何能夠「不滅妄心」？「不加了知」則豈非不聞不問如同死人？「不辨真實」難道稀里糊塗，還談什麼悟道成佛？我們知道，成佛後禪師的肉體還存在，他的眼耳鼻舌身意以及相應的見聞覺知還在運作。從表面上看，禪者成佛前與成佛後沒有什麼變化，禪者依然故我地進行各種活動。成佛禪宗者的奧秘在於：此時他的意識（「心內」）發生了根本的變化。他精神上的「自我」已經死去，禪宗稱為「大死一回」。一旦識陰（「阿賴耶妄心」）銷盡，他進入凡聖分離正偏兼帶菩薩境界，「這一邊」的佛性定心可以處理禪者日常生活，「那一邊」的涅槃定心即處於涅槃。這是最奧妙的凡聖分離正偏兼帶境界，這是禪宗千古以來的奧秘。**如果不理解「正偏兼帶理事無礙」，就無法理解《圓覺經》這句話**。萬松老人提出的四個問題，要引導我們明白「正偏兼帶理事無礙」境界。「正偏兼帶」境界，菩薩的涅槃定心與見聞覺知徹底隔絕，不受根塵的染污，才「不起妄念」。慧能所謂「無念」指的就是涅槃定心不受染污才能「無念」。否則正如萬松老人所問：不起妄念。豈非焦芽敗種？禪師肉體尚在世上，如何能夠「無念」？菩薩難道不是要「普度眾生」嗎？這豈不就是「念」？故此只有在「凡聖分離正偏兼帶」的情形下，涅槃本體「不起妄念」，也就是「無念」。「實際理地不受一塵」。「於諸妄心亦不息滅」意謂凡聖分離正偏兼帶的情形下，菩薩佛性定心仍然具有見聞覺知的功能，可以幫助成佛禪者在人間普度眾生。見聞覺知這種「妄心」也就不能熄滅。菩薩在人間行菩薩道，要與世界來往。只有「凡聖分離正偏兼帶」才能見到森羅萬象而不受污染。「住妄想境不加了知」意謂菩薩處於紅塵鬧市之中，在「凡聖分離正偏兼帶」的情形下，「不加了知」即謂凡聖分離正偏兼帶。涅槃定心「迥脫根塵」，涅槃定心與佛性定心的見聞覺知徹底隔絕，故云「不加了知」。禪師所謂「庵內人不知庵外事」。即謂涅槃定心「不受一塵」的污染。「於無了知不辨真實」的意思在於，涅槃定心自身即是宇宙本體，對於涅槃本體而言萬法皆空，涅槃就是「諸法實相」。

《宗鑒法林》裡博山無異元來云：「四個不字是殺人刀。是活人劍。點鐵成金旋天轉地。」這裡「殺人刀」比喻涅槃，「活人劍」比喻佛性。「點鐵成金旋天轉地」暗喻定心往復。天寧楚石梵琦頌云：「**數片白雲籠古寺**。**一條綠水繞青山**。」所描述的正是「凡聖分離正偏兼帶」以及「前釋迦後彌勒」的意境。讀者仔細思考不難明白這其中的意象。禪師經常用來比喻「凡聖分離正偏兼帶」意境。

《圓覺經》裡面的描述顯示佛教教義對「正偏兼帶」完全了知。《華嚴經》描寫「事事無礙法界」，《楞嚴經》描述「如來逆流」，在在表明教義對證入涅槃轉身退位佛性出世的過程十分了解，否則無法證入「正偏兼帶」，更無法進入「事事無礙法界」。因此不能說大乘佛教僅僅以「清淨涅槃」為極則。

瞎堂慧遠禪師語錄云：

進云。只如教中道。於一切時。不起妄念。於諸妄心。亦不息滅。住妄想境。不加了知。於無了知。不辨真實。意旨如何。師云。綿裹秤槌。

【按】瞎堂慧遠禪師說「綿裹秤槌」意思是「凡聖分離正偏兼帶」。

寶林無機和尚云：

上堂。舉教中道。居一切時不起妄念。於諸妄心亦不息滅。住妄想境不加了知。於無了知不辨真實。大慧頌曰。**荷葉團團團似鏡。菱角尖尖尖似錐。風吹柳絮毛毬走。雨打梨華蛺蝶飛。**師曰。大慧和尚可謂桃花李花總成一家。

【按】頌「凡聖分離正偏兼帶」。「桃花李花總成一家」謂正偏兼帶。

成佛禪師「凡聖分離正偏兼帶」境界，禪師謂「**前釋迦後彌勒**」，「**前三三後三三**」。所謂「**凡聖同居龍蛇混居**」。涅槃佛性有時分開有時混融。中國禪師充分利用了中國語言豐富的表達能力，無論詩詞歌賦還是民間俚語，禪師可謂將中國語言發揮到極致來表達「凡聖分離正偏兼帶」的意象。這在禪師謂之「龍蛇混雜玉石難分」。因此在禪師的描述中，以不同的意象來形容凡聖分離正偏兼帶的情形。第一類側重於表述兩樣事物雖然本質不同，但是外表相似令人難以分辨的情形，藉以表達「凡聖同體正偏兼帶」。例如「龍蛇混雜」、「烏雞夜飛」、「水中鹽味色裡膠青」、「白牛入雪地」、「油油」、「一尺之絹」、「枝上生枝」、「長天共秋水一色」、「鷓鴣啼在深花裡」、「日面佛月面佛」、「雲中閃電」、「如人接木」、「杆頭絲線隨君弄，不犯清波意自殊」、「一點水墨兩處成龍」、「落霞與孤鶩齊飛」、「如蟲御木」、「生鐵秤錘被蟲蛀」、「月在波心」、「青山白雲」、「萬里神光頂後相」、「後人」、「腦後十斤鐵」、「潘閬倒騎驢」、「腦後見腮莫與來往」等等。

三十七、菩薩與如來藏佛性

菩薩的「主人公」已經改換為佛性。沒有成佛以前，禪者作為俗人，他的主人公是「自我意識」。佛性是人人天生就具有的「自家寶藏」，天生圓滿具足。自我意識泯滅後如來藏佛性自動顯現，正如慧能所說：「**一剎那，妄心俱滅，若識自性（如來藏），一悟即至佛地**」，這是成佛的根本意旨。

大慧宗杲說：

溈山晚年好極則，教得一棚肉傀儡，直是可愛，為什麼可愛，面面相看手腳動，爭知語話是他人。

對於頓悟成佛以後的溈山靈祐的弟子們，確實可以形容是「肉傀儡」，即肉體不是由「自我意識」指揮操縱，而是由「佛性」抽牽手腳，甚至吃飯說話都「不由自主」。原因在於原來的「主人公」即「自我」已經不存在了。此時的肉體不屬於任何「人」，稱為「肉傀儡」，這個比喻還是很貼切的。**南宋「骷髏幻戲圖」畫出臨濟三玄的要旨：但看棚頭弄傀儡，抽牽皆由裡頭人**，形容「自我意識」作為「主人公」控制人的活動。

禪者常常稱涅槃為「那一邊」、「那人」、「他」或云「威音那畔」。佛性則稱為「無手人」、「無腳人」或者「無口人」，禪師這些話都是形容這種凡聖分離正偏兼帶的情形。「這一邊」即「**佛性定心**」即佛性及其變現的事相，處於偏位。菩薩利用故我肉體進行類似凡夫生活的各種功能，具有類似的見聞覺知，這樣菩薩能夠普度眾生。佛眼觀照下，一切都是幻境。眾生也是幻相。然而菩薩必要經歷眾生世界來烹煉「金剛心」。幻境如同魔鬼誘惑菩薩或污染菩薩的定心。菩薩要成就佛道必須經歷這個幻境。「靈光獨耀迥脫根塵」。「百花叢裡過，一葉不沾身」。「那一邊」即「**涅槃定心**」。「一行三昧」下，禪師「念念都是般若觀照」。「三界唯心，萬法唯識」，佛性呈現世界萬物。「涅槃定心」指涅槃本體。凡聖分離正偏兼帶境界，菩薩定境「內君外臣」。菩薩「金針雙鎖玉線貫通」。大定定心在現象界與涅槃本體界之間「潛通一線曲為今時」。菩薩觀照下，「萬法皆空」，塵塵剎剎皆是法身。

宏智正覺云：

明月蘆華未得如。**清光自照本來虛【有漏涅槃】**。十方坐斷須拈帽。一色功圓要放鋤。轉背石人歸位後。抬頭玉馬過關初**【進入正位剎那轉身退位，同時玉馬出關佛性出世】**。**塵塵剎剎見身相。方信曹山井覷驢**。

「清光自照」即有漏涅槃。「明月蘆華未得如」表明到此尚未證得「真如」。消融法執法愛。「十方坐斷」證入有漏涅槃。「輪王不戴寶華冠」、「脫卻貼體衫子」。消除「細中之細」妄識。「**轉背石人歸位後**。**抬頭玉馬過關初**」指進入涅槃正位卻不居正位，剛入正位即過關出離涅槃，鶴不停機轉身退位證得佛性，佛性建立世界。佛性身先在裡，故謂萬象之中獨露身。

石人歸位謂定心證入涅槃正位，剎那玉馬過關出離涅槃，證入首楞嚴大定。**從有漏涅槃轉身進入「正位」**（「**歸位**」）**剎那過關，鶴不停機轉身退位**。「石人歸位」（正位）剎那「玉馬過關」。**佛性出世分**

身萬象，佛性本體身先在裡。塵塵剎剎皆是「真身」。「驢覷井、井覷驢」意謂「理事無礙法界」。菩薩佛眼觀照「見色無非觀空」、「色不異空空不異色」。佛眼穿透萬法的外相直接洞察本體。萬法之本體與佛性乃是「一家人」，「佛眼」即「首楞嚴定心」具有「爍伽羅眼」，即首楞嚴定心特殊的六根互用之眼。《楞嚴經》所謂「阿那律陀。無目而見。**跋難陀龍。無耳而聽。殑伽神女。非鼻聞香。驕梵缽提。異舌知味。舜若多神。無身覺觸**」。這是菩薩的佛眼。菩薩修證後世法佛法打成一片，菩薩「見色明心」而不必「掃除萬法」、不必「空一切法」。修證到此豁開正眼。

涅槃與佛性皆是禪定意識，兩者非一非異，可分不可分。雖然同質卻有細微差別。菩薩「凡聖分離正偏兼帶」乃是禪者的奧秘。**鈴木大拙以為「無心是道」是禪思想的核心，他以「無心」來解釋禪大錯特錯**。圓悟克勤說「**莫道無心便是道，無心更有兩重關**」。當代有些人不懂「正偏兼帶」。**五祖法演弟子圓悟克勤有個公案：**

【公案】圓悟克勤開悟詩（《五燈會元》）

方半月，會部使者解印還蜀，詣祖問道。祖曰：「提刑少年，曾讀小豔詩否？有兩句頗相近。頻呼小玉元無事，只要檀郎認得聲。」提刑應「諾諾」。祖曰：「且仔細。」師適歸侍立次，問曰：「聞和尚舉小豔詩，提刑會否？」祖曰：「他只認得聲。」師曰：「只要檀郎認得聲。他既認得聲，為什麼卻不是？」祖曰：「如何是祖師西來意？庭前柏樹子。」師忽有省，遽出，見雞飛上欄杆，鼓翅而鳴。復自謂曰：「此豈不是聲？」遂袖香入室，通所得，呈偈曰：「金鴨香銷錦繡幃，笙歌叢裡醉扶歸。少年一段風流事，只許佳人獨自知。」祖曰：「佛祖大事，非小根劣器所能造詣，吾助汝喜。」祖遍謂山中耆舊曰：「我侍者參得禪也。」由此，所至推為上首。

「頻呼小玉元無事，只要檀郎認得聲。」**這就是表明自我意識**。元代徐再思（號酸齋）寫的一首散曲《沉醉東風》（春情）可作為這句詩的注腳：

一自多才闊，幾時盼得成合？今日個猛見他門前過，待喚著怕人瞧科，我這裡高唱當時水調歌，要識得聲音是我。

「頻呼小玉」的情意全在「只要檀郎認得聲」，真正目的乃是「**要識得聲音是我**」。五祖法演利用這首小豔詩對圓悟克勤提示「我」——自我意識的悟解，這是成佛的第一關，法演以此提示圓悟克勤。這個公案禪意深刻，不但關係禪宗泯除「自我意識」的理路，也形容「凡聖分離正偏兼帶」的佛菩薩境界。

有人將圓悟開悟詩斥為「豔詩」，甚至寫書寫論文博取「博士學位」。有些高僧也不懂裝懂妄解此詩。圓悟克勤禪師這首「開悟詩」，形容菩薩泯滅自我意識以後，進入「凡聖分離正偏兼帶」。「金鴨香銷錦繡幃。笙歌叢裡醉扶歸」以「金鴨香銷」形容泯滅妄識。「金鴨」是薰香爐。這個意象是「**香消雲散碧空盡，故我無影亦無蹤**」，比喻泯滅自我意識。「醉扶歸」形容「正偏兼帶」境界定心處於大定，故以「醉」來形容。「少年一段風流事」暗喻「凡聖分離正偏兼帶」，這是禪者內心發生的「奧秘」，這是任何外人無法知曉的。「凡聖分離正偏兼帶」禪機玄妙。說「開悟詩」有些謙虛。菩薩佛性出世後定心往復，要經過修證才能進入「凡聖同居正偏兼帶」的境界。在此之前，按照曹洞宗修證，要證得「金針雙鎖鉤鎖連環」，「相續不斷」之後才能「正偏兼帶」。

五祖法演禪師在聽到弟子圓悟克勤的「投機偈」後，老禪師大喜，遍告山中高僧大德，宣示「我侍者參得禪也」。如果這首詩是當代學者所說的「豔詩」，五祖法演怎麼可能「遍告山中高僧大德」並且據此詩來印可圓悟克勤禪師「參得禪也」。有些當代學者根本不懂禪機，卻妄下解說，令人可笑。

圓悟克勤禪師的開悟詩云「少年一段風流事，只許佳人獨自知」，所頌即「正偏兼帶」。佛性出世定心往復，從「鉤鎖連環血脈不斷」證入正偏兼帶境界。涅槃佛性混居一身，若定心不來不去，則到理事無礙法界，若涅槃佛性混融一體不分彼此，證入事事無礙法界，到此證得「一心三觀」即「中道」，此即一切種智，妙覺佛位。進入「那伽定」隨流任運。最終「到頭霜夜月，任運落前溪」。由此可知，正偏兼帶境界何等重要。

南堂了庵「五祖室中舉小豔詩」云：

聲前句後太無端。金鴨香消夜未闌。一把柳絲收不得。和煙搭在玉闌干。

「**一把柳絲收不得**。**和煙搭在玉闌干**」，是禪師形容「正偏兼帶」的常用語句。「柳絲」謂佛性，「玉闌干」比喻涅槃本體。

無異元來云：

香銷錦帳。露浥芙蓉。發清嘯於深閨。吐微言於連枕。情濃意洽。試問。諸昆仲還知得也無。良久云。**分明一段風流事。不與諸人較短長。**

【按】形容正偏兼帶，父子相投君臣道合。「分明一段風流事」，哪知後人笑豔詩。

《頌古鉤距》「雲門聲色」（雲門示眾云聞聲悟道見色明心觀世音菩薩將錢買胡餅放下手卻是饅頭）：

八角磨盤空裡磨（崑崙起舞彈指堪悲舜若多），一回羅又一回羅（颺下了也費許多氣力作麼），做得饃饃天來大（闌裡白拈巧偷幾人得恁麼血刃堂堂師子乳），雙手遞與趙哥哥（**分付不著人。一把柳絲收不得。和煙搭在玉闌干**）。

【按】「八角磨盤空裡磨」形容理事無礙法界，而理事無礙要建立在「正偏兼帶」定境。故云「**一把柳絲收不得。和煙搭在玉闌干**」。「**觀世音菩薩將錢買胡餅放下手卻是饅頭**」是禪宗很流行的公案，形容理事無礙法界。

【公案】《擊節錄》第二十三則大梅無意

舉僧問大梅。如何是祖師西來意（可為新鮮）。梅云。西來無意（賺殺一船人）。僧舉似鹽官。官云。**一個棺木。兩個死漢**（是賊識賊）。玄沙聞舉云。鹽官是作家（也是火裡人）。雪竇云。**三個也得**（如麻似粟。成群作隊）。

【按】佛真法身即「正偏兼帶」，涅槃佛性混居一身。「**前釋迦後彌勒**」。「**一個棺木。兩個死漢**」。菩薩肉體也是「行屍走肉」故云「**三個也得**」。

【公案】鎮州三聖慧然禪師（臨濟玄嗣《頌古聯珠》）

上堂曰。我逢人則出。出則不為人。興化曰。**我逢人則不出。出則便為人**。

【按】**人類出現涅槃顯現，不為人也**。「我逢人則出。出則不為人」比喻涅槃，「我逢人則不出。出則便為人」比喻佛性。佛性乃心內禪定意識，建立世界也是「心內」，故謂「不出」。「出則便為人」是普度眾生之義。兩句謂「正偏兼帶」。

東山演云。一人文章浩淼。一人武藝全施。**若道興化是文亦不得。若道三聖是武亦不得。若於此辨得出。許你通身是眼。若辨不出。你自相度**。

【按】**佛真法身「文武雙全」，涅槃佛性混居一身，建立山河大地。**

昭覺勤云。一人在孤峰頂上土面灰頭。一人在十字街頭斬釘截鐵。有頭有尾同死同生。且道出即不為人底是。出即便為人底是。

【按】「孤峰頂上」**比喻涅槃**，「十字街頭」**比喻佛性**。「正偏兼帶」菩薩境界，「有頭有尾同死同生」，正是此謂。佛真法身也。

天童覺云。墮也墮也。今日不是滅古人聲光。且要長後人節操。若是本色漢。提佛祖印。轉鐵牛機。把拄杖一時穿卻。方見衲僧手段。

【按】「**提佛祖印。轉鐵牛機。把拄杖一時穿卻**」意謂正偏兼帶。前釋迦後彌勒，共同而成佛真法身。

【公案】《空谷集》第三十則曹山出世（林泉老人）

示眾云。爭強競弱總是凡情。退己讓人那存聖解。向此還有不爭人我者麼。

舉僧問曹山。佛未出世時如何（雪山修苦行。要識五俱輪）。曰曹山不如（謙謙君子誰不稱揚）。僧云出世後如何（為憐三歲子。用盡老婆心）。曰不如曹山（將為要津全把斷。誰知逐浪與隨波）。

師云。撫州曹山慧霞了悟禪師。嗣先曹山本寂禪師。僧問四山相逼時如何。曰曹山在裡許。云還求出也無。曰在裡許即求出。林泉道。放去較危。收來太速。又僧問。**佛未出世時如何**。**曰曹山不如**。**云出世後如何**。**曰不如曹山**。此語本二世曹山了悟之語。非先曹山本寂禪師之語也。不知者師資不辨前後不分。而中驗討不審之疾。因載於此。學者應知。**僧問德山緣密圓明禪師**。**佛未出世時如何**。**曰河裡盡是木頭船**。**云出世後如何**。曰這頭踏著那頭掀。所以道。但參活句莫參死句。於死活句中定取一隻宗眼。這僧既問佛出與未出。必有深意。曹山答以如與不如。豈無理哉。還知麼。這畔那邊無不可。放行把住總由他。怕伊不信。試問投子便知仔細。頌曰【金針雙鎖父子不離】：

月隱青山瑞氣高（斫額望不及）。**梧藏丹鳳覷無寥（無你著眼處）**。**無端石馬潭中過（切忌拖泥帶水）**。**驚起泥龍之海潮（一任隨波逐浪）**。

師云。洞山道。正中偏。三更初夜月明前。莫怪相逢不相識。隱隱猶懷舊日嫌。此明空劫以前威音之際。玉兔懷胎。深隱紫微。萬壑千岩。俱無影像。皆正位中事也。惟騰騰瑞氣藹藹祥煙。**碧梧高聳丹鳳獨棲**。瞻之不及窺之莫得。恰如佛未出世時。無法可說。無生可度。實際理地不受一塵。曙色未分人皆仰望。所以曹山道不如他也。無端石馬經歷寒潭。尀耐泥龍奔騰巨海。於無見中強見。無聞中強聞。三十二相歷歷分明。十二分教行行布置。**向佛事門中不捨一法**。**及乎天曉總見尋常**。**故言不如曹山也**。林泉雖恁剖判將來。慎勿便以得失勝負而生計較。若解無中能唱出。方知絲竹可傳心。

【按】曹洞宗以「空劫以前威音之際」為「正」，即清淨涅槃。所謂「佛未出世」，此個境界「不見一色」，更無山河大地森羅萬象。這裡林泉老人描述很清楚：**「無法可說。無生可度。實際理地不受一塵。曙色未分人皆仰望」**即謂涅槃。

「無端石馬潭中過（切忌拖泥帶水）。驚起泥龍之海潮（一任隨波逐浪）。」形容禪師經歷清淨涅槃，出離涅槃轉身退位證得佛性。大乘菩薩要在人間行菩薩道普度眾生。在此形容為「無端石馬潭中過（切忌拖泥帶水）。驚起泥龍之海潮（一任隨波逐浪）」。曹洞宗禪師以「石馬」來形容首楞嚴大定佛性意識。「石馬潭中過」即表示禪定意識突破「清淨涅槃」，轉身退位證得首楞嚴佛性。曹洞宗禪師說：**「手指空時天地轉，回途石馬出紗籠」**。此喻證得佛性，佛性出世謂凡聖分離。菩薩回途進入人間。「潭」比喻涅槃。佛性出世「真妄和合」而成阿賴耶識。謂之「泥龍」顯現眾生世界。「海潮」謂現象界，即阿賴耶識所成世界。

宏智正覺云：

> 僧問曹山。佛未出世時如何。山云。曹山不如。僧云。出世後如何。山云。不如曹山。師云佛與曹山一出一沒。可謂拈頭作尾。拈尾作頭。

【按】涅槃佛性「正偏兼帶」共成真法身。「拈頭作尾。拈尾作頭」，此意甚明。**頭謂涅槃，即謂佛不出世，尾謂佛性，頭尾完全，正偏兼帶。**

【公案】《虛堂集》第十一則夾山示境（林泉老人）

示眾云。**將心用心轉見病深。以楔出楔了無空缺。倘若你眼裡有筋。便知我舌本無說。不墮情見一句。合作麼生道。**

舉僧問夾山會禪師。如何是夾山境（春日花開秋時葉落）。山云。猿抱子歸青嶂後。鳥銜花落碧岩前（莫向言中取則。直須句外明宗）。

師云。僧問趙州如何是祖師西來意。州曰庭前柏樹子。僧云和尚莫將境示人。州曰我不將境示人。云如何是祖師西來意。曰庭前柏樹子。林泉道。為慈悲之故有落草之談。真所謂驢糞逢人換眼睛。是他靈利衲僧透手奸猾。勝似離婁明察秋毫。那肯教伊輕輕動著。今據夾山恁麼酬酢。非止令人向情枝上尋。意根下覓。一任玄猿抱子。從教幽鳥銜花。青嶂後碧岩前。**枉費神思徒勞視聽**。你豈知夾山眼觀東南意在西北。便休恁麼世諦流布。法眼亦云。我二十年只作境會。曾有僧問林泉。**不作境會合作麼生會**。林泉道。猿抱子歸青嶂後。鳥銜花落碧岩前。只如林泉恁麼祇對。是境那不是境。大抵一般油面由人作造。一般油面由人壞卻。所以永明道。妄想興而涅槃現。塵勞起而佛道成。**又云。無一名不播如來之號。無一物不闡遮那之形。岩樹庭柯各挺無邊之妙相。猿吟鳥噪皆談不二之圓音。與麼會得**。論甚是境不是境。答話不答話。正偏兼帶真俗混融。一言之下應須心地開通。**三句之中可使凡情撲落。更看丹霞收攝餘波全歸性海。頌曰。**

蚌含明月珠生腹（物類相成）。龍擁深雲雨灑空（天使其然）。莫向平田翻巨浪（無事休生事）。直須點點盡潮東（應須契本源）。師云。理無二相。事有千差。凡情聖解何足奢華。古詩云。犀因玩月紋生角。象被雷驚花入牙。此皆物類相感致之然也。《尚書》《禹貢》淮夷蠙珠。孔穎達疏云。蠙是蚌之別名。此蠙出珠遂以為名。故云吸月精神橫宇宙。產珠光彩照山河。《說文》曰。龍者鱗蟲之長。能幽能明能小能大。前漢鄒陽書曰。蛟龍驤首則雲雨咸集。夾山雖設鋪陳之意。皆有語中之無語也。不可膠柱調弦刻舟記劍。繫驢橛上枉覓驊騮。不見道。莫向平田翻巨浪。直須點點盡潮東。此豈非叮嚀咐囑。休騁狂情。隨波逐浪。四散鑽研。當合一一返本還源。咸歸性海。不負狂瀾怒浪捲而東之。汪哉洋哉。莫可量哉。廣矣大矣。無以加矣。還知夾山富有天池之量麼。浮幢氣象如天遠。那比蹄涔窄更微。

【按】「蚌含明月珠生腹，龍擁深雲雨灑空。」「猿抱子」、「鳥銜花」皆謂正偏兼帶。巨浪比喻現象界。此偈暗含「夾山」，「猿抱子」、「鳥銜花」謂「夾」。「青山」、「碧巖」謂「山」。故有「夾山」二字。「歸青嶂」意謂最終契合宇宙本體。

【公案】溈山靈祐禪師上堂說法（《指月錄》）

老僧百年後，向山下作一頭水牯牛，左脅下書五字曰：「溈山僧某甲。」當恁麼時，喚作溈山僧，又是水牯牛，喚作水牯牛，又是溈山僧，畢竟喚作什麼即得？

【按】這是一個著名的公案，但是沒有人理解溈山靈祐禪師的意思。溈山靈祐在這裡隱喻一個人的「凡聖分離正偏兼帶」境界。「前釋迦後彌勒」。「龍蛇混雜凡聖同居」是五台山公案。「前三三與後三三」，正偏兼帶既可稱為「水牯牛」也可稱為「溈山僧」。

海印信云：

山下為牛山上僧。**河沙異號未為能。常愛暮雲歸未合。遠山無限碧層層。**

【按】「山下為牛山上僧」，「山下」謂佛性，「山上僧」謂涅槃。「暮雲」與「遠山」合成風景。「暮雲」喻佛性，「遠山」喻涅槃。正偏兼帶之意。

佛國惟白云：

山上山僧山下牛。披毛戴角混同流。普天成佛兼成祖。獨有溈山作水牛。

【按】「山上」、「山下」與前同意。「普天成佛兼成祖。獨有溈山作水牛」也有「兼帶」之義。「成佛兼成祖」喻涅槃，「溈山作水牛」喻佛性。

別峰寶印云：

一個形骸兩姓名。入泥入水可憐生。回頭掣斷黃金鎖。肯向毗盧頂上行。

【按】「入泥入水」形容佛性，「毗盧頂上行」喻涅槃。**此即「正偏兼帶」**。

橫川行珙云：

師云。道是兩頭只一頭。鼻孔無繩夜不收。

【按】「**道是兩頭只一頭**」，涅槃佛性混居一身。正偏兼帶成就「佛真法身」。

【公案】

洞山初回答：「如何是洞山？」時云：「動則傾湫倒嶽。不動即天地黑暗。」

【按】謂正偏兼帶境界。「動則傾湫倒嶽」謂佛性，「不動即天地黑暗」謂涅槃。

雲棲古德云：

十年海上覓冤仇。不得冤仇不肯休。芍藥花開菩薩面。棕櫚葉長夜叉頭。

宋代宏智正覺禪師說：「**凡聖通同共一家，寂光田地看生涯。**」他講得很明確，就是「凡聖分離正偏兼帶」。首山省念的「臨終偈」說：「**白銀世界金色身，情與無情共一真，明暗盡時都不照，日輪午後示全身**」，我們在後面將會羅列很多禪師表述「凡聖分離正偏兼帶」的語錄。

三十八、禪師形容正偏兼帶的語句

森羅萬象無非古佛家風。碧落青霄盡是道人活計。

黑漆崑崙踏雪行處。正偏兼帶理事叶通。

萬象森羅起舞。世尊入般涅槃。

慧洪覺範：暗中樹影從君辨。水底魚蹤任彼分。

鹽官齊安：一個棺材兩個死漢（棺材謂肉體，死漢謂涅槃與佛性）。

五祖法演：倩女離魂那個是真底（唐《離魂記》，兩個倩娘合為一身故事）。

普融知藏：二女合為一媳婦。

南院慧顒：凡聖同居時如何。師云。兩個貓兒一個獰。

汾陽善昭：一條拄杖兩人舁（擔）。

石佛慧明：一佛二菩薩。

宏智正覺：凡聖通同共一家。

夾山善會：猿抱子歸青嶂裡，鳥含花落碧岩前。

西山亮：兩個屎橛。合作一團。

洞山良价：因僧問。如何是空劫已前自己。師曰。白鳥入蘆花。

昭覺勤：一條拄杖兩家使。一往一來無彼此。

五祖法演：我有個老婆。出世無人見。晝夜共一處。自然有方便。

洞山守初：六祖愛吃和鑼飯。

雲巖曇晟：僧問大保任底人與那個。是一是二。巖云。一機之絹。是一段。是兩段。洞山代云。如人接木。

佛眼清遠：猛虎口裡活雀兒。

佛眼清遠：眉毛眼睫最相親。鼻孔唇皮作近鄰。至近因何不相見。都緣一體是全身。

黃龍悟新：如何是般若體。一堆屎。如何是般若用。屎堆裡蟲。

船子德誠：杆頭絲線隨君弄，不犯清波意自殊。

或庵師體：百怪千妖同一窟。

一字入公門。九牛拔不出。

庵內人不知庵外事。

一點水墨。兩處成龍。

斷弦還須鸞膠續。

秋水共長天一色，落霞與孤鶩齊飛。

小魚吃大魚。

一個葫蘆兩個瓢。

龍頭蛇尾。

露裸裸。圓陀陀。直是無棱縫。

芍藥花開菩薩面。棕櫚樹長夜叉頭。

文武兼濟。將相雙權。

襄州石門慧徹禪師：幽谷白雲藏白雀。

佛眼：蛇頭蠍尾一試之。猛虎口裡活雀兒。是何言。

舉古人道。一堆火兩人坐。我是你你是我。師云。你自是你向火。我自是我向火。為什麼卻道。我是你你是我。

雲門文偃：問如何是學人自已。師云。一佛二菩薩。

首山省念：楚王城畔汝水東流。

法華全舉：一潭綠水兩處洪波。

問作麼生是伽藍。師云。深山藏獨虎。淺草露群蛇。

結廬在人境，而無車馬喧。

須彌頂上駕鐵船。

三腳驢子弄蹄行。

機絲不掛梭頭事，文彩縱橫意自殊。

三冬枯木秀，九夏寒岩雪。

日月同明。千江共澍（投子義青）。

禪師形容凡聖分離：

寶志禪師《十二時歌》：「一顆圓光明已久，內外推尋覓總無，境上施為渾大有。不見頭，也無手，天地壞時渠不朽。」

百丈懷海禪師說：他無傢伙。

洞山良价說：無腳手者始解打。

雲巖曇晟禪師說：無手腳者始解打。

龍牙居遁禪師說：如無手腳人欲行拳始得。

黃檗希運禪師說：終日吃飯，未曾咬著一粒米，終日行，未曾踏著一片地。

溈山靈祐禪師一日，翹起一足謂仰山慧寂曰：**我每日得他負載，感伊不徹**。

我們再舉幾個例子。

百丈懷海禪師說：「有一人不吃飯不道饑，有一人終日吃飯不道飽。」（《指月錄》）

百丈懷海禪師在此以「一人不吃飯不道饑」比喻涅槃定心——「如來藏」，如來藏並不是「人」，自然「不吃飯不道饑」。如來藏借用禪師「故我」的「口」吃飯「供養」，但是「**終日吃飯不道飽**」。

雲巖禪師問百丈禪師：「每日區區為阿誰？」

百丈說：「**有一人要**。」

雲巖問：「**因什麼不教伊自作？**」

百丈說：「**他無傢伙**」。（《指月錄》）

這裡百丈懷海說「有一人」指的就是「佛性本體」，百丈懷海說「他無傢伙」也很清楚地描述了「佛性」存在於人的意識中，但是佛性本體並沒有人的肉體四肢。我們在後面會詳細分析成佛禪師的肉體與意識的微妙關係。

潭州雲巖禪師煎茶，天皇道悟問：「煎與阿誰？」
雲巖：「**有一人要。**」
道悟：「**何不教伊自煎？**」
雲巖：「**幸有某甲在。**」（《指月錄》）

這裡雲巖曇晟禪師的意思與百丈懷海的意思是一樣的，因為佛性並不是「人」，因此禪師認為「他無傢伙」，「幸有某甲在」就是其肉體供養如來藏佛性的意思。六祖說「頭上養親，口裡須餐」也是相同的意涵。如來藏佛性作為宇宙萬法的發生學意義本體，遍存於世間一切有形無形的事物之中，我們在這一節解釋了成佛禪者的肉體與「佛性」的關係。

《**楞嚴經通義**》**憨山德清云**：

由此欲習最極幽深，故世尊先放頂光以照之，無為化佛秘密心咒以破之，文殊大智以拔之；斯則往救之。由以示全經大定之體矣！由是觀之，因愛欲為生死之根，大定為成佛之本。

百丈懷海禪師論：

三身一體一體三身。一者法身實相佛。法身佛不明不暗。明暗屬幻化。實相由對虛得名。本無一切名目。如云佛身無為不墮諸數。成佛獻蓋等。是升合擔語。要從濁辯清得名。**故云實相法身佛。是名清淨法身毗盧遮那佛。亦名虛空法身佛。亦名大圓鏡智。亦名第八識**。亦名性宗。亦名空宗。**亦名佛居不淨不穢土。亦名在窟師子。亦名金剛後得智。亦名無垢檀。亦名第一義空**。亦名玄旨。三祖云。**不識玄旨徒勞念靜**。《寶積經》云。法身不可以見聞覺知求。非肉眼所見。以無色故。非天眼所見。以無妄故。非慧眼所見。以離相故。非法眼所見。以離諸行故。非佛眼所見。以離諸識故。若不作如是見。是名佛見。

就眾生世界而言，如來藏佛性是「體」，變現幻化大千世界是「用」，「般若智」也是用。但是，禪宗辯證法的深層意蘊表明：「體即是用用即是體」，「體用相即不一不二」。這是我們要注意的。圓悟克勤禪師引述：「即此見聞非見聞。無餘聲色可呈君。個中若了全無事。體用何妨分不分。**個中見聞是體聲色是用**。**聲色是體見聞是用**。分也得不分也得。所以雲門道。移燈籠向佛殿裡。拈三門向燈籠上。若以衲僧正眼覷之。猶為小事。直得納須彌於芥中。擲大千於方外。也只是個半提。所以盡乾坤大地。都無空闕處。更須知有全提時節」即形容正偏兼帶無礙法界。

三十九、《壇經》之「一行三昧」

「無念」：

善知識，智慧觀照，內外明徹，識自本心。若識本心，即本解脫。若得解脫，即是般若三昧。般若三昧，即是無念。何名無念？若見一切法，心不染著，是為無念。用即遍一切處，亦不著一切處。但淨本心，使六識，出六門，於六塵中，無染無雜，來去自由，通用無滯，即是般若三昧，自在解脫。名無念行。若百物不思，當令念絕，即是法縛，即名邊見。

善知識，我此法門，從上以來，先立無念為宗，無相為體，無住為本。無相者，於相而離相。**無念者，於念而無念**。無住者，人之本性。於世間善惡好醜，乃至冤之與親，言語觸刺欺爭之時，並將為空，不思酬害。念念之中，不思前境。若前念今念後念，念念相續不斷，名為繫縛。於諸法上，念念不住，即無縛也。此是以無住為本。

善知識，於諸境上，心不染，曰無念。於自念上，常離諸境，不於境上生心。若只百物不思，念盡除卻，一念絕即死，別處受生，是為大錯。學道者思之。若不識法意，自錯猶可，更勸他人。自迷不見，又謗佛經。所以立無念為宗。

善知識，無者無何事？念者念何物？無者無二相，無諸塵勞之心。**念者念真如本性。真如即是念之體，念即是真如之用。真如自性起念**，非眼耳鼻舌能念。**真如有性，所以起念**。真如若無，眼耳色聲，當時即壞。

善知識，真如自性起念，六根雖有見聞覺知，不染萬境，而真性常自在。故經云：能善分別諸法相，於第一義而不動。

【按】「真如有性，所以起念」意謂涅槃產生佛性，真如指清淨涅槃。「露柱懷胎」、「蚌含明月」皆「真如有性」之謂。曹洞宗「正中有偏」表明涅槃本體天然孕育佛性本體。「念者念真如本性。真如即是念之體，念即是真如之用」，「真如本性」即謂佛性。故此「真如即是念之體，念即是真如之用」，涅槃即「念之體」，「真如之用」「起念」生成佛性。

六祖《壇經》云：「真如自性起念」，很多研究者不理解這句話。真如指清淨涅槃，如如不動性相寂滅。那麼涅槃如何「起念」？其實六祖的本意是涅槃生成佛性，佛性生成「萬境」即世界。佛性具有佛智與特殊感知功能。例如見聞覺知的功能，與眾生一樣可以感知山河大地。證到理事無礙法界，見山是山見水是水，世間相常住。所謂「法住法位」。菩薩意根久滅，「如鏡對像如印印空」，「見相不生癡愛業」，「影流萬象心鏡空」。佛性「能善分別諸法相，於第一義而不動」。第一義即謂涅槃。這裡必須理解禪宗的「本體」乃是「本體界」，由佛性、涅槃與絕對本體組成的「空界」。

《五燈會元》云：

慧可種種說**心性**，曾未契理。祖只遮其非，不為說無念心體。可忽曰：「我已息諸緣。」祖曰：「莫成斷滅去否？」可曰：「不成斷滅。」祖曰：「此是諸佛所傳**心體**，更勿疑也。」

「無念」一般解釋為形容詞，形容「無思無念」，其實這是片面的理解。無念即指涅槃，作為名詞使用。「無念心體」即謂涅槃定心也。慧能說「般若三昧，即是無念」。首楞嚴定心即佛性，「無念心體」值得注意。此謂意識「實體」。

無相：

善知識，外離一切相，名為無相。能離於相，則法體清淨。此是以無相為體。自性無非、無癡、無亂，念念般若觀照，常離法相，自由自在，縱橫盡得，有何可立？自性自悟，頓悟頓修，亦無漸次，所以不立一切法。

理事無礙法界，雲門文偃謂「菩薩當體即空」、「菩薩見色無非觀空」。佛眼觀照「萬法皆空」。禪師謂**「急須著眼看仙人，不看仙人手中扇」**，**菩薩穿透萬法外相，直觀本體，是謂「無相」**。

無住：

無住者，人之本性。於世間善惡好醜，乃至冤之與親，言語觸刺欺爭之時，並將為空，不思酬害。**念念之中，不思前境。若前念今念後念，念念相續不斷，名為繫縛。於諸法上，念念不住，即無縛也。此是以無住為本。**

菩薩禪定意識在涅槃與首楞嚴之間「金針往復來」，既非「沉空滯寂」亦非沾染「塵埃」，定心自由來去，禪師謂之「牢籠不肯住，呼喚不回頭，祖師不安排，至今無處所」（玄沙師備）。「瞻之在前忽焉在後」。大定定心「機輪曾未轉，轉必兩頭走」（圓悟克勤）。菩薩定心如同「出生嬰兒」，「念念不停留」卻「念念際斷」。

慧能說「頭上養親」的「親」以及馬祖道一所說「長養聖胎」的「聖胎」即指「定心」。禪者的奧秘在於他的意識（「心內」）發生了根本的變化。菩薩精神上的「自我」（自我意識）已經消逝，識陰銷盡，定心經歷涅槃轉身退位證得佛性。佛性出世凡聖分離，經過定心往復而至「鉤鎖連環」，進入正偏兼帶境界，這是禪宗千古以來最玄妙的境界。到此定心含攝涅槃佛性，「前釋迦後彌勒」。涅槃佛性混居一身。即謂「凡聖同居龍蛇混雜」。成佛禪者「聖智內證」，禪宗歷史上有數千人體驗到「凡聖分離正偏兼帶」。「凡聖分離正偏兼帶」對於禪宗成佛修證極其重要，佛性出世即謂凡聖分離。然後定心往復乃至「鉤鎖連環」。「正當十五日」證得正偏兼帶。到此「種智將圓惑障欲盡」。若定心不來不去則是理事無礙境界。「菩薩見色無非觀空」。若涅槃佛性混融一體進入事事無礙法界，到此證得「一念三觀」即「中道」，即一切種智，標誌禪師「成佛」。禪宗歷史有很多「凡聖分離正偏兼帶」的公案。這是禪者的實證踐履所證明的「成佛體驗」。這種境界是沒有實證體驗者無法想像的。

溈仰宗祖師溈山靈祐云：

> 以要言之，則實際理地，不受一塵，萬行門中，不捨一法。若也單刀直入，則凡聖情盡，體露真常，理事不二，即如如佛。

禪宗非常重視「凡聖分離正偏兼帶」的成佛境界。百丈懷海禪師說「**靈光獨耀迥脫根塵**」、溈山靈祐禪師說「**凡聖情盡**」，這些都意味禪者「凡聖分離正偏兼帶」。禪宗有大量公案與「凡聖分離正偏兼帶」相關。南泉普願禪師說「**那邊會了，卻來這邊行履**」，意思是說他已經成佛，已經進入「凡聖分離正偏兼帶」的境界，卻來人間「這一邊」實行大乘菩薩的六度萬行救苦救難普度眾生的事業。這裡南泉普願所謂「那邊」即謂涅槃境界。百丈懷海禪師說：「**故云不異舊時人，只異舊時行履處**」。「舊時人」指「故我」的肉體，但是「行履處」與凡夫完全不同，成佛禪者所作所為完全是為了普度眾生。

成佛禪者仍然在人間活動，他的「大定定心」有可能被「見聞覺知」所污染，禪者經過修煉悟道之後，雖已泯除自我意識達到「無我」的境界。但是「自我意識」也是非常頑固的「舊主人公」，時時刻刻有可能「復辟」，重新控制禪者的意識活動，因此成佛禪者還要「保任」。成佛禪師的意識發生凡聖分離以後，佛性必須與「眼耳鼻舌身意」為主的「塵埃」徹底隔絕，不能受到六根六塵的污染。「百花叢裡過，一葉不沾身」。慧能《六祖壇經》所云「凡聖情忘」、百丈懷海禪師所云「靈光獨耀。迥脫根塵」、溈山靈祐禪師所云「凡聖情盡」盡皆表明如來藏佛性與肉體的六根六塵徹底隔絕之意。禪宗大師經常強調杜絕「六根六塵」的「污染」，即是針對「塵世」提出的。菩薩入廛垂手，故我肉體仍然要利用。故我的「眼睛」所見與眾生相同。菩薩佛眼所見「心內萬法」，要利用故我肉眼才知「見山不是山見水不是水」。證得理事無礙才能「見山是山見水是水」。佛性定心不能被根塵污染。

涅槃向佛性發送信息傳達「正令」，如此菩薩才能在人間普度眾生。「金針雙鎖玉線貫通」意謂菩薩「曲為今時潛通劫外」。佛性代表現象界，在佛性與涅槃之間，在現象界與本體之間「官不容針私通車馬」。禪者在本體界與現象界建立直接的聯繫。「**野色更無山隔斷，天光直與水相接**」。我們如果考慮到現存的禪宗文獻、禪師語錄、公案拈唱等均來自歷代成佛禪者，也即是說來自這些禪者的意識。可以斷言，禪師如果沒有對佛性與涅槃關係的充分了解，沒有「金針雙鎖玉線貫通」的實際操作，這些文獻是寫不出來的。

禪師成佛轉識成智，大圓鏡智含有四智，我們稱為「佛智」。佛性具有特殊的認知功能，禪師進入佛菩薩境界，佛性定心具有這種功能。在此境界，耳可以視，鼻可以聽，耳目互換皆有大用。《楞嚴經》謂「六根互用」。禪宗所謂「六根門頭放光動地」非指禪師肉體的六根，而是對佛性虛擬的「六根」而言。佛性雖然不具有肉體四肢，也不具有眼耳鼻舌身意，佛性卻具有特殊感知，「全體是眼、全體是耳、全體是鼻、全體是身」，禪師所謂「通身是手眼」。圓悟克勤在《碧巖錄》裡說：「**眼耳鼻舌身意，一時是個無孔鐵錘**」，這是我們要明白的。

禪師在成佛前以「六根（眼耳鼻舌身意）」、「六識（色聲香味觸法）」來認識世界。他的「識」被他的「意根」控制。「自我意識」為「體」而六識為「用」。成佛禪者轉識成智，此時他的主人公為如來藏佛性，佛性本體可謂「一體多用」，既可以生成變現大千世界森羅萬象，也可以用「佛智」觀察一切。所謂「真諦（勝義諦）」即意謂佛智所能得到的佛家真理。因此我們也可以說「佛智」即是佛性本體的「用」，這也是「體用關係」。涅槃本體如如不動清淨本然，生成佛性卻有諸多「功用」。「佛智」也被稱為「佛之知見」。一大藏教的各類經疏鈔論，以及有關三乘十二分教的浩如煙海的典籍，包括禪宗的《壇經》、禪師語錄、成千上萬的公案、禪師的頌偈等等，除卻那些錯誤的，在在都含蘊了「佛智」。當然這些經典只能在語言概念的範圍內闡釋「佛智」的某一部分，「佛智」的很大部分乃是語言所無法表達闡釋的。「佛智」與普通人的「世智」不同，佛智是成佛禪者在禪定境界中「直觀親證」所得到的真理。例如眾所周知的「萬法皆空」，這與普通人的「知見」相違背，佛眼觀照下「菩薩當體即空」。萬法皆是佛性本體。「山河與大地，全露法王身」。菩薩「見處不同」。這需要「禪定修證」才能懂得。如果真要達到「佛智」的境界，不但要「參悟」，還要「定慧雙修」才行。佛教理論認為「真諦」無法以語言概念來解說。我們在本書裡所謂「菩薩境界」，自然也要包括佛智的「知見」。在禪宗來說，佛智的「知見」往往需要「繞路說禪」來表達，往往通過「間接方式」來闡釋。學佛者在善知識的引導下，經過刻苦修煉參悟，可能在某一時刻特殊機緣下「頓悟」，然而「頓悟」絕不意謂懂得佛法道理即可成佛，成佛必須有「實踐親證」才行，否則就不是「頓悟」。禪宗的真理，不僅是一種理論、一種思想、一種哲學、一種理念而已，禪宗真理得自禪師在禪定境界的「親證」。近現代很多學者試圖在「俗諦」的範疇內理解闡釋佛法，例如通過邏輯思維來驗證佛法，有的學者在對佛法完全誤解的情況下謬下結論，竟說禪宗思想為「禪的詭論」。我們可以說，「真諦（佛智）」與「俗諦（世智）」是兩個根本不同的「公理系統」。在俗諦的範疇內，我們只能「間接地」了悟一點「真諦」的道理。凡夫只會以「俗諦」來認識世界，禪宗為了開導世人，從俗諦入手設立很多「善巧方便」令世人開悟。

禪者經過苦修終於達致「見性成佛」。這是無數人夢寐以求的佛菩薩境界。對於這種玄妙的情景，識陰盡後，《楞嚴經》說「圓明精心。於中發化。如淨琉璃。內含寶月」。進入清淨涅槃而後佛性顯現。定心往復至「鉤鎖連環」，達致「正偏兼帶」。由此證入理事無礙法界、事事無礙法界。證入「一心三觀」而中道，此即「一切種智」。

「凡聖分離正偏兼帶」的菩薩境界對於理解禪宗思想具有重要意義。佛性出世顯現世界則凡聖分離（「帝命旁分」）。此謂「回途石馬出紗籠」。大定定心金針往復，經過修證進入正偏兼帶境界。禪宗的大量公案與此相關，表明禪宗非常重視「凡聖分離正偏兼帶」的境界。理解佛菩薩以「佛智觀照」（般若智慧），即可以從宇宙本體的角度觀照大千世界，進而形成佛菩薩不同於世諦的「見處」，懂得佛菩薩從「萬法皆空」到「事事無礙法界」的「境界」，那麼難以理解的禪宗公案也就了然可解。筆者將自己的學禪心得貢獻給誠心學習佛教禪宗思想的讀者。這本書是為那些真正要學禪的人寫的。本書以現代語言文字解述禪宗思想是「不了義」。而真正學禪必須親證實修。筆者貢獻個人的學習心得，希望對學禪者在幽深奧秘的山間小路上提供螢火之光。

首楞嚴定心「能知」。定心具備佛智，能夠以佛智觀照（般若觀照）大千世界。在佛智觀照下，禪者與凡夫的「**見處不同**」。禪師稱為「**換卻眼睛**」。這是佛菩薩境界的重要標誌。佛性具有「佛智」，禪者轉識成智，禪者的佛性具有「佛智」，所謂「眾妙之門」的「佛智」當然不是我們凡夫的知識，超越人們眼耳鼻舌身意感覺器官，如來藏所具有的「佛智」特殊認知功能。**在佛智觀照下**，「**萬法皆空**」，**事事無礙法界是正偏兼帶的極則**。由此證得一心三觀即「中道」，證得一切種智，即證妙覺佛位。

四十、轉身退位佛性出世　鉤鎖連環正偏兼帶

《楞嚴經》云：

> 識陰若盡。則汝現前。諸根互用。從互用中。能入菩薩。金剛乾慧。圓明精心。於中發化。如淨琉璃。內含寶月。**如是乃超十信十住十行十回向。四加行心。菩薩所行。金剛十地。等覺圓明。入於如來妙莊嚴海。**圓滿菩提。歸無所得。

這裡所謂「**圓明精心。於中發化。如淨琉璃。內含寶月**」的含義，在於指出禪者在「識陰盡」後，證入清淨涅槃。《楞嚴經疏解蒙鈔》諸師解釋紛紜。筆者認為，識陰盡證入清淨涅槃，這是必然結果。祖師禪認為到此「不居正位」。定心轉身退位佛性出世。菩薩進入「凡聖分離」。**禪師泯滅自我意識達到「識陰盡」時，進入涅槃正位後轉身退位佛性出世即「見性成佛」**。首楞嚴定心就是法身佛。六祖慧能《壇經》說：「**即佛乃定**」，即清楚地表明佛即是首楞嚴定心。《涅槃經．師子吼品》云：「**首楞嚴者。名一切事畢竟。嚴者名堅。一切畢竟而得堅固。名首楞嚴。以是故言首楞嚴定。名為佛性。**」清楚地闡釋了佛性即是首楞嚴大定的「定心」。慧能在《壇經》裡所說：「頭上養親」的「親」、馬祖所說「**長養聖胎**」的「聖胎」都是指「大定定心」（涅槃與佛性）。「**如來藏佛性**」或謂「佛性本體」。**佛性出世建立世界**。**菩薩定心「金針往復來」**，**此謂「金針雙鎖玉線貫通」**，**逐漸圓熟則「鉤鎖連環血脈不斷」**。經過長期修證進入正偏兼帶境界。涅槃佛性混居一身，若定心不來不往證得理事無礙法界，若涅槃佛性混融一

體，則到事事無礙法界。臨濟義玄云「在家舍不離途中，在途中不離家舍」。此時雙眼圓明雙明雙暗。涅槃佛性「綿綿密密打成一團」。宏智正覺謂「內君外臣」、「一腳門裡一腳門外」。證得一心三觀即「中道」，即一切種智，即得那伽定。「南泉頌牛，全白轉黑」（**萬松老人《請益錄》**），意謂證得那伽定。妙覺佛位。「得的人終日閒閒的」，任運過日，滅度則「到頭霜夜月，任運落前溪」。最終契合絕對本體進入永恆。

真淨克文云：

世俗塵勞今已徹，如淨琉璃含寶月。煉磨不易到如今，寶月身心莫教別。
死生倏忽便到來，幻化身心若春雪。唯有道人明月心，日用廓然長皎潔。

真淨克文禪師云：「世俗塵勞今已徹，如淨琉璃含寶月」，即是《楞嚴經》裡所說「圓明精心。於中發化。如淨琉璃。內含寶月」的意蘊。「世俗塵勞今已徹」表明禪師泯滅自我意識。「寶月身心莫教別」意謂學人修證到此地步，身心如同寶月，需要「保任」即保持一片真心（涅槃。「明月心」可謂涅槃。**定心進入清淨涅槃「子歸就父」，意謂與清淨涅槃同質化。只有「證入本體」即與清淨涅槃相契合，才能最終解脫生死輪迴。**

佛心本才禪師云：

色本殊質像。聲元異樂苦。眼耳絕見聞。半夜日輪午。日輪午。與誰說。休向虛空重釘橛。
炯炯森羅相對看。如淨琉璃含寶月。

「色本殊質像。聲元異樂苦。眼耳絕見聞。半夜日輪午」形容清淨涅槃境界。佛心本才說「炯炯森羅相對看。如淨琉璃含寶月」即謂正偏兼帶之意。

禪師經常以「那人」、「那個」、「那邊」、「親人」、「道伴」、「眷屬」、「空劫以前自己」、「威音那畔」來形容涅槃定心。筆者稱此時的禪者為「半人半佛」。此時涅槃定心與禪師的六根六識即完全隔絕，慧能在《壇經》裡說「般若三昧，即是無念。**何名無念？若見一切法，心不染著，是為無念。用即遍一切處，亦不著一切處。但淨本心**，使六識，出六門，於六塵中，無染無雜，**來去自由，通用無滯，即是般若三昧**」，慧能又說「真如自性起念，非眼耳鼻舌能念。真如有性，所以起念」，以及「善知識，真如自性起念，六根雖有見聞覺知，不染萬境，而真性常自在。故經云：能善分別諸法相，於第一義而不動」。這裡慧能所說的「無念」即是針對「涅槃定心」而言。溈山靈祐禪師說「實際理地不受一塵」。因此慧能又指示「凡聖情忘能所俱泯」，這與馬祖道一禪師所標示的「凡聖情盡人法俱空」以及百丈懷海禪師所說「靈光獨曜。迥脫根塵」，都是「凡聖分離」的意思。禪者涅槃定心隨時隨地都處在禪定三摩地狀態。《壇經》裡慧能在回答金山法海有關「即心即佛」時明確地表明：「即心名慧，即佛乃定。」這是禪宗祖師對於「什麼是佛」的最清楚闡釋。

筆者已經羅列形容「凡聖分離正偏兼帶」的禪師「法語」。禪師利用各種俚語、成語以及詩詞歌賦等等來暗示比喻「凡聖分離正偏兼帶」的境界。自古以來禪師對於「凡聖分離正偏兼帶」的菩薩境界只以各種微妙比喻加以暗示，禪師認為這是「絕機絕解」（圓悟克勤）。例如禪師常以「水中鹽味。色裡膠青」來比喻凡聖分離正偏兼帶。筆者首次以現代語言概念揭示了這種境界，近現代學者對這句話所含蘊的「凡聖分離正偏兼帶」的禪意隔膜不通。

宏智正覺云：

上堂云。水中鹽味。色裡膠青。體之有據。取之無形。用時密密。寂處惺惺。是諸佛之本覺。乃眾生之妙靈。廓大千而為量。破微塵而出經。

這裡宏智正覺禪師明白表明，「體之有據。取之無形」的涅槃定心與佛性定心如同「水中鹽味。色裡膠青」正偏兼帶難以分辨。宏智正覺禪師形容涅槃定心無形無相，卻是「**諸佛之本覺。乃眾生之妙靈**」。這就將比喻的意旨表達明白。「用時密密。寂處惺惺」形容佛性「用時密密」而涅槃「寂處惺惺」。

理事無礙法界建立在正偏兼帶的禪定境界上。初始「正去偏來無非兼帶」（林泉老人）。「曲為今時潛通劫外」。在現象界與本體界建立聯繫。首楞嚴大定定心即佛性，作為經驗世界即現象界的本體，與無漏涅槃同質。「金針雙鎖」在於保持佛性與涅槃同質。此謂「保任」。禪師經過長期「鉤鎖連環血脈不斷」的修證進入「正偏兼帶」。然後正偏兼帶證到「**雙遮雙照**」、「雙明雙暗」、「雙眼圓明」。正偏俱立方可謂「正偏兼帶」，此謂「正偏全該」。理事無礙法界如同萬松老人所謂「交互明中暗」，真歇清了說：「是以金針密處不露光芒。玉線通時潛舒異彩。雖然如是。猶是交互雙明。」這裡交互雙明**意謂先有現象後現本體**。現象與本體並非同時呈現而有轉換過程。「**須臾之頃轉色為真**」（《信心銘》**真歇清了**注）。兼帶初階正去偏來，兼帶高級次第則謂「密密有合體底時節」。**宏智正覺云**：「**妙協兼帶也。那時超宗越格。功盡智忘。密密有合體底時節。方名妙協。**」理事混融謂「合體」，正偏兼帶境界菩薩定心兼攝涅槃與佛性，若涅槃佛性混融一體謂「合體」。此即證得事事無礙法界，即中道，即一切種智。

圓悟克勤云：

> 綿密無間寂照同時。**歲月悠久打成一片。而根本越牢密密作用。**誠無出此。應當當處全真。**則彼我遐邇觸處皆渠。剎剎塵塵皆在自己大圓鏡中。**越綿越密。則越能轉換也。**故雲門道。直得乾坤大地無纖毫過患。猶為轉句。不見一色始是半提。直得如此。更須知有全提時節始得。**

臨濟宗「寂照同時」。「照」謂現量觀照。而「涅槃」「寂而常照」。正偏兼帶即「雙明雙暗」之意。定心處於兩個境界，意謂涅槃與佛性（首楞嚴）定境非常接近，初始定心尚有往復，「越綿越密。則越能轉換也。」涅槃滅盡定與佛性首楞嚴本來同質，經過反覆「回爐烹煉」，兩者差別越來越小，「歲月悠久打成一片」。長久如此證得涅槃佛性混居一身，久之定心不動。定心「不來不去」、「不捏聚不放開」（明覺性聰），無異元來謂此：**「綿密密時機婦罷金針而夜織。」此即理事無礙法界**。若涅槃佛性混融一體，**定心「同時」含攝兩個定境**。**「徹底光明成一段」**，此時進入事事無礙法界。到此境界「一心三觀」。「有無」在一念中同時成立。到此「體用何妨分不分」、「萬象明明無理事」（法眼文益）。事事無礙法界如同無比燦爛的帝釋網，即到大乘中道的極則，即所謂「不二法門」。大乘中道辯證法即「不二法門」，一心三觀，證得一切種智。

正偏兼帶境界，謂之「前釋迦後彌勒」，「內君外臣」，「一腳門裡一腳門外」，「內黑外白」，

「前三三後三三」。到此「龍蛇混雜凡聖同居」，菩薩處於正偏兼帶理事無礙法界。「菩薩見色無非觀空」。這時理事尚要轉換，「須臾之頃轉色歸空」，進入理事無礙法界。「高低一顧萬象齊彰」，表明「雙眼圓明」。

正偏兼帶的高級次第，涅槃佛性混融一體，故有「遮照同時」，進一步如萬松老人云：「遮照同時，遮照不立，不立即同時，同時即不立，直得帝網重重」即是事事無礙法界。到此「一心三觀」即是「空不空如來藏」的境界。空有、是非、真俗等對立概念在一念裡同時成立。有無、非有非無、非非有非非無，一念裡同時成立。華嚴六相義同時成立。事事無礙法界建立在正偏兼帶境界。

「正去偏來無非兼帶」（林泉老人），然後定心（「金針」）不來不去。不捏聚不放開，則到理事無礙法界。經過長期修煉，涅槃佛性「渾淪無縫罅」，「古之今之兩段雖殊。畢竟絲毫不隔」，宏智正覺云：「同中有異異中同。徹底渾淪無縫罅。」涅槃佛性雖兩段不同卻絲毫不隔，最終混為一體。涅槃佛性混融不分。所謂「上古今來成一體」、「徹底光明成一段」。到事事無礙法界渾然無理事。沒有現象也沒有觀察者。「萬象明明無理事」，「渾淪一個花木瓜」。帝釋網每個珠體都是宇宙本體。重重無有盡，處處顯真身（圓悟克勤）以「有無」來說，有無同時成立。六相義同時成立。「理事既休鐵船下海」（真淨克文）。帝釋網的每一珠體皆是一個宇宙，即無限維的宇宙。

佛性（**首楞嚴大定**）**出世定心往復，進一步金針雙鎖玉線貫通，定心鉤鎖連環首尾相接**。菩薩經過鉤鎖連環的修煉進入「雙遮雙照」（雙明雙暗）即「正偏兼帶理事無礙」的境界。到此「雙眼圓明」，意謂涅槃佛性各自具有佛眼觀照。涅槃寂照「本來無一物」，佛性則「見色無非觀空」。進一步「遮照同時，遮照不立。不立即同時，同時即不立」，《宗鏡錄》謂：「成不礙壞。壞不礙成。顯不礙隱。隱不礙顯。故云無礙。正成時即壞等。故云同時。」即有無在「一念」裡同時成立。

傅大士云：

空手把鋤頭。步行騎水牛。人從橋上過。橋流水不流。

帝心杜順和尚作頌曰：

懷州牛吃禾、益州馬腹脹，天下覓醫人，炙豬左膊上。

這兩個著名頌偈長期被誤解為「事事無礙法界」。其實所頌的是「理事無礙法界」。理事無礙法界，萬法皆「空」。「色即是空」。鋤頭、水牛、懷州牛、益州馬以及「豬子」均可視為無差別平等的事物。若從理事無礙的角度來解說，我們要說懷州牛、益州馬以及「豬子」；若以佛的「差別智」觀照則是「萬法皆空」。雲門文偃說「菩薩當體即空」。簡而言之可謂「透過現象直觀本體」，理事無礙法界現象呈現，轉瞬即「空」。

四十一、事事無礙法界　中道不二法門

中國禪宗承續大乘般若中觀學說，特別是禪宗繼承《楞伽經》以及《大乘起信論》的如來藏緣起以及真心妄心的思想，中國禪師將這些學說融入禪思想的理論。正如我們在上面指出的，所謂大乘般若理論和中觀學說，實際上是經過魏晉玄學思想薰陶和改造過的帶有中國文化特色的哲學思想，與印度本來的大乘般若哲學與中觀學說已有不同。當代已有學者對於玄奘有關「唯識論」的理解提出質疑，認為玄奘誤解了印度唯識論的「原教旨」。玄奘所學是護法一系的唯識論，並非當時印度唯識宗的主流。

中國禪宗接納大乘中觀學說的「空觀」、「二諦義」、「不二法門」、「八不中道」等理論。禪宗雖然號稱「教外別傳」，但在禪宗思想發展史上，它不但接受中觀學說，而且忠於中觀學說的理論。大乘佛學的不二法門，包括語言可以表述的部分以及語言無法表達的部分。其用語言能夠表達的，都仍然在「俗諦」的範疇，禪宗稱為「不了義」；**而不二法門的終極意諦則只能在禪者的自我證悟的意境裡體會，乃是完全無法用語言概念表達的**。例如「有無、非有非無、非非有非非無」仍然在俗諦的範疇內表達。其更深的意旨只能在禪者的證悟裡體會，因此「了義」只能是「言語道斷」的「微妙大義」。

筆者揭示菩薩的意識發生「凡聖分離」的情形。禪者的佛性定心（佛性）具有特殊「見聞覺知」，禪者成佛（菩薩）後從表面看來沒有什麼變化。禪者依然故我地「活在世間」。然而禪者的意識卻變化了。禪者已經泯滅自我意識，而他的「佛性本體」成為「主人公」。禪者的佛性本體與「涅槃本體」同質。禪宗中道辯證法的真諦是禪者在事事無礙法界裡「般若直觀」。這是人類語言無法表達的「為虛空描眉目」。

理事無礙法界，一念涅槃（「真空」），一念佛性（「假有世界」），佛性建立世界），入就瑞白云「有時萬象有時空」，現象本體並非同時，事事無礙法界，「一念三觀」，空假中在一念中同時成立。《宗鏡錄》云：「一心三觀者。知一念心不可得不可說。而能圓觀三諦也」。一心三觀即一念三觀。須知禪宗的「心」即「一念」。此一念萬年，一念千里，「三世古今始終不離於當念，十方剎海自他不隔於毫端」。此念是「心體」，是「前後際斷」的獨立存在。事事無礙法界理事同時顯現。

《宗鏡錄》永明延壽云：

釋云。由此真理全為事故。如事顯現。如事差別。大小一多變易無量。又此真理即與一切千差萬別之事。俱時歷然顯現。如耳目所對之境。

這裡「俱時」即「同時」之義。如同金獅子，金（本體）與獅子（現象）同時顯現。此即形容事事無礙法界（《金獅子章》）。凡夫見到金獅子，一念間只能看「獅子」，在另一念裡知道「質料」是金，事事無礙則在一念裡「同時」感應到現象與本體。禪師云「體用何妨分不分」，又說「萬象明明無理事」。這是定心「同時」處於兩個定境，涅槃佛性混為一體，「渾淪無縫罅」。這即是「有無俱立」的中道辯證法的禪定基礎。

《華嚴經》十玄門金獅子（賢首法藏《金獅子章》）：

金與獅子，同時成立，**圓滿俱足**。各同時具各相應門。

意謂金與獅子，現象與「物料」即本體同時成立，此即事事無礙法界。

《**注心賦**》**永明延壽云**：

第三理事無礙門者。亦有二種。一由習前理事融通交徹令無。二雙現前故。遂使止觀同於一念頓照也。第四理事雙絕門者。由理事雙現。互相形奪故。遂使兩相俱盡。非理非事。寂然而絕。是故令止觀雙泯。迥然無寄也。

止觀同於一念，或者**止觀雙泯理事俱泯**，**見華嚴三昧**，**到此接近事事無礙法界**。若遮照同時，同時即不立，不立卻同時，意謂涅槃佛性**混融一體**，**即事事無礙法界**。「止觀同於一念」即「遮照同時」，「**止觀雙泯**」即「遮照不立」，此謂「雙明雙暗」的理事無礙法界。若一念中，「遮照同時，同時又不立，不立卻同時」則到事事無礙法界（見萬松老人）。事事無礙法界，一**切非理非事**，一**念間有無同時成立**，六**相義同時成立**。成壞總別同異，帝網交參六義，以帝網喻六相，即是事事無礙法界。《楞嚴經》云：「世界如來。互相涉入。得無掛礙」，此即涅槃佛性混融一體，此謂事事無礙法界。

《**宗鏡錄**》云：

一心三觀者。知一念心不可得不可說。而能圓觀三諦也。即《淨名經》云。一念知一切法是道場。成就一切智故。是以在境。為一諦而三諦。在心為一觀而三觀。在果為一智而三智。

如一圓珠。珠相喻有。珠徹淨喻空。圓明喻中。三無前後。此喻一諦而三諦。若以明鏡照之。珠上三義一時頓現。即喻一觀而三觀。若就鏡中觀珠。珠之與鏡非一非異。則喻心境二而不二。為真覺也。妙觀者。觀一念心為所緣境。返觀此心。從何處來。去至何所。淨若虛空名空觀。觀境歷歷分明名假觀。雖歷歷分明而性常自空。而境觀歷然名中觀。即三而一。即一而三。

關於理事無礙與事事無礙的禪定境界，萬松老人關於禪定的解說是禪宗史上極其重要的禪定境界的解說，值得修證者認真研究。

萬松老人云：

諸方道。把定真金失色。放行瓦礫生光。謂之有擒有縱。能殺能活。洞上宗風。斥為話作兩橛。決針斷線。不見道。恁麼相續也大難。直須當存而正泯。在卷而亦舒。鉤鎖連環。謂之血脈不斷。然後雙遮雙照。更有遮照同時。遮照不立。直得帝網交羅重重無盡。始是圓頓一乘。

更須知有遮照同時。遮照不立。然後同時即不立。不立即同時。放收諸門，更須知有向上一竅在【事事無礙禪定境界】。

以上引述來自萬松老人《從容錄》、《請益錄》。萬松在此揭示事事無礙法界的禪定奧秘。萬松老人所說：「更有遮照同時。遮照不立。直得帝網交羅重重無盡。始是圓頓一乘。」這是「同時」進行的。「起倒同時」與「正倒時便起。正起時便倒」，可謂「起即倒倒即起」。而「遮照同時。遮照不立。然後同時即不立。不立即同時」即事事無礙法界的禪定境界，乃「百千明鏡互相鑒照」。「同時」謂定心同時處於涅槃佛性的定境，涅槃佛性混為一體不分彼此。《宗鏡錄》云：「成不礙壞。壞不礙成。顯不礙隱。隱不礙顯。故云無礙。正成時即壞等。故云同時。」這即揭示事事無礙法界，理事「俱時顯現」。華嚴六相義同時成立。「正成時即壞等。故云同時」，這要以中道法門理解。

世法佛法打成一片，即是理事無礙法界。**正偏兼帶定心處於兩個境界，意謂涅槃與佛性（首楞嚴）定境混居一身，「前釋迦後彌勒」**。「越綿越密。則越能轉換也。」**涅槃佛性難解難分**。若定心不動，不來不去，「不捏聚不放開」（明覺性聰），金針不動則進入理事無礙法界。若涅槃佛性混融一體，**定心「同時」含攝涅槃佛性，即事事無礙法界**。

《華嚴三昧》（賢首法藏）描述的定境，有「理事雙絕門者。由事理雙觀。互相形奪故。遂使兩相俱盡。非事非理。寂然雙絕。是故令止觀雙泯。迴然無寄也」。到此止觀雙泯定慧不起，故此遮照不立，而有「**帝網重現門者。由於一事中具一切。復各具一切。如是重重。不可窮盡**」。這裡華嚴宗祖師賢首法藏所說乃是「華嚴三昧」。首楞嚴大定又謂「金剛三昧」、「金剛如幻三摩地」，含攝百千三昧。「華嚴三昧」也在其中。萬松老人講解禪定，即金針雙鎖的奧妙處：鉤鎖連環血脈不斷。然後正偏兼帶，進入「雙遮雙照，更有遮照同時，遮照不立。直得帝網交羅重重無盡」的事事無礙法界。事事無礙法界則到中道極則，證得一切種智。就定境而言，定心綿綿密密打成一團，即「理事混融」。禪師謂之「萬象明明無理事」、「體用何妨分不分」，形容事事無礙法界。

《萬善同歸集》永明延壽云：

若論理事，幽旨難明。細而推之，非一非異。是以性實之理，相虛之事，力用交徹，舒卷同時。體全遍而不差，跡能所而似別。**事因理立，不隱理而成事**。理因事彰，不壞事而顯理。相資則各立，相攝則俱空。**隱顯則互興，無閡則齊現**。**相非相奪，則非有非空，相即相成，則非常非斷**。若離事而推理，墮聲聞之愚；若離理而行事，同凡夫之執。**當知離理無事，全水是波；離事無理，全波是水**。理即非事，動濕不同；事即非理，能所各異。非理非事，真俗俱亡【雙遮，非空非有】；而理而事，二諦恆立。雙照即假，宛爾幻存【即空即有】；雙遮即空，泯然夢寂。非空非假，中道常明【雙照】。

「隱顯則互興，無閡則齊現」表明，**理事無礙法界**。

曹源道生云：

一大藏教。**盡在龜峰指甲縫裡**。展開則彌綸三界。囊括十虛。玉轉珠迴。輝天鑒地。捏聚則綿綿密密。不漏絲毫。三乘罔測其由。千聖罕窮其際。**不放開**。**不捏聚**。**一多相入**。**理事圓融**。一門通貫一切門。一法遍含一切法。普使人人。三百六十骨節。一一現無量妙身。八萬肆千毛端。頭頭彰寶王剎海。到這裡。入息不居陰界。出息不涉萬緣。常轉如是經。百千萬億卷。

《碧巖錄》圓悟克勤云：

事事無礙法界，明一事遍入一切事，一切事遍攝一切事，同時交參無礙故。所以道：一塵才舉大地全收，一塵含無邊法界。一塵既爾諸塵亦然。網珠者，乃天帝釋善法堂前，以摩尼珠為網，凡一珠中映現百千珠，而百千珠俱現一珠中，交映重重，主伴無盡，此用明事事礙法界也。昔賢首國師，立為鏡燈諭，圓列十鏡，中設一燈，若看東鏡，則九鏡鏡燈歷然齊現，若看南鏡則鏡鏡如然，所以世尊初成正覺，不離菩提道場，而遍升忉利諸天，乃至於一切處，七處九會，說《華嚴經》。**雪竇以帝網珠，垂示事事無礙法界，然六相義甚明白**，即總即別，即同即異，即成即壞，舉一相則六相俱該。

「即」指兩個概念非一非二相即相成。「舉一相則六相俱該」意謂舉一相則六相該括，「即」也有同時成立之義。屬於中道辯證法「不二法門」。理事無礙即正偏兼帶的初級次第，世法佛法打成一片。理即佛性本體。高低一顧，萬象齊彰。事事無礙法界，乃是金針雙鎖至於綿密無間，涅槃佛性無此無彼混融一體。曹洞宗謂之「功功」，「雪月混時功功不共」（真歇清了）（月喻涅槃，雪喻佛性）。這個境界現象本體同時顯現，六相義同時成立。佛性本體如同寶珠，形成帝釋網。這是「為虛空描眉目」，無法言說的「事事無礙法界」。所謂造道之極。

「同時」是重要概念，**禪師所說「同時」**的意義在「一念同時」。**尤其禪定「遮照同時，同時即不立，不立即同時」**。「**總別同異壞空**」，講究「**即總即別**」。**涅槃佛性就禪定境界而言是非一非二非同非**

異而實質相同，金針雙鎖的意義就在於佛性要保持與涅槃滅盡定同質化。但是就變化的過程來說，理事無礙法界鉤鎖連環金針往復，電光石火猶是鈍，「須臾」也無法形容，中峰明本頌《信心銘》：「說甚須臾與久長」。不過在涅槃與佛性之間變換尚有過程。事事無礙法界關鍵在「同時」。《宗鏡錄》云：「**成不礙壞。壞不礙成。顯不礙隱。隱不礙顯。故云無礙。正成時即壞等。故云同時。**」即是「一念」裡同時成立。**「法界量」即是六相義所謂「成壞總別同異」為代表的人類對存在物的判斷**，成壞意謂「有無」，有即無無即有，有無成壞同時成立，「正成時即壞」，這即是「大乘中道」，這是禪定的實證結論。**「成壞總別同異」六相義「一念」同時成立，即事事無礙法界的定境**。

金針雙鎖到極則境界進入「功功」（曹洞宗功勳五位），則綿密無間非此非彼，「混然無諱處」形容涅槃佛性混融一體進入「事事無礙法界」。涅槃與佛性融合一體，體用不分全體作用。帝釋網的珠體即宇宙本體。帝釋網境界根本沒有現象，也不可能有觀察者，即使佛眼也不能觀察，只能「融入」此境界，只能作為一面明鏡融入「千百明鏡互相鑒照」的境界，到此「井覷驢驢覷井」，這個境界無內無外混沌一團。所謂「超現象界」的說法是不對的。現象或現象界必然有觀察者，這裡沒有觀察者與觀察對象。到此「法界量滅」，一切大小、上下、形象、色彩、時間等事物的時空屬性全部消融。禪宗也只好以種種「非世間」的形象來形容這個「虛空」。這並非有人說的「悖論」，也不是「超現象界」（方東美），這個境界根本沒有現象也沒有觀察者。「一個渾淪花木瓜」差可近之。菩薩定心到此境界也只是千百明鏡之一，也只是塵塵剎剎之一，而也是「真身」之一。

真淨克文（《古尊宿》）云：

佛法門中有縱有奪。縱也。四五百條花柳巷。二三千所管弦樓。奪也。天上天下唯我獨尊。不縱不奪又作麼生。良久云。長把一聲歸去笛。夜深吹過汨羅灣。

此謂理事無礙法界。

法界者。一切眾生身心之本體也。乃拈柱杖云。不是法界。**是諸人無始已來靈明廓徹。廣大虛寂之妙體**。故此土他界。天堂地獄。六凡四聖。情與無情。同一無異。無壞無雜。猶帝網之明珠。互相融通。更相涉入。可謂無邊剎境。自他不隔於毫端。十世古今。始終不離於柱杖頭上。

此謂事事無礙法界。

《華嚴經》云：

法界性德，中道圓成，唯一真心，則法界量滅，所謂空覺極圓，名法界無量回向。此十回向依前十行，念念證真，心心寂滅，妙契中道，故云：回向。**然雖三觀歷然，中道理顯**，猶存歷別，未極一心之源，故為差別因；必須泯前修相，妙證寂滅一心平等法界，方得圓滿菩提。

法界量，按照《宗鏡錄》說即是「事法界」即現象界。法界量滅即謂事物的屬性不再顯現，有無、六相義同時成立。**此處「中道圓成」極為重要，事事無礙法界「妙契中道」。可謂「中道」極則。所得即是一切種智。**「中道」即「有無、非有非無、非非有非非無」同時成立。我們說「同時」成立，此即「中道」。**一心三觀的「中觀」並非理論思辨而是禪定的實證境界。天台宗提出「一心三觀」所對應的禪定境界；空觀即涅槃滅盡定**，不起一念空無一物。假觀即首楞嚴大定，即佛性出世建立世界的森羅萬象。就是我們凡夫所見的現象世界。中觀「雙照真俗二諦，無即不無。有即非有。有無雙照。妙悟蕭然」。在正偏兼帶境界，若定心不動則是理事無礙法界。若涅槃佛性混融一體進入事事無礙法界。「妙證寂滅一心平等法界，方得圓滿菩提」，此佛境界。禪宗菩薩經歷涅槃「妙覺逆流」而來，菩薩最終還要進入涅槃契合絕對本體。

「正偏兼帶」有兩個境界，理事無礙法界是初級境界，這個境界尚有現象，理事尚未完全融合一體，「須臾之頃返色歸真」（真歇清了），理是理，事是事，「返色歸真」需要過程。「理事無礙」只是「無礙」，「法界量」還在。「見色無非歸空」，此時「萬法平等」，「八角磨盤」、「脫殼烏龜」這些說法表明現象在菩薩法眼觀照下皆是「佛性本體」。這裡也無上下大小這些世俗的「觀念」。而事事無礙法界理事不分渾然一體。本體與現象同時顯現，「成壞總別同異」六相義「一念」同時成立。這是「中道」的極則。

事事無礙法界裡「同時」意謂「有無」同時成立，這是普通人無法理解的。又「一心三觀」與佛性有關。空佛性即空觀（空如來藏，指涅槃），不空佛性即假觀（指佛性，生成現象界），空不空佛性（空不空如來藏）即中觀。此時「空」與「不空」同時成立。菩薩入廛垂手定心「不居中間與兩頭」而「信步優游」。定心既不在涅槃滅盡定也不在首楞嚴大定，而是處於「隨流得妙」的境界。玄沙師備禪師謂之「牢籠不肯住。呼喚不回頭。佛祖不安排。至今無處所」。所謂「瞻之在前忽焉在後」。「內君外臣」謂正偏兼帶，「一腳門裡一腳門外」。事事無礙法界理事不分，涅槃佛性混融一體。定心同時含攝涅槃佛性，故此說「有」說「無」都可以，有無、理事同時成立。佛教「不二法門」建立在此境界上。在雙遮雙照遮照同時的時節（「明暗雙雙的時節」），非空非假，雙照空假。若再進一步，遮照同時，同時不立，萬松老人說「更須知有遮照同時。遮照不立。然後同時即不立。不立卻同時。**放收諸門，更須知有向上一竅在」，如此才是事事無礙法界。此中觀即是「空不空佛性」的境界。諸位大禪師都表示事事無礙法界「只能旁敲無法正指」。筆者在此揭示「定心往復」、「鉤鎖連環」乃至正偏兼帶與「中道」、「空不空佛性」、「華嚴六相義」以及理事無礙法界、事事無礙法界的關係。**

《普眼菩薩章》宏智正覺云：

> **誰從普眼道場來。天帝堂前珠網開。**徹底光明成一段。**個中清淨絕纖埃。交羅理事真空觀。照破根塵不夜台。**恰恰相應爾時節。陶家壁上起梭雷。

事事無礙法界，涅槃佛性混融一體，即「徹底光明成一段」。「恰恰相應爾時節。陶家壁上起梭雷」意謂證得一心三觀，即中道，一切種智，成就妙覺佛位也。

越州大珠慧海禪師（《指月錄》）云：

> 三藏法師問。真如有變易否。師曰。有變易。藏曰。禪師錯也。師卻問。三藏有真如否。曰有。師曰。若無變易。決定是凡僧也。豈不聞善知識者。能回三毒為三聚淨戒。回六識為六

神通。回煩惱作菩提。回無明為大智。真如若無變易。三藏真是自然外道也。藏曰。若爾者。真如即有變易也。師曰。若執真如有變易。亦是外道。曰禪師適來說真如有變易。如今又道不變易。如何即是的當。**師曰。若了了見性者。如摩尼珠現色。**說變亦得。說不變亦得。**若不見性人。聞說真如變易。便作變易解會。說不變易。便作不變易解會。藏曰。固知南宗實不可測。**

這裡大珠慧海禪師對真如是否有「變易」的問題，答曰「說變亦得。說不變亦得」。乍看起來，這種答覆簡直就是「戲論」。實際上，大珠慧海禪師的答覆是對治三藏法師的「執著」。故此大珠慧海云「真如若無變易。三藏真是自然外道也」，又云「若執真如有變易。亦是外道」。這些說法乃是「非有非無」的擴大。

永嘉玄覺禪師「一念三觀」云：

理量雙銷，佛眼之功圓著。是以三諦一境，法身之理常清。三智一心，般若之明常照。境智冥合，**解脫之應隨機。非縱非橫，圓伊之道玄會【三點】。故知三德妙性，宛爾無乖。一心深廣難思，**何出要而非路。是以即心為道者，可謂尋流而得源矣。第二出其觀體者，只知一念，即空不空，非空非不空。第三語其相應者，**心與空相應，則譏毀讚譽，何憂何喜？身與空相應，**則刀割香塗，何苦何樂？依報與空相應，則施與劫奪，何得何失？心與空不空相應，則愛見都忘，慈悲普救。身與空不空相應，則內同枯木，外現威儀。依報與空不空相應，則永絕貪求，資財給濟。心與空不空、非空非不空相應，則實相初明，開佛知見。身與空不空、非空非不空相應，則一塵入正受，諸塵三昧起。依報與空不空、非空非不空相應，則香台寶閣，嚴土化生。

修心必須入觀。非觀無以明心。心尚未明。相應何日。思之勿自恃也。第六重出觀體者。只知一念即空不空。非有非無。不知即念即空不空。非非有非非無。第七明其是非者。心不是有。心不是無。心不非有。心不非無。是有是無即墮是。非有非無即墮非。如是只是是非之非。未是非是非非之是。今以雙非破兩是。是破非是猶是非。又以雙非破兩非。非破非非即是是。如是只是非是非非之是。未是不非不不非。不是不不是。

這裡，我們根據禪宗大師所講的「法語」來闡述禪宗辯證法。禪宗大師例如百丈懷海禪師將中觀思想的雙遣雙非的辯證法「**有無，非有非無，非非有非非無**」總結為「三句論」。不但否定了形式邏輯的「有無」概念，並且提倡「**透過三句外**」。即是說進入「言語道斷」的「佛性本體境界」。這就是我們要解釋的禪宗辯證法。我們先說明這樣的「佛之邏輯」一定要從真諦角度才能理解。

百丈懷海禪師講「中道」（《指月錄》）：

不一不異。不斷不常。不來不去。是生語句。是出轍語句。不明不暗。不佛不眾生。總與麼也。

如云說佛性有。則增益謗。說佛性無。則損減謗。說佛性亦有亦無。則相違謗。說佛性非有非無。則戲論謗。始欲不說。眾生無解脫之期。始欲說之。眾生又隨語生解。益少損多。故云我寧不說法。疾入於涅槃。

但割斷兩頭句。量數管不著。不佛不眾生。不親不疏。不高不下。不平不等。不去不來。但不著文字。隔渠兩頭。捉汝不得。免苦樂相形。免明暗相酬。實理真實亦不真實。虛妄亦不虛妄。不是量數物。

如今鑒覺是自己佛。是初善。**不守住如今鑒覺**。是中善。亦不作不守住知解。是後善。如前屬然燈後佛。只是不凡亦不聖。

百丈懷海禪師在法語中反覆宣講「割斷兩頭」，他說：「執有即屬常見外道。執無即屬斷見外道。執亦有亦無。即屬邊見外道。執非有非無。即屬空見外道。亦云愚癡外道。只如今但莫作佛見涅槃等見。都無一切有無等見。亦無無見。名正見。無一切聞。亦無無聞。名正聞」，他說的「截斷兩頭」既是「八不中道」的擴大，也就是廣義的「不二法門」。他進一步說明「**量數管不著**」（**法界量滅**），於是將這樣的「八不中道」的對象範疇推廣到任何「互相矛盾的哲學範疇」。百丈懷海禪師在法語中也強調「透過三句外」，**我們參看百丈懷海禪師如下法語**：

只如今但離一切有無諸法。亦離於離。**透過三句外**。**自然與佛無差**。既自是佛。

若透得三句過。不被三段管。教家舉喻。如鹿三跳出網。喚作塵外佛。

只如今鑒覺。但不被一切有無諸法管。透三句及一切逆順境得過。聞百千萬億佛出世間。如

> 不聞相似。亦不依住不聞。亦不作不依住知解。說他這個人退。不得量數。管他不著。是佛常住世間。
> 但是一句各有三句外。個個透過三句外。但是一切照用任聽縱橫。但是一切舉動施為語默啼笑。盡是佛慧。
> 有取捨心在。透三句不過。此人定言有罪。若透三句外。心如虛空。亦莫作虛空想。此人定言無罪。

百丈懷海禪師不但主張「割斷兩頭」，他還再三強調「透過三句外」，說明只有「透過三句外」，才能達到「佛慧」。「透出三句外」就是「言語道斷」的境界，禪宗中道不二辯證法的高級階段是人類語言無法描繪的，須禪者「自證」。

百丈懷海禪師語錄：

> 只如今鑒覺。但於清濁兩流。凡聖等法。色聲香味觸法。世間出世間法。都不得有纖毫愛取。**既不愛取。依住不愛取將為是。是初善**。是住調伏心。是聲聞人。是戀筏不捨人。是二乘道。是禪那果。**既不愛取。亦不依住不愛取。是中善**。是半字教。猶是無色界。免墮二乘道。免墮魔民道。猶是禪那病。是菩薩縛。既不依住不愛取。亦不作不依住知解。是後善。

我們試將百丈懷海的「三句」分析解說如下：

「有」：「不愛取」，依住（執著）此念，是「初善」。
「非有」：「不愛取」亦不依住（執著）此念（「不愛取」），是中善。
「非非有」：既不依住「不愛取」，亦不作不依住知解（拋棄「不依住『不愛取』」的執著），是後善。

此處「有」也可以是「無」。我們在此僅關注中道辯證法的運用，不關注其內涵。由此百丈懷海語錄可看到禪宗大師的中觀辯證法思想，說到這裡，中道不二辯證法也沒有說透，更深刻的意境無法表達，故謂「言語道斷、心行處滅」。

禪宗宣言「不立文字」，認為語言有其局限，無法表述禪者「佛菩薩」境界。馬祖道一講過「凡有言句，皆提婆宗」，就中國禪宗而言，只要使用語言的地方，都應該按照大乘中道的邏輯來思維來分析理解。這裡「提婆宗」是指大乘中觀學說裡側重「破而不立」的一派。馬祖道一的意思是，凡用語言所表述出來的皆屬「不了義」，必須以「提婆宗」的「破法」加以對治。

百丈懷海禪師云：

但有語句。盡屬法塵垢。但有語句。盡屬煩惱邊收。但有語句。盡屬不了義教。了義教是持。不了義教是犯。佛地無持犯。了義不了義教盡不許也。從苗辨地。從濁辨清。只如今鑒覺。若從清邊數。鑒覺亦不是清。不鑒覺亦不是（脫誤）清亦不是。不清亦不是。聖亦不是。不聖亦不是。見水濁說水濁過患。水若清。都無可說。說卻濁他水。若有無問之問。亦有無說之說。

我們這樣理解，禪宗辯證法完全突破形式邏輯的極限，也無法用語言表達。禪宗辯證法的「有」──「非有之有」；禪宗辯證法的「無」──「不無之無」。

世界上任何事物的本質以及對於事物的描述，包括哲學上的概念和範疇，總是有「正」有「反」，存在互相排斥的矛盾。禪宗辯證法如果用語言來描述，筆者認為日本哲學家西田幾多郎所謂「絕對矛盾的自我同一」是比較接近的說法。禪宗辯證法的觀念裡沒有絕對矛盾而總是「正反相即」、「相即不二」的。「佛性」可以與「無明」「同一」起來。永嘉玄覺說「無明實性即佛性。幻化空身即法身」，在禪宗不二辯證法裡可以說是典型語錄。學佛者往往以為「佛性」與「無明」是絕對對立的兩個東西，其實這只是「一心開二門」，一心之兩面，說到底只是「一心」而已。如同一面弄髒的鏡子，如果清除塵土污漬（無明），則還原出一個「大圓鏡」。

《宗鏡錄》云：

《大品經》云。諸法無所有。如是有故。非有非不有。名為中道。是幻有義。真空是不空空者。謂不空與空。無障礙故。是故非空非不空。名為中道。是真空義。經云。空不空不可說。名為真空。

有對法，指互為矛盾關係的範疇，如大小、有無、陰陽、真妄、生死與涅槃等。有對法以對方為自己存在的必要條件，從而統一。《瑜伽師地論》卷五十四稱為「**諸有對法同處一處不相捨離**」。有對法並非絕對的對立，雙方相即相成。相即意謂兩者互相依倚，任何矛盾的對立方，在「一念」裡同時成立，這只能以大乘中道不二辯證法才能解釋。大乘中道不二辯證法建立在「一心三觀」上。其禪定境界即是「事事無礙法界」。

六祖慧能所說的「無念」、「無相」、「無住」對應「空假中」三觀。有如下的對應關係：

無念即「止觀」的「止」，即「奢摩他」。對應空如來藏（涅槃）。
無相即「三摩鉢提」。假義。對應不空如來藏（佛性。首楞嚴大定）。
無住即般若中道，不住兩邊。對應空不空如來藏（正偏兼帶）。

慧能所講其實就是「空假中」三觀。天台宗智顗大師所提出的「一心三觀」，在禪宗修證裡也是必要的，因為這是佛智共同境界。

憨山德清和尚《楞嚴懸鏡》綱要云：

如來藏心。本無生滅。亦無諸相。蓋因一念不覺而有無明。因此無明。生起三細六粗。四大六根。種種諸法。而此諸法唯心所現。本無所有。但是一心。心體圓明。離一切相。如珠中色。本來不有。以即空故。故曰色即是空。以色非色故。色不異空。故名真空。作是觀者。名真空觀。三摩鉢提名不空觀者。謂了根身器界。一切諸法。既是一心。心體圓明。**清淨本然**。**周遍法界**。**隨緣顯現**。此則諸法當體虛假。如幻不實。如珠中色。分明顯現。全珠即色。以即色故。故曰空即是色。以空非空故。空不異色。故名不空。作是觀者。名不空觀。**禪那名中道觀者。謂依此寂滅一心。照明諸法。諸法法爾。當體寂滅。**寂故名空。照故不空。如珠與色。非色非珠。名空不空。非寂非照。如如平等。唯一心源。**湛然不動。離即離非。是即非即。言語道斷。心行處滅。心心無間。任運流入薩婆若海。作是觀者。名中道觀。**

中國禪宗所修習的「一行三昧」即是首楞嚴大定，三昧者即三摩地也。中國禪宗所修行的乃是「最上乘禪」。古時有人將「涅槃」與「首楞嚴」（佛性）混為一談。中國禪宗將兩者分開，稱為「父子」。涅槃謂體，佛性謂用。涅槃生成佛性。禪者將兩者或分（「一刀兩斷」）或混融不分，這要看時節。

華嚴五祖圭峰宗密在《禪源諸詮集都序》云：

況此真性非唯是禪門之源。亦是萬法之源。故名法性。亦是眾生迷悟之源。故名如來藏藏識（出《楞伽經》）。亦是諸佛萬德之源。故名佛性（《涅槃》等經）。亦是菩薩萬行之源。故名心地（《梵網經．心地法門品》云。是諸佛之本源。是菩薩道之根本。是大眾諸佛子之根本）。萬行不出六波羅蜜。禪門但是六中之一。當其第五。豈可都目真性為一禪行哉。然禪定一行最為神妙。能發起性上無漏智慧。一切妙用萬德萬行。乃至神通光明。皆從定發。故三乘學人欲求聖道必須修禪。離此無門。離此無路。至於念佛求生淨土。亦須修十六觀禪。及念佛三昧。般舟三昧。又真性則不垢不淨。凡聖無差。禪則有淺有深。階級殊等。謂帶異計欣上壓下而修者。是外道禪。正信因果亦以欣厭而修者。是凡夫禪。悟我空偏真之理而修者。是小乘禪。悟我法二空所顯真理而修者。是大乘禪（上四類。皆有四色四空之異也）。若頓悟自心本來清淨。元無煩惱。無漏智性本自具足。此心即佛。畢竟無異。**依此而修者。是最上乘禪。亦名如來清淨禪。亦名一行三昧。亦名真如三昧。此是一切三昧根本。**若能念念修習。自然漸得百千三昧。**達摩門下展轉相傳者。是此禪也。**

圭峰宗密的這一番話，明確說明「**依此而修者。是最上乘禪。亦名如來清淨禪**。亦名一行三昧。亦名真如三昧。此是一切三昧根本。若能念念修習。自然漸得百千三昧。達摩門下展轉相傳者。是此禪也」。《楞嚴經》云：「妙湛總持不動尊。首楞嚴王世稀有。」**意謂修習首楞嚴大定即可具備「三種佛智」**。

《楞嚴文句》云：

又一切智名妙湛。道種智名總持。一切種智名不動。該具功德名妙湛。積具功德名總持。性具功德名不動。真諦之理名妙湛。俗諦之理名總持。中諦之理名不動。是故三身皆妙湛。**三即一故。三身皆總持。一即三故。三身皆不動。非一非三而三而一故。**今阿難一語便即贊盡。自非圓悟。安得有此。舊謂妙湛領顯見義。總持領陰入處界義。不動領七大義。失於妙旨甚矣。**首楞嚴王。即全性成修三昧之名。**

禪宗既然修習「一行三昧」，自然可以證得「妙湛總持不動尊」即三智。《六祖壇經》第一講不二法門，第二講一心三觀。《六祖壇經》講無念三昧、無相三昧、無住三昧，即對應一心三觀。無念三昧即是奢摩他，即止觀；無相三昧是假觀；無住三昧是中觀。也就是空、假、中三觀。無念三昧屬一切智，無相三昧屬道種智，無住三昧屬一切種智。一行三昧即首楞嚴大定，這是禪宗所修證的大定，「禪定意識」即是如來藏佛性。禪者謂「妙體本來無處所，通身那更有蹤由」，屬於「無住三昧」。**實叉難陀譯《八十華嚴經》說：「菩薩摩訶薩以諸眾生皆著於二，安住大悲，修行如是寂滅之法**，得佛十力，入因陀羅網法界」。**事事無礙法界屬妙覺境界，證一切種智，進而即證妙覺佛位的「那伽定」**。

圓覺三觀者：

一、**奢摩他**。梵語奢摩他，華言止。止即止寂之義，謂欲求圓覺者，以淨覺心，取淨為行。而於染淨等境，心不安緣，即是體真止，義當空觀。故經云：「由寂靜故，十方世界諸如來心，於中顯現，如鏡中像，此方便者名奢摩他。」

二、**三摩鉢提**。梵語三摩鉢提，華言等持。昏沉掉舉皆離曰等，令心專注一境曰持。謂欲求圓覺者，以淨覺心，知覺心性，及與根塵，皆因幻化而有。**遂起幻修，以除諸幻，即是方便隨緣止，義當假觀**。故經云：「所圓妙行，如土長苗，此方便者，名三摩鉢提。」

三、**禪那**。梵語禪那，華言靜慮。靜即定，慮即慧也。謂欲求圓覺者，以靜覺心，不取幻化，及諸靜相，便能隨順寂滅境界，即是息二邊止，義當中觀。故經云：「自他身心所不能及，眾生壽命皆為浮想，此方便者，名為禪那。」

《華嚴經合論》云：

一切種智悉皆成就。總別同異成壞一時自在。皆非世情所見。是故難信也。

一心三觀是指一念裡「空、假、中」同時成立。空觀觀萬法本體是「空」，即佛性；假觀觀萬法虛幻不實；中觀是大乘不二法門。「空、假、中」三諦圓融。

《宗鏡錄》云：

夫佛智慧者。**即一切種智**。**所以般若經中以種智為佛**。則無種不知。無種不見。斯乃以無知知一切知。以無見見一切見。如《華嚴・離世間品》十種無下劣心中云。菩薩摩訶薩又作是念。三世所有一切諸佛一切佛法一切眾生一切國土一切世間一切三世一切虛空界一切法界一切語言施設界。**一切寂滅涅槃界**。**如是一切種種諸法**。**我當以一念相應**。**慧悉知悉覺悉見悉證悉修悉斷**。然於其中無分別。離分別。無種種。無差別。無功德。無境界。非有非無。非一非二。以不二智知一切二。以無相智知一切相。以無分別智知一切分別。以無異智知一切異。以無差別智知一切差別。**即一切種智**。

舍爾巴斯基在其**《大乘佛教》**一書中**把如來法身與涅槃視作同一的概念**，**並認為如來法身是個遍在於宇宙萬物的神聖人格**，屬於泛神論意義上的概念。實際上，舍氏對龍樹的如來法身概念缺少深入的了解，人格化的如來法身屬於因緣有為法，而不同於不生不滅的宇宙本體。涅槃「**寂滅**」，「**常樂我淨**」表述「**無我**」，卻有生成佛性功用。禪宗稱清淨涅槃為本來面目。涅槃生成佛性，佛性即首楞嚴大定的定心。

筆者稱為「如來藏佛性本體」，如來藏佛性本體具有「佛智」或「般若智」。禪宗的「哲學」並非經由邏輯演繹而來，乃是經由人通過修煉禪定（或瑜伽）達到「首楞嚴大定」的般若智慧感知的。這是人類特殊的「認識論」，《楞嚴經》謂「六根互用」以及佛性具有特殊感知功能（如「舜若多神無身而觸」）。這與西方哲學通過邏輯演繹推導出哲學概念與思辨理論是迥然不同的。佛教哲學源於修正者在禪定中的現量直覺。例如事事無礙法界，即「現量直觀」的境界，在「法界量滅」之後，小中含大，大小相融，一切現象圓融無礙，「重重無有盡，處處顯真身」（圓悟克勤）。這絕非經驗世界可以給人提供的能夠觀察乃至思考的現象界，甚至連「超現象界」（方東美）也無法形容這個境界。這是「言語道斷，心行處滅」的大定境界。

虎丘隆云：

正當十五日。諸人作麼生通個消息。直饒向朕兆未萌。文彩未彰時會去。正落第二月。且作麼生是第一月。還會麼。九年孤坐少人識。千古風光照天地。

此將「佛真法身」即「前釋迦後彌勒」視為第一月。「九年孤坐少人識。千古風光照天地」謂正偏兼帶，涅槃佛性混居一身。「九年孤坐」謂涅槃，「千古風光照天地」謂佛性。此處以正偏兼帶的佛真法身為「第一月」。

四十二、清淨本然云何忽生山河大地

【公案】

琅玡因長水法師問。經云。**清淨本然**。云何忽生山河大地。**師厲聲曰。清淨本然。云何忽生山河大地**。

【按】**此謂正偏兼帶，佛真法身共同生成山河大地**。第一句謂涅槃，第二句謂佛性。**兩句重複即正偏兼帶義**。兩句重複語氣不同，意涵不同。即謂「前釋迦後彌勒」的「佛真法身」合作生成山河大地。

四十三、兼中到　契合宇宙絕對本體

兼中到有兩層含義，最後進入究竟涅槃，與主中主契合為一，成為精神性的宇宙絕對本體。宇宙絕對本體不涉偏正、有無。與人無關。《大般涅槃經》所說法身大我，是一個超越的精神性的本體，如來法身，實際上就是指宇宙的精神性本體。

禪師肉身脫去，大定的定心與客觀遍在的宇宙本體契合為一。禪定意識在禪師生前即與清淨涅槃同質化。禪師肉體滅度後大定定心並不與肉體消亡。肉體消逝後禪定意識經過「清淨涅槃」最終證入「絕對本體」。曹洞宗偏正五位的「兼中到」描述禪師「人人盡欲出常流，折合還歸炭中坐」。「炭」黑喻正位。禪師死後禪定意識經過清淨涅槃最後契合絕對本體即「主中主」。投子義青禪師頌云：「**偏正遙絕兼中到，了然一氣大極前**」，表明已經超越清淨涅槃而進入究竟涅槃。

禪師講「末後句」謂「同條生不同條死」即區別涅槃與佛性。正偏兼帶境界涅槃與首楞嚴佛性「混居一身」同生共命。佛性作為人的禪定意識有生有滅。圓悟克勤云「同條生，兩鏡相照無能名。不同條死，鐵樹花開互今古」，**人死則佛性作為禪定意識消融**。所謂「正法眼藏向瞎驢邊滅卻」（臨濟義玄），意謂佛性契合涅槃。涅槃乃具有主客觀意義的精神性本體不生不滅。「**鐵樹花開互今古**」。

禪師肉體死後大定意識經過涅槃最終契合客觀存在的宇宙絕對本體，此即禪宗解脫生死進入永恆的終極關懷。《般若心經指掌》（鼓山元賢）遷化偈云：「末後句，親分付；三界內外，無可尋處。」表明肉身死後，他的大定意識契合客觀存在的絕對本體，超越「三界內外」意謂與客觀存在的絕對本體契合為一。

圓悟克勤云：

只如佛眼和尚。遷化向什麼處去。師云。妙喜世界藏不得。蓮華影裡現全身。進云。和尚只道得一半。師云。你全道底又作麼生。進云。**煩惱海中為雨露。無明山上作雲雷**。師云。**天地懸隔**。進云。誰人知此意。令我憶南泉。師云。且莫詐明頭。問臨濟滅卻正法眼。三聖直下便承當。盤山會裡要傳真。普化當時翻筋斗。未審此意如何。師云。跳出金剛圈。呑過栗棘蓬。進云。萬里神光頂後相。只明這一段時節去也。師云。方木逗圓孔。進云。學人是直截根源。師云。一任勃跳。師乃云。此方緣盡他方顯化。此界身歿他界出現。**大善知識以無邊虛空為正體**。以香水海不可說塵剎為化境。以日月為明燭。以形骸為逆旅。以死生為晝夜。其來也電光晃耀。其去也石火星飛。雖示世人有去有來。及其本體不動不變。

佛性是人的「禪定意識」，人死後佛性在「瞎驢邊滅卻」，因為「正法眼藏」（佛性）作為禪定意識，佛性隨人遷化而融合於涅槃本體，此即「末後句」（「同條生不同條死」）的含義。禪宗的生死智慧與終極解脫全在此旨。

六祖慧能說「來時無口」，「楊柳為官」，表明再來時不會以人的形象出世，而是以宇宙本體顯現於世界。肉身死後，禪者大定意識契合客觀存在的絕對本體。此即「身滅影不滅」（神秀）的解脫生死之道。

禪宗的「佛」是存在論無法否認的「存在」，是沙特存在論無法解釋定義的「東西」。可以說這也是徹底顛覆沙特存在論的「東西」。**禪定「獨頭意識」在沙特存在論無法定義，也是無法「無化」的存在**。成佛乃是千百年來數以千計的修證者所反覆驗證，確實有據有證的「證入本體」的解脫之路。佛絕不是哲學的抽象思辨所「臆斷」的「東西」。我們知道禪宗的「天人合一」是可以實證的、能夠實際操作通過禪定最終契合精神性的宇宙絕對本體。

南泉普願云：

> 師示眾云。**真理一如。潛行密用**。無人覺知呼為滲智。亦云無滲不可思議等。空不動性。非生死流。道是大道無礙涅槃。妙用自足。始於一切行處而得自在。故云於諸行處無所而行。亦云遍行三昧普現色身。**只為無人知他用處無蹤跡。不屬見聞覺知**。真理自通。妙用自足。**大道無形真理無對。所以不屬見聞覺知**。無粗細想。如云不聞是大涅槃。道者個物不是聞不聞。

南泉普願此處解說「真理」謂「**真理一如。潛行密用**」，此與洞山良价《寶鏡三昧》解釋「主中主」相同。南泉普願強調「道」與「涅槃」不同。「**如云不聞是大涅槃。道者個物不是聞不聞**」則清楚表明兩者區別。「道者個物」超越涅槃境界。禪宗的道則是精神性的實體。絕對本體超然物外，乃是無人無佛時的宇宙本體。

南泉普願云：

> 故江西老宿云。不是心不是佛不是物。先祖雖說即心即佛。是一時間語。

如空劫時無佛名無眾生名。與麼時正是道。只是無人覺知見他。數不及他。喚作無名大道。早屬名句了也。所以真理一如更無思想。

修證者死後定心進入涅槃再契合主中主，即精神性的宇宙絕對本體，完成禪宗成佛的終極關懷。禪者肉體死亡後，其大定意識作為與涅槃同質的精神性存在，與絕對本體是同質的，因此融合於絕對本體「如水歸水如空歸空」，涅槃只是過渡的寶殿，「寶殿無人」不可滯留。這裡南泉普願指明「大道」與「涅槃」之不同。洞山良价頌「主中主」也說「潛行密用」，大道無形無所不在，大道不屬「見聞覺知」。故謂「潛行」，「道是大道。無礙涅槃。妙用自足」**表明大道「無礙涅槃」**，「道者個物不是聞不聞」**強調人無法對大道「見聞覺知」**。「佛出世只令人會道」，「還源歸本體解大道」。「如云不聞是大涅槃。道者個物不是聞不聞」清楚表明大道與涅槃不同。大道是「主中主」的境界。南泉普願說：「**大道無形真理無對。所以不屬見聞覺知。**」表明大道與涅槃的區別。從南泉普願的論述可以理解，空劫前客觀存在的涅槃或謂「大道」，南泉普願謂之「真理」。從整個語境來理解，「佛未出世時」即是大道，即是客觀存在的絕對本體。

《洞上古轍》（鼓山元賢）云：

潛行密用。如愚若魯。但能相續。名主中主。此四句。明祖父之事。位極尊貴。本無作用之可見。而實為萬化之樞紐。故曰潛行密用。**雖**

> **有照體之獨懸。而實無知覺之分別。**故曰。如愚若魯。又此體常自如是。相續不斷。非有動靜之殊。顯晦之異。故名之為主中主。若有動靜之殊。顯晦之異。則是賓中主。非主中主也。

【按】此體即謂絕對本體。法爾如是，大道之所在。「道」超越一切，大道類同無極。「道生一，一生二」、「無極而太極，太極生兩儀」，主中主，「實為萬化之樞紐」，表明宇宙萬法來自大道。

「相續」，指成佛以後保任不易。馬祖道一云：「知色空故。生即不生。若了此意。乃可隨時著衣吃飯。長養聖胎。任運過時。更有何事」。祖師云「任運騰騰」，洞山良价云「潛行密用，如愚若魯」，法眼文益云「到頭霜夜月，任運落前溪」。形容肉體滅度時禪定意識要堅守牢關，肉體死後定心進入涅槃卻不停留，最後與絕對本體契合為一。證入妙覺佛位的修證者任運過日，「得的人終日閒閒的」。死後定心契合絕對本體。絕對本體蕭然獨立與人無關。非人力修證可到。「夜明簾外主，不涉偏正方」。洞山良价道「道無心合人。人無心合道。欲識個中意。一老一不老」。大道與人無涉，超越偏正、是非、陰陽、有無等人間的觀念。道無意與人相涉。人要「無心」才合道。**在無人無佛的空劫以前、象帝之先、威音那畔，尚無人類，作為精神性的存在，究竟涅槃獨立存在。混沌既分，天地人出現，涅槃作為人的禪定意識存在。故謂涅槃具有主客觀存在的意涵。**

宏智正覺云：「分與未分。玉機夜動。點與不點。金梭暗拋。」**此謂性海無風金波自湧。涅槃本體本**

身即意謂其必然地時或呈現現象界。露柱懷胎，正中有偏，涅槃本體寂滅無相卻孕育世界。涅槃作為精神性本體的存在，天使其然地含蘊「現象」，即「無中生有」的本性。《虛堂集》云：「半夜髑髏。初驚破夢。三更露柱。偶爾放光。」此中韻味大有禪機。

林泉老人謂：「從來父子不相離。石女何勞更問伊。**昨夜寒岩無影木。白雲深處露橫枝**。」又云：「**昨夜寒岩無影古木向白雲深處偶露橫枝**。若不解無中出有。爭能達意外之玄。」學佛者要相信，涅槃本體作為絕對本體的代理人，自得慧暉頌兼中到謂「忍之乎。孰不可忍耶」，其意味深長地告訴人們，宇宙本體不甘寂寞，總會無中生有、無風起浪地生成山河大地。**禪宗解脫生死輪迴的要旨即在於最終契合宇宙絕對本體進入永恆。正如六祖說「來時無口」卻「楊柳為官」**。禪者知道，個體的生命死亡，「此方緣盡他方現化，此界身沒他界出現」。成佛禪者在肉體遷化後定心契合絕對本體從而解脫生死。而絕對本體不生不滅，即使這個宇宙消亡，絕對本體也會無中生有地重新生成一個宇宙。世界代代無窮已，個體的精神性的生命乃與寂然真體絕對本體契合為一。禪者說「一朝風月萬古長青」。而個人的精神性的存在與絕對本體契合，共同地創造無窮無盡的宇宙，這是禪宗解脫生死進入永恆的終極關懷，也是禪宗宇宙觀極為殊勝之處。

禪宗奧旨【上卷】
禪宗修證理路指要

作　　者：岳明
副總編輯 / 鄧懿貞
專案主編 / 呂佳真
書稿校對 / 呂佳真
封面設計 / Javick 工作室
版面編排 / 菩薩蠻電腦科技有限公司

出　　版：無限出版／遠足文化事業股份有限公司（讀書共和國出版集團）
地　　址：231 新北市新店區民權路 108 之 2 號 9 樓
郵撥帳號：19504465 遠足文化事業股份有限公司
電　　話：886-2-2218-1417
電子信箱：service@bookrep.com.tw
網　　址：www.bookrep.com.tw

法律顧問 / 華洋法律事務所 蘇文生律師
印　　製 / 沈氏藝術印刷股份有限公司

2023 年 12 月 25 日初版一刷 定價：760 元　　書號：SV0F0001
ISBN：978-986-91082-7-0(平裝)

讀書共和國網路書店 www.bookrep.com.tw

國家圖書館出版品預行編目 (CIP) 資料

禪宗奧旨 . 上卷 , 禪宗修證理路指要 / 岳明著 . -- 初版 . --
新北市 : 無限出版 , 遠足文化事業股份有限公司 , 2023.12
面 ;　公分 . -- (禪學研究 ; 1)
ISBN 978-986-91082-7-0(平裝)

1.CST: 禪宗 2.CST: 曹洞宗
226.6　　112020691